Simon Schaupp

Der kurze Frühling der Räterepublik

UNRAST

»Vom ersten Satz an ist man gefesselt, Leser und Leserinnen werden förmlich hineingezogen in die Geschichte der Revolution in Bayern vor 100 Jahren.«

Christopher Wimmer, *neues deutschland*

»So wird Geschichte packend dargestellt ... Ein Buch, das in dieser Form nur zu empfehlen ist.«

Falko Krause, *ekz.bibliotheksservice*

»Alle Landes- und Bundeszentralen für politische Bildung sollten es schleunigst ins Programm nehmen und für seine Verbreitung sorgen.«

Götz Eisenberg, *NachDenkSeiten*

»Er macht die Geschichte lebendig und holt sie aus den verstaubten Allgemeinplätzen archivierter anarchistischer Sternstunden hervor.«

Mathias Schmidt, *graswurzelrevolution*

Simon Schaupp ist Soziologe. Er forscht zu aktuellen und historischen Fragen von Macht und Widerstand. Er ist Mitherausgeber und Co-Autor von »Kybernetik, Kapitalismus, Revolutionen« (Unrast 2017)

Simon Schaupp

Der kurze Frühling der Räterepublik

Ein Tagebuch der bayerischen Revolution

UNRAST

Bibliografische Information der Deutschen Bibliothek
Die Deutsche Bibliothek verzeichnet diese Publikation in der Deutschen Nationalbibliografie; detaillierte bibliografische Daten sind im Internet über http://dnb.ddb.de abrufbar.

Simon Schaupp: Der kurze Frühling der Räterepublik
2. Auflage, Dezember 2018
ISBN 978-3-89771-248-5

www.unrast-verlag.de – kontakt@unrast-verlag.de
Mitglied in der assoziation Linker Verlage (aLiVe)

Umschlag: Felix Hetscher, Münster
Satz: UNRAST Verlag, Münster
Druck: Multiprint, Kostinbrod

Inhalt

Erster Akt
Das Volk: Brot und Freiheit!
Väterchen: Es bleibt alles beim Alten!

Zweiter Akt
Eine Bombe: Bum!

Dritter Akt
Ein Kosakenleutnant: Gebt Feuer!

Vierter Akt
Eine Militärkapelle: Deutschland, Deutschland über alles – !

Fünfter Akt
Die Geister der Gefallenen:
Gerächt wird alles, Was an uns verbrochen
Und neues Leben sprießt aus unsern Knochen.

Väterchens Stimme aus dem Hintergrund: Es bleibt alles beim Alten!

Das Stück wiederholt sich – aber nicht ad infinitum.

Erich Mühsam[1]

Prolog

Die Fäden laufen zusammen

München stinkt. Es ist heiß an diesem Tag und in den Straßen liegen Abfälle. Der Krieg hat den Wohlstand der Stadt verschlungen. Nur noch die Reichen können sich die horrenden Schwarzmarktpreise für Lebensmittel leisten. Alle anderen gehen abends hungrig zu Bett. Erich Mühsam hält diesen Tag, an dem er Hilde Kramer und Ernst Toller zum ersten Mal begegnet, für den »Auftakt der Revolution.«[2] Eine Gruppe von ausgezehrten Frauen und arbeitslosen Jugendlichen zieht durch die Straßen. Sie werden vom Hunger getrieben und von ihrer Wut auf den Obrigkeitsstaat und seinen Krieg, der für ihre Lage verantwortlich ist. Unter ihnen befindet sich auch die sechzehnjährige Schülerin Hilde Kramer. Mit ihren abgerissenen Kleidern und ihrer Kurzhaarfrisur ist sie eine wilde Erscheinung. Als sie später wegen Beihilfe zum Hochverrat vor dem Standgericht steht, wird sie von dem Schriftsteller Oskar Maria Graf nur als »ein hünenhaftes Mädchen mit Tituskopf« beschrieben.[3] Hilde ist aufgeregt, denn es ist die erste Demonstration ihres Lebens. Sie sieht sich nach ihren Freundinnen Fite, Stasy und Wise um, den Kindern der Leiterin des Jugendheims, in dem Hilde lebt.

Hilde ist als Waise bei ihrer 18 Jahre älteren Schwester Frida aufgewachsen, die mit ihrem stramm völkisch-national eingestellten Mann Max ein bürgerliches Leben im Münchner Stadtteil Nymphenburg führt. Die beiden waren mit der kleinen Rabaukin völlig überfordert und beschlossen sogleich, sie in ein Internat zu geben. Sie entschieden sich für ein Jugendheim in Riederau am Ammersee, da dessen Leiterin Gabriele Kaetzler aus einer angesehenen ostelbischen Adelsfamilie stammte. Was Max und Frida jedoch nicht wussten war, dass Gabriele Kaetzler sich mit dieser Familie gewaltig zerstritten hat und glühende Sozialistin ist. Als solche ist sie Teil eines konspirativen Netzwerks revolutionärer Kriegsgegner und steht mit dem Spartakusbund und anderen Linksradikalen in regem Kontakt. Das Kinderheim in Riederau dient der Bewegung als Deckadresse und teilweise sogar als Geheimarchiv, in dem wichtiges Schriftmaterial vor polizeilichem Zugriff verborgen wird. Es dauerte nicht lange, bis Hilde unter dem Einfluss der Kaetzlers ebenfalls zur Sozialistin geworden war. Sie entwickelte eine enge Freundschaft zu Gabriele, die sie nur »Mutt« nennt, sowie deren Kindern.

Nun haben Fite, Stasy und Wise Hilde zu der Demonstration mitgenommen. Frida und Max wissen nicht einmal, dass sie in München ist. Die wütende Menge ist mittlerweile auf beinahe zehntausend Personen angeschwollen, die sich unaufhaltsam auf das Münchner Rathaus am Marienplatz zubewegen. Mitten unter ihnen fällt Hilde ein Mann auf, der energisch mit einer roten Fahne wedelt und mit drei oder vier Freunden laut Sprechchöre gegen den Krieg ruft. Bei dem bärtigen Mann mit den zerzausten Haaren und dem Zwicker vor den kleinen, verschmitzten Augen handelt es sich um Erich Mühsam, bekannt aus der bürgerlichen Presse als »Salonanarchist«, »Hetzapostel« oder »Kreuzung zwischen einem Bantuneger und einem Pavian«.[4] Er versucht, die Wut der Menschen über die Hungersnot auf ihre Ursache, den Krieg zu lenken. »Wir wollen Frieden!«, rufen er und seine Freunde immer wieder. Und die Menge übernimmt nach und nach diese Rufe, sodass sie bald aus Tausenden Kehlen dem Rathaus entgegenschallen.

Von diesem Geschrei wird auch der dreiundzwanzigjährige Student Ernst Toller aufgeschreckt, der mit seiner Mutter im Café Rathaus sitzt. Ernst ist ein schöner, zierlich gebauter junger Mann mit großen, braunen Augen und sinnlichen Lippen. Er ist nur 1,65 Meter groß, wirkt aber auf die Meisten größer. Jemand wird einmal über ihn schreiben, dass seine Gesichtszüge an einige der wilden Physiognomien erinnern, die sich auf Raphaels Gemälden vom jungen Johannes dem Täufer finden: Das echte Bild eines Dichters, sinnlich, aber kultiviert, eine Mischung aus purer Triebhaftigkeit und Geist. Erst vor wenigen Tagen ist Ernst von der Front zurückgekehrt. Als der Krieg vom Zaun gebrochen worden war, konnte auch er der nationalistischen Euphorie nicht widerstehen und hatte sich freiwillig als Soldat gemeldet. Er wurde zum 1. Bayerischen Fuß-Artillerie-Regiment eingeteilt, blieb jedoch in der Etappe. Die Untätigkeit wurde ihm unerträglich und so meldete er sich freiwillig zum Fronteinsatz in Frankreich. Der allgegenwärtige Antisemitismus hatte ihm als Juden über seine gesamte Kindheit hinweg das Gefühl gegeben, nicht dazu zu gehören. Als Soldat fühlte er sich schließlich zu erstem Mal als Teil eines größeren Ganzen. Vierzehn Monate lang war er an der Front, mehrfach wurde er für seine Tapferkeit ausgezeichnet. Aber während dieser Monate wurde ihm auch das Ausmaß des Schreckens klar. Er wird die Bilder der zerfetzten Leichen nie vergessen. Wegen eines totalen psychischen und physischen Zusammenbruchs wurde er ins Lazarett eingewiesen. Bald darauf wurde er für kriegsuntauglich erklärt. In München hat er sich nun an der Ludwig-Maximilians-Universität immatrikuliert. Er stürzt sich in die Literatur, um den Krieg und die Politik überhaupt zu verdrängen. Aber nun dringt sie in Form der Schreie der Hungernden auf dem Marienplatz doch wieder zu ihm durch. Er tritt ans Fenster des Cafés und mustert voll Mitleid die ausgezehrten Frauen und Kinder. Neben ihm öffnet ein anderer Gast kurz entschlossen das Fenster, zerreißt ein Brot in kleine Stücke und wirft diese einer Gruppe von Kindern zu. Die Menge interpretiert dies jedoch keineswegs als Geste der Hilfsbereitschaft, sondern als Arroganz eines Bourgeois. Wutentbrannt brüllen sie ihn an. Ein Pflasterstein fliegt zu den Fenstern hinauf. Ernst duckt sich und kurz darauf gehen mehrere Fensterscheiben des Cafés zu Bruch.

Ein Dutzend Polizisten auf Pferden reitet in die Menge hinein und versucht, sie zu zerstreuen. Mehrere Jungen sind auf die Mariensäule geklettert und werfen nun mit Blumenstöcken nach den Polizisten. Die Schutzleute bekommen es mit der Angst zu tun und fordern militärische Unterstützung an. Eine Truppe Soldaten zieht mit aufgepflanzten Bajonetten an der Ostseite des Rathauses auf und beginnt über den Platz zu marschieren und Leute festzunehmen. Dieses martialische Vorgehen löst eine maßlose Wut aus. »Schamts euch! Auf die eignen Frauen und Kinder loszugehen«, schallt es den Soldaten entgegen. »Franzosen täten dös net!«[5] Die Kompanie zieht sich zum alten Rathaus zurück. Neben Hilde reißen einige Demonstrierende Steine aus dem Pflaster. Manche davon fliegen in Richtung der Soldaten, die meisten aber in Richtung des Rathauses. An einer anderen Ecke des Platzes wird die Bäckerei Seidel geplündert. Nun ziehen die Soldaten und Polizisten blank und reiten wild um sich schlagend durch die Menge. Nach allen Seiten fliehen die Demonstrierenden in die Seitengassen. Erich rennt mit seinem Grüppchen in Richtung Frauenkirche. Sie werden von den Berittenen verfolgt, eine Frau aus der Gruppe wird von einem Säbelhieb auf den Rücken niedergestreckt. Überall schreien Verwundete. Auch Hilde bekommt es mit der Angst zu tun und greift nach den Händen von Fite und Wise. Zusammen retten sie sich in die Weinstraße. »Auf Wiedersehen morgen!«, schreien die Demonstrierenden den Bütteln entgegen, bevor sie in verschiedene Richtungen verschwinden.

Hilde, Erich und Ernst gehen nach Hause, ohne dass sie miteinander gesprochen hätten. Erich ist begeistert vom Verlauf des Tages. Es scheint, als ob sein Traum endlich wahr werden und sich die Menschen gegen die Obrigkeit auflehnen würden. Hilde ist zutiefst empört von der brutalen Staatsgewalt. An diesem Tag hat dieser Staat für sie jegliche Legitimität verloren. Noch bis tief in die Nacht diskutiert sie aufgeregt mit Fite, Wise und Stasy. Ernst dagegen ist vor allem schockiert von den Ereignissen. Er versucht, sich wieder in die Lyrik zurückzuziehen, aber langsam dämmert ihm, dass auch er Partei ergreifen muss gegen das Elend, das dieser Krieg hervorbringt.

Einleitung

Vor hundert Jahren erhebt sich ein behäbiges Völkchen am Fuße der Alpen und ringt um eine der wenigen erfolgreichen Revolutionen in der bisherigen Geschichte Deutschlands. Für kurze Zeit wird Bayern zum Ort der Hoffnung auf einen radikalen Neubeginn nach dem Versinken der Imperien in der Barbarei des Ersten Weltkriegs. Das Deutsche Reich schaut, je nach Anschauung, hoffnungs- oder angstvoll auf Bayern, das bislang eher als Sinnbild eines dumpfen Konservatismus belächelt worden ist. Revolutionäre aus halb Europa pilgern nach München, das nun als Mekka eines freiheitlichen Sozialismus gilt. Die russische Immigrantin Rosa Leviné schreibt in ihren Memoiren: »Vor allem schien München damals die Festung der Revolution zu sein. In München herrschte eine ganz andere Atmosphäre [als in Berlin]: Zwar lebten die meisten Flüchtlinge unter falschem Namen, aber jeder in der verhältnismäßig kleinen Stadt wusste, dass sie Kommunisten waren und sogar zu den Führern gehörten. Trotzdem durften sie sich auf den Straßen zeigen, im Wirtshaus, wo die Kellnerin einen nach ein paar Tagen kannte, essen, in der Straßenbahn die *Rote Fahne* lesen ohne Furcht, misshandelt, oder zum mindesten angepöbelt zu werden. Nach dem Leben in Berlin kam man sich wie in einem Märchenland vor.«[6]

Dass ihre Stadt einmal in dieser Weise charakterisiert werden würde, hätten sich die Münchner Linken bis vor wenigen Monaten wohl nicht träumen lassen. So schreibt der Wahlmünchner Erich Mühsam noch 1911: »Von allen deutschen Städten ist München die der rückständigsten Polizeiwirtschaft. Nirgends ist der Wille des Einzelnen so jammervoll in die Klammern behördlicher Vormundschaft gepresst wie hier. Die Jagow-Stadt Berlin ist ein Eldorado der Freiheit im Vergleich mit München. Filehne und Krotoschin, Crimmitschau und Gräfen-Hainichen, Oppeln, Pirna und Ratzeburg sind, an Münchener Verhältnissen gemessen, Hochburgen freiheitlicher Kultur.«[7] Sofort nach der Niederschlagung der Räterepublik kehrte München wieder in diesen alten Zustand zurück, der sich bekanntermaßen sogar noch verschärfte: In einer unheilvollen Vermengung von monarchistisch-katholischem Konservatismus und bürgerlichem Ordnungsfanatismus wird es zum Geburtsort der Nazi-Bewegung. Wie kommt es also, dass ausgerechnet München, ausgerechnet Bayern, das vor, ebenso wie nach der Räterepublik als Hort finsterster Reaktion gilt, die einzige zumindest temporär erfolgreiche sozialistische Revolution hervorbringt? Um diese Frage soll es hier gehen.

Dieses Buch ist unterteilt in fünf Abschnitte, die sich chronologisch an den verschiedenen Phasen der Revolution in Bayern orientieren. Es beginnt mit dem sogenannten »Januarstreik«, bei dem im gesamten Deutschen Reich Arbeiterinnen und Arbeiter unter sozialistischer Losung für ein Ende des Weltkrieges und die Einführung der Demokratie streiken. Dieses Ereignis, an dem sich in Bayern und besonders in München Zehntausende beteiligen, führt zusammen mit der darauffolgenden staatlichen Repressionswelle zu einer massiven Politisierung der bayerischen Bevölkerung. So wird die Voraussetzung für den massenhaften Willen zur Revolution geschaffen. Die Möglichkeit einer solchen Revolution wurde dem gesamten Deutschen Reich durch den Aufstand der Kieler Matrosen am 4. November 1918 demonstriert.

Wenige Tage später beginnt auch in Bayern die *zweite Phase* der Revolution: Unter Beteiligung der Unabhängigen Sozialdemokratischen Partei (USPD) stürmen in München Arbeiterinnen und Soldaten die Regierungsgebäude und stürzen so, völlig unblutig, die 738 Jahre herrschende Wittelsbacher Monarchen-Dynastie. Die Frage, welches politische System an die Stelle der Monarchie treten soll, bleibt jedoch von Anfang an umstritten. Die Sozialdemokraten – ein Begriff, den ich im Folgenden für die Anhänger der SPD oder »Mehrheitssozialdemokratie« reserviere, da er für die Großteils revolutionär gesinnte USPD jener Tage irreführend scheint – wollen den Parlamentarismus einführen. Die Träger der revolutionären Erhebung sind jedoch die in Arbeiter-, Bauern- und Soldatenräten organisierten Massen, die eine Rätedemokratie fordern. Kurt Eisner (USPD), der erste Ministerpräsident des Freistaates Bayern, versucht einen Kompromiss zu erreichen, in dem Landtag und Räte gemeinsam regieren. Am 21. Februar 1919 wird Eisner jedoch durch den rechtsextremen Studenten Arco Valley ermordet.

Dadurch ist das politische Gleichgewicht endgültig zerstört und die *dritte Phase* der Revolution wird eingeleitet. Die Landtagsabgeordneten fliehen nach Nordbayern und der Rätekongress versteht sich nunmehr als faktische Regierungsinstanz. Es kommt zu hitzigen Diskussionen zwischen Räten und Parteiführern über eine Wiedereinberufung des Landtags. Als diese Verhandlungen keine Ergebnisse zeigen, wird am 7. April 1919 auf Druck der Industriearbeiter offiziell die Räterepublik ausgerufen.

Die KPD stellt sich jedoch gegen die Räteherrschaft, weil die Räte nicht rein kommunistisch aufgestellt sind. So wird diese Phase der Revolution vor allem von der USPD und den Anarchisten bestimmt. Die SPD und die bürgerlichen Parteien sind mit dieser Entwicklung jedoch keineswegs einverstanden und bilden in Bamberg eine Gegenregierung, die fortan auf den Sturz der Räterepublik hinarbeitet. Am 13. April startet die SPD-nahe Republikanische Schutztruppe in München einen Putschversuch. Da die Truppen, die zeitgleich von außen auf die Stadt vorstoßen sollen, jedoch nicht eintreffen, kann der Putsch durch sich rasch bewaffnende Arbeiter niedergeschlagen werden.

Nach dem gescheiterten Palmsonntagsputsch beginnt die *vierte Phase* der Revolution, in der die KPD die bisherige Räteregierung absetzt und durch eine kommunistische ersetzt, die vor allem daran arbeitet, die Verteidigung der Räterepublik gegen ihre inneren und äußeren Feinde systematisch zu organisieren. So wird innerhalb weniger Tage das Bürgertum entwaffnet und eine freiwillige Rote Armee aufgestellt. Währenddessen hat die Bamberger Gegenregierung jedoch von der SPD-Reichsregierung und den rechten Freikorps militärische Unterstützung erhalten, sodass München, Augsburg und Kolbermoor bald von einer riesigen Übermacht umzingelt sind.

Zunächst gelingt es den Räteanhängern, die anrückenden gegenrevolutionären Militärverbände zurückzuschlagen. Dann jedoch beginnt die *fünfte Phase*, die Niederschlagung der Räterepublik und der »Weiße Terror«. Diese dauert von Anfang Mai bis Ende August 1919. Sie ist gekennzeichnet durch die militärische Eroberung Münchens durch die gegenrevolutionären Truppen und ein brutales Terrorregime, das durch willkürliche Festnahmen, Standgerichte, Razzien, Hinrichtungen und regelrechte Massaker geprägt ist. Dabei fallen der weißen Soldateska* nicht nur Revolutionäre, sondern auch Unbeteiligte zum Opfer.

Diese turbulenten Geschehnisse sollen hier hauptsächlich durch die Augen dreier historischer Persönlichkeiten geschildert werden. Die erste von ihnen, Hilde Kramer, hat 1918 gerade die Schule hinter sich gebracht und genießt ihre neugewonnene Freiheit in vollen Zügen. Im Internat politisiert, schließt sie sich sofort den Revolutionären an und arbeitet als Sekretärin des Landessoldatenrats. Sie wird Mitbegründerin

* Der Begriff der ›Weißen‹ wurde im Laufe der russischen Revolution für die Gesamtheit der unterschiedlichen gegenrevolutionären Paramilitärs geprägt, später hat sich der Begriff international für gegenrevolutionäre Kräfte durchgesetzt.

der strömungsübergreifenden »Vereinigung Revolutionärer Internationalisten« und der bayerischen KPD. Vor wenigen Jahren wurde ein von ihr verfasstes autobiografisches Fragment[8] entdeckt und zum ersten Mal veröffentlicht. Dieses Zeitdokument dient als Grundlage für die meisten ihrer hier geschilderten Erlebnisse. Leider ist es jedoch lückenhaft, sodass ausgerechnet für die Zeit der kommunistischen Regierung in München wenig über Hildes Erleben bekannt ist. Zweiter Protagonist ist der Schriftsteller und Anarchist Erich Mühsam, der bereits zu Lebzeiten für seine revolutionäre Lyrik einigermaßen bekannt war. Zum Zeitpunkt der hier geschilderten Ereignisse ist er vierzig Jahre alt und hat einen Großteil davon bereits als anarchistischer Agitator verbracht. Die Bayerische Räterepublik fordert von ihm im Zuge der praktischen Zusammenarbeit mit der marxistischen Arbeiterbewegung einige Kompromisse ab, gibt ihm aber auch unverhofft die Chance, einen Teil seiner Visionen tatsächlich in einem größeren Maße zu verwirklichen. Im Gegensatz zu ihm hat sich der Student und spätere Schriftsteller Ernst Toller, der dritte Protagonist, erst kurz vor der bayerischen Revolution politisiert. Dann jedoch entwickelt er sich aufgrund seines glühenden Engagements schnell zu einer der zentralen Figuren der bayerischen USPD, deren Vorsitzender er im Verlauf der Ereignisse werden wird. Der Kongress der Arbeiter-, Bauern und Soldatenräte bestimmt ihn zum Zentralratsvorsitzenden und später zum Abschnittskommandanten der Roten Armee bei Dachau. Sein Leben lang hat Toller mit dem Konflikt zwischen seinem radikalen Pazifismus und den Sachzwängen der bewaffneten Verteidigung zu kämpfen, mit denen er sich in seinen Ämtern konfrontiert sieht.

Trotz ihrer unbestreitbaren revolutionären Gesinnung entstammen alle drei Hauptpersonen dem Kleinbürgertum. Ernst Tollers Eltern sind Eigentümer eines Kolonialwarenladens. Erich Mühsams Vater führt eine Apotheke und die Familie von Hilde Kramer gehört zum Preußischen Bürgertum. Damit kommen – wieder einmal – nicht die Arbeiterinnen und Arbeiter zu Wort, von denen die Revolution größtenteils ausging, sondern die Intellektuellen sprechen an ihrer Stelle. Der Hauptgrund dafür liegt in eben jenen Umständen, welche die Revolution zu beseitigen suchte: Der immensen materiellen und kulturellen Ungleichheit. Während am Anfang des 20. Jahrhunderts die Abkömmlinge des Bürgertums unvergessliche Kulturwerke schaffen, können die Arbeiterinnen und Arbeiter oft noch nicht einmal lesen und schreiben. Und selbst wenn sie es könnten, bleibt nach einem zehnstündigen Arbeitstag kaum mehr die

Zeit, um Memoiren zu verfassen. Die Tatsache, dass also fast alle Augenzeugenberichte aus der Zeit der Räterepublik aus bürgerlichen Quellen stammen, führt, zusammen mit dem Versäumnis einer systematischen Befragung proletarischer Zeitzeugen, zu ernsthaften Problemen in der Geschichtsschreibung. Denn der Großteil des Bürgertums bringt, wie es zum Beispiel in den immer wieder neuaufgelegten Tagebüchern von Viktor Klemperer heißt, der Revolution »nicht die geringste Sympathie« entgegen.[9] Diese verzerrte Quellenlage hat zu äußerst langlebigen Legenden über die Räterepublik geführt. Allen voran ist dabei die Behauptung zu nennen, es habe sich bei der Revolution ausschließlich um eine Phantasie von Münchner Kaffeehaus-Intellektuellen gehandelt. Beide Teile dieser Behauptung sind erwiesenermaßen falsch. Die Bayerische Revolution hat keineswegs nur in München stattgefunden, wie es schon die verbreitete Bezeichnung der ›Münchner Räterepublik‹ impliziert. Stattdessen gab es Rätestrukturen bis in die kleinsten Provinzdörfer. Orte wie Bad Aibling, Kolbermoor oder Urfeld waren revolutionäre Hochburgen. Auch im Hinblick auf die Basis der Revolution ist die Phrase von den Kaffeehausintellektuellen falsch. Richtig ist, dass unter den führenden Köpfen der Räterepublik eine erstaunlich hohe Anzahl von Literaten vertreten war. Da man in diesen Positionen sonst eher an Großindustrielle und Militärs gewöhnt ist, war diese Tatsache damals – und scheint es heute noch – irritierend. Diese Literaten, zu denen auch Ernst Toller und Erich Mühsam zählen, hätten die Revolution aber kaum herbeischreiben können. Stattdessen stützten sie sich auf eine Basis von kämpfenden Arbeiterinnen und Arbeitern, die diesen Intellektuellen genau deshalb vertrauten, weil sie sich in deren Schriften besser verstanden fühlten als in den Erlassen des besiegten Obrigkeitsstaates.

Dieses Buch wird wohl nur wenige neue historischen Fakten zutage fördern. Diese Ehre kommt anderen Texten, wie z.B. der herausragenden Studie *Aufstand der Räte* von Michael Seligmann, oder dem Quellenband *Literaten an der Wand* von Hansjörg Viesel, zu. Mir geht es stattdessen darum, persönliche Lebenswege und historische Ereignisse auf eine Weise zu verweben, die politische Zusammenhänge deutlich macht und gleichzeitig dem Problem des Verhältnisses von individuellem (revolutionärem) Handeln und politischen Bedingungen nachspürt. Denn die drei Hauptpersonen stehen nicht nur für herausragende revolutionäre Biografien, im Kontext der Räterepublik stehen sie auch für die drei zentralen Strömungen der bayerischen Linken: den Anarchismus, den Parteikommunismus und den Sozialismus. Durch die Handlungen und Begegnungen der drei Hauptpersonen werden diese drei Strömungen in Beziehung zueinander gesetzt. Tatsächlich haben sich die drei gekannt und geschätzt. Erich und Ernst arbeiten im Rätekongress zusammen und werden später gemeinsam in Niederschönfeld eingesperrt. Hilde wohnt sogar eine Zeit lang bei Erich. Auch politisch stehen sich die drei trotz ihrer Zugehörigkeit zu verschiedenen Strömungen relativ nahe. So spitzten sich auch die Grabenkämpfe zwischen den verschiedenen Strömungen links der SPD erst im Laufe bzw. nach der Zeit der Räterepublik zu. Erich Mühsam schreibt dazu beispielsweise im Gefängnis: »Die Bezeichnung ›kommunistisch‹ hatte damals noch gar keine parteimäßige Bedeutung und ich denke, ein kommunistischer Anarchist hört auch jetzt noch deswegen nicht auf, Kommunist zu sein, weil eine marxistische Partei den Namen für sich beschlagnahmt hat.«[10]

Alle drei Akteure haben also die Gemeinsamkeit, dass sie klar für die Sache der Räterepublik eintreten. So kann auch dieses Buch, das die Geschichte der Bayerischen Räterepublik aus ihrer Perspektive erzählen will, keine ›neutrale‹ Position einnehmen. Stattdessen macht es die Strategien, die Hoffnungen und die Dilemmata der Revolutionäre nachvollziehbar und trägt so dazu bei, die *Möglichkeit des radikal Anderen*, für die die Bayerische Räterepublik zweifellos steht, nicht der Vergessenheit anheimfallen zu lassen. Um es mit den Worten Erich Mühsams zu sagen: »Nie hat es eine Gegenwart gegeben, die der Vergangenheit in dem Maße angehört hätte wie die, welche wir zurzeit in Deutschland erleben, nie hat ein Volk mehr Ursache gehabt, sich beschämt einzugestehen: Wir haben eine große Zukunft hinter uns.«[11]

Teil I
Friedensstreik

26. Januar 1918

Ernst Toller sitzt in der überlaufenen Gastwirtschaft Kolosseum und diskutiert über Politik. Die hat ihn nach der Hungerdemonstration auf dem Marienplatz vor eineinhalb Jahren nicht mehr losgelassen. »Ich atme den Frieden und die Sonne, ich will den Krieg vergessen«, erinnert er sich später. »Aber ich kann ihn nicht vergessen. Vier Wochen, sechs Wochen geht es, plötzlich hat er mich wieder überfallen, ich begegne ihm überall, vor dem Altar des Mathias Grünewald sehe ich durch das Bild den Hexenkessel im Priesterwald, die zerschossenen, zerfetzten Kameraden, Krüppel begegnen mir auf meinen Wegen, schwarzverschleierte, vergrämte Frauen. Ach, die Flucht war vergeblich.«[12] Er schreibt am Theaterstück *Die Wandlung*, einem größtenteils autobiografischen Drama, in dem er die Entwicklung eines patriotischen Kriegsfreiwilligen zum Pazifisten schildert.

Auf Burg Lauenstein in Thüringen besuchte er außerdem einen großen Friedenskongress. Dort lernte er den Heidelberger Soziologieprofessor Max Weber kennen, der den Militarismus und den Preußischen Obrigkeitsstaat scharf kritisiert. Davon war Ernst so angetan, dass er an der Universität Heidelberg eine Promotion begonnen hat, um bei Weber studieren zu können. Dort unternahm er auch seine ersten praktischen politischen Schritte. Zusammen mit anderen Studierenden gründete er den Kulturpolitischen Bund der Jugend in Deutschland, der sich für einen Verständigungsfrieden engagiert. Der Bund ist von Berühmtheiten wie Friedrich Wilhelm Foerster, Carl Hauptmann und Heinrich Mann unterstützt worden. Auch der Berliner Anarchist Gustav Landauer, dessen *Aufruf zum Sozialismus* Ernst begeistert gelesen hat, schrieb ihm einen anerkennenden Brief. Diesen hat Ernst dankbar beantwortet und ist bald darauf zu Landauers gelehrigem Schüler geworden.

Unter dem Einfluss von Landauers sozialistischem Anarchismus radikalisierte sich der Kulturpolitische Bund, sodass er auch ins Visier des Obrigkeitsstaates geriet. Die Oberste Heeresleitung verbot die Gruppe und

Ernst drohte erneut die Einberufung zum Militärdienst, der er sich jedoch durch eine spontane Reise nach Berlin entziehen konnte. Dort suchte er Kontakte zu verschiedenen Linken, vor allem um sich gegen das Verbot des Kulturpolitischen Bundes einzusetzen. Dabei hatte er auch Kontakt zu dem sozialistischen Kriegsgegner Kurt Eisner, der die heutige Runde hier im Gasthaus Kolosseum zusammengerufen hat.

Eisner ist eine beinahe lustige Erscheinung. Er hat nur noch am Hinterkopf Haare, diese hat er dafür so lang wachsen lassen, dass sie im Luftzug wehen, als er das Podium betritt. Sein langer, wirrer Bart und seine Brille geben ihm dennoch eine gewisse intellektuelle Würde. »Die kurzsichtigen Augen«, schreibt Ernst Toller später über Eisner, »sahen fremd über den tief unter der Nasenwurzel lose sitzenden Kneifer, die kleinen gepflegten Hände, von fraulicher Zärtlichkeit, erwiderten weder den Druck von Freunden noch von Feinden, diese Geste zeigte seine Scheu vor menschlicher Beziehung.«[13] Noch 1914 hatte Eisner als SPD-Mitglied die Bewilligung der Kriegskredite durch seine Partei befürwortet und den Krieg zur einzig möglichen Antwort auf das aggressive Gebaren des russischen Zarenreichs erklärt. Als er später dann Einblick in diplomatische Akten bekommen hat, ist ihm klargeworden, dass es tatsächlich wesentlich das Deutsche Reich gewesen ist, das den Weltkrieg vom Zaun gebrochen hat. Seitdem stellte er sich vehement gegen diesen Krieg – und verzweifelte schlussendlich an der ebenso vehementen Kriegsbefürwortung seiner Partei. Gemeinsam mit Clara Zetkin, Albert Einstein, Ludwig Quidde und vielen anderen gründete er den Bund Neues Vaterland, in dem sich Pazifistinnen und Pazifisten mit unterschiedlichen politischen Weltanschauungen sammelten. Im Dezember 1917 schrieb Eisner schließlich einen Brief an den bayerischen Kronprinzen und preußischen Generalfeldmarschall Rupprecht von Wittelsbach, in dem er ihn dazu aufforderte, sich für einen separaten Friedenschluss Bayerns mit den Alliierten einzusetzen. Rupprecht erkundigte sich bei der SPD-Führung nach der Stellung Eisners. Diese behauptete einfach, Eisner habe keinerlei Rückhalt in der Arbeiterschaft. Daraufhin ignorierte der Kronprinz den Brief. Eisner wiederum hatte seinerseits längst den Entschluss gefasst, die SPD zu verlassen. Zusammen mit anderen Dissidenten gründete er die Unabhängige SPD, der sich auch der Spartakusbund um Karl Liebknecht und Rosa Luxemburg anschloss.

Ernst ist äußerst angetan von der Persönlichkeit Eisners und von der USPD als Partei, in der er eine wirkmächtige Kraft für radikale Antikriegspolitik ausmacht. So ist er der Partei beigetreten und hat sich der sozialistischen Politik zugewandt, in der er vor allem ein Mittel sieht, den Krieg endgültig zu besiegen. Schon in Berlin hatte Eisner durchblicken lassen, dass er eine große Aktion in München plant. Ohne genau zu wissen, um was es sich handelt, ist Ernst ihm zurück nach Bayern gefolgt. Als Eisner nun seine Pläne offenbart, ist Ernst umso erregter. Ohne Angst vor den Polizeispitzeln, die sich ohne Zweifel unter die ungefähr 250 Gäste im Kolosseum gemischt haben, verkündet er, dass die USPD den größten Streik in der Geschichte des Deutschen Reichs plant. Dessen Ziel sei es, »die Monarchie zu stürzen und nicht nur den preußischen, sondern den gesamten Militarismus niederzuzwingen. Dazu gebe es nur ein Mittel. Die heißersehnte, unausbleibliche und bald zu erwartende Revolution«[14]. Die Versammelten sind begeistert und Ernst ist wie beflügelt von der revolutionären Stimmung.

28. Januar 1918

An diesem Montagabend findet eine vom Betriebsversammlung der Bayerischen Geschützwerke von Krupp und der Maffei-Werke im Schwabingerbräu in der Leopoldstraße 82 statt. Die Versammlung wurde von der Gewerkschaft Deutscher Metallarbeiterverband (DMV), dem Vorläufer der IG Metall, organisiert, aber Kurt Eisner will sie nutzen, um die Rüstungsarbeiter für den Streik zu gewinnen. München hat sich in den Kriegsjahren zu einem Zentrum der deutschen Rüstungsindustrie entwickelt. König Ludwig III. bewirkte durch persönliche Vorsprache beim Kaiser den Ausbau der Kriegsindustrie in Bayern. So hat Krupp 1916 mit dem Bau eines Werks in München Freimann begonnen. Auch die Bayerischen Flugzeugwerke und die Rapp-Motorenwerke sind erheblich vergrößert worden. Aber auch andere Firmen in der Umgebung von München haben große Rüstungsaufträge erhalten. Arbeitskräfte aus Sachsen und dem Ruhrgebiet sind nach München geströmt, um in der Kriegsindustrie Arbeit zu finden. Unter anderem diese Arbeiterinnen und Arbeiter versucht die Gruppe um Kurt Eisner nun vom Streik gegen den Krieg zu überzeugen – und sie haben mit ihrer unermüdlichen Agitation Erfolg. Nun haben sich die Streikenden zu einer Versammlung zusammengefunden, auf der sie ihre Forderungen an die Obrigkeit zusammentragen wollen.

Der Streik, für den Kurt Eisner die Arbeiterinnen und Arbeiter gewinnen will, stellt eine konzertierte Aktion im gesamten Kaiserreich dar. Koordiniert wird er von einem Komitee aus Obleuten* des Spartakusbundes und der USPD. Die SPD und die offiziellen Gewerkschaften dagegen unterstützen die Streiks zunächst ausdrücklich nicht. Auf Druck der Arbeiterschaft treten dann jedoch Friedrich Ebert und Phillipp Scheidemann für die SPD in die Streikleitung ein, bemühen sich jedoch hauptsächlich um die Abschwächung der Aktionen. In einem späteren Gerichtsprozess erklärt Ebert dann ausdrücklich, er sei der Streikleitung nur beigetreten, um die Bewegung zu mäßigen und möglichst bald einzustellen. Tatsächlich sieht es die SPD während der Kriegsjahre als ihre patriotische Pflicht an, Streiks so weit wie möglich zu unterbinden. Das erkennt auch das Kriegsministerium in einem internen Bericht an:

> »Der Haltung der führenden sozialdemokratischen Kreise ist es mit zu verdanken, dass auch im Juli keinerlei organisierte Arbeiterausschreitungen oder Arbeitseinstellungen stattgefunden haben. Einzelne Lohndifferenzen konnten im gegenseitigen Benehmen sofort beigelegt werden; auch sonst kamen keine nennenswerten Ausschreitungen vor. Es zeigt sich, dass die seelischen und materiellen Prüfungen des Krieges verhältnismäßig am besten von der organisierten Arbeiterschaft ertragen werden; ihre hohen Löhne, die straffe Organisation und der starke Einfluss der Führer der sozialdemokratischen Mehrheitspartei sowie der freien, christlichen und Hirsch-Dunkerschen Gewerkschaften stützen und stärken ihren Willen zum Durchhalten so nachhaltig, dass – wenigstens in Bayern – von dieser Seite her ein Nachlassen der seelischen Widerstandskraft voraussichtlich nicht zu befürchten ist. Ganz anders steht es aber mit den Millionen von nicht organisierten Personen.«[15]

Vor diesem Hintergrund stellt sich die Agitation für einen Streik, noch dazu für einen politischen, ja revolutionären, als äußerst schwierig dar. Die russische Immigrantin Sarah Sonja Lerch, Mitbegründerin der Münchner USPD und eine der Hauptagitatorinnen für den Streik, schreibt in einem Brief an eine Freundin pessimistisch: »Wenn nicht Hunger die Deut-

* Revolutionäre Obleute waren von den offiziellen Gewerkschaften unabhängige, durch Arbeiterinnen und Arbeiter verschiedener deutscher Industriebetriebe frei gewählte Vertrauensleute und Betriebsräte, die sich gegen den Krieg oder allgemein revolutionär positionierten.

schen zur Revolution zwingt, gibt es keine. Sie sind geborene Sklaven und fühlen sich dabei wohl. Nur vor Hunger haben sie Angst. Unter diesen Maschinen zu leben ist mir schwer. Dem dümmsten russischen Bauern kann man eher klarmachen, dass er sich befreien muss, als hier einem Gewerkschaftsbeamten. Der ist zufrieden, dass er seinen Posten hat. Soll man nur andere verhaften etc.«[16] Aber sie wollen es dennoch versuchen.

Es sind ungefähr 2.000 Personen im Schwabingerbräu anwesend – zu einem großen Teil Frauen, da viele Männer noch an der Front sind. Die offiziellen Gewerkschaften sind der Streikbewegung ebenso wenig zugeneigt wie die SPD. Deshalb will Josef Kurth, der Geschäftsführer der DMV-Ortsverwaltung, Kurt Eisner und Sarah Sonja Lerch gar nicht sprechen lassen. »Da ich unter allen Umständen verhindern wollte, dass die Betriebsversammlung zu einer politischen werde oder auch nur politische Erörterungen dort gepflogen würden, übernahm ich den Vorsitz«, erklärt der Funktionär später im Polizeiverhör.[17] Es wird aber sofort deutlich, dass Kurth mit seiner Verbannung der Politik keinen Erfolg haben wird. Gleich zu Beginn der Versammlung fordern mehrere Arbeiter, die politische Lage zu diskutieren und Eisner sprechen zu lassen. Es kommt zu einer Abstimmung mit dem klaren Ergebnis einer Redeerlaubnis für Eisner. Dieser spricht – seiner Erinnerung nach – »eine Stunde über die gegenwärtige Krisis und ihre Lösung durch den Massenstreik. Sooft ich von Streik sprach, jubelte alles; die Versammlung war von Anfang an so gestimmt, dass sie mehr mich als ich sie aufreizte; ich lieh ihrem dunklen Fühlen nur das Wort.«[18]

Nach Eisner ergreift der christliche Gewerkschafter Bonsbach das Wort und erklärt, der politische Streik sei ein unparlamentarisches und gewaltsames Mittel der Politik und daher abzulehnen. Am Ende verständigt sich die Versammlung jedoch auf eine gemeinsame Erklärung, in der sie sich mit der Streikbewegung in Berlin solidarisiert. Kurth verunmöglicht jedoch die Abstimmung über den Text, indem er sein Schlusswort bis über die Sperrstunde hinaus ausdehnt.

30. Januar 1918

Ernst Toller nimmt an verschiedenen Streikversammlungen in München Teil. »Ich möchte helfen, irgendetwas tun«, schreibt er.[19] Mit diesem Tatendrang ist er unter seinen Schriftstellerkollegen relativ allein. Der konservative Münchner Thomas Mann notiert in diesen Tagen die ratlosen Sätze: »Auf den Frieden zu warten, muss man sich abgewöhnen. Das ist überhaupt kein Krieg, sondern irgendeine vorläufig ganz unabsehbare Umwälzung, für die man noch keinen Namen hat.«[20]

Zuerst haben die Streikenden für Ernst keine Verwendung. So verteilt er Flugblätter mit Kriegsgedichten und den Lazarett- und Krüppelszenen aus seinem Drama *Die Wandlung* unter den Streikenden. Irgendwann bekommt er dann doch eine Aufgabe: Er soll die Arbeiterinnen der Austria Tabakwerke in der Schleißheimerstraße 267 zum Streik auffordern. Erstaunt bemerkt er, dass er tatsächlich Talent zum Agitator hat. Wenn er spricht, entfaltet seine dunkle, melodiöse Stimme eine fast zauberhafte Wirkung auf die meisten seiner Zuhörer und insbesondere seiner Zuhörerinnen aus. Seine Kritik am Obrigkeitsstaat ist aber so scharf, dass sogar einige seiner linken Zuhörerinnen zunächst erschrecken – in den letzten Jahren haben sie nur die preußische Propaganda und zensierte Nachrichten zu lesen bekommen. Das meiste von dem, was Ernst nun sagt, stellt einen Straftatbestand im Sinne der monarchistischen Gesetzgebung dar – und einiges davon wird ihm auch später vor dem Standgericht vorgehalten werden. In diesem Moment aber spricht er den kriegsmüden Arbeiterinnen aus dem Herzen. Er erinnert sie an die Schrecken des Krieges. Er schildert detailliert, wie er in den Schützengräben des Priesterwalds* einen Kameraden drei Tage und Nächte lang schwer verwundet und schreiend zwischen den Frontlinien liegen sah, ohne dass er gerettet werden konnte. Oder wie er an einem anderen Tag den Schützengraben erweitern sollte und beim Graben mit der Schaufel ein langes Stück menschlichen Gedärms aus dem Boden gezogen hat. Zunehmend redet er sich in Rage, der Speichel schäumt vor seinem Mund, er zittert vor Erregung. Einige der Anwesenden brechen in Tränen aus, andere springen auf, aber die ganze Versammlung ist begeistert. Tatsächlich gelingt es ihm, die Frauen geschlossen zu einer Versammlung zu mobilisieren, auf der Eisner sprechen soll.

In Berlin beginnt an diesem Montag bereits der große Ausstand, an dem sich bereits am ersten Tag 100.000 Arbeiterinnen und Arbeiter beteiligen. Die SPD-Führung rät der Reichsleitung im Geheimen, den Streikforderungen unter keinen Umständen nachzugeben. So hat in München inzwischen auch die Gegenseite ihre Stellungen bezogen. Innenministe-

* Der Priesterwald (frz. Bois-le-Prêtre) südlich von Metz war zwischen 1914 und 1915 Schauplatz schwerer deutsch-französischer Kämpfe.

rium, Kriegsministerium, Stellvertretendes Generalkommando und die Polizeidirektion haben gemeinsam beschlossen, dass bei Zusammenstößen mit streikenden Arbeitern nach dreimaliger Aufforderung, auseinanderzugehen, scharf geschossen werden solle.[21]

31. Januar 1918

Die Streikbewegung hat sich ausgeweitet. Mittlerweile gibt es Streiks und Demonstrationen in Bielefeld, Braunschweig, Breslau, Chemnitz, Dortmund, Halle, Hamburg, Kiel, Köln, Leipzig, Magdeburg, Mannheim, Nürnberg und Solingen. In München kommt es zu mehreren Betriebsversammlungen. So kommen ungefähr 1.700 Arbeiterinnen und Arbeiter der Bayerischen Geschützwerke im Schwabingerbräu zusammen, auch Ernst Toller ist unter ihnen. Wieder spielt sich derselbe Machtkampf ab zwischen den Unabhängigen um Eisner und Lerch, die für den Streik werben und der SPD sowie den offiziellen Gewerkschaften, die gegen denselben agitieren. Auch dieses Mal fordert Eisner die Arbeiterinnen und Arbeiter auf, für das Leben ihrer Kameraden im Feld zu streiken. Obwohl er der Erscheinung nach das Gegenteil eines Proletariers ist, lieben ihn die Arbeiter und jubeln ihm zu. »Es herrschte eine befreite, fast frohe, entschlossene Stimmung«, erinnert sich Eisner später.[22]

Ernst entdeckt auch Rainer Maria Rilke in der Menge. Er hat davon gehört, dass sich der Dichter immer öfter möglichst unerkannt in die Versammlungen der Revolutionäre schleicht. Von einer dieser Versammlungen berichtet Rilke später: »Obwohl man um die Biertische und zwischen den Tischen so saß, dass die Kellnerinnen nur wie Holzwürmer durch die dicke Menschenstruktur sich durchfraßen – war's gar nicht beklemmend, nicht einmal für den Atem; der Dunst aus Bier und Rauch und Volk ging einem nicht unbequem ein, man gewahrte ihn kaum, so wichtig war's und so über alles gegenwärtige klar, dass die Dinge gesagt werden konnten, die endlich an der Reihe sind, und dass die einfachsten und gültigsten von diesen Dingen, soweit sie einigermaßen aufnehmlich gegeben waren, von der ungeheuren Menge mit einem schweren massiven Beifall begriffen wurden. Plötzlich stieg ein blasser junger Arbeiter hinauf, sprach ganz einfach: ›Haben Sie oder Sie, habt Ihr‹, sagte er, ›das Waffenstillstandsangebot gemacht? Und doch müssten wir das tun, nicht diese Herren da oben, bemächtigen wir uns einer Funkstation und sprechen wir, die gewöhnlichen Leute, zu den gewöhnlichen Leuten drüben, gleich wird Friede sein.‹ Ich wiederhole das lange nicht so gut, wie er es ausdrückte. Plötzlich, als er das gesagt hatte, stieg ihm eine Schwierigkeit auf und mit rührender Gebärde nach den Professoren, die neben ihm auf dem Podium standen, fuhr er fort: ›Hier, die Herren Professoren können Französisch, die werden uns helfen, dass wir's richtig sagen, wie wir's meinen.«[23]

Dieses Mal lässt sich der Entschluss zum Streik nicht durch die Sozialdemokraten abwürgen. Es wird sogar dafür gestimmt, ein klares Zeichen der Verbrüderung an die Arbeiterinnen und Arbeiter aller kriegsführenden Staaten geschickt werden. Darin müsse unmissverständlich klarwerden, dass der Krieg eine Sache der Obrigkeit und nicht des Proletariats sei. Schlussendlich wird folgende Botschaft verfasst:

> »Die streikenden Arbeiter Münchens, voran die Kruppwerke, entbieten ihren brüderlichen Gruß den belgischen, französischen, englischen, russischen, italienischen, amerikanischen, serbischen Arbeitern. Wir fühlen uns mit Euch eins in dem feierlichen Entschlusse, dem Kriege des Wahnsinns und der Wahnsinnigen sofort ein Ende zu bereiten. Wir wollen uns nicht mehr morden. Vereint Euch mit uns, den Völkerfrieden zu erzwingen, der im Aufbau einer neuen Welt aller Menschen Freiheit und Glück sichert. Wir deutschen Arbeiter werden unsere Herrschenden, die Verantwortlichen des Weltkrieges, zur Rechenschaft ziehen. Der Kampf um den Frieden hat begonnen. Proletarier aller Länder vereinigt Euch!«[24]

Diese Botschaft soll in Rücksprache mit der Reichsstreikleitung auf allen verfügbaren Wegen in die entsprechenden Länder geschickt werden. In Ernst steigt das Gefühl auf, dass mit dieser Streikbewegung die internationale Verständigung nun tatsächlich erreicht werden könnte, die der »Kulturpolitische Bund« vergeblich angestrebt hatte.

Im Anschluss brechen die Streikenden zu einem Demonstrationszug von Fabrik zu Fabrik auf, um weitere Arbeiterinnen und Arbeiter für die Aktion zu gewinnen. Neben den Belegschaften von Krupp und Maffei schließen sich die Belegschaft einer Lederfabrik und 1.100 Personen aus der Maschinen- und Flugzeugfabrik Otto-Werke an. Später kommen auch 290 Arbeiterinnen der Zigarettenfabrik Austria hinzu, die Ernst mobilisiert hat. Als der Zug bei den alten BMW-Werken in der Schleißheimerstraße 267 angekommen ist, ist dort bereits ein bewaffneter Werkschutz in Stellung gegangen, der Gewehre auf die Demonstrierenden richtet. Aber ein Großteil der Belegschaft von BMW hat die Arbeit bereits niedergelegt, sodass die Demonstration ruhig an der Fabrik vorbeizieht und nach Norden schwenkt, wo sich nochmals über 3.000 Arbeiterinnen und Arbeiter aus den Flugzeugwerken anschließen. Innerhalb kurzer Zeit schwillt der Zug so auf über 6.000 Personen an.

Die Demonstration soll nahe dem Hauptbahnhof im Mathäserbräu in der Bayerstraße 5, einem der größten Säle der Stadt, enden. Kurz bevor der Zug dort angelangt, muss Eisner jedoch feststellen, dass sein politischer Gegenspieler Erhard Auer von der SPD den Saal bereits für eine Versammlung der Arbeiter von Rapp und den Bayerischen Flugzeugwerken reserviert hat. Auer ist seit 1907 Mitglied der bayerischen Abgeordnetenkammer und wird von seinem Parteigenossen Ernst Niekisch als »tüchtiger Parteibeamter« beschrieben.[25] Sein Plan ist es, die Arbeiter durch die Parallelveranstaltung von der Teilnahme am Streik und an der Demonstration abzuhalten. »Wir hatten es in München ganz besonders schwer«, resümiert Eisner später angesichts dieser Situation. Wir hatten nicht nur die Militärdiktatur gegen uns, sondern auch die Regierungssozialisten, die die gesamte politische und gewerkschaftliche Organisation fest in Händen hielten, eine Kamorra, die vor keinem Mittel zurückschreckte, um sich selbst in ihrer Stellung zu behaupten.«[26]

Die Demonstration wird nun für ihre Abschlussversammlung zum Saal des Hotels Wagner umgeleitet. Auch Erich Mühsam hat an der Demonstration teilgenommen und will nun zu den Streikenden sprechen. Von der Galerie aus ruft er der Versammlung revolutionäre Parolen zu. Denn er will auf die sozialistische Arbeiterbewegung zugehen, die er hier im Erstarken begriffen sieht. Mit dieser Bündnispolitik hat Erich seine politische Strategie deutlich verändert. Vor neun Jahren, als er die Gruppe Tat als Münchner Sektion des von Gustav Landauer begründeten Sozialistischen Bundes ins Leben gerufen hat, stand für ihn die reine anarchistische Lehre im Vordergrund. Der Sozialistische Bund war eine Föderation anarchistischer Gruppen und Kommunen ohne organisatorische Zentralinstanz. Er sollte Landauers Idee des Aufbaus einer neuen Gesellschaft in der alten verwirklichen, die als Ausweg für die Konflikte zwischen Revolution und Reform gesehen wurde. Während Landauer hauptsächlich Intellektuelle und Lebensreformer organisierte, hat Erich in der Gruppe Tat das Ziel verfolgt, das Münchner ›Lumpenproletariat‹ für den Anarchismus zu gewinnen. Der abschätzige Begriff des ›Lumpenproletariats‹ hat sich in der Arbeiterbewegung für all jene Proletarier eingebürgert, die aufgrund ihrer ökonomischen Lage als nicht organisierbar gelten. Darunter fallen so unterschiedliche Gruppen wie Bettlerinnen, Langzeitarbeitslose, Sainsonarbeiterinnen, Kleinkriminelle und Prostituierte. Erich ist davon ausgegangen, dass diese Vagabunden als gesellschaftliche Gruppe ein weit größeres revolutionäres Potential aufweisen als die regulär angestellt Arbeitenden, weil sie von der kapitalistischen Gesellschaft an den äußersten Rand gedrängt werden. Er hat in den Kaschemmen, den Herbergen und auf den Straßen agitiert, bis er in der Spelunke Gambrinus eine Gruppe von über hundert Vagabunden versammeln konnte. Bald stellte sich jedoch heraus, dass die Vagabunden vor allem am Freibier interessiert waren. Dass der Anarchismus nicht nur eine Legitimation der Rebellion war, sondern vor allem auch eine hohe Moral einforderte, behagte den meisten gar nicht. So blieben am Ende doch wieder nur die Intellektuellen und Bohemiens übrig, mit denen Erich ohnehin seine Zeit verbrachte. Unter ihnen waren die Schriftsteller Oskar Maria Graf, Heinrich Mann und Kurt Martens sowie der Maler Georg Schrimpf. Aus der bakunistischen Konspirationszelle war inzwischen ein Debattierklub geworden, den Erich immer seltener besucht.

Jetzt verfolgt er eine neue Strategie. Er will Bündnisse schmieden, die über anarchistische Kreise hinausgehen. Er geht auf die marxistische Arbeiterbewegung zu, korrespondiert mit Karl Liebknecht und versucht eine internationale Konferenz der Kriegsgegner zu organisieren, aber immer, wenn er einen Termin vorschlägt, sind die Pazifisten und Sozialdemokraten wie Hugo Haase und Eduard Bernstein »zufällig verhindert«. Nun aber scheint sich die Lage zu ändern. Die Marxisten sind, von den revoltierenden Massen vor sich hergetrieben, endlich bereit, von der Theorie zur revolutionären Praxis überzugehen.

Noch nehmen die streikenden Arbeiterinnen und Arbeiter den anarchistischen Bohemien, der von der Galerie herab eine Rede an sie halten will, nicht so recht ernst. Und auch die USPD will sich ihre führende Rolle im Streik nicht von den Linksradikalen aus der Hand nehmen lassen. Sie erklären, dass sie mit Anarchie nichts am Hut haben und erteilen Erich Redeverbot. Stattdessen spricht nun Sarah Sonja Lerch, die bei den Streikenden hohes Ansehen genießt, weil sie bereits an dem gescheiterten Revolutionsversuch von 1905 in Russland teilgenommen hat. Sie erklärt, dass der Ausstand rein politischen Charakter haben müsse, also nur der Friede und nicht Lohnerhöhungen oder ähnliches gefordert werden dürften. Der Vorschlag wird bereitwillig angenommen und für die gesamte

Streikbewegung umgesetzt. Anschließend fügt Lerch noch hinzu, dass sie als Frau besonders gegen den Krieg kämpfe. »Für uns Frauen heißt es, unseren Männern die Treue halten, wenn wir dafür kämpfen, dass der Krieg ein rasches Ende nimmt.«[27] Für ihren eigenen Mann ist es mit der Treue jedoch vorbei, seit Lerch sich in der Antikriegsbewegung engagiert. Er hat Scheidungsklage eingereicht, was Lerch schwer belastet.

Eisner ist derweil zusammen mit Ernst und seinem Assistenten Felix Fechenbach zum Mathäserbräu aufgebrochen, wo die Sozialdemokraten zusammen mit offiziellen Gewerkschaftsfunktionären ihre Versammlung abhalten. Ohne Umschweife betritt er dort das Podium. Als der Arbeiterausschuss der Rapp-Werke Eisner erkennt, versucht er sofort, ihn hinauszuwerfen, wogegen jedoch die streikenden Vertrauensleute des Betriebs vehement protestieren. Schließlich bekommt er das Wort und es wird augenblicklich ruhig im Saal.

Als Eisner seine Werberede für den Friedensstreik beendet hat, treten die SPD-Führer Auer und Timm ans Podium und versuchen Eisner durch persönliche Verunglimpfungen zu delegitimieren. Wieder einmal behaupten sie, Eisner habe sich während seiner Zeit bei der SPD aus Propagandamitteln persönlich bereichert. Die Menge wird jedoch unruhig. Schließlich schwillt der Lärm so stark an, dass Auer seine Rede abbrechen muss. Die Versammlungsleitung wird abgesetzt und die Streikwilligen übernehmen stattdessen die Führung. Die SPDler verlassen entnervt den Saal und die Versammlung beschließt unter stürmischem Applaus die Beteiligung am Streik.

Im Anschluss findet im selben Saal eine Belegschaftsversammlung der Bayerischen Flugzeugwerke statt. Um zu verhindern, dass diese Zusammenkunft dasselbe Schicksal ereilt wie diejenige der Rapp-Werke, wird sie zur geschlossenen Betriebsversammlung erklärt. Eisner wird die Teilnahme verwehrt, wohingegen der bekanntlich ebenfalls betriebsfremde Auer sprechen soll. Doch im ganzen Saal toben die Rufe »Eisner soll reden, Eisner soll reden!« Andere rufen aber auch das Gegenteil. Auf dem Podium stehen die Funktionäre mit wutverzerrten Mienen und geballten Fäusten. Sie schreien sich heiser, dass dies eine Betriebsversammlung sei. Dagegen ertönen wiederum Rufe, warum dann Auer reden dürfe. Irgendjemand schwingt sich spontan auf das Podium um zu reden, wird aber wieder hinuntergestoßen. Als er immer noch nicht geht, wird er von einem Mann des offiziellen Ausschusses aus dem Saal hinausgejagt. Ernst befürchtet, dass die aggressiv auftretenden Funktionäre Eisner jeden

Augenblick die Schädeldecke zertrümmern werden. Aber zum Glück geschieht ihm nichts.

Als die Versammlung schließlich für beendet erklärt wird, beruft Felix Fechenbach eine weitere Versammlung direkt im Anschluss ein, die diesmal öffentlich sein soll. Fast alle Arbeiter der Flugzeugwerke bleiben im Saal. Eisner hält auch hier wieder engagiert seine Rede für Streik und Frieden. Erneut hat er Erfolg: Die meisten Anwesenden schließen sich dem Streik an.

1. Februar 1918

Mittlerweile stehen in München über 8.000 Arbeiter im Streik. An diesem Tag versammeln sie sich im Löwenbräukeller in der Nymphenburgerstraße 2, um Eisner sprechen zu hören. Aber der USPD-Vorsitzende kommt nicht. Stattdessen sprechen die Sozialdemokraten Timm und Auer zu den Streikenden. Die Bewegung sei ziel- und planlos, erklärt er – ein Zustand, dem nur dadurch beizukommen sei, dass der sozialdemokratische Verein München die Leitung übernehme. Die Versammlung stimmt diesem Vorschlag nach einigem Hin und Her zu. Daraufhin schlägt Auer vor, den Streik am 4. Februar zu beenden und eine Delegation mit den Forderungen der Bewegung zur Regierung zu schicken. Wenn er selbst diese Delegation anführe, verbürge er sich dafür, dass keinem der Streikenden etwas geschehen werde. Auch Erich Mühsam nimmt wieder an der Versammlung teil und attackiert die beiden Sozialdemokraten wild. Sie hätten ihre fetten Bäuche wohl auch nicht allein von den Lebensmittelkarten. Statt auf die beiden zu hören sollten die Arbeiterinnen und Arbeiter ihre Macht zeigen, damit man »dem gegenwärtigen Staat die Gurgel abschneiden« könne.[28] Die Versammlung hört jedoch nicht auf ihn und stimmt dem Vorschlag der Sozialdemokraten mehrheitlich zu.

Nachdem das Publikum eine Stunde vergeblich gewartet hat, dringt die Nachricht in den Löwenbräukeller vor, dass Eisner nach seiner gestrigen Rede in seinem Hotelzimmer verhaftet worden ist. Später stellt sich heraus, dass es die SPD-Führung war, die die Polizei auf die Gefährlichkeit Eisners hingewiesen hatte. Kronprinz Rupprecht hält in seinem Kriegstagebuch fest: »In München waren es sozialdemokratische Führer, welche anlässlich des letzten Demonstrationsstreiks die Aufwiegler, meist halbwüchsige Burschen, der Obrigkeit angaben, indem sie deren Verhaftung beantragten, da so am ehesten Ruhe geschaffen werden könne.«[29] Ähnlich ist es Sarah Sonja Lerch ergangen, über die es in einem Aktenvermerk heißt, sie sei »neben dem Schriftsteller Eisner die Hauptthetzerin in der Streikbewegung«.[30] In den frühen Morgenstunden haben Polizeibeamte ihre Wohnung durchsucht, alle Schriftstücke beschlagnahmt, die sie finden konnten, und sie selbst verhaftet.

Die Streikenden beantworten die Nachricht von der Gefangennahme der beiden führenden Köpfe mit der Wahl einer Delegation, die beim Polizeipräsidenten deren Freilassung fordern soll. Auch Ernst meldet sich dafür. Einige Arbeiterinnen fordern ihn daraufhin dazu auf, eine Rede zu halten. »Eine Massenbewegung, die an ihre Ziele glaubt«, ruft er der Versammlung zu, »ist durch die Verhaftung der Führer nicht einzudämmen. Der Glaube ist ein entscheidendes Element, erst, wenn er angekränkelt, geschwächt, zersetzt ist, können gegnerische Mächte die Einheit der Bewegung sprengen und sie auflösen in ohnmächtige, willensunfähige Haufen.«[31] In der Tat glauben die Streikenden an ihre Sache. »An den Galgen mit Ludendorff!«, rufen sie, aufgestachelt von Ernsts Ansprache, und: »Nieder mit dem Krieg!«

Ein Demonstrationszug begleitet die Delegation zum Polizeipräsidium in der Ettstraße. Dort werden sie schon von einem Großaufgebot Soldaten erwartet. Die Rekruten sind so jung, dass sie noch nicht an der Front gewesen sind. Daher gehorchen sie den Befehlen der Offiziere und richten ihre Gewehre auf die Protestmenge. Nach einer kurzen Beratung beugen sich die Demonstrierenden der Gewalt und lösen die Versammlung auf.

2. Februar 1918

Um elf Uhr versammeln sich mehr als 6.000 Streikende auf der Theresienwiese, dem größten Platz der Stadt. Es wird über die Verhaftung Eisners gesprochen. Einigen dämmert bereits, dass die Sozialdemokraten dabei ihre Finger im Spiel hatten. Auch Ernst Toller hält eine Ansprache. Er erklärt, dass die vielen Anwesenden Teil einer mächtigen Bewegung seien. Allein in Berlin streiken mehrere hunderttausend Personen, das öffentliche Leben wird fast gänzlich lahmgelegt. Reichsweit streiken über eine Million Arbeiterinnen und Arbeiter. Trotz Versammlungsverboten kommt es täglich zu Demonstrationen. Nach mehreren Reden zieht die Menschenmenge in einer letzten Demonstration in die Innenstadt, um sich am Karlsplatz aufzulösen. Kurz darauf wird Polizei zur Zerschlagung der restlichen Streikposten eingesetzt.

Ernst sitzt am Mittag in seiner Pension beim Essen, als das Stubenmädchen ihm zuruft, draußen stünden zwei Herren, die ihn sprechen wollten. Als er auf den Korridor tritt, stehen die beiden Herren bereits vor seiner Zimmertür. »Hände hoch!«, schallt es ihm entgegen und Ernst sieht einen Revolver vor seiner Nase. Er ist verhaftet, die Büttel legen ihm Handschellen an. Zuerst wird er aufs Revier geführt, dann in die Artilleriekaserne. Dort findet er sich in einem Holzverschlag in der Wachstube wieder. Auch alle anderen »Rädelsführer« des Streiks werden eingesperrt. Inzwischen ist auch klar, was ihnen vorgeworfen wird: Landesverrat nach § 89 des Reichsstrafgesetzbuches – ein Verbrechen, das mit der Todesstrafe geahndet werden kann. Auer hat ganz offensichtlich sein Versprechen gebrochen.

Die *Frankfurter Zeitung* meldet: »Die Einigungsverhandlungen, die zwischen den von der unabhängigen sozialdemokratischen Partei geführten Ausständigen und der sozialdemokratischen Partei angebahnt wurden, waren von Erfolg begleitet. Damit ist die Wiederaufnahme der Arbeit in allen Münchner Betrieben am Montag früh gesichert. Die Streikbewegung in München ist also nach viertägiger Dauer abgeschlossen. Störungen der öffentlichen Ruhe waren im Verlauf der Bewegung nicht zu verzeichnen.«[32]

Im gesamten Reich wird der Streik, ähnlich wie in München, unter Einsatz von Polizei und Militär niedergeschlagen. Viele der für die Beendigung des Krieges streikenden Arbeiter werden zur Strafe zum Militär eingezogen. Auch Erich Mühsam wird zum ›Vaterländischen Hilfsdienst‹ eingezogen. Mit einem entsprechenden Gesetz versucht die Reichsregierung die totale Mobilisierung der männlichen Bevölkerung voranzutreiben: Männer zwischen siebzehn und sechzig Jahren, die nicht in die Armee eingezogen worden sind, können damit verpflichtet werden, in der Rüstungsindustrie oder einem kriegswichtigen Betrieb zu arbeiten. Erich weigert sich, dem Einberufungsbefehl nachzukommen. »Ich rechne mit 4 – 6 Wochen Gefängnis«, notiert er in sein Tagebuch.[33]

Am Ende kann keine der Streikforderungen durchgesetzt werden. Aber die Bewegung hat enorme Ausmaße angenommen und während der Streikwelle werden zum ersten Mal in großem Umfang Arbeiterräte gewählt – diejenige politische Organisationsform, von der in den kommenden Monaten die bayerische Revolution ausgehen wird.

5. Februar 1918

Obwohl Ernst Toller als Kriegsgeschädigter aus der Armee entlassen worden ist, soll er jetzt in der Artilleriekaserne erneut eine Uniform anziehen. Als er sich weigert, streifen ihm die Soldaten die Kleider gewaltsam über. Dann übergibt man ihm einen Einberufungsbefehl, um ihn an die Militärgerichtsbarkeit überstellen zu können. Es wird Anklage wegen Hochverrats erhoben und er wird in das Militärgefängnis in der Leonrodstraße überführt.

Die Behörden beharren darauf, dass Toller und seine Genossinnen und Genossen wegen des Streiks verhaftet worden seien. Die sozialdemokratische *Münchener Post* gibt vor, er sei als Deserteur eingesperrt. Er verbringt die Zeit in Gefangenschaft so gut es geht mit Lesen. Während die Korridore und Wachstuben mit elektrischem Licht erleuchtet sind, bleiben die Zellen der Gefangenen ohne Beleuchtung. Durch die schmalen Fenster fällt nur von elf Uhr vormittags bis drei Uhr nachmittags etwas Licht, den Rest des Tages verbringen die Gefangenen im Dunkeln. Diese Zeit des Lichts aber nutzt Ernst für das Studium der sozialistischen Klassiker. Er liest Karl Marx und Michail Bakunin, Franz Mehring und Rosa Luxemburg. »Eher aus Zufall denn aus Notwendigkeit war ich in die Reihen der streikenden Arbeiter geraten«, erinnert er sich später. »Was mich anzog, war ihr Kampf gegen den Krieg, jetzt erst werde ich Sozialist, der Blick schärft sich für die soziale Struktur der Gesellschaft, für die Bedingtheit des Krieges, für die fürchterliche Lüge des Gesetzes, das allen erlaubt zu verhungern und wenigen gestattet, sich zu bereichern, für die Beziehungen zwischen Kapital und Arbeit. Unvernunft und Blindheit beherrschen die Völker und die Völker dulden ihre Herrschaft, weil sie dem Geist der Vernunft misstrauen, die das chaotisch Planlose dämmen und ordnen und schöpferisch formen könnten. Weil der Mensch organisch wächst, nennt er seine Golems, Wirtschaft und Staat, organische Gebilde, so beschwichtigt er sein schlechtes Gewissen – denn ist er nicht hilflos vor der unfassbaren und undämmbaren Allmacht einer Welt, die den Tod als unentrinnbares Schicksal birgt? Tief in ihm bohrt und nagt die Lebensangst, er liebt die Freiheit, aber er fürchtet sich vor ihr und eher erniedert er sich und schmiedet sich selbst die Knechtfesseln, als dass er wagt, frei und verantwortlich zu schaffen und zu atmen.«[34]

Zum ersten Mal bekommt Ernst die Brutalität des Obrigkeitsstaats am eigenen Leib zu spüren. Die Zellen sind dreckig und voller Ungeziefer. Dutzende von Gefangenen, meist Deserteure, wechseln einander ab, ohne dass die Bezüge der Pritschen erneuert würden. Ernst und die anderen ›Rädelsführer‹ des Streiks werden in Isolationshaft gehalten, sodass sie sich nicht miteinander verständigen können. Auch Besuch dürfen sie keinen empfangen, nicht einmal Anwälte werden zu ihnen durchgelassen. Fast täglich wird er verhört, teilweise unter Folter. Fest entschlossen, die unmenschlichen Haftbedingungen nicht hinzunehmen, tritt Ernst bald darauf in den Hungerstreik.

20. März 1918

Eigentlich hat Erich Mühsam im Gasthaus Zum Goldenen Anker Hausverbot. Aber nun, da die Wortführer der USPD im Gefängnis sitzen, scheint sich darum niemand mehr zu scheren und man hat ihn zu der regelmäßigen Diskussionsrunde eingeladen. Die Runde diskutiert seit Jahren unter der Leitung von Kurt Eisner über den Krieg und eine mögliche Revolution. Es kommen unabhängige Sozialdemokraten, Intellektuelle und kriegsmüde Arbeiterinnen. Die Frauen aus den Rüstungsbetrieben sind verdreckt und übermüdet, sie stinken, ihre Hände und Gesichter sind von der Pikrin-Säure giftig zitronengelb verfärbt und ihre hellgrün gebeizten Haare glänzen vom Aluminiumstaub.[35] Viele von ihnen haben noch Männer oder Söhne im Krieg. »Sie waren eigentlich die Nüchternsten, die Mutigsten«, schreibt der Schriftsteller Oskar Maria Graf, der die Diskussionsrunde ebenfalls regelmäßig besucht. »Sie arbeiteten in den Granatfabriken, waren Straßenbahnschaffnerinnen, schufteten sonst wo und erzählten von ihren Nöten, von den Schwierigkeiten der Agitation unter ihren Kolleginnen, und sie machten Vorschläge.«[36] Bei konservativeren Teilen der USPD wird diese rege Beteiligung der Frauen eher skeptisch beäugt. Ebenfalls wird die Disziplin bei den Diskussionen bemängelt. So gibt es, anders als es sonst bei Parteisitzungen üblich ist, keine Glocke, keine Wortmeldungen und keinen Vorsitzenden.

Alle im Goldenen Anker kennen den anarchistischen Dichter Erich Mühsam und sind gespannt, was der Mann, dem Kurt Eisner Hausverbot erteilt hat, ihnen zu sagen hat. Auch Erich war an der Agitation für den Januarstreik beteiligt gewesen. Nachdem er viele Jahre lang seine politische Tätigkeit auf kleine anarchistische Gruppen beschränkt hat, sucht er nun den Schulterschluss mit der organisierten Arbeiterbewegung. Er steht in

Kontakt mit Rosa Luxemburg, Karl Liebknecht, Franz Mehring, Julian Borchardt und Johann Knief von den Bremer Linksradikalen. Auch mit Kurt Eisner hat er versucht zusammenzuarbeiten. Aber der zentristische Sozialist* verfolgt eine ganz andere Strategie als der Anarchist. Eisners Hauptstrategie ist der Nachweis der deutschen Schuld am Krieg, durch den er den Kaiser zugunsten einer demokratischen Reichsregierung zum Abdanken zwingen will. Für Erich Mühsam dagegen ist die Schuldfrage sekundär. Er will den Krieg vielmehr durch die revolutionäre Aktion des internationalen Proletariats beenden. Zum offenen Bruch zwischen Mühsam und Eisner kam es jedoch durch ihre gegensätzliche Stellung zur russischen Revolution. Eisner nimmt Partei für Kerenski und die Menschewiki, die zunächst eine bürgerlich-parlamentarische Demokratie in Russland einführen und den Krieg an der Seite der Alliierten fortsetzen wollten. Mühsam tritt für die Bolschewiki und Lenin ein, die den Krieg möglichst bald beenden und zumindest programmatisch eine sozialistische Revolution in Russland umsetzen wollen. Der Begriff des Bolschewismus steht zu dieser Zeit für Erich allerdings vor allem für die radikale Rätebewegung. Von deren bereits begonnener Unterdrückung durch eine bolschewistische Parteidiktatur ahnt er noch nichts. »Das Wort«, erklärt er später »bezeichnete für uns einfach das Bekenntnis zu der Forderung ›Alle Macht den Räten!‹, die seit der Oktoberrevolution 1917 als die bolschewistische Grundforderung galt und zu der wir Anarchisten alle uns bekannten und noch bekennen.«[37]

Infolge dieses Dissenses ist Eisner mit Mühsam während des Januarstreiks ganz ähnlich verfahren wie Auer mit ihm selbst: Er hat die Direktive ausgegeben, dass dem Anarchisten auf keiner Streikversammlung das Wort erteilt werden dürfe. Nun, da alle wichtigen Protagonisten des Streiks inhaftiert sind, will Erich den Zorn der verbliebenen Aktiven ausnutzen und versuchen, die Bewegung zu radikalisieren. Voll zynischem Pathos trägt er ein von ihm so betiteltes »Kriegslied« vor:

»Sengen, brennen, schießen, stechen,
Schädel spalten, Rippen brechen,
spionieren, requirieren,
patrouillieren, exerzieren,

* Der Zentrismus war ausgehend von der politischen Mitte der SPD eine Strömung des Marxismus, die einen Kompromiss zwischen Revolutionären und Reformisten anstrebte.

fluchen, bluten, hungern, frieren ...
So lebt der edle Kriegerstand,
die Flinte in der linken Hand,
das Messer in der rechten Hand -
mit Gott, mit Gott, mit Gott,
mit Gott für König und Vaterland.«

Der Lärm in der Spelunke legt sich allmählich. Die meisten Zuhörer hängen bereits gebannt an Erichs Lippen. So auch Hilde Kramer, die sich ebenfalls unter den Zuhörerinnen befindet.

»Aus dem Bett von Lehm und Jauche
zur Attacke auf dem Bauche!
Trommelfeuer – Handgranaten -
Wunden – Leichen – Heldentaten -
bravo, tapfere Soldaten!
So lebt der edle Kriegerstand,
das Eisenkreuz am Preußenband,
die Tapferkeit am Bayernband,
mit Gott, mit Gott, mit Gott,
mit Gott für König und Vaterland.«

Das Kriegslied ist, wie fast alles was Erich schreibt, politische Lyrik, die hauptsächlich der Agitation dient. Er verachtet das »reine Ästhetentum, das sich zufriedengab, wenn es die großen Probleme der Menschheit in ein klingendes Wort und ein genießerisches Seufzen eingefangen hatte.«[38] Erich meint es ernst mit dem Antimilitarismus und seinem Durst nach Freiheit. »Der Zweck heiligt die Kunst!«, schreibt er anderswo. »Zweck meiner Kunst ist der gleiche, dem mein Leben gilt: Kampf! Revolution! Gleichheit! Freiheit!«[39] Dafür lieben ihn die Linksradikalen und auch hier im »Goldenen Anker« wird nun der Höhepunkt seines Kriegsliedes von schallendem Gelächter und Beifall begleitet.

»Angeschossen – hochgeschmissen -
Bauch und Därme aufgerissen.
Rote Häuser – blauer Äther -
Teufel! Alle heiligen Väter! ...
Mutter! Mutter!! Sanitäter!!!
So stirbt der edle Kriegerstand,
in Stiefel, Maul und Ohren Sand

und auf das Grab drei Schippen Sand -
mit Gott, mit Gott, mit Gott,
mit Gott für König und Vaterland.«[40]

Manchen der anwesenden Frauen bleibt angesichts dieser Worte allerdings das Lachen im Halse stecken. Viele von ihnen haben noch Ehemänner und Söhne im Feld, um die sie bangen, oder von denen sie bereits vermuten, dass sie ein ähnliches Schicksal erlitten haben, wie das von Mühsam besungene. Ihre Augen lachen nicht mit. Sie sind hart und entschlossen. Denn an der Front beginnt in diesen Tagen die deutsche Frühjahrsoffensive, bei der auf deutscher Seite 230.000 Soldaten sterben und auf Seite der Entente 310.000. Auch Erich weiß, dass der Krieg kein Spaß ist. Er beendet seine Deklamation mit einem Satz, der Hilde Kramer im Gedächtnis bleiben wird: »Der Krieg ist organisierter Massenmord und schon deshalb schlechthin unsittlich.«[41]

Hilde ist von Erichs Radikalität hellauf begeistert und auch die meisten anderen Zuhörerinnen und Zuhörer sind angetan. Denn bei dieser Runde im Goldenen Anker handelt es sich durchaus um die radikaleren Elemente der Antikriegsbewegung. »In dieser kleinen Gastwirtschaft«, schreibt auch Graf, »begann buchstäblich die Bayerische Revolution.« Tatsächlich sind es nicht die Parteizentralen, sondern öffentliche Versammlungen wie diese, aus denen die heraufziehenden Umbrüche entspringen werden. Ausgerichtet werden die Versammlungen fast immer in Gastwirtschaften wie dem Goldenen Anker, die sich damit zu Biotopen der Subversion entwickeln. Diese Biotope lassen sich grob in zwei Kategorien einteilen: Die Caféhäuser und die Bierkeller.

In den Schwabinger Caféhäusern tummeln sich die Künstler und Intellektuellen. Sie sind bekannt als Treffpunkte der Bohemiens, als Orte experimenteller Kultur. Die einen halten sie für die Trutzburgen der freiheitlichen Avantgarde, die anderen für Vorboten der allgemeinen Zügellosigkeit und des Sittenverfalls. Erich Mühsam ist einer, der die Kunst des Caféhausbesuchs zur Perfektion gebracht hat. Er kennt sie alle und weiß, in welchem der Häuser, welche Gruppen verkehren: Im Café Luitpold treffen sich die Ästheten, im Orlando di Lasso die Hofschauspieler, in der Dichtelei die Gruppe um Erichs Freund Frank Wedekind, in der Kette die Zeichner der Satirezeitschrift *Simplicissimus* und im Café Stefanie ein Kreis von rebellischen oder einfach verrückten Künstlern, in dessen Zentrum Erich selbst steht. Dort probiert er mit seinen Freunden neue Formen der Lyrikproduktion aus, etwa, indem sie reihum jeweils eine Zeile dichten, von denen jede einen Frauennamen enthalten muss, bis »mehrere Dutzend meistens etwas laszive Gedichte« entstanden sind.[42] In dem Netzwerk, das sich zwischen den einzelnen Caféhaus-Zirkeln entspannt, erkennt Erich gar ein Modell für eine befreite Gesellschaft: Auch sie müsse als Föderation weitgehend autonomer Einheiten strukturiert sein – so wie die Schwabinger Künstlercliquen.

Als noch wichtiger für die kommende Revolution werden sich jedoch die Münchner Bierkeller entpuppen. Das liegt einerseits an ihrer schieren Größe: Die größten unter ihnen – der Schwabinger-, der Hofbräu, der Mathäser-, und der Löwenbräukeller – fassen mehrere Tausend Personen. So werden sie zu bevorzugten Orten für die revolutionären Massenversammlungen der nächsten Monate. Aber auch darüber hinaus wohnt den Bierkellern etwas Anarchisches inne: Dort sitzen alle Schichten gemeinsam an den langen Tischen auf denselben Bänken. Für die Arbeiterinnen und Lumpenproletarier ist einer der Hauptvorzüge der Bierkeller, dass es dort, im Gegensatz zu ihren eigenen Unterkünften, warm ist. Unter anderem deshalb kommen die Armen und Unzufriedenen in großen Massen zu diesen Orten. Und dann kommen sie fast zwangsläufig ins Gespräch: Die abgegrenzte Privatsphäre von möglichst isoliert stehenden Restauranttischen sucht man hier vergeblich. Im Bierkeller wird eine geschlossene Gruppe, die sich auf den langen Bänken niedergelassen hat, alsbald Gesellschaft von Wildfremden bekommen, die keinen Platz mit ›Anstandsabstand‹ verschwenden werden, sodass sie bald wild durchmischt ist. Außerdem gilt es als schlechtes Benehmen, nur mit auserwählten Gesprächspartnern anzustoßen. Stattdessen werden die Maßkrüge zu einem lauten, inklusiven ›Prosit am Tisch‹ erhoben, an das sich fast immer eine die gesamte Bierbank umfassende Konversation anschließt. Ohne Caféhäuser und Bierkeller hätte es wohl keine Räterepublik in Bayern gegeben.

Als Erich nun geendet hat, fragt einer der anwesenden Sozialdemokraten laut, ob er nicht Anarchist sei. Als solcher wolle er doch nur das Chaos, von dem der Krieg auch nicht mehr weit entfernt sei.

»Anarchie bedeutet Herrschaftslosigkeit«, antwortet Erich routiniert, da er diese Diskussion schon Hunderte Male geführt hat: »Wer den Begriff mit keinem Gedanken verbinden kann, ehe er ihn nicht zur Zügellosigkeit umgedeutet hat, beweist damit, dass er mit den Empfindungsnerven eines Pferdes ausgerüstet ist. Anarchie ist Freiheit von Zwang, Gewalt, Knechtung, Gesetz, Zentralisation, Staat.« Die Deutschen jedoch seien noch immer in ihrer Obrigkeitsmentalität verfangen. »Sie schreien nach Polizei, weil sie allein sich nicht schützen können gegen die Bestialität ihrer Instinkte. Wo ihr Zusammenleben gemeinsame Entschlüsse verlangt, da lassen sie sich vertreten – die deutsche Sprache ist sehr feinfühlig – weil sie den eigenen Entschlüssen zu trauen nicht den Mut haben. Das politische Leben der zivilisierten Völker erschöpft sich – um den Pferdevergleich wiederaufzunehmen – im Ersinnen immer vollkommenerer Zügel, Sättel, Deichseln, Kandaren und Peitschen. Nur darin unterscheidet sich der arbeitende Mensch vom arbeitenden Pferd, dass er selbst hilft, verbesserte Systeme seiner Fesselung zu erfinden und sich anzulegen. Doch gleichen sich beide im Zutrauen zu ihrem starken Eisenbeschlag und in der Verhinderung seiner Anwendung durch Scheuklappen.« Am Ende schließt er mit einem Appell: »Das Mittel zur Abänderung als schlecht erkannter Zustände heißt immer Aktion. Aber die Menschen unserer Zeit sind aktionsfaul. Um nichts tun zu müssen, haben sie die Theorie aufgestellt, dass sich die Geschichte nach materialistischen Notwendigkeiten entwickelt. Die Zeit funktioniert automatisch; die arbeitenden Menschen aber warten ab, bis es der Zeit gefällig sein wird.«[43]

Am Ende fühlen sich die Sozialdemokraten wieder einmal auf den Schlips getreten. Noch weniger begeistert sind jedoch die anwesenden Spitzel und die monarchistischen Behörden. So folgt die Strafe auf den Fuß: Erich erhält ein absolutes Verbot politischer Betätigung und über den Goldenen Anker wird ein Militärverbot verhängt, das Soldaten untersagt, das Lokal zu betreten. Die Wirtin duldet daraufhin die Diskussionsrunden nicht mehr. Sie werden zunächst ins Mathäserbräu verlegt, kommen dann jedoch komplett zum Erliegen.

6. April 1918

Ernst bekommt, geschwächt durch seinen Hungerstreik gegen die Haftbedingungen, hohes Fieber. Eines Morgens wird er von einem spitzen, tierischen Schrei aus dem Schlaf gerissen. Er fährt hoch und realisiert, dass er es selbst ist, der da schreit. Sich selbst fremd geworden, schreit er weiter. Auch seine Mitgefangenen leiden unter den unsäglichen Haftbedingungen in Stadelheim. Mehrere von ihnen fliehen sich in den Tod. Sie schneiden sich mit Scherben die Pulsadern auf, erhängen sich an aus zerrissenen Laken gebundenen Stricken oder stürzen sich übers Treppengeländer hinab in den Steinkeller. Auch Sarah Sonja Lerch ist am 29. März in einer Zelle, die scheinbar nicht ihre eigene gewesen ist, erhängt aufgefunden worden. Der Tod seiner Freundin und Genossin trifft Ernst schwer. Später wird er ihrem Leben als Revolutionärin in seinem Drama *Masse Mensch* ein Denkmal setzen.

Die inhaftierten USPDler wissen inzwischen, dass sie von der Justiz keine Schonung zu erwarten haben. Kriegsminister Hellingrath hält in einem internen Schreiben fest, dass die USPD mit allen Mitteln zerschlagen werden und die SPD stattdessen gestärkt werden müsse:

> »Nach den seitherigen Erfahrungen bildet die unabhängige Sozialdemokratie eine schwere Gefahr für den Fortbestand des Reiches. Ihren Bestrebungen muss auf jedem möglichen Wege entgegengetreten werden. Da sie ihren Zuwachs vornehmlich aus den Reihen der rechtsstehenden Sozialdemokratie erhält, liegt die wirksamste Abwehr gegen ihre weitere Ausbreitung in Maßnahmen, durch welche die sozialdemokratische Mehrheitspartei die Flucht ihrer bisherigen Anhänger in das Lager der Unabhängigen zu verhindern sucht. In dieser Beziehung erblicke ich ein wirksames Mittel in der Versammlungstätigkeit der alten sozialdemokratischen Partei. Durch mündliche Aufklärung vermag sie am ehesten ihre Mitglieder sich zu erhalten und gegen die unterirdische Wühlarbeit der Radikalsozialisten widerstandsfähig zu machen. Das Bestreben der militärischen Zensurstellen wird daher dahin gehen müssen, den Veranstaltungen der Mehrheitssozialisten so wenig wie möglich Schwierigkeiten zu bereiten. Gelegentliche Entgleisungen in den Versammlungen werden in der Regel weit weniger nachteilige Folgen haben als verbitternd wirkende Verbote und Anordnungen.«

Ernst wird in seiner Zelle eines Morgens beim Aufstehen ohnmächtig, doch der Gefängnisarzt verweigert ihm die Behandlung. Tags darauf kommt ein anderer Arzt in seine Zelle, der mit den Kriegsgegnern zu sympathisieren scheint. Er lässt Ernst in ein Lazarett verlegen. Das winzige Lazarett bietet zwei Betten, ist aber mit sechs Kranken belegt. Vier liegen auf Strohsäcken auf der Erde. Das Fenster ist verriegelt, die Luft verpestet vom Fäkaliengestank des Aborteimers. Einige Tage später erklärt derselbe Arzt, der ihn bereits in das Lazarett verlegt hat, Ernst für haftunfähig. Er wird daraufhin zum Ersatzbataillon ins schwäbische Neu-Ulm geschickt.

27. April 1918

Erich Mühsam wird wegen seiner Verweigerung des ›Vaterländischen Hilfsdienstes‹ verhaftet und für einige Tage interniert. Doch statt einer Verurteilung wird er als Deserteur verbannt. Da er bereits im September 1916 die bayerische Staatsangehörigkeit erworben hat, kann er jedoch nicht des Landes verwiesen werden, sodass die Verbannung ins nur achtzig Kilometer von München entfernte Traunstein erfolgt – eine äußerst schonende Behandlung, die sich Erich nur mit seiner großen Popularität erklären kann.

In Traunstein trifft er auch seinen anarchistischen Genossen Josef Sontheimer aus München wieder, dessen »anarchosozialistischer Diskutierklub« bei seinem ersten längeren München-Aufenthalt 1907 seine politische Heimat gewesen ist. Sontheimer, ein fünfzigjähriger kaufmännischer Angestellter, ist einer der bekanntesten Anarchisten Münchens. Die beiden haben viel gestritten, was sie hier in »Bayerisch-Sibirien«, wie Erich Traunstein in einem Brief an Max Halbe nennt,[44] mit Leidenschaft neu beginnen.

Nur Erichs Frau Kreszentia »Zenzl« Mühsam, die er vor zwei Jahren geheiratet hat, darf ihn hin und wieder besuchen. Seinem Tagebuch vertraut er einmal anlässlich eines seiner zahlreichen Gefängnisaufenthalte folgendes an: »Diese Frau hat mir der Himmel selbst geschickt. Wüsste sie nur, wie gut ich das weiß. Ihre Klugheit, Natürlichkeit, Güte, Derbheit, Ehrlichkeit, verbunden mit Kraft, Mutterwitz, Anmut und Schönheit, ihre unbestechliche Hingabe an die Aufgabe, die sie sich gestellt hat, der Kunst zu dienen, indem sie den Künstler pflegt, ihr klares Verständnis für meine Ideen und ihre schöne, keusche und starke Liebe – welche Perle von Frau habe ich.« Aber dann fährt er fort: »Der eine Fehler, den sie hat, ist so verständlich und sollte mir eigentlich wohltun: ihre Eifersucht, die sie nicht wahrhaben will. Gute, liebe Zenzl! Ich bin nun mal nicht für die Treue geschaffen – und wenn dann mal eine Nacht nicht im Ehebett, sondern bei Mila herumging – warum musste ich dann Lügen erfinden, und wir konnten nicht ohne stumme Vorwürfe (oder auch ausgesprochene) darüber gehen?«[45] Im Gegensatz zu Erich scheint Zenzl durchaus »für die Treue gemacht« zu sein, jedenfalls ist sie immer wieder verletzt von Erichs Liebesabenteuern. Trotzdem bleibt sie bis zu Erichs Ermordung an seiner Seite.

Erich und Zenzl Mühsam

16. Juni 1918

Hilde Kramer hält den Atem an. Es ist nichts zu hören im Haus ihrer Schwester Frida und deren Mann Max. Leise schleicht sie zur großen Kommode im Esszimmer. Sie weiß genau, wo die Brotmarken aufbewahrt werden und zieht rasch einige der Papierfetzen aus der Schublade.

Als Max, der als Oberstabsarzt ein Lazarett an der Ostfront leitete, eines Tages zum Heimaturlaub nach München kam, geriet Hilde sofort mit ihm in einen Streit über Sinn oder Unsinn des Krieges. Max hat sofort erraten, dass Hildes Umfeld im Jugendheim am Ammersee für ihre Politisierung verantwortlich ist. Tatsächlich hat sich dort nach der Hungerdemonstration vor zwei Jahren noch einiges getan. 1917 besuchten die beiden Bremer Kommunisten Johann Knief und Lotte Kornfeld das Heim und derzeit werden dort die Söhne Karl Liebknechts versteckt. Max reagierte prompt, indem er Hilde dem unpatriotischen Einfluss der Familie

Kaetzler entzog und sie in ein strenges Mädchenpensionat schickte, das ihr den Sozialismus austreiben sollte. Außerdem wurde sie einem gesetzlichen Vormund unterstellt, der ihr Kontaktverbot zur gesamten Familie Keatzler erteilte. Das hält Hilde jedoch keineswegs davon ab, zu allen Mitgliedern der Familie zeitlebens eine enge Freundschaft zu pflegen.

Nachdem Hilde nun die Schule abgeschlossen hat, kann sie sich von der Kontrolle ihres Schwagers ein Stück weit befreien. Sie lebt von Arbeitslosenunterstützung und besucht Kurse in Bakteriologie, Stenographie und Schreibmaschinenschreiben. Während sie die Bakteriologie zu Tode langweilt, eignet sie sich die Fähigkeiten des Tippens, deren Nutzen ihr unmittelbar einleuchtet, schnell an. Außerdem verschlingt sie alles, was sie an sozialistischer Literatur in die Finger kriegen kann. Sie genießt ihre neugewonnene Freiheit in vollen Zügen. »Kaum der Schule entronnen«, erinnert sie sich später, »stand ich so sehr mitten in den Ereignissen, wie ich mir das selbst in meinen kühnsten Träumen nicht vorgestellt hatte. Es war herrlich, selbstständig zu leben und mir meine Zeit selbst einzurichten, wie es mir passte. Dinge, die bald zu Selbstverständlichkeiten wurden, genoss ich mit Bewusstsein. Ich lag Zeitung lesend auf dem Diwan und verwandelte meine knappe Brotration in kleine Würfel, die ich lutschte wie Pralinen. Ich wanderte durch die Straßen der Stadt, als ob ich sie nie vorher gesehen hätte.«[46]

Nun ist Hilde mit den entwendeten Brotmarken in der Tasche auf dem Weg zu einer der Münchner Armenküchen, bei denen sich politische Flüchtlinge aus ganz Deutschland treffen. Dort übergibt sie die Brotmarken an Lotte Kornfeld und Johann Knief, die sie aus Riederau kennt. Die beiden machen Hilde mit einer Gruppe Luxemburger Studenten bekannt, die von den Wirren des Kriegs nach München getrieben worden sind und hier eine kommunistische Gruppe gründen wollen. Hilde ist begeistert, vor allem von einem der Studenten, Pol Michels, einem schönen, dunkelhaarigen jungen Mann, der ihr sehr imponiert. Sie schließt sich der Gruppe sofort an.

4. Juli 1918

Von der Ersatzbataillonskaserne Neu-Ulm aus besucht Ernst heimlich seinen Mentor Gustav Landauer im nahen Krumbach. Der Autor der berühmtgewordenen Agitationsschrift *Aufruf zum Sozialismus* ähnelt mit seiner hohen Stirn, seinem Rauschebart und seinem etwas entrückten Blick eher einem mystischen Asketen als einem Arbeiterführer. Tatsächlich hat er sich in den letzten Jahren in die Mystik vertieft – die christliche, aber auch die jüdische und buddhistische. Zusammen mit Martin Buber hat er zahlreiche einflussreiche theologische Schriften herausgegeben und einen Großteil seiner Zeit mit dem Studium und der Produktion von Literatur verbracht. Aber für Landauer hat die Dichtung eine immanent politische Funktion: »Die Konsequenz der Dichtung ist Revolution«, schreibt er, »die Revolution, die Aufbau und Regeneration ist, – wer das nicht weiß, dem haben die Dichter nie wirklich gelebt.«[47]

Landauers Utopie orientiert sich stark am mutualistischen Kollektivismus des französischen Frühanarchisten Proudhon. Der Sozialismus könne nur durch einen Ausstieg aus dem Kapitalismus in Form von Konsum- und Produktionsgenossenschaften, hauptsächlich aber von Siedlungen realisiert werden. Das zentrale Anliegen Landauers ist die Überwindung der Herrschaft und damit auch des Staates. Für ihn ist jedoch klar – und hier unterscheidet er sich von anderen Anarchistinnen und Anarchisten seiner Tage – dass der Staat nicht in einer einmaligen Revolution, quasi durch einen Putsch, abgeschafft werden kann. Der Staat ist nicht beschränkt auf bürokratische und militärische Institutionen, sondern durchdringt mit seiner Logik der Herrschaft die gesamte Gesellschaft. Dazu führt er aus: »Einen Tisch kann man umwerfen und eine Fensterscheibe zertrümmern, aber die sind eitle Wortmacher und gläubige Wortanbeter, die den Staat für so ein Ding halten, den man zertrümmern kann, um ihn zu zerstören. Der Staat ist ein Verhältnis, ist eine Beziehung zwischen den Menschen, ist eine Art, wie Menschen sich zueinander verhalten; und man zerstört ihn, indem man andere Beziehungen eingeht, indem man sich anders zueinander verhält. Der absolute Monarch konnte sagen: ›Ich bin der Staat‹. Wir, die wir im absoluten Staat uns selbst gefangen gesetzt haben, wir müssen die Wahrheit erkennen: Wir sind der Staat – und sind es so lange, als wir nichts Andres sind, als wir die Institutionen nicht geschaffen haben, die eine wirkliche Gemeinschaft und Gesellschaft der Menschen sind.«[48]

Landauer versteht sich zwar als Sozialist, gleichzeitig ist er aber überzeugter Antimarxist. So verwirft er die marxistische Maxime vom Proletariat als revolutionärem Subjekt. Viele Arbeiterinnen und Arbeiter hätten überhaupt kein Interesse an der Überwindung des Kapitalismus – auch noch so viel Agitation könne das nicht ändern. Zum anderen führe diese

Fixierung auf die ökonomische Lage im Kapitalismus zu Forderungen, die diesem immanent seien und nicht über ihn hinausführen würden. Insbesondere seien dies die kommunistische Forderung nach einer »Diktatur des Proletariats und die sozialdemokratische nach einem »Recht auf Arbeit«. Landauer fordert dagegen »nicht die Diktatur, sondern die Abschaffung des Proletariats und die Erstehung der neuen Menschengesellschaft.«[49] Anstelle des Rechts auf Arbeit tritt er für ein Recht auf Wohlstand ein. Dabei bezieht Landauer sich vor allem auf den russischen Naturwissenschaftler und Anarchisten Peter Kropotkin, der erklärt: »Das Recht auf Wohlstand bedeutet die Möglichkeit, als menschliche Wesen zu leben und die Kinder so aufzuerziehen, damit aus ihnen gleichberechtigte Glieder einer besseren Gesellschaft als der unsrigen werden können, während das ›Recht auf Arbeit‹ das Recht bedeutet, ewig Lohnsklave zu bleiben, ein Arbeitstier, das geleitet und ausgebeutet wird durch den Bourgeois von morgen. Das Recht auf Wohlstand ist die soziale Revolution, das Recht auf Arbeit ist günstigstenfalls ein industrielles Arbeitshaus.«[50] An die Stelle des Proletariats treten bei Landauer die Intellektuellen als Triebkraft einer permanenten Revolution und Mahner gegen die geistige Verflachung – eine Idee, die Ernst sehr zusagt. Überhaupt wird Landauer zeitlebens Ernsts wichtigster theoretischer Bezugspunkt bleiben. Gerade weil er Landauer so schätzt, will ihm jedoch nicht einleuchten, warum dieser nun, da die Arbeiterbewegung an Stärke gewinnt und Landauer seine Ideen zum ersten Mal tatsächlich in die Tat umsetzen könnte, in Krumbach bleibt, anstatt sich in die Geschehnisse einzumischen. Offen konfrontiert er seinen Mentor mit dieser Frage. »Ich habe«, antwortet Landauer, »mein Leben lang gearbeitet, dass diese Gesellschaft, die auf Lug und Trug, auf der Ausbeutung und Unterdrückung des Menschen ruht, zusammenbreche, jetzt weiß ich, der Zusammenbruch wird kommen, morgen oder in einem Jahr, ich habe das Recht und den Atem, mich für diese Zeit zu bewahren, wenn die Stunde es fordert, werde ich da sein und arbeiten.«[51]

Am nächsten Morgen entdeckt Ernst im Register des Krumbacher Gasthauses, in dem er selbst logiert, dass eben jener Kriegsgerichtsrat, der den Prozess gegen ihn führt, hier seine Ferien verbringt. Er reist sofort ab. Da er es als zu riskant erachtet, in Krumbach den Zug zu nehmen, laufen Landauer und er durch Gärten, über Zäune und Felder zur nächsten Station. Er erreicht gerade noch rechtzeitig Neu-Ulm, um zu erfahren, dass der Feldwebel nach ihm verlangt. Dieser teilt ihm mit, dass er laut Befehl in eine Psychiatrie in München überwiesen wird. Es stellt sich heraus, dass seine Mutter, entsetzt über den Vorwurf, ihr Sohn habe Landesverrat begangen, einen Hausarzt gebeten hat, ein Attest auf psychische Krankheit an das Militärgericht zu schicken. Darin wird Ernst als »schwerer Hysteriker« bezeichnet, der »die krankhafte Sucht hat, sich interessant zu machen«. Außerdem sei er »offenbar einer von den politisch unreifen, ästhetisierenden und übersensitiven jungen Menschen, die nur in ihren Ideen leben, ohne die realen Vorgänge in der Welt richtig einschätzen zu können.«[52]

Nach vier Tagen wird Ernst wieder aus der Psychiatrie entlassen. Kurt Eisner wird derweil weiter gefangen gehalten. Ihm werfen die Behörden vor, von ausländischen Geldgebern bestochen worden zu sein und auf die Zersetzung der Armee hinwirken zu wollen.

18. August 1918

Im Münchner Luxushotel Vier Jahreszeiten trifft sich – dem Aufruf des Esoterikers Rudolf Glauer folgend – eine illustre Runde aus Akademikern, Aristokratinnen und Geschäftsleuten. Sie alle sind unzufrieden mit dem aktuellen Linksruck in Bayern. Verantwortlich für die als misslich empfundene politische Lage machen sie die Juden. Diese seien der Todfeind des Deutschen Volkes und hätten sich gezielt verschworen, um ihr geliebtes Vaterland zu destabilisieren. Deshalb gründen die Versammelten an diesem Abend ihrerseits einen Geheimbund, den sie die Thule Gesellschaft, Orden für deutsche Art nennen. Glauer ist bereits ein erfahrener Geheimbündler. Im türkischen Bursa, so erzählt er immer wieder, habe er 1901 die Bekanntschaft eines griechischen Juden namens Termudi gemacht, der ihn in eine Freimaurerloge eingeführt und ihm seine Bibliothek okkultistischer Bücher vererbt habe. Danach hat er sich islamischer Mystik, Sufismus, Theosophie und ›Theozoologie‹ beschäftigt. Dabei habe er die Buchstabenmagie praktisch neuerfunden und in den Praktiken der Sufi-Derwische rosenkreuzerische Traditionen wiedererkannt, die der feinstofflichen Umwandlung des Körpers dienten. 1910 habe er schließlich in Istanbul seine eigene mystische Loge gegründet und sei dann von einem ausgewanderten Baron namens Heinrich von Sebottendorf adoptiert worden. Seitdem nennt er sich Rudolf Freiherr von Sebottendorf. Da er die türkische Staatsangehörigkeit hat, wurde er im Weltkrieg nicht zum Militär einberufen. So konnte er 1915 in Wien die Tochter eines reichen Berliner Kaufmanns heiraten. Von ihrem Vermögen bestreitet er nun nicht nur seinen Lebensunterhalt, sondern finanziert auch den völkischen Germanenorden mit erheblichen Summen. In dessen Auftrag hat er nun auch die Versammlung zusammengerufen, um einen bayerischen Ableger des Ordens zu gründen. Ziel des Ordens ist es, der ›jüdischen Weltverschwörung‹ mit eigenen konspirativen Mitteln das Handwerk zu legen. Zu diesem Zweck wollen die Geheimbündler eine nationale Diktatur errichten, unter der schließlich alle Juden aus dem Deutschen Reich vertrieben werden sollen – ein Vorhaben, das im bayerischen Bürgertum einigen Anklang findet. Passend dazu denkt Glauer sich zwei Wahlsprüche für seinen Bund aus: »Halte dein Blut rein« und »Bedenke, dass du ein Deutscher bist«. Als Erkennungszeichen verordnet er das von einem Strahlenkranz eingefasste Hakenkreuz und das blanke Schwert. Der Gruß der Mitglieder bei ihren Treffen soll »Heil und Sieg« lauten.

Zunächst macht sich die Thule Gesellschaft Propaganda zu ihrer zentralen Aufgabe. Zu diesem Zweck kauft Glauer mit dem Vermögen seiner Frau die Zeitung *Münchner Beobachter*. Unter seiner Chefredaktion wird das Boulevardblatt zum Zentralorgan der Thule-Gesellschaft, in dem diese gegen Juden und Revolutionäre hetzt. Von den Behörden bleiben sie in ihren Umtrieben ungestört. So radikalisiert sich die Gruppe schnell und es bleibt nicht lange beim Kampf mit Worten.[53]

14. Oktober 1918

Georg Carl Joseph Heinrich Ritter von Vollmar auf Veltheim, der alte Herr der bayerischen Sozialdemokratie, ist erkrankt. Er gilt als Begründer des sozialdemokratischen Opportunismus, den er in seinen berühmt gewordenen Reden im Münchner Gasthaus Eldorado an die Stelle des Klassenkampfes gesetzt hat – rund sechzig Jahre bevor dieser im Godesberger Programm aus den Statuten der SPD gänzlich verbannt werden sollte. Er will die SPD von der Arbeiter- zur Volkspartei machen und ist immer wieder Bündnisse mit dem Zentrum und den Liberalen eingegangen. Nun legt er aufgrund eines Rückenleidens sein Landtagsmandat nieder. An Vollmars Stelle tritt dessen ehemaliger persönlicher Sekretär Erhard Auer. Aber auch sein Reichstagsmandat muss er niederlegen, sodass für den 17. November Ersatzwahlen angesetzt werden. Die USPD stellt für diese Wahlen sogleich den inhaftierten Kurt Eisner als Kandidaten auf. Damit ist die bayerische Regierung gezwungen, einem Antrag auf Haftentlassung stattzugeben. Noch am selben Tag um 20.30 Uhr wird Eisner freigelassen.

Kurz nachdem Eisner aus dem Gefängnis Stadelheim entlassen wird, nehmen auch Hilde Kramer und ihre Luxemburger Freunde Kontakt zu ihm auf. Denn bei dem Vorsitzenden der bayerischen USPD laufen derzeit alle Fäden der revolutionären Bewegung in Bayern zusammen. Heimlich druckt die Studentengruppe illegale Flugblätter gegen den Krieg und für den Sozialismus. Diese verteilen sie dann mit der Hilfe Eisners und der USPD.

Hilde geht ganz in der revolutionären Arbeit auf. Es dauert auch nicht lange, bis sie sich Hals über Kopf in Pol Michels verliebt hat. An eine Freundin schreibt sie: »Fabelhaft war's, wenn wir in der einen Studentenbude saßen und revolutionäre Pläne brüteten. Ich hatte in diesen Tagen auch gleich mit Herzensangelegenheiten zu tun, was mich einsteils erhob, andernteils sehr bedrückte. Er ist ein Luxemburger Student, der Typ eines düsteren Revolutionärs und ich habe mich sehr in ihn verliebt.«[54]

31. Oktober 1918

Das berüchtigte Schwabinger Café Stefanie in der Theresienstraße, Ecke Amalienstraße, ist überfüllt. Vagabundierende Künstler und alle Arten von Außenseitern treffen sich hier. Im Bohèmelokal ist es laut, es riecht nach Bier und Rauch. Erich hat in den letzten zehn Jahren einen Großteil seiner Zeit hier verbracht. In den letzten Monaten haben ihm die sich überstürzenden politischen Ereignisse dieses Vergnügen jedoch verwehrt. Jetzt, direkt am Tag seiner Rückkehr aus der Internierung in Traunstein, ist er umso froher, seinem alten Lieblingslokal wieder einen Besuch abstatten zu können. Das Café besteht aus einem Hauptraum, der mit modrigen roten Plüschsofas möbliert ist und mit einem großen Kohleofen beheizt wird. Dann gibt es aber noch den wesentlich wichtigeren Nebenraum, in dem örtliche Berühmtheiten jeden Nachmittag Schach spielen, während Passanten durch die Fenster zusehen. Auch Erich hat hier früher fast täglich Schach gespielt, getrunken und diskutiert, mit Heinrich Mann, Roda Roda, Gustav Meyrink, Max Halbe und vielen anderen. Auch einige seiner amourösen Episoden – etwa mit der leichtlebigen Emmy Hennings oder der burschikosen Lotte Pritzel – haben hier begonnen. Später wird er über das Café berichten: »Hier verkehrten massenhaft Maler, Schriftsteller und Genieanwärter jeder Art, auch viele ausländische Künstler, Russen, Ungarn und Balkanslawen, kurz, das, was der Münchener Eingeborene in den Sammelnamen ›Schlawiner‹ zusammenfasst.«[55] Unter diesen Schlawinern ist er äußerst beliebt.

Auch für Hilde Kramer und ihre neuen Luxemburger Freunde ist im Café Stefanie immer ein Tisch reserviert. Hier pflegt die neugegründete K-Gruppe zu tagen, die bereits den von Johannes Knief, Otto Rühle und anderen Linksradikalen gegründeten Internationalen Kommunisten Deutschlands (IKD) beigetreten ist. »Wir lebten von Kaffee, Politik und einem gelegentlichen Ei im Glas«, erinnert sich Hilde. »Ich fand es ein herrliches Leben, aber meine Familie wäre sicher entsetzt gewesen, wenn sie von meiner Boheme-Existenz gewusst hätte.«[56]

Als Hilde Erich Mühsam erblickt, den sie bereits von seinem Vortrag im Goldenen Anker kennt, spricht sie ihn sofort an. Sie findet ihn etwas ungepflegt, aber sympathisch. »Mühsam mit seinem schuppigen roten Spitzbart war nicht die Art von Mann, der geeignet war, junge Mädchen zu begeistern«, urteilt sie im Rückblick. »Aber er war ein wunderbarer Redner und ein guter, ehrlicher Mann.« Erich ist wiederum beeindruckt von Hildes Einsatz für die Revolution. Sie hat kaum mehr etwas anderes im Sinn. »Für die meisten jungen Menschen ist die Berufswahl eine schwerwiegende Angelegenheit«, meint sie. »Für mich war die Frage uninteressant, ich war entschlossen, mein Leben dem Kampf für den Sozialismus zu widmen – das war mein Beruf, für den ich bereit war, mich ganz einzusetzen und schlimmstenfalls mein Leben zu opfern. Es war alles so einfach und klar, aber wie das im Einzelnen aussehen würde, wusste ich nicht.«[57] Irgendwann kommt Hilde darauf zu sprechen, dass sie keine feste Bleibe hat. Sofort bietet Erich ihr an, zu ihm und seiner Frau Zenzl in die Georgenstraße 105 zu ziehen. Sie nimmt das Angebot an und schläft fortan auf dem Diwan im Arbeitszimmer der Mühsams.

Auch mit Zenzl freundet sich Hilde sogleich an. Später erinnert sie sich: »Zenzl war nicht nur ein denkbar gastfreundlicher Mensch – sie brachte mir morgens immer eine dampfende Tasse Kaffee ans Bett – sondern auch für diesen intellektuellen Haushalt eine außerordentliche Erscheinung. Sie war ein bayerisches Bauernmädchen mit dicken Zöpfen um den Kopf gelegt, stark bayerischem Akzent und fähig, sich in jeder Gesellschaft mit Grazie zu bewegen.« Zenzl hat ihren unehelichen Sohn

Siegfried in die Ehe eingebracht, der mittlerweile sechzehn Jahre alt ist und ebenfalls im Haushalt der Mühsams lebt. Als Erich seinen Stiefsohn kennenlernt, notiert er in sein Tagebuch, Siegfried sei ein »aufgeweckter, bescheidener, kritisch interessierter, sehr netter Bub, wenig verspielt und skeptischen Weltauffassungen offenbar sehr zugänglich. Ich denke, in seinem beweglichen Alter guten Einfluss auf sein Urteil und seine Entwicklung nehmen zu können.« Damit hat Erich sich jedoch falsche Hoffnungen gemacht. Siegfried wird sich sein Leben lang nicht zum Anarchisten entwickeln.

In der Wohnung der Mühsams kehrt so gut wie nie Ruhe ein, stets gehen Besucher ein und aus. Erich empfängt auch recht ungeniert Frauen, mit denen er außereheliche Beziehungen führt, was für ihn in keiner Weise mit seiner großen Liebe zu Zenzl kollidiert. So berichtet er in seinem Tagebuch wenige Monate nach seiner Heirat von einer Sylvesterparty, bei der Zenzl kocht, während er sich mit mehreren Frauen vergnügt: »Man ersäufte die Große Zeit in Alkohol und Fröhlichkeit. Zenzl hatte sich riesig angestrengt und reichlichst Speise und Trank vorgesorgt. Bei mir schaltete der starke Feuerzangenpunsch bald alle Hemmungen aus und ich lag in den Armen und am Munde einer Frau Professor Aenny v. Aster. Frau Ehrengard wurde darüber hysterisch eifersüchtig und ich musste mich auch mit ihr abgeben. Da sich überall sogenannte ›Schwabinger Knäuel‹ gebildet hatten, nahm niemand Anstoß daran außer Zenzl, was mir leider in meiner Bezechtheit erst zu spät klar wurde.« So ist es statt der »freien Liebe«, die Erich propagiert, eher eine einseitig freie Beziehung, in der die beiden leben.

Die Schwierigkeiten dieses Lebensentwurfs sind Erich jedoch durchaus klar. So hat er 1909 das Schauspiel *Die Freivermählten* verfasst, in dem der Verfechter der freien Liebe an der Kluft zwischen Anspruch und Eifersucht scheitert. Allerdings geht Erichs Verständnis von freier Liebe über die Verteidigung des Rechts auf mehrere Sexualpartner hinaus. Er widmet sich in seiner ersten eigenständigen Veröffentlichung dem Thema der Homosexualität und präsentiert sich als entschiedener Gegner des § 175 des Reichsstrafgesetzbuches, der »beischlafähnliche Handlungen« unter Männern unter Strafe stellt. Die Veröffentlichung brachte ihm den Vorwurf ein, selbst homosexuell zu sein, zu dem er sich nie geäußert hat. Später widerrief er jedoch die Aussagen der Broschüre und riet von deren Kauf ausdrücklich ab. Trotzdem hatte er neben seinen zahlreichen Beziehungen zu Frauen eine lange erotische Beziehung mit seinem Freund

Johannes Nohl geführt. Zusammen lebten sie eine Zeit lang in der Kommune Monte Verita* bei Ascona und reisten vier Jahre lang durch Europa. Als Nohl sich dann später zum Kriegsbefürworter entwickelte, trennte sich Erich enttäuscht von ihm.

4. November 1918

In München treffen spektakuläre Nachrichten ein: Am gestrigen Tag hat Österreich, der wichtigste Verbündete des Deutschen Reiches im Weltkrieg, den Alliierten die bedingungslose Kapitulation erklärt. Das Ende des Krieges scheint absehbar. Zwar lässt der US-amerikanische Präsident Wilson erklären, dass er nur mit einer gewählten Regierung des Deutschen Reiches verhandeln werde. Doch auch in diesem Sinne scheint sich etwas zu tun: Die Matrosen der kaiserlichen Kriegsmarine in Kiel meutern und Arbeiter- und Soldatenräte haben die Stadt unter ihre Kontrolle gebracht. Die Revolution hat begonnen.

Bereits im September hat die Oberste Heeresleitung die militärische Lage offiziell für aussichtslos erklärt. Die Friedensverhandlungen waren in vollem Gange, die deutsche Kapitulation war beschlossene Sache. Dann haben die Alliierten gegenüber dem Amsterdamer *Telegraaf* und anderen internationalen Zeitungen bekanntgegeben, dass ein Bestandteil des Friedensvertrags die Auslieferung der kompletten deutschen Kriegsmarine sein wird. Die deutsche Seekriegsleitung unter Admiral Reinhard Scheer will ihre Flotte aber unter keinen Umständen abgeben und beschließt, sie lieber zu versenken – und zwar inklusive ihrer Besatzung. In einem geheimen Befehl ordnet sie das Auslaufen der deutschen Hochseeflotte zu einer »letzten Entscheidungsschlacht« gegen die britische Royal Navy an, »auch wenn sie ein Todeskampf wird«.

Vor der geplanten Schlacht ging die deutsche Hochseeflotte auf Schillig-Reede vor Wilhelmshaven vor Anker. Trotz Geheimhaltung sprach sich der selbstmörderische Plan in Windeseile herum. In der Nacht vom 29. zum 30. Oktober beschlossen die Besatzungen kollektiv, dass sie kein Interesse an einer Selbstmordmission hätten. Auf mehreren Schiffen des dritten Geschwaders weigerten sich die Matrosen, die Anker zu lich-

---

* Der Monte Verita im Schweizer Tessin war in der ersten Hälfte des 20. Jahrhunderts ein bekannter Treffpunkt unterschiedlicher linksalternativer Bewegungen.

ten. Auf den Schlachtschiffen des ersten Geschwaders kam es zu Sabotage und zur offenen Meuterei. Die Seekriegsleitung ließ mehrere U-Boote mit dem Befehl auslaufen, die Schlachtschiffe Thüringen und Helgoland, die von den meuternden Matrosen unter ihre Kontrolle gebracht wurden, zu versenken. Nachdem die Torpedorohre bereits ausgerichtet wurden, ergaben sich die aufständischen Matrosen und Heizer in letzter Minute und ließen sich widerstandslos abführen. In der Folge gab die Marineleitung ihren Plan der ›Entscheidungsschlacht‹ auf, da sie sich des Gehorsams der Mannschaften nicht mehr sicher war. Stattdessen ließ der Geschwaderkommandeur, Vizeadmiral Hugo Kraft, in der Helgoländer Bucht seine Schlachtschiffe eine Übung absolvieren. Als diese »tadellos funktionierte«, glaubte er, die Mannschaften wieder im Griff zu haben und ließ 47 Matrosen festnehmen, die er für Rädelsführer hielt.

Hugo Kraft ließ sein Kriegsschiffgeschwader in Kiel vor Anker gehen, um die festgesetzten Meuterer ihrer Strafe zuzuführen. Sie wurden in das Gefängnis Fort Herwarth im Norden der Stadt gebracht. Wilhelm Souchon, der Gouverneur von Kiel, war von der Aussicht, dass 5.000 aufrührerische Matrosen in seiner Stadt an Land gehen, keineswegs angetan. Allzu gut erinnerte er sich an zahlreiche Arbeiterunruhen und nun wurde wieder für einen Streik zur schnelleren Durchsetzung des Friedens agitiert. Verzweifelt versuchte Souchon das Geschwader woanders hinzuschicken, aber Kraft hatte den Matrosen bereits Landurlaub gewährt. Kaum hatten die Schiffe angelegt, stürmten Tausende aufgebrachte Seeleute in die Stadt und suchten Kontakt zu den lokalen Arbeiterorganisationen.

Die Matrosen des dritten Kriegsflottengeschwaders nutzten ihren Urlaub dafür, ein erneutes Auslaufen der Flotte mit allen Mitteln zu verhindern und für die Freilassung ihrer Genossen zu streiten. Aber die Delegationen, die sie zu den Offizieren schickten, wurden nicht angehört. Nachdem die Polizei davon Wind bekommen hatte, dass die Matrosen den Kontakt mit den Gewerkschaften, der USPD und der SPD suchten, ließ sie das Gewerkschaftshaus für Versammlungen sperren. Diese Maßnahme ging jedoch nach hinten los: Der Matrose Karl Artelt von der Torpedobootsreparaturwerft in Kiel-Wik und der Werftarbeiter Lothar Popp druckten kleine Handzettel, auf denen sie Matrosen und Arbeiter dazu aufriefen, die verhafteten Genossen nicht im Stich zu lassen und sich am nächsten Tag auf dem Großen Exerzierplatz zu versammeln. Es kamen mehrere Tausend Menschen; neben den Matrosen auch Kieler Arbeiterinnen und Arbeiter. Weil sie sich nun schon versammelt hatten, ließen sie ihrer Wut über den Krieg freien Lauf und forderten neben der Freilassung der Meuterer auch die sofortige Beendigung des Weltkrieges und bessere Verpflegung. Bald wurde ihnen jedoch klar, dass sie die Durchsetzung der Forderungen selbst in die Hand nehmen müssen. Der Demonstrationszug setzte sich in Bewegung. Die Demonstrierenden stürmten das zur Kaserne umfunktionierte Lokal Waldwiese, befreiten einige dort eingesperrte Meuterer und plünderten die Waffenkammern. Dann bewegte sich der Zug durch die Innenstadt zum Gefängnis Fort Herwarth.

In dieser kritischen Situation wies Gouverneur Souchon Polizeiwachtmeister Gittel an, die Demonstrierenden mit allen Mitteln vom Gefängnis fernzuhalten. Als Unterstützung stellte er ihm die Infanteriepatrouille von Leutnant Steinhäuser zur Seite, die dann auch vor Fort Herwarth aufmarschierte. Aber die Protestierenden ließen sich nicht aufhalten. Sofort erteilte Steinhäuser den Schießbefehl. Sieben Demonstrierende waren sofort tot, 29 wurden schwer verletzt, aber die Menge ließ sich noch immer nicht zurückdrängen. Davon waren die jungen Rekruten der Patrouille so überrascht, dass sie selbst die Flucht ergriffen. Einzelne Gruppen Entschlossener drangen weiter vor und setzten ihre erbeuteten Waffen ein. Weitere Soldaten unter Leutnant Weiß trafen zur Unterstützung der Staatsmacht ein, aber auch sie wurden von den Aufständischen zurückgeschlagen. Steinhäuser und Weiß wurden durch Kolbenhiebe und Pistolenschüsse schwer verletzt. Plötzlich bogen Feuerwehrwagen in die überfüllte Brunswiker Straße ein und rasten in hohem Tempo in die Menge der Aufständischen. Diese flüchteten in die Seitengassen und zerstreuten sich anschließend.

Inzwischen hatte Gouverneur Souchon beim IX. Stellvertretenden Armeekorps weitere Verstärkung angefordert. Noch in der Nacht rief er seinen Stab zusammen. Als ihm die Militärs aber meldeten, die Lage in der Stadt voll unter Kontrolle zu haben, zog Souchon sein Gesuch um Verstärkungstruppen wieder zurück.

Am nächsten Morgen entflammte der Aufstand jedoch erneut an mehreren Stellen in der Stadt. In der Kasernenanlage Wik rebellierten die Matrosen gegen ihre Offiziere. Dabei verhielt sich die mittlere Führungsebene neutral oder beteiligte sich sogar am Aufstand. Innerhalb kürzester Zeit hatten die Matrosen mehrere Kasernen unter ihrer Kontrolle. Karl Artelt, der sich bereits zuvor als Agitator und Organisator hervorgetan hatte, schlug vor, sofort Soldatenräte zu wählen. Die von Souchon nun erneut angeforderten Truppen trafen gegen zwei Uhr in der Stadt ein. Aber es war zu spät; der Aufstand hatte sich bereits über ganz Kiel ausgebreitet:

In der ganzen Stadt streikten die Arbeiterinnen und Arbeiter. Sogar unter den einmarschierenden Entsatztruppen begann der Ungehorsam um sich zu greifen und viele weigerten sich, auf die Aufständischen zu schießen. Noch am gleichen Abend war Kiel fest in der Hand der Revolutionäre. Überall wurden Soldatenräte gebildet. Nur wenig später wurde auch ein Arbeiterrat gewählt. Dieser bestand hauptsächlich aus Vertretern von SPD und USPD, sowie aus Gewerkschaftsfunktionären und betrieblichen Vertrauensleuten. Am Morgen des nächsten Tages beschlossen die Delegierten der örtlichen Räte mit sofortiger Wirkung das folgende Programm, welches als die 14 Kieler Punkte bekannt werden wird:

»1. Freilassung sämtlicher Inhaftierten und politischen Gefangenen.
2. Vollständige Rede- und Pressefreiheit.
3. Aufhebung der Briefzensur.
4. Sachgemäße Behandlung der Mannschaften durch Vorgesetzte.
5. Straffreie Rückkehr sämtlicher Kameraden an Bord und in die Kasernen.
6. Die Ausfahrt der Flotte hat unter allen Umständen zu unterbleiben.
7. Jegliche Schutzmaßnahmen mit Blutvergießen haben zu unterbleiben.
8. Zurückziehung sämtlicher nicht zur Garnison gehöriger Truppen.
9. Alle Maßnahmen zum Schutz des Privateigentums werden sofort vom Soldatenrat festgesetzt.
10. Es gibt außer Dienst keine Vorgesetzten mehr.
11. Unbeschränkte persönliche Freiheit jedes Mannes von Beendigung des Dienstes bis zum Beginn des nächsten Dienstes.
12. Offiziere, die sich mit den Maßnahmen des jetzt bestehenden Soldatenrates einverstanden erklären, begrüßen wir in unserer Mitte. Alles Übrige hat ohne Anspruch auf Versorgung den Dienst zu quittieren.
13. Jeder Angehörige des Soldatenrates ist von jeglichem Dienst zu befreien.
14. Sämtliche in Zukunft zu treffenden Maßnahmen sind nur mit Zustimmung des Soldatenrates zu treffen.«[58]

Als sich die Botschaft von der siegreichen Revolution in Kiel im ganzen Land herumgesprochen hat, schicken die verschiedensten revolutionären Gruppen Delegierte in die Stadt. Unter ihnen ist auch die achtundzwanzigjährige russische Immigrantin und überzeugte Bolschewistin Rosa Leviné, die später auch in München eine wichtige Rolle spielen wird. Sie versucht die revoltierenden Matrosen davon zu überzeugen, sich nach dem

Vorbild der Kommunistischen Partei Russlands zu organisieren. Dabei muss sie jedoch überrascht feststellen, dass die Kieler Revolutionäre dem Bolschewismus keineswegs so zugetan schienen, wie sie erwartet hatte. Die Mehrheit der Matrosen ist der Meinung, die Bolschewiki hätten mit dem Frieden von Brest-Litowsk die Möglichkeit, wahrhaften Internationalismus zu demonstrieren, zugunsten der Absicherung ihrer eigenen Herrschaft in Russland hintangestellt. Statt nämlich den Krieg gegen den Deutschen Imperialismus fortzusetzen und damit das Tor für eine sozialistische Revolution in Westeuropa aufzustoßen, zogen es die sowjetischen Politiker vor, um jeden Preis Frieden zu schließen, um Russland abzusichern. Außerdem kursierten bereits erste Nachrichten über Repressionen gegen nichtbolschewistische Revolutionäre in Russland. Allerdings, so schreibt Rosa Leviné in ihren Memoiren, habe es nur wenige Wochen gedauert, bis auch die Kieler Matrosen zur Einsicht gekommen und der Kommunistischen Partei Russlands beigetreten seien – einige hätten dort später sogar führende Rollen gespielt.[59]

Ob mit Partei oder ohne – die Nachricht vom Erfolg der Revolutionäre breitet sich alsbald in ganz Deutschland aus und lässt den Funken der Novemberrevolution auf andere Städte überspringen – unter anderem auch auf München. Dort brechen die Arbeiterinnen und Arbeiter in Jubel aus und veranstalten spontane Solidaritätskundgebungen auf den Straßen und Plätzen der bayerischen Hauptstadt.

Eine angemeldete Versammlung der USPD ist nach langen Verhandlungen wenige Stunden vor der geplanten Durchführung genehmigt worden. Das Auflagenschreiben der Münchner Polizeidirektion ist besonders aufschlussreich für die politische Stimmung in München. Darin wird dem Veranstalter untersagt, Soldaten zur Meuterei aufzufordern oder eine Republik auszurufen.[60]

Die Antikriegsbewegung hat sich immer bemerkbarer radikalisiert. Sie fordert nun nicht mehr nur ein Ende des Krieges, sondern eine komplette Umwälzung der politischen Verhältnisse. Auch der derzeit als Generalfeldmarschall in der Preußischen Armee dienende Kronprinz Rupprecht notiert in sein Feldtagebuch: »Die Gefahr der Revolution wächst immer drohender empor. Sogar in dem sonst so ruhigen Bayern gärt es bedenklich. Als mein Vater neulich an einer Kaserne in München vorbeiging, wurde er von den am Fenster stehenden Ersatzmannschaften ausgepfiffen.«[61]

König Ludwig III. hat einen Aufruf verbreiten lassen, in dem es hieß: »Kein Deutscher denkt an einen schimpflichen Frieden. Dem Siegeswillen der Armee muss der schließliche Erfolg gehören. Volle Zuversicht erfüllt mich beim Blick in Zukunft.«[62] In den Augen der meisten Bayern ist der König eine ergebene Marionette des preußischen Obrigkeitsstaates. Minister der Zentrumspartei haben Ludwig Luitpold Josef Maria Aloys Alfried von Wittelsbach mittels einer Verfassungsänderung vom Prinzregenten zum König gemacht. Von diesem Schritt erhofften sich die Politiker, selbst eine Stufe höher in der Hackordnung zu steigen. Der frischgebackene König versuchte daraufhin, sich durch euphorische Kriegsbegeisterung beim Kaiser beliebt zu machen. Dabei stellte er unumwunden klar, dass er sich nach dem Sieg des Deutschen Reiches eine Ausdehnung seines bayerischen Territoriums erwarte. Als der Krieg dann vom Zaun gebrochen war, verlangte Ludwig alsbald den Anschluss des Elsass und sogar Teile Belgiens an Bayern. Kaiser Wilhelm II. hatte jedoch im Zuge des Krieges die Macht immer mehr an die Oberste Heeresleitung unter Paul von Hindenburg und Erich Ludendorff verloren, sodass die Demonstrierenden auf dem Marienplatz nun zu Recht von einer Militärdiktatur sprechen. Sie haben genug von der Obrigkeit, die für das Massenschlachten des Weltkrieges verantwortlich ist. So schreibt auch Hilde später: »Meine Überzeugung war nicht auf Wissen, sondern ausschließlich auf Gefühlen aufgebaut. Diese wiederum stützten sich auf Beobachtungen, die ich selbst gemacht hatte, und auf meinem Abscheu vor einer Gesellschaft, die einen Krieg wie diesen hervorbringen konnte.«[63]

Die bayerischen Machthaber bekommen es mit der Angst zu tun. Gemeinsam brüten die königstreuen Minister über die Möglichkeit zur Rettung der Monarchie, während in ganz Bayern die Menschen für Demokratie demonstrieren. Parlament und Regierung einigen sich darauf, die bayerische Bevölkerung mit einer Verfassungsreform ruhigzustellen. Sie versprechen ein Abkommen zur Einführung des Verhältniswahlrechts, sowie eine Reform der ersten Kammer des Landtags. Außerdem wollen sie die Standesvorrechte »überprüfen«. Es dauert jedoch nicht lange, bis sich herausstellt, dass es zu spät ist, die Monarchie mit derlei Reförmchen zu retten.

5. November 1918

Während sich in den Straßen Münchens die Revolution zusammenbraut, liegt Ernst Toller im Haus seiner Mutter in Landsberg mit hohem Fieber im Bett. Er ist an der sogenannten Spanischen Grippe erkrankt, einer Pandemie, die in diesen Tagen im ganzen vom Krieg zerstörten Europa wütet. Ihren Namen hat die ›Spanische Grippe‹ der verhältnismäßig laxen Zensur in Spanien zu verdanken. Im Gegensatz zum Deutschen Reich und anderen kriegführenden Staaten wurden in Spanien die Nachrichten über die Seuche nicht unterdrückt. Schon im Mai 1918 hatten die spanischen Zeitungen acht Millionen Erkrankte gemeldet, in Madrid war jeder Dritte infiziert. Büros und Geschäfte der Hauptstadt wurden geschlossen, die Straßenbahnen stellten ihren Dienst ein, sogar der spanische König Alfons XIII. und einige seiner Kabinettsmitglieder hatten sich angesteckt.

Im Deutschen Reich nimmt die Seuche ähnliche Ausmaße an, mit dem Unterschied, dass hier nicht darüber gesprochen werden darf. Allein in München werden zwischen 25.000 und 30.000 Infizierte gezählt. Sogar die Schulen bleiben aufgrund der Spanischen Grippe zeitweise geschlossen. Diese fordert im Deutschen Reich etwa 300.000 Todesopfer. Aufgrund des Krieges verbreitet sich die Seuche rasch über den gesamten Erdball. Weltweit erliegen ihr zwischen 25 und 50 Millionen Menschen. Damit ist die Seuche mit dem Ausbruch der Pest von 1348 vergleichbar. Die US-amerikanische Armee hat im Ersten Weltkrieg ungefähr die gleiche Zahl an Infanterie-Soldaten durch die Grippe wie durch Kampfhandlungen verloren und allein in Indien sollen mehr als 17 Millionen Menschen daran gestorben sein.

Aber die Krankheit ist nicht die einzige Plage, mit der die Bevölkerungen der kriegführenden Staaten zu kämpfen haben. Spätestens seit dem sogenannten ›Kohlrübenwinter 1916/17‹ herrschen in ganz Europa Hungersnöte. Der Winter wurde so benannt, weil zu diesem Zeitpunkt fast alle Hauptmahlzeiten aus Steckrüben bestanden. Sogar Kuchen, Wurstersatz und Marmelade waren aus Rüben gefertigt, die nach dem Transport auf dem offenen Güterwagen tiefgefroren in München eintrafen und beim Auftauen erbärmlich stanken.[64] Ein Großteil der verfügbaren Nahrungsmittel wird zur Verpflegung der Armeen an der Front reserviert, sodass für die Bevölkerung in den Städten nur wenig übrigbleibt. Das Gesundheitsministerium registrierte bis Ende 1918 im Deutschen Reich 763.000 Todesfälle aufgrund von Hunger und Unter-

Massendemonstration auf der Theresienwiese 7. November 1918

ernährung. Die in den Städten stationierten Soldaten starten immer öfter Raubzüge in das agrarisch geprägte Hinterland. Dort fallen sie in die Bauernhöfe ein und zwingen die Bauern, ihnen Lebensmittel zu verkaufen, oder sie rauben diese einfach. Während der Erntezeit berichten Bauern von Flugzeugbesatzungen, die auf den Kartoffeläckern Zwischenlandungen einlegen, um ihre Maschinen mit den knappen Nahrungsmitteln vollzustopfen.

Nicht zuletzt die Hungersnot und die Seuchen sind es, die den Völkern Europas die Begeisterung für den Krieg endgültig austreibt. Sie haben genug von der Verschwendung von Menschenleben und Wohlstand, von Krankheit und Tod – und ihnen wird klar, dass sie diese Plagen nur dann loswerden, wenn sie auch eine andere Plage beseitigen: die Obrigkeit. Wie viele andere wird Ernst Toller die dramatischen Umbrüche, die diese Wut und Verzweiflung in den folgenden Tagen schaffen wird, nur in

Nachrichtenfetzen miterleben, die er zwischen Fieberträumen im Krankenbett aufschnappt. Ebenso ergeht es auch seinem Mentor Gustav Landauer, der in Krumbach ebenfalls an der Grippe erkrankt ist und sich noch dazu um seine ebenfalls kranken Kinder kümmert.

Im Münchner Hackerkeller ist eine Versammlung zur Diskussion des Matrosenaufstandes in Kiel einberufen worden. Der Andrang ist jedoch so groß, dass die Veranstaltung unter freiem Himmel auf der Theresienwiese stattfinden muss. Dort versammeln sich ungefähr 20.000 Personen. Es soll einer der ersten großen Auftritte Eisners nach dem Januarstreik werden. Die Theresienwiese liegt im Dunkeln, als Eisner das Wort ergreift. Es erschallen laute Zurufe, man solle in die Stadt ziehen und die Regierung absetzen. Eisner mahnt zur Geduld: »Nur noch kurze Zeit. Aber ich setze meinen Kopf zum Pfande, ehe 48 Stunden verstreichen, steht München auf!«[65] In der Regierung wird unterdessen beraten, ob Eisner erneut verhaftet werden solle. Man kommt jedoch zu dem Schluss, dass er nur eine kleine Anhängerschaft habe.

Teil II
Monarchendämmerung

7. November 1918

Hilde steht dicht neben ihren Luxemburger Freunden auf der Theresienwiese – mit 60.000 weiteren Frauen und Männern. Die meisten Betriebe, Geschäfte und Ämter haben an diesem Tag geschlossen, weil ihre Angestellten mit oder ohne Erlaubnis nicht zur Arbeit erschienen sind. »Meine Erinnerung ist«, schreibt Hilde später, »dass buchstäblich ganz München an dieser Demonstration teilnahm. Die Straßen waren leer. An der Theresienwiese standen Reihen von leeren Straßenbahnen, deren Fahrpersonal sich der Demonstration angeschlossen hatte. Es schienen zum Teil Straßenbahnen zu sein, die da gar nicht hingehörten, sondern an diesem Nachmittag von ihrer gewöhnlichen Strecke abgewichen waren. Heute kann ich mich nur noch an ein gewaltiges Menschenmeer erinnern, aus dem hier und da rote Fahnen, Gewerkschaftsfahnen und die Köpfe von Rednern hervorragten.«[66]

Es ist der erste Jahrestag der russischen Revolution und die vielen Menschen sind sich einig, dass auch hier in Bayern eine Revolution her muss. Oben, direkt neben der Bavaria, der bayerischen Freiheitsstatue, steht Erhard Auer, der Führer der SPD und redet von Reformen. Hilde Kramer gerät mehr und mehr in Rage. »Lügner! Verräter! Schuft!«, schreit sie, zusammen mit Tausenden anderen Radikalen: Allzu gut erinnern sie sich an seinen Verrat während des Januarstreiks. Erst vor wenigen Tagen ist Kurt Eisner aus dem Gefängnis entlassen worden – und schon steht er wieder seelenruhig neben Auer, dem Mann der ihn dort hingebracht hat. Zu der Kundgebung haben SPD, Gewerkschaften und USPD gemeinsam aufgerufen, geeint durch die Forderung nach sofortigem Frieden. König Ludwig hat sich dagegen entschieden, die Demonstration– wie sonst üblich – niederknüppeln zu lassen, um den eingeleiteten Übergang zur konstitutionellen Monarchie nicht zu gefährden. Denn an diesem Tag wird die bayerische Regierung umgebildet und das von König Ludwig in die Wege geleitete Abkommen zur Parlamentarisierung soll vom Landtag verabschiedet werden. Erstmals sollen die rechtsliberale DDP, die katholische Zentrumspartei und die Sozialdemokraten an der Regierung beteiligt werden. Aber die Reformen kommen viel zu spät. Sie werden durch die sich überstürzenden Ereignisse der revolutionären Entwicklung eingeholt.

An verschiedenen Stellen der Theresienwiese sprechen bis zu zwölf Redner zur gleichen Zeit. Neben Auer spricht auch Ludwig Gandorfer, ein linker Vertreter des Bayerischen Bauernbundes und vor allem Kurt Eisner. Auer und andere Gemäßigte versuchen die Versammelten mit Verweis auf die kommenden Reformen zu beruhigen. Eisner und seine Genossen fordern dagegen ein sozialistisches Rätesystem. Sie haben sich bereits im Norden der Theresienwiese aufgestellt, um anschließend schnell und möglichst ohne aufgehalten zu werden, zu den Kasernen der Stadt zu ziehen. Ein Mann, der eine rote Fahne vor sich aufgepflanzt hat, berichtet, dass in Kiel die Matrosen gemeutert haben und in Österreich die Habsburger abgesetzt worden seien. Nun sei es auch an der Zeit, die Wittelsbacher und Hohenzollern zum Teufel zu jagen. Nach den Reden beschließt die gesamte Versammlung eine Resolution, in der ein sofortiger Friedensschluss, der Rücktritt des Kaisers, der Achtstundentag und eine Arbeitslosenversicherung gefordert werden.

Die Bedingung der SPD für die Teilnahme an der Großkundgebung war die Versicherung gewesen, dass im Anschluss keine weiteren Aktionen durchgeführt würden. In diesem Sinne setzt sich der Hauptzug der Demonstration unter Auers Führung zum Friedensengel in Bewegung. Dort löst der bayerische SPD-Vorsitzende die Versammlung auf. Hilde Kramer aber schließt sich einer Menschenmenge an, die sich um Kurt Eisner und Ludwig Gandorfer versammelt hat. Diese Menschen denken nicht daran, jetzt schon nach Hause zu gehen. Stattdessen setzen sie sich in Richtung der Kasernen in Bewegung. »Wie eine kribbelige, schwarze Welle wälzten sich die tausend und abertausend Menschen hangaufwärts auf die Straße«, erinnert sich Oskar Maria Graf später.[67] Gandorfer, der bei Eisner untergehakt ist, geht merkwürdig langsam. Erst als Hilde sich an die Spitze des Zuges vorgekämpft hat, wird ihr klar, was der Grund dafür ist: Ludwig Gandorfer, der Mann, der den Zug der Revolutionäre anführt, ist blind.

Zur selben Zeit befindet sich König Ludwig III. auf seinem täglichen Nachmittagsspaziergang durch den Englischen Garten. Dass die Bevölkerung seit Monaten auf den Straßen rebelliert, ist kaum zu ihm vorgedrungen. Die Warnungen, die er erhalten hat, hat er als die übliche Undankbarkeit der Untertanen abgetan. Nun jedoch scheinen die Leute, die ihm auf seinem Spaziergang begegnen, über die Maßen unruhig zu sein. Das geht tatsächlich so weit, dass eine Gruppe von Arbeitern sich ihm bis auf wenige Schritte nähert und sogar das Wort an ihn richtet. Offensichtlich haben sie ihn trotz seiner bürgerlichen Kleidung erkannt, denn er trägt nur einen Gehrock über seinem voluminösen Bauch und auf dem Kopf eine Melone. Immerhin lüften die Proleten noch ihre zerlumpten Kopfbedeckungen vor dem Staatsoberhaupt. Dann fällt der Satz, der dem König seine angeborene Gemütlichkeit raubt: »Majestät, gengs' heim, Revolution is!«

Verdutzt eilt der Monarch zurück zur Residenz. Dort angekommen, muss er feststellen, dass fast das gesamte Personal und die Wachen verschwunden sind. Man hat ihn offensichtlich sitzen lassen. Er ruft den verbliebenen Hofstaat zusammen, der ihm erklärt, der Rest des Personals sei vor der wütenden Menge geflüchtet. Otto Ritter von Dandl, der Vorsitzende des Ministerrats, empfiehlt seinem Herrn in einer verklausulierten Rede die Flucht. Eilig befielt der König einige Automobile zu mieten. Diese lässt er mit seinen wichtigsten Bedarfsgegenständen und Lakaien füllen. Prinzessin Wiltrud berichtet später über die Ereignisse: »Meine Mutter, die seit dem Frühjahr schwer leidend war, hatte sich in ihr Appartement zurückgezogen und wurde eben am Toilettentisch von ihrer Kammerfrau Fanny Scheid abfrisiert, als Papa sie von der Abfahrt verständigte. Mein Vater war ohne seinen Leibjäger Reingruber, der noch von der Bulgarienreise her krank war. Ein alter kleiner Garderobier half ihm in den mit grauem Opossum gefütterten Jägermantel und reichte ihm den Hut. Papa nahm nur eine Schachtel Zigarren unter den Arm. Das war alles.«[68]

Die königliche Familie – neben König und Königin, den Prinzessinen Helmtrud, Hildegard, Gundelinde und Wiltrud, auch zwei Hofchargen, eine Baronin und eine Kammerfrau – eilt zu den Automobilen. Die Türen werden hinter ihnen zugeschlagen und der Korso rast nach Schloss Wildenwart davon. Von dort aus flieht der König und sein kleines Gefolge weiter an den Hintersee bei Berchtesgaden. Seit Ludwig den bayerischen Thron bestiegen hat, musste er keine solche Unverschämtheit erleben, wie die nun um sich greifende Revolution.

Währenddessen erreicht der von Eisner und Gandorfer angeführte Demonstrationszug die Kraftfahr-Ersatzabteilung in der Kazmairstraße. Polizei und Armee, die der Aktion keine große Bedeutung zuzumessen scheinen, lassen die Demonstrierenden dort unbehelligt. Die Kraftfahrer schließen sich der Demonstration sofort an. Nun setzt sich der angeschwollene Zug zu den Münchner Kasernen in Bewegung. Die Revolutionäre wissen, dass es von zentraler Bedeutung ist, die Soldaten für ihre Sache zu gewinnen. Die seit Kriegsbeginn rigoros durchgeführte Militarisierung hat dafür gesorgt, dass die Garnisonen der bayerischen Städte stark vergrößert worden sind. Allein in München sind 52.000 Soldaten stationiert. In Nürnberg sind es 20.000 und in Augsburg, Würzburg und Ingolstadt jeweils zwischen 10.000 und 15.000.

Als der Demonstrationszug bei der Ersatzkompanie des Münchner Landsturmbataillons ankommt, schließen sich die dort stationierten Soldaten unter Jubel den Demonstrierenden an. Weiter geht es zur Marsfeldkaserne. Auch dort verlassen die Soldaten sofort ihre Unterkünfte, ohne dass die Offiziere irgendetwas dagegen tun können. Allein bei der Kaserne in der Schwabinger Türkenstraße kommt es zu einer Auseinandersetzung. Einige Offiziere werfen Reizgasgranaten, um zu verhindern, dass die Soldaten die Kaserne verlassen oder die Demonstrationsteilnehmer sie betreten. Als die Menschenmenge bereits zurückzuweichen beginnt, springt Zenzl Mühsam auf das Verdeck eines Autos, schwenkt ihre rote Fahne und schreit »Hoch der Friede und die Revolution!« Auch ihr Mann Erich klettert zu ihr hinauf und hält eine spontane Rede an die Soldaten und die Demonstrierenden. Die Menge rückt wieder dichter zusammen. Ermutigt von den Demonstrierenden brechen die Soldaten in der Kaserne die verriegelten Türen und Fenster auf und stürmen zu der Versammlung hinaus, wo sie jubelnd empfangen werden. Einige von ihnen zerschlagen in einer spontanen antimilitaristischen Geste ihre Gewehre auf dem Pflaster.

Bis zum letzten Augenblick hatte es den Anschein gehabt, dass der alte monarchistisch-bürokratische Staat wie eh und je funktionieren würde. Generalkommando, Stadtkommandantur und Polizeipräsidium haben bis ins Kleinste ihre Befehle erlassen: Absperrungen, Truppenbereitschaft, Schutz bestimmter Gebäude. Auf dem Papier war alles seit Langem akribisch vorbereitet. Allerdings ist nun niemand mehr bereit, den Befehlen Folge zu leisten. Die letzten zuverlässigen Truppen sind zum Grenzschutz nach Süden und Osten beordert worden, sie stehen in diesen Stunden bereits am Brenner und an der Tauernbahn. Infolgedessen sind einige Kompanien aus dem nordbayerischen Schweinfurt herangeholt worden.

Die Demonstrationsmenge zieht weiter und die Mannschaften der Kasernen schließen sich ihr an, ohne dass es zu Gewaltausbrüchen kommt. Erst als der Zug gegen neun Uhr abends bei der Kaserne ankommt, in der die Soldaten aus Schweinfurt stationiert sind, spannt sich die Situation noch einmal an. Am Eingang der Kaserne stehen Bewaffnete. Als die Demonstrierenden fragen, ob sie schießen wollen, gibt der Offizier die Antwort: »Wir tun nur unsere Pflicht.« Da rennen die Demonstrierenden direkt auf die Bewaffneten zu. Die Soldaten weichen in den Kasernenhof zurück, Schüsse fallen. Ein sechzehnjähriger Junge wird verletzt. Erich Mühsam redet beruhigend auf die Soldaten ein. Aber die Belegschaft der Kaserne ist erst vor wenigen Stunden in München angekommen. Ihnen ist nicht klar, dass eine Revolution im Gange ist. So beschließen sie, in ihrer Kaserne zu bleiben. Die Soldaten aus den anderen Kasernen, die sich bereits dem Umzug angeschlossen haben und noch ihre Waffen tragen, wollen schon zum Sturm auf das Gebäude ansetzen, aber Erich Mühsam hält sie zurück, um Blutvergießen zu verhindern. Trotzdem haben die Revolutionäre allen Grund zum Feiern, denn alle anderen Kasernenmannschaften haben sich angeschlossen. Arbeiter und Soldaten sind vereint.

Am späten Abend erreicht der Demonstrationszug die königliche Residenz. Mittlerweile sind keinerlei Truppen mehr aufzufinden, die bereit wären, für die Monarchie auf Zivilistinnen oder ihre Kameraden zu schießen. Deshalb bereitet der Schlossverwalter Jakob Willmer die Residenz auf den Sturm der Massen vor. Später notiert er: »Als die Allerhöchsten Herrschaften die Residenz verlassen hatten, machte ich im Königsbau die Fenster zu, half die Lichter auszulöschen und nachdem der diensttuende Offiziant und der Lakai, die weiter keine Instruktion hatten, abgetreten waren, schloss ich sämtliche Türen ab und begab mich in den Kapellenhof.« Als dann die Revolutionäre eintreffen, lassen sie sich von einigen dort stationierten Polizisten, die den Eingang zur Residenz versperren, aufhalten. Vor dem Polizeimajor, der die Menge »zur vernünftigen Ruhe und Ordnung« mahnt, salutieren sogar einige der aufständischen Soldaten. Am Ende lassen sich die Demonstrierenden von den Worten des Majors besänftigen und ziehen wieder ab, ohne in die Residenz einzudringen. Stattdessen bewegt sich die Menge zum Löwenbräukeller am Stiglmaierplatz, wo noch in derselben Nacht die ersten Arbeiter- und Soldatenräte gewählt werden. Auch Hilde Kramer und ihre Freunde sind anwesend. In einem Brief an eine Freundin schreibt sie: »Als ich das ›Es lebe die Repu-

Proklamation.

Volksgenossen!

Um nach jahrelanger Vernichtung aufzubauen, hat das Volk die Macht der Zivil- und Militärbehörden gestürzt und die Regierung selbst in die Hand genommen. Die Bayerische Republik wird hierdurch proklamiert. Die oberste Behörde ist der von der Bevölkerung gewählte Arbeiter-, Soldaten- und Bauernrat, der provisorisch eingesetzt ist, bis eine endgültige Volksvertretung geschaffen werden wird. Er hat gesetzgeberische Gewalt. Die ganze Garnison hat sich der Republikanischen Regierung zur Verfügung gestellt. Generalkommando und Polizeidirektion stehen unter unserem Befehl. Die Dynastie Wittelsbach ist abgesetzt. Hoch die Republik!

Der Arbeiter- und Soldatenrat: Kurt Eisner.

Proklamation der Demokratie in Bayern vom 8.11.1918 (BayHstA Plkslg. 2076)

blik! Es lebe die Revolution!‹ hörte, da hatte ich gleich das Gefühl: Diese Menschen sind fähig, wirklich die Revolution zu machen! Das ist eine andere Begeisterung als die bei den Arbeitern. Gesprungen und gejubelt haben wir und in die Arme sind wir uns gefallen in jener Nacht.«[69]

Eine andere Gruppe mit Eisner und Fechenbach an der Spitze zieht zum Landtag und verschafft sich Zutritt zum Sitzungssaal. Fechenbach erinnert sich: »Schon strömten die Arbeiter und Arbeiterinnen in den Saal. Man sah Frauen darunter mit roten Schirmen. Es war ein pittoreskes Bild. Da erhob sich Eisner, der seine Müdigkeit schon wieder überwunden hatte, schlug an die vor ihm stehende Präsidentenglocke. Nach wenigen Sekunden trat Stille ein, die bunt zusammengewürfelte Masse, die eben noch wild aufgeregt und lärmend war, wurde ganz ruhig und Eisner begann zu sprechen.«[70]

8. November 1918

Hilde Kramer findet nach dem gestrigen ereignisreichen Tag nur wenig Schlaf. Sie will am Fortgang der Revolution unbedingt mitwirken. Früh am nächsten Morgen beschafft sie sich eine Schreibmaschine und eilt zum Landtag, wo sie sich als Sekretärin anbietet. Schon auf dem Weg zum Landtagsgebäude sieht sie die Plakate, auf denen der Volksstaat ausgerufen wird:

> »Volksgenossen! Um nach jahrelanger Vernichtung aufzubauen, hat das Volk die Macht der Zivil- und Militärbehörden gestürzt und die Regierung selbst in die Hand genommen. Die bayerische Republik wird hierdurch proklamiert. Die oberste Behörde ist der von der Bevölkerung gewählte Arbeiter-, Soldaten- und Bauernrat, der provisorisch eingesetzt wird bis eine endgültige Volksvertretung geschaffen wird. Er hat gesetzgeberische Gewalt. Die ganze Garnison hat sich der republikanischen Regierung zur Verfügung gestellt. Generalkommando und Polizeidirektion stehen unter unserem Befehl. Die Dynastie Wittelsbach ist abgesetzt. Hoch die Republik! Der Arbeiter- und Soldatenrat. Kurt Eisner.«[71]

Als Hilde im Landtag ankommt ist der neugegründete Soldatenrat froh über die von ihr angebotene Unterstützung. Zunächst findet sie in der Wachtstube Beschäftigung. Nach wenigen Stunden wird sie hinauf in das Sitzungszimmer des Soldatenrates gerufen, wo sie die Diskussionen protokollieren soll. Auf diese Weise ist sie unmittelbar bei der Konstitution des neuen, revolutionären Bayerns dabei. Sie arbeitet zunächst vor allem für den bolschewistisch orientierten Kommunisten Max Levien, der den Münchner Soldatenrat leitet und noch eine wichtige Rolle in den kommenden Ereignissen spielen wird. Er sei eine »blonde, blauäugige, kalte und unverschämte Romanschönheit, schlank und jung in gutsitzender feldgrauer Uniform mit hohem Kragen, bartloses, faltenloses Gesicht, große, befehlende Augen, durchdingender Ton«, schreibt der rechtsliberale Journalist Victor Klemperer über den jungen Mann.[72] Während Levien auf Klemperer »sofort den widerwärtigsten Eindruck machte«, schreibt Hilde später über ihn, er sei »ein junger Mann, der die Fähigkeit hatte, mit seinen Reden riesige Menschenversammlungen zu begeistern. Er trug immer Uniform und verstand es, sich in Szene zu setzen, wenn er im letzten Augenblick die Tribüne einer überfüllten Versammlung betrat und seinen schweren Militärmantel von seinen Schultern in die Hände bereitstehender Genossen gleiten ließ. Seine Hauptparole war ›Alle Macht den Räten‹, mit der ich leidenschaftlich einverstanden war.«[73]

Durch die Revolution hat sich auch die militärische Ordnung weitgehend aufgelöst, sodass die neue Regierung über keinen militärischen Schutz verfügt. Um zwei Uhr morgens hat sich ein junger revolutionärer Offizier mit folgendem Telegramm beim Soldatenrat gemeldet: »Stehe mit 800 Mann, 20 MG und ein paar Haubitzen in Schleißheim. Alles zu Ihrer Verfügung!«[74] Der Offizier wird sofort nach München beordert und angewiesen, seine Truppen vor dem Landtag zu postieren. Außerdem stellen die Revolutionäre fest, dass bei der Besetzung der Regierungsgebäude die Polizeidirektion vergessen worden war. Felix Fechenbach eilt sofort in die Ettstraße, wo sich das Polizeihauptgebäude befindet. Ohne dass Gewalt angewendet wird, kann er den Polizeipräsidenten davon überzeugen, eine Erklärung zu unterzeichnen, in der er sich den Anordnungen des Arbeiter- und Soldatenrates unterstellt. Noch in derselben Nacht wird das Mitglied des Soldatenrats Josef Staimer zum neuen Polizeipräsidenten ernannt.

Die SPD ist völlig überrumpelt von der ungeplanten sozialistischen Machtübernahme. Auer hat erst zuhause, wohin er sich nach der Auflösung der Demonstration am Friedensengel zurückgezogen hat, davon erfahren. Den Vormittag über wartet er ab, ob sich nicht doch noch jemand findet, der die Revolution niederschlagen will. Dann versucht er selbst, bei militärischen Stellen Truppen zur Niederschlagung der Revolution anzufordern. Aber sogar die preußischen Soldaten haben sich mit den Revolutionären verbündet. Langsam dämmert es Auer, dass er vorerst keine andere Wahl hat, als eine gemeinsame Regierung mit der USPD unter Eisner zu bilden. Am Nachmittag wählt der provisorische ›bayerische Nationalrat‹ aus SPD und USPD Kurt Eisner zum Ministerpräsidenten. Die SPD bekommt unter anderem das Amt des Innenministers für Auer.

Manchen der alten Landtagsabgeordneten wird der Ernst der Lage erst klar, als sie von der bewaffneten Revolutionsgarde vom Betreten des Landtagsgebäudes abgehalten werden.

Im Laufe des Tages nimmt Hilde Kramer Telegramme aus Kaiserslautern (damals bayerische Pfalz), Ingolstadt, Kempten und anderen Städten entgegen. Überall in Bayern haben sich Arbeiter und Soldatenräte gegründet, meist werden sie mit Mitgliedern der SPD und USPD besetzt. Der provisorische Nationalrat in München setzt sich aus Vertretern des Arbeiter-, Soldaten- und Bauernrates, der Gewerkschaften, der Berufs-

und Frauenverbände sowie den Fraktionen der SPD und dem linken Flügel des Bauernbundes zusammen. Schnell wird jedoch deutlich, dass es unüberbrückbare Differenzen zwischen der stets abwiegelnd auftretenden SPD und den revolutionären Organisationen gibt. Die erste Erklärung des Nationalrates dämpft alle sozialistischen Hoffnungen. Darin ist nur von einer »demokratischen und sozialen Republik Bayern« die Rede. Außerdem wird betont, dass alle bisherigen Beamten der Monarchie in ihren Stellungen bleiben. Dann folgt ein Appell an die Bevölkerung, sich ruhig zu verhalten: »Die Unternehmer haben mit den Arbeitern das gleiche Interesse, die Erschütterung der Volkswirtschaft, kein regelloses Durcheinander entstehen zu lassen. Organisatorisches, friedliches, freiheitliches Zusammenarbeiten ist unsere Richtschnur. Wir appellieren an jeden Bürger, uns hier zu unterstützen. Die Soldaten in die Kasernen, die Arbeiter in die Betriebe! Jedem Staatsbürger obliegt die Arbeitspflicht!«[75] Keine Rede ist mehr von Sozialismus und Rätedemokratie oder gar von der Vergesellschaftung der Betriebe und Reichtümer.

Noch am selben Tag gründet sich jedoch auch ein Revolutionärer Arbeiterrat (RAR), der sich aus Anarchisten wie Erich Mühsam oder Josef Sontheimer, Kommunisten wie Max Levien und linken USPDlern wie Ernst Toller zusammensetzt. »Wir fragten niemanden, ob und wo er organisiert sei«, bemerkt Mühsam später, »sondern beurteilten alles nach den Beobachtungen, die wir mit den einzelnen machten. Bedingung war einfach der Wille, die Revolution bis zur Durchführung des Sozialismus auf der Grundlage des Rätegedankens weiterzutreiben.«[76] Der revolutionäre Rat wächst innerhalb weniger Tage auf 50 Mitglieder an. Diese fünfzig äußerst entschlossenen Revolutionäre treten geschlossen in den Münchner Arbeiterrat ein und organisieren auch in anderen Städten in ganz Bayern die Wahl von Arbeiter- und Soldatenräten. Die Wahl dieser Räte findet an den jeweiligen Arbeitsplätzen und in den Kasernen statt. So soll sichergestellt werden, dass keine von der Basis abgekoppelte Politikerkaste entsteht, sondern ausschließlich Arbeiter und Soldaten gewählt werden, die denjenigen die sie wählen persönlich bekannt sind. Die Delegierten werden mit sehr eng gefassten Mandaten ausgestattet und können jederzeit abgewählt werden, damit sich ihre Macht nicht verselbstständigt. Die Mitglieder der Arbeiter, Soldaten- und Bauernräte wiederum wählen aus ihrem Gremium Delegierte für eine Landesorganisation, den Zentralrat. Sehr zum Missfallen Eisners bestimmt der RAR Erich für den Zentralrat.

Ernst Toller wird zum zweiten Vorsitzenden des Zentralrats gewählt. Hier lernt der Schriftsteller zum ersten Mal die vielfältigen praktischen Nöte der Arbeiter und Bauern zu verstehen. Ein zentrales Dilemma ist dabei, dass der Zentralrat den Arbeitern deutlich machen will, dass sie direkt von der Revolution profitieren, andererseits aber die ohnehin schon stockende Güterproduktion aufrechterhalten werden muss, um nicht eine Hungersnot heraufzubeschwören. Bei einer späteren Reise ins sowjetische Russland wird Ernst das Problem der Arbeitsdisziplin im Sozialismus beim Besuch einer Modellfabrik auf noch zugespitztere Weise begegnen: Ganz ähnlich der in kapitalistischen Fabriken heranreifenden »wissenschaftlichen Arbeitsorganisation« nach Francis Taylor, wird in der Sowjetunion für die Rationalisierung der Produktion wesentlich auf Mechanisierung gesetzt. »An etwa hundert grauen uniform gebauten Tischen arbeiten hundert uniform gekleidete Frauen und Männer«, schildert Ernst die gespenstische Fabrik. »Man sieht keine Aufseher. An Stelle des Aufsehers steht auf dem Tisch eine Maschine, die bestimmte Summ- und Knarr-Laute gibt, Wortbefehle ersetzend. In vier geschlossenen Reihen marschieren die Arbeiter in militärischer Ordnung auf, jeder bleibt vor einem Tisch stehen. Das erste Knarrzeichen der Maschine ertönt. Jeder Arbeiter tritt an seinen Tisch. Ein zweites Knarrzeichen. Jeder Arbeiter ergreift sein Instrument. Das dritte Knarrzeichen. Jeder Arbeiter beginnt zu arbeiten.« Dabei wird der von der Maschine vorgegebene Arbeitsrhythmus kontinuierlich beschleunigt. »Ein Apparat lehrt die richtige Stellung beim Hämmern. Der Arm des Arbeiters ist angeriemt an einen sich mechanisch bewegenden Hammer, der die Hand packt. Eine halbe Stunde lang muss der Arm die Bewegung mitmachen, bis sein mechanischer Rhythmus auf ihn sich überträgt.« Ernst bewertet diese skurrile Szenerie durchaus ambivalent, denn er hört, dass die Produktivität der Fabrik durch die Mechanisierung verdreißigfacht werden konnte: »So heftig sich anfangs alles in mir gegen dieses Institut sträubte, musste ich doch die außerordentlichen Möglichkeiten der Methode einsehen lernen.« Er hält es für »sinnlos, wollten wir zur handwerklichen Kleinarbeit zurück. Das Problem liegt wirklich so, dass die Summe der notwendigen mechanischen Arbeit auf ein Minimum zurückgedrängt werden muss, um den Menschen die Möglichkeit zu schöpferischer Entfaltung in den anderen Stunden zu geben.«[77] In München denkt im Winter 1918 freilich niemand an derartige Methoden, aber auch hier müssen die Arbeiter gleichzeitig entlastet und zur Disziplin angehalten werden. Als erste Maßnahme will der Zentralrat deshalb den Achtstundentag einführen – ein revolutionäres Vorhaben bei den bisher durchaus üblichen täglichen zehn bis zwölf Arbeitsstunden.

Im Münchner Arbeiterrat stellen die Linksradikalen derweil die Forderung auf, dass ihm sozialdemokratische Funktionäre nicht angehören dürften. So wollten sie verhindern, dass der Rat von Politikern instrumentalisiert wird. Als zur ersten öffentlichen Sitzung des Rates trotzdem die Führer der sozialdemokratischen Gewerkschaften erscheinen, kommt es zu einem Handgemenge. Schlussendlich beschließt der 400-köpfige Rat tatsächlich, die Funktionäre auszuschließen.

Der in den Münchner Vorort Pasing geflohene bisherige bayerische Kriegsminister Philipp Freiherr von Hellingrath versucht unterdessen, die zwei Felddivisionen, die am Brenner und an der Tauernbahn liegen, zur Niederschlagung der Revolution nach München zu beordern. Viktor Mann, der jüngste Bruder des Schriftstellers Thomas Mann, ist zu dieser Zeit Adjutant einer preußischen Ersatzabteilung an der Grenze zu Österreich. Seine Division, die im November von der Westfront abgezogen worden war, wird aufgrund ihrer Disziplin »die Eiserne« genannt. In der Nacht wird er von seinem »Burschen« geweckt: »Der Bursche stand mit dem Wachkommandanten am Bett und dieser behauptete dienstlich gestrafft, aber aufgeregt, das Große Hauptquartier sei am Telefon und wolle Kommandeur oder Adjutant sprechen. Das musste ja ein ganz blödsinniges Missverständnis sein, denn was wusste das Hauptquartier von uns und ich fragte den Unteroffizier schlaftrunken, ob er verrückt geworden sei. Aber er versicherte so dringlich, es spreche tatsächlich über allerhand Zwischenstellen die Oberste Heeresleitung.«[78] In der Adjutantur nimmt er schließlich den Anruf entgegen. Dort erteilt ihm »eine unverständlich schnarrende Stimme« laut seiner eigenen Erinnerung folgende Befehle:

»Sie setzen sofort – verstehen Sie: sofort – die bei Ihnen eingetroffene Division in Marsch auf München. Übermitteln Sie dem General den strikten Befehl, die dort ausgebrochene Rebellion niederzuschlagen. Auf Hilfe der Münchner Garnison ist nicht zu rechnen. Weitere Weisungen ergehen über stellvertretendes Generalkommando. Wiederholen Sie!«[79]

Viktor Mann gibt an, eingewandt zu haben, dass die Entsendung preußischer Truppen gegen München die Sache nur noch schlimmer machen würde. Stattdessen schlägt er vor, eine bayerische Freiwilligenformation zusammenzustellen. »Dies war Irrsinn«, schreibt er. »Eine Revolution in München konnte ich mir nicht anders als irgendwie gemütlich, zum mindesten nur ohne Blutvergießen vorstellen und jetzt sollte die eiserne Division dort wie im Feindesland vorgehen. Befehl? Eine arrogante Geisterstimme, aber Befehl. Ich hatte geschworen, Befehle zu befolgen.«[80] Noch in der Nacht trifft er sich mit dem Abteilungskommandanten, der den Spitznamen »der Pascha« trägt, sowie dem kommandierenden preußischen General, die ihn bereits in Helmen und Mänteln empfangen.

»Befehl ist Befehl«, stellt der General nüchtern fest. »Dann stell ich eben München auf'n Kopf.«[81] So werden mehrere Bataillone nach München in Marsch gesetzt. Als das erste von ihnen den Stadtrand erreicht, werden sie von einer Bewaffneten revolutionären Patrouille aufgehalten. Diese eröffnet jedoch nicht das Feuer, sondern versucht, die Soldaten zu überreden ihre Waffen niederzulegen. Die Offiziere versuchen energisch aber vergeblich dagegenzuhalten. Das Bataillon löst sich noch an Ort und Stelle auf. Die Soldaten gehen jedoch nicht nur nicht gegen die Revolutionäre vor, sondern tragen die Revolution selbst an ihren Truppenstandort. Dort feiern sie ausgelassen das Ende des Krieges und die Revolution und stecken damit den Rest der Division an. »Die eiserne Division zerschmolz wie Schnee in der Sonne«, spottet Mann. »Sie hatte wochenlangen Trommelfeuern getrotzt und war in die Garben der Maschinengewehre gerannt. Vor Verdun und in Russland, am Balkan und in Flandern hatte sie ihr Blut verströmt und sich mit Ruhm bedeckt, jetzt aber hatte der Zuruf eines halbbetrunkenen Luckis genügt, um einen Haufen von Bauern, Arbeitern und Kleinbürgern aus ihr zu machen, der nach Hause gehen wollte.«[82]

9. November 1918

Auf dem Weg zu ihrem neuen Arbeitsplatz bemerkt Hilde täglich, wie München sich verwandelt. Auf den Straßen und Plätzen der Stadt stehen diskutierende Menschentrauben, die die neuen Ereignisse besprechen. Bewaffnete Arbeiter und Soldaten mit roten Armbinden patrouillieren durch die Straßen. Kein Zeitungshändler hat genügend Zeitungen, um die Neugier der Münchner zu stillen. Die großen Geschäftshäuser lassen die Hofwappen und Inschriften wie »Hoflieferant« von den Schaufenstern abkratzen und vom Wahrzeichen der Stadt, der Frauenkirche weht die rote Fahne.

Aus zahllosen bayerischen Provinzorten dringen Meldungen von revolutionären Aktionen nach München vor. So legen beispielsweise die

Arbeiter in Urfeld, die am Walchenseekraftwerk bauen, für vier Wochen ihre Arbeit nieder und bilden eine ›Zentralratskommission‹, die mit bis zu fünfzig bewaffneten Arbeitern im Restaurant Alpenrose in Permanenz tagen wird. Sie besetzen auch die Post und das Gemeindeamt und hissen die rote Fahne auf dem Kirchturm, um den Sturz der Monarchie zu feiern. Dann setzen sie den alten Bürgermeister ab, beschlagnahmen ein Auto für den neuen Arbeiterrat, entwaffnen die Polizei und die Forstbeamten und patrouillieren stattdessen selbst nachts durch die Ortschaft.

Aber auch von außerhalb des jungen Volksstaates treffen spektakuläre Nachrichten ein. Nacheinander werden in Berlin zuerst von Philipp Scheidemann eine parlamentarische »deutsche Republik« und kurz darauf von Karl Liebknecht eine »sozialistische Republik« für ganz Deutschland ausgerufen. Die Frontstellung zwischen den Anhängern der Rätedemokratie und denen des Parlamentarismus wird immer deutlicher. Den meisten aufbegehrenden Arbeitern ist die Tragweite dieses Konfliktes jedoch noch nicht bewusst. Ihnen geht es vor allem darum, den Krieg und die Militärdiktatur zu beenden. In Berlin schließen derweil Friedrich Ebert und andere Spitzenfunktionäre der Reichs-SPD einen Geheimpakt mit dem neuen Chef der Obersten Heeresleitung Wilhelm Groener. Im Gegenzug für die Unterstützung seiner Regierung macht Ebert Groener weitreichende Zugeständnisse in Bezug auf den Erhalt der alten Strukturen in Militär und Verwaltung. So bereitet er die spätere gewaltsame Niederschlagung der verschiedenen sozialistischen Revolutionsbewegungen im gesamten Land vor.

Ebenfalls an der Bekämpfung der Revolution arbeitet die Thule Gesellschaft, die sich weiterhin im Nobelhotel Vier Jahreszeiten in München trifft und mittlerweile auf ungefähr 1.500 Mitglieder angewachsen ist, 250 davon in München. In der Ernennung Kurt Eisners zum Ministerpräsidenten sehen sie den Beweis für ihre antisemitische These von der »jüdischen Weltverschwörung«, die für sie gleichbedeutend mit dem Bolschewismus ist. Nun jedoch glaubt die Thule-Gesellschaft, dass die Propaganda nicht mehr ausreicht und drastischere Methoden angewandt werden müssen. So gründen sie den Kampfbund Thule als militärischen Arm ihrer Geheimgesellschaft. Später wird aus dieser Terrorgruppe das Freikorps Oberland hervorgehen, das sich der Bekämpfung von Revolutionären in ganz Deutschland verschreibt. Ihr erstes Ziel soll nichts Geringeres als die Entführung Kurt Eisners sein.

10. November 1918

Hilde Kramer nimmt die Nachricht aus Berlin entgegen, dass Kaiser Wilhelm II. ins holländische Exil geflohen ist. Die Freude über das Ende der Monarchie ist unter den meisten Münchnerinnen und Münchnern groß, aber bei den Politikern gerät sie schnell wieder in den Hintergrund. Kaum, dass der Arbeiter- und Soldatenrat konstituiert ist, streiten sie sich über die Rolle, die ihm zukommen soll. Der bayerische Nationalrat unter Eisner und Auer verabschiedet dazu die folgende Erklärung: »Die Vollzugsgewalt ist durch die Beschlüsse der provisorischen Versammlung der Arbeiter-, Bauern- und Soldatenräte in die Hände des Ministeriums des bayerischen Volksstaates übergegangen. Keinerlei Verfügungen haben mehr Rechtskraft, die nicht vom Ministerium ausgehen. Alle Beschränkungen der letzten Tage hinsichtlich der bürgerlichen Freiheiten sind aufgehoben.«[83]

Während Eisner die Erklärung als Bestätigung seines Ministeriums, nicht jedoch als Untergrabung der Rätemacht versteht, benutzt Auer sie fortan als Grundlage seiner gegen die Räte gerichteten Politik. Sein zentrales Anliegen ist es, den neuen Volksstaat in parlamentarische Bahnen zu lenken und damit die Basisdemokratie der Räte auszuhebeln. Für diese Politik steht ihm der gesamte, nach wie vor tätige, monarchistische Verwaltungsapparat als Verbündeter zur Verfügung. So schickt beispielsweise das Innenministerium Antworten auf Anfragen und Beschwerden der lokalen Räte in der Provinz nie an die anfragenden Räte selbst zurück, sondern auf dem herkömmlichen Verwaltungsweg an die jeweiligen Magistrate.

Um die Revolution auch in das bayerische Hinterland zu tragen, fährt der Vorsitzende des Bauernrates Gandorfer nach Niederbayern. Vor allem will er damit dafür sorgen, dass die Versorgung mit den ohnehin knappen Lebensmitteln nicht ins Stocken gerät. Bei Schleißheim verliert jedoch sein Chauffeur die Kontrolle über das Auto, das aus einer scharfen Kurve geschleudert wird, sich überschlägt und über die Böschung in einen Abgrund stürzt. Ludwig Gandorfer ist sofort tot.

Damit hat die junge Revolution eines ihrer wichtigsten Gesichter verloren. Neben der Trauer um ihren Freund befürchten die Revolutionäre nun durch den Verlust dieser prominenten Persönlichkeit, den Kontakt in die bayerische Provinz zu verlieren. Zum neuen Vorsitzenden des Bauernbundes wird Ludwigs Bruder Karl Gandorfer gewählt, der bald feststellen kann, dass die Befürchtung unbegründet ist: Er bekommt Nachrichten von Revolutionen aus ganz Bayern. In Nürnberg haben SPD und USPD in Zusammenarbeit mit sämtlichen Betriebsobleuten einen Arbeiter- und Soldatenrat gegründet. Spontan haben sich auch die dort stationierten Truppen der Revolution angeschlossen. In Würzburg und Fürth haben ebenfalls Räte die Macht übernommen und sich der Revolution angeschlossen. In Augsburg ist die Belegschaft der Maschinenfabrik Augsburg-Nürnberg (MAN), als sie von der Ausrufung der Volksrepublik erfährt, sofort in den Solidaritätsstreik getreten. Soldaten des Ersatzbataillons des Dritten Infanterieregiments haben dort einen Soldatenrat mit dem SPDler Ernst Niekisch als Vorsitzenden gebildet. Gemeinsam mit der Belegschaft von MAN haben sie einen Arbeiterrat gewählt, der die Macht in Augsburg übernommen hat.

Auch aus kleineren Städten treffen begeisterte Telegramme ein. Hilde führt eine Liste über die Orte, die nun Teil der Revolution geworden sind. Am Ende des Tages umfasst die Auflistung Amberg, Ansbach, Bayreuth, Dillingen, Erding, Erlangen, Hersbruch, Hof, Ingolstadt, Immenstadt, Kempten, Kaufbeuren, Landsberg, Lindau, Memmingen, Mindelheim, Neu-Ulm, Nördlingen, Neustadt a. d. Aisch, Stein bei Nürnberg, Regensburg, Röthenbach, Schwabach, Schwansdorf, Schweinfurt, Sonthofen, Straubing, Sulzbach, Traunstein, Wolfrathshausen und Zirndorf.

In den folgenden Tagen wird sich die Rätebewegung in allen Regierungsbezirken noch bis in die kleinsten Ortschaften ausbreiten – und zwar ohne äußeres Eingreifen, sondern durch spontane revolutionäre Aktionen der Arbeiterinnen und Arbeiter, sowie lokalen sozialistischen Parteien und Gruppen. In kaum einer dieser Ortschaften werden dabei die Münchner Deklarationen einfach kopiert. Die lokalen Machtverhältnisse werden auf je eigene Weise gegen die Widerstände der örtlichen Eliten geändert. Die bis zu diesen Tagen so gut wie gar nicht politisch repräsentierte Arbeiter- und Bauernschaft hält plötzlich die Macht in den Händen. Allerdings bleiben die kommunalen Verwaltungsapparate weitgehend unangetastet und die monarchistischen Beamten walten weiter ihres Amtes.

Da die militärische Macht der alten Eliten nahezu gewaltfrei gebrochen worden ist, artikuliert sich ihr Widerstand gegen die Revolution vor allem in der Gründung von Scheinräten. So macht sich der Christliche Bauernverein daran, eigene Bauernräte aus seinen Mitgliedern aufzustellen, die versuchen, die lokalen Arbeiterräte in Richtung Konservatismus zu drängen. Später gründen die Funktionäre dieses Vereins auch die Bay-

Hilde Kramer, 1921

erische Volkspartei, eine bayerische Variante der Zentrumspartei mit separatistischem Einschlag.

Nachdem die bürgerliche Presse kurzzeitig nicht erscheinen durfte, lässt Eisner sie nun wieder ohne Zensur publizieren. Diese Freiheit nutzt sie hauptsächlich für die Verbreitung von Horrormeldungen und Hetze gegen die Revolutionäre. Daran beteiligen sich nicht nur die der rechtsliberalen DDP nahestehenden *Münchener Neuesten Nachrichten,* sondern auch der sozialdemokratische *Vorwärts.* Eisner wird immer wieder als »galizischer Jude« denunziert, der eigentlich »Salomon Kosmanowsky« heiße und unwürdig für den Posten des Ministerpräsidenten sei.[84] Im BVP-Organ *Bayerischer Kurier* heißt es, dass »israelitische Damen mit fremdländischem Akzent die Staatsmaschinerie in Gang halten« wollen und es »in den Büros der neuen Gewalthaber von Juden und Jüdinnen sozusagen wimmelt«.[85] Vor allem durch seine Anerkennung der deutschen Schuld am Weltkrieg hat Eisner den Hass der Rechten auf sich gezogen. Der weitverbreitete Antisemitismus und völkische Chauvinismus spielt ihnen bei ihrer Anti-Eisner-Kampagne zusätzlich in die Hände. Infolgedessen treffen in Eisners Büro täglich Schmäh- und Drohbriefe ein. Teilweise setzen sich die Revolutionäre dagegen aktiv zur Wehr. So wird beispielsweise im Zuge einer Demonstration das *Bayreuther Tagblatt* dazu gezwungen, seine Verleumdungen gegen Eisner zu widerrufen.

Hilde freundet sich währenddessen schnell mit den Mitgliedern des Soldatenrates an. »Ich bin ein Soldatenmädel geworden«, schreibt sie an eine Freundin. »Du würdest baff sein, ich gehe nie ohne Begleitung, liebe 10 auf einmal, werde von 20 geliebt, habe doch noch nie einen Kuss bekommen. Das ist bei mir rein unmöglich. Nicht einmal Pol würde das wagen. Pol Michels ist der Luxemburger. Die Sache mit Pol ist fürchterlich, ich komme nicht darüber hinaus.«[86]

11. November 1918

Hilde Kramer feiert ausgelassen mit einer Vielzahl von Münchnerinnen und Münchnern. Anlass ist der Waffenstillstand zwischen den Alliierten und dem Deutschen Reich, der in einem Eisenbahnwagon im Wald von Compiègne bei Paris unterzeichnet worden ist. Für die Reichsregierung hat der Zentrumspolitiker Matthias Erzberger den Vertrag unterzeichnet. Damit ist der erste Weltkrieg beendet und die Monarchie soll durch eine parlamentarische Demokratie ersetzt werden.

Ernst Toller jubelt über den Frieden, ist aber bezüglich der von den siegreichen Alliierten erzwungenen Parlamentarisierung skeptisch: »Weder der Reichstag erkämpfte sie noch das Volk, sie wurde diktiert, wie die Brotkarte, wie die Kohlrübe.«[87] Zwar ist das Klassenwahlrecht abgeschafft und politische Gefangene wie Karl Liebknecht sind amnestiert worden. Aber die Presse bleibt zensiert, Versammlungen bleiben verboten, die Generäle herrschen wie früher, die Minister entstammen der alten Machtkaste.

Auch für Hilde wird die Hochstimmung bald getrübt. Bereits am nächsten Tag, als der Taumel vorüber ist, eröffnen ihr ihre luxemburgischen Freunde, dass sie nun, da Frieden sei, in ihre Heimat zurückkehren würden. Hilde ist enttäuscht und versucht, die Studenten von der Wichtigkeit des revolutionären Wandels zu überzeugen, aber tags darauf ist die Gruppe verschwunden. Nicht einmal ihr Geliebter Pol Michels will bei ihr bleiben.

Auch im weiteren Verlauf der revolutionären Entwicklung spielen Studierende kaum eine Rolle. Die meisten von ihnen gehören dem Bürgertum an und ziehen es vor, den Ereignissen abwartend zuzuschauen. Erich Mühsam notiert bitter: »Es muss gesagt werden, dass die Stunde der Erhebung in Münchens geistigen Bezirken keinen erhobenen, keinen erhebenden Geist fand. Die Münchner Studentenschaft hat kläglich versagt. Den Geist und den Sinn der Revolution erfassten nur einzelne Begeisterte, im Ganzen hat die Münchener Universität den geschichtlichen Augenblick der größten Umwälzung, die Deutschland je erlebt hat, unbeteiligt an sich vorbeigehen lassen. Die Revolution von 1918 war Alleingut der Soldaten und Arbeiter – wenigstens in München. Die Akademiker standen blasiert und degoutiert im Hintergrunde. Dort wollen wir sie stehen lassen.«

Leider bleiben die Studenten aber nicht dort stehen, wo Erich sie gerne hätte. »Von einem ganz winzigen Grüppchen abgesehen, waren die Studierenden weder sozialistisch noch liberal«, schreibt Victor Klemperer. »Wenn es nach ihnen gegangen wäre, hätte Deutschland wohl eine Monarchie zurückerhalten.«[88] Tatsächlich werden die Studierenden im weiteren Verlauf der Ereignisse das Rückgrat der Reaktion bilden und viele von ihnen werden sich später den rechten Freikorps anschließen.

13. November 1918

Auch am Hintersee ist für König Ludwigs Geschmack die Stimmung zu umstürzlerisch geworden. Deshalb ist er mit seiner Autokolonne weiter nach Schloss Anif bei Salzburg in Österreich geflohen. Von dort aus entbindet er die Beamten und Soldaten vom Treueeid auf seine Person, was de facto seiner Abdankung gleichkommt. Damit sind alle 22 Monarchen des 1871 gegründeten Deutschen Reiches von ihren Thronen verschwunden. 17 von ihnen haben offiziell abgedankt, die übrigen sind, wie der Kaiser, klammheimlich verschwunden und untergetaucht.

Im Offizierskasino der Ersatzdivision, in der Viktor Mann als Adjutant dient, überbringt ein Hauptmann die Nachricht von der Abdankung des Königs mit Tränen in den Augen. Die Truppe beschließt, sich der neuen demokratischen Regierung zur Verfügung zu stellen. In der ›Eisernen Division‹ werden, wie in fast allen Einheiten, Kommandeure neu gewählt. »Der Pascha« wird trotz seiner Strenge als Kommandeur bestätigt, jedoch wird ihm ein Soldatenrat an die Seite gestellt. »Niemandem geschah etwas«, bestätigt Mann. »Unsere Arbeit bestand im Entlassen der Leute unter Feststellung der Kriegsbeschädigungen, Versteigerungen der Pferde an die Landwirtschaft und Vorbereitungen für die Heimkehr des Stammregiments.«[89]

Plötzlich ist die über 700 Jahre währende Herrschaft der Wittelsbacher in Luft aufgelöst. Bayern ist zur Demokratie geworden. All das geht so schnell, dass selbst die Revolutionäre skeptisch sind. Für Erich Mühsam zeichnet sich die gegenwärtige Revolution vor allem dadurch aus, dass sie selbst schneller da gewesen sei als der allgemeine Wille zu ihr. »Ihr elementarer Ausbruch«, gibt er zu bedenken, »kam nicht aus der Erkenntnis der Unnahbarkeit der Zustände, die das reiche deutsche Volk zum Bettelpack gemacht hatten, sondern aus der Unhaltbarkeit dieser Zustände selbst. Nicht die Unerträglichkeit der im Kriegszustand gewagten Zumutungen an die ›Opferfreudigkeit‹ des deutschen Volkes entfesselte den Aufstand, sondern das plötzliche Versagen des Programms derer, die die Zumutungen gestellt hatten, ihr Einbrechen in das Eis, unter das sie die Gegner hinabstoßen wollten, das Reißen des Seils, an dem sie das blindlings folgende Volk hinter sich herzogen. Das an Führung gewöhnte Deutschland war plötzlich ohne Führung, das Geleise, auf dem die Bahn fuhr, ging nicht weiter, die Wagen rasselten in den lehmigen Boden hinein und schlugen um, und die Fahrgäste waren zur Revolution gezwungen – sehr gegen ihren Wunsch.«[90]

15. November 1918

Auf Einladung von Kurt Eisner trifft Gustav Landauer, nachdem er sich von der Spanischen Grippe erholt hat, in München ein. Er soll, so das Einladungstelegramm, »durch rednerische Betätigung an der Umbildung der Seelen mitarbeiten.«[91] Eisner kennt ihn bereits von ihrem gemeinsamen Engagement gegen den Krieg. Sofort weiht der Ministerpräsident den Anarchisten in seine Sorgen über die Anti-Räte-Politik der SPD ein. Tags zuvor hat Auer den Oberbürgermeistern von München, Nürnberg und Augsburg in einer Besprechung zugesichert, dass den Räten keinerlei Vollzugsgewalt zustehe. Außerdem weigert sich Innenminister Auer, das bayerische Militär entsprechend den Forderungen der Soldatenräte umzustrukturieren. Stattdessen will er nicht nur alle Offiziere in ihren Positionen belassen, sondern diese auch nach ihrem vorherigen Rang in der kaiserlichen Armee einstufen und auch nicht eine demokratische Einstellung zur Bedingung ihrer Dienstgrade machen. Eisner versucht dagegen, ohne Unterlass zwischen Ministerium und Räten zu vermitteln. Dafür will er Landauers Unterstützung gewinnen.

Wenig überraschend flammen jedoch auch schnell Grundsatzdiskussionen zwischen den beiden auf. Landauer differenziert in seinen Überlegungen zwischen politischer und sozialer Revolution. Im Gegensatz zur politischen Revolution stellt er sich die soziale Revolution als einen langsamen gesamtgesellschaftlichen und individuellen Transformationsprozess vor. Landauer schlägt vor, den Kapitalismus nicht durch Reform oder Revolution zu überwinden, sondern durch Parallelstrukturen neben dem Kapitalismus. Diese Strukturen stellt er sich als ein Netzwerk autarker Kommunen ohne Privateigentum an Produktionsmitteln vor, in denen Produktion und Konsumption zusammenfallen. Diese Siedlungen sieht

Landauer nicht selbst als Verwirklichung des Sozialismus, denn »es ist völlig unmöglich geworden, die Tauschwirtschaft des Profitkapitalismus direkt in die sozialistische Tauschwirtschaft überzuleiten.«[92] Stattdessen sind die Siedlungen für ihn Experimente in der schrittweisen Einübung einer sozialistischen Lebensweise. »Wollen wir diese Gesellschaft, so gilt es sie zu erbauen, gilt es sie zu üben«, gibt er in seinem *Aufruf zum Sozialismus* zu bedenken. Und an anderer Stelle: »Auch die Aufhebung des Eigentums wird im Wesentlichen eine Umwandlung unsres Geistes sein.«[93] Landauer ist jedoch auch erklärter Anti-Marxist. Er war 1893 als Delegierter der Berliner Anarchisten auf dem Kongress der Sozialistischen Internationalen in Zürich, auf dem die Anarchisten von den Marxisten aus der Internationale ausgeschlossen wurden. Landauers Denken ist geprägt von einer Abscheu gegenüber dem sich geschichtsphilosophisch legitimierenden Quietismus des Marxismus, der alles Handeln auf die Zukunft vertagt. Für ihn ist die Gegenwart der einzig mögliche Zeitpunkt des Tätigwerdens.

Eisner dagegen ist marxistischer Revolutionär und vorsichtiger Stratege. Er lässt die monarchistischen Beamten – wie im übrigen Deutschland – im Amt und auch die alten Strukturen des Verwaltungsapparats und der Justiz unangestastet. Unter diesen reaktionären Beamten ist auch Gustav Ritter von Kahr, der Regierungspräsident von Oberbayern, der nach der Niederschlagung der Räterepublik zum autoritären Regierungschef von Bayern werden wird. Auch die Sozialisierung der Industrie stellt Eisner zunächst zurück. Umgesetzt werden jedoch einige Forderungen der Arbeiter und Gewerkschaften wie der Achtstundentag und eine bessere Unterstützung der Arbeitslosen.

Trotz ihrer politischen Differenzen arbeiten Landauer und Eisner dennoch äußerst pragmatisch zusammen – vorerst jedenfalls – denn ihr radikaler Pazifismus verbindet die beiden auch. So gesteht Eisner immer wieder die deutsche Schuld am Weltkrieg ein. Auch im Bereich der Bildungspolitik arbeiten der Sozialist und der Anarchist zusammen. Unter Kultusminister Johannes Hoffmann wird eine Schulreform zur Aufhebung der kirchlichen Schulaufsicht durchgeführt. Diese Reform geht mit in das vorläufige Staatsgrundgesetz ein und behält auch nach der Niederschlagung der Räterepublik Bestand. Landauer widmet sich dagegen – Eisners Wunsch gemäß – vor allem und unermüdlich der Agitation. Er verbringt viel Zeit im Haus der Eisners am Rand von München. Es gelingt Eisner jedoch zu keinem Zeitpunkt, Landauer davon zu überzeugen, in die USPD einzutreten. Wesentlich überzeugender scheint für ihn jedoch Eisners Frau Else zu sein, mit der er sich schnell annähert.

Erich Mühsam ist erleichtert, dass Landauer nun endlich nach München kommt. Sofort nach Landauers Ankunft treffen sich die beiden im Hotel Wolff gegenüber dem Hauptbahnhof, in das sich der Philosoph eingemietet hat. Für Erich ist Landauer seit Jahren Freund und Mentor, obwohl er manchmal durchaus genervt davon ist, dass Landauer sich gegenüber seinen Genossen hauptsächlich als Lehrer versteht. Immer wieder hat er tadelnde Briefe an Erich geschrieben. So zum Beispiel, bezugnehmend auf einen von Erich verfassten Text: »Formal vermisse ich eine gewisse peinliche Sauberkeit im Stil, inhaltlich die innere Nötigung und auch die Solidität des Wissens. Ich möchte dich einmal hier haben und Satz für Satz mit Dir vornehmen.« Am Ende der Belehrung hat er sich regelrecht in Rage geschrieben: »Na wartet nur, ich werde noch einmal unter Euch fahren, dass Euch Hören und Sehen vergeht!«[94] Sogar in den Briefen an seine Kinder kann Landauer den vergeistigt-belehrenden Duktus nicht abstellen. An seine dreizehnjährige Tochter schreibt er: »Ich weiß nicht, ob Du schon reif dazu bist, im Unbewussten, Instinktmäßigen, Empfundenen tief drunten zu leben und zu bleiben, dabei aber doch mit hellem Verstand, besonnenem Urteil und nüchterner Technik arbeitend den Ausdruck für das Unbewusste zu suchen, ohne dass es Mache, Kälte, Virtuosität wird.« Und weiter: »Nur die Tiefernsten haben das Recht zur Freude.«[95] Was das Mädchen auf diese lebensnahen Belehrungen geantwortet hat, ist unbekannt, aber alles unter einem sauber durchgeführten Essay über Moralphilosophie und Ästhetik hätte ihren Vater wohl enttäuscht.

Erich weiß, dass der erste Eindruck, den Landauers Christusgestalt bei vielen hervorruft, täuscht. Später schreibt er über ihn: »Wer Gustav Landauer im hären Gewande zeichnet, mit dem friedseligen Schmachtblick des Versöhners, der fälscht sein Bild.« Landauer sei zwar »milde und von gütiger Heiterkeit im täglichen Umgang«, aber auch ein furchtloser Kämpfer, »unduldsam, hart und eigenwillig bis zum Hochmut überall, wo es um Entscheidendes ging.«[96] Theorie und Praxis gehen für ihn Hand in Hand, oder fallen sogar in eins, denn beidem fällt seiner Meinung nach wesentlich die Funktion zu, permanent die scheinbare Unveränderlichkeit des Gegebenen zu zersetzen: Sie sei selbst nichts anderes als die Revolution. »Auflösung und Zerscheidung der Gesamtheitsformen, der apotheisierten Gebilde durch den Individualismus: das ist Sozialpsycho-

Soldaten! Arbeiter! Volksgenossen!

Erste Pflicht bei einer Revolution ist Bereitschaft!

Es gilt Erreichtes sichern, Begonnenes weiterführen und die Trümmer des Gewesenen wegräumen! Revolutionäres Weiterarbeiten braucht entschlossenen Willen! Niemand weiss, welche reaktionären Kräfte noch am Werke sind, welche Mittel ihnen zu Gebote stehen. Wir dürfen uns nicht auf die stillschweigende Resignation der Besiegten verlassen, wir müssen misstrauisch sein gegen ihre gedrückte Bescheidung in die neuen Verhältnisse.

Notwendig ist die **Geschlossenheit der Revolutionäre!**

Darum wollen wir in diesem Augenblick nicht Einzelheiten der Neuorganisation bekämpfen, sondern prüfen, ob der Geist, der jetzt waltet, der rechte ist. Was nicht lebensfähig ist im Geiste der Revolution, muss fort! Kompromisse, Halbheiten, Zaghaftigkeiten dürfen nicht geduldet werden. Sie sind die Feinde der Revolution! Gegen sie, gegen jede Art Reaktion und Zopf müssen sich die Revolutionäre, die über den Tag hinaus streben, sammeln!

Gemeinsame Abwehr gemeinsamer Feinde,

aus welchen Lagern immer sie kommen mögen, das ist die Forderung!

Stelle jeder, der es gut meint mit dem Volk, mit der Freiheit, mit der Revolution, alle Kräfte zur Verfügung der jungen Republik, um ihr hinüberzuhelfen über den Sumpf der Stagnation und der Zugeständnisse. Wir wollen nicht am Anfang stehen bleiben! Wir wollen durch zum Sozialismus, durch zur **Weltrevolution!**

Sorge jeder dafür, dass der gute Geist, der den Aufruhr leitete, wach sei in jedem Amt, in jeder Tätigkeit, in jedem Entschluss!

Der Geist ist alles!

Lasst ihn nicht lahm werden!

Nichts aufgeben vom idealen Ziel! Auf nichts verzichten! Keine Schwachheit zulassen! Die Bewussten und Entschlossenen aber

einig bleiben!

Es lebe die Republik! Es lebe die Freiheit!

Kain-Verlag, München, Baaderstr. 1a, Telef. 26355. — Verantwortlich: Erich Mühsam, München, Georgenstr. 105/IV, Telef. 33626
Druck von Max Steinebach, München.

Von Erich Mühsam unterzeichnetes Flugblatt für die Einigkeit der Linken (Pol. Dir. 15590-3, Stam.)

logie, das ist Revolution. Die Enthauptung Karls I. Und die Erstürmung der Bastille war angewandte Sozialpsychologie; und jede Untersuchung und Analyse der heiligen Gebilde und überindividuellen Formationen ist revolutionär.«[97]

Es ist diese Verkörperung der Zusammenführung von Geist und Revolution, die Landauer in wenigen Tagen zu einem der führenden Köpfe des Revolutionären Arbeiterrats werden lässt. So wird Landauer zu einem der prominentesten Fürsprecher des Rätegedankens. In seiner Schrift *Von der Rätedemokratie und dem Weg der Revolution* erklärt er seine Position dazu als Vermittlung zwischen zwei Seiten: »Die eine sagt ›Räte‹ und will ihre jetzige unvollkommene, für die drängende Notwendigkeit des Augenblicks gebildete Gestalt zu einer – nicht allzu kurzen ›Diktatur des Proletariats‹ benutzen – die andere hat Vertrauen zu dem neuen Instrument und zu dem Geist, der sich in diesen Korporationen durchsetzen soll und will eine allgemeine Verwaltung der öffentlichen Angelegenheiten durch diese Körperschaften des gesamten arbeitenden Volkes, wobei nicht in allererster Linie an die Ersetzung des Parlaments durch die Rätekongresse, sondern vor allem an die lokale Tätigkeit der Räte zu denken ist.«[98] Bei alldem will Landauer, der seine Rolle sonst eher im Denken als im Handeln sah, nun handfest mit anpacken. Denn, so schreibt er an eine Freundin, »die sehr schwere und fast schon düstere Situation erfordert, dass ich nicht hinten schiebe, sondern vorn führe.«[99] Erich ist hellerfreut über diese Wendung hin zu Praktischen, das seit je her sein eigenes vorrangiges Terrain ist.

19. November 1918

Es ist acht Uhr abends und Hunderte Frauen drängen sich in den Wagnersaal in der Münchner Sonnenstraße, unter ihnen auch Hilde Kramer. Der Verein für Frauenstimmrecht, der Gewerkschaftsverein München und die Frauenagitationskommission des Sozialdemokratischen Verbandes hat zu einer Frauenversammlung aufgerufen. Lida Gustava Heymann, die aufgrund ihrer politischen Aktivitäten vom alten Kriegsministerium aus Bayern verbannt worden war und sofort nach der Revolution zurückgekehrt ist, hält die Hauptrede. Sie trägt sogenannte Reformkleidung, einen eigens zur Befreiung der Frau erdachten Kleidungsstil ohne Folterinstrumente wie Korsette oder Röcke, die einen am Gehen hinderten. Viele munkeln sogar, sie lebe in einer lesbischen Partnerschaft mit ihrer Gefährtin Anita Augspurg, die heute ebenfalls anwesend ist. Jedenfalls waren sie die Gründerinnen des Vereins für Frauenstimmrecht und haben sich bereits zu Beginn des Krieges für einen sofortigen Frieden eingesetzt.

Frauen sind in besonderem Maße vom Horror des Krieges betroffen: Zu den allgemeinen Gefahren und der psychischen Belastung des Krieges kommt bei ihnen noch eine besondere Arbeitsbelastung hinzu: Erwerbslose Frauen und Mädchen, Hausfrauen und Mütter sind an die »Arbeitsfront« beordert worden. Das Verbot von Frauenarbeit im Bergbau war zwischenzeitlich aufgehoben worden. Besonders stark hat der Anteil von Arbeiterinnen in der Rüstungsindustrie zugenommen. Sie drehen Patronenhülsen und fräsen Gewinde für Granaten und Sprengminen, wobei ein Höllenlärm herrscht. Beim Befüllen der Hülsen und Granaten mit Pulver kann jeder falsche Handgriff eine Katastrophe auslösen.[100] Ihr Lohn ist dabei im Durchschnitt um die Hälfte niedriger als derjenige ihrer männlichen Kollegen. Hinzu kommt freilich nach wie vor die Reproduktionsarbeit im Haushalt. Einige Frauen in den Rüstungsbetrieben verübten kleine Sabotageakte. Sie füllten zu wenig Sprengstoff in die Granaten, sodass die Zünder nicht heranreichten, sie machten die Zünder unbrauchbar oder ließen aufrührerische Flugblätter liegen. Eines davon trug die Überschrift »Von Frauen an Frauen!« Die zentrale Forderung lautete: »Wir wollen nicht mehr länger zusehen, wie man unsere Männer und Söhne hinschlachtet. Wir wollen Frieden! Frieden für alle!«[101] Immer wieder haben in München Frauendemonstrationen für den Frieden stattgefunden und bei fast allen waren Augspurg und Heymann anwesend.

Tatsächlich sind die Frauengruppen durchaus schlagkräftig. Im Verlauf der Revolution erweisen sie sich als wichtiges Organ der Arbeiterinnenbewegung. In einem Bericht des bayerischen Kriegsministeriums heißt es dazu: »Die Organisation des weiblichen Teils der Bevölkerung hat in dem letzten Jahrzehnt ganz außerordentliche Fortschritte gemacht und der Krieg hat nur dazu gedient, die Leiter dieser Bewegung zu gesteigerten Anstrengungen zu veranlassen«. Einige dieser Frauen würden »unter internationalem Einflusse stehen und sich unter dem Wahlspruch sammeln ›Krieg dem Kriege‹. Sie sehen in dem Weltkrieg den Beweis des Bankrottes der bisherigen ›Kultur des Mannes‹.«[102] Als Konsequenz aus diesem Bericht ist über Augspurg und andere Frauen ein Betätigungs- und Ausreiseverbot verhängt worden. Heymann ist aus Bayern ausgewiesen worden.

Nun ist sie wieder zurück und nimmt ihre politische Arbeit sofort wieder auf. »Der neue Volksstaat brachte den Frauen die politische Gleichberechtigung«, ruft Heymann in den Saal. »Aber schon sind Kräfte am Werk, diese Rechte zu beschneiden. Deshalb ist die sofortige Gründung eines Frauenrates geboten. Ihm obliegt es, die politisch noch unorientierten Frauen zu unterrichten, dafür zu sorgen, dass den Frauen alle Berufe, auch der Richterberuf, eröffnet werden und dass in Staat und Verwaltung an verantwortungsvolle Stellen Frauen treten können. Der Frauenrat muss weiter veranlassen, dass auf die Wahllisten aller Parteien zur konstituierenden Nationalversammlung Frauen in genügender Zahl und an ausschlaggebende Stelle gesetzt werden.«[103]

Die Behauptung der politischen Gleichberechtigung ist noch etwas euphemistisch, aber immerhin hat der neukonstituierte freie Volksstaat Bayern den Frauen erstmals das Wahlrecht eingeräumt – ein absolutes Novum in Deutschland. Dennoch sind auch viele der revolutionären Gruppierungen noch immer sehr patriarchal strukturiert. Revolutionäre Frauen wie Hilde Kramer müssen kontinuierlich darum kämpfen, von ihren Genossen überhaupt ernst genommen zu werden.

Später hält die Frankfurter Revolutionärin Toni Sender eine Rede auf der Frauenkonferenz der USPD, die die Rolle von Frauen in der Revolution anschaulich beschreibt: »Es kann wohl keinem Zweifel unterworfen werden« beginnt sie, »dass die Umwälzung des 9. November eine starke Revolutionierung speziell der Frauen im Gefolge hatte. Wurde ihnen doch durch die Revolution das Recht der politischen Mitbestimmung im Staate zuteil! Nun müssen wir allerdings wahrnehmen, dass bisher die Frau in den Räten kaum eine Rolle gespielt hat. In den Arbeiterräten selbst fanden wir nur eine ganz spärliche Anzahl weiblicher Vertreter, die in gar keinem Verhältnis stand zu der Anzahl der beschäftigten, erwerbstätigen Frauen. Aber gar erst in den Vollzugsausschüssen: Dort war nur in den allerseltensten Fällen eine weibliche Delegierte aufzufinden.«

Eine solche patriarchale Struktur der Räte widerspreche jedoch deren demokratischen Grundgedanken. So wirft sie ihren ebenfalls anwesenden männlichen Genossen vor: »Es ist unverkennbar, dass von allen Parteien, auch von unseren kommunistischen Freunden, der Mitwirkung der Frauen in den Räten nicht die notwendige Beachtung geschenkt worden ist. Die Räte können aber nur dann Ausdruck des Massenwillens werden, was sie ja sein sollen, wenn das Recht der Mitwirkung und Mitbestimmung nicht für eine ganze Hälfte des Proletariats toter Buchstabe bleibt. Als Sozialisten verlangen wir ja grundsätzlich das Recht der sozialen und menschlichen Gleichberechtigung, über das Recht politischer Gleichberechtigung hinaus. Wie wollten wir das verkennen, dass die Frauen am besten selbst die Sachverwalter ihrer eigenen Interessen sein werden.«

Deshalb, erklärt Sender, müsse es eigene Räte geben, in denen Frauen adäquat repräsentiert werden und ihre Arbeit ernstgenommen werde. »Das ist bei uns bereits zu den ersten Arbeiterratswahlen geschehen, aber wie erfasst man die proletarischen Hausfrauen im Rätesystem? Wenn nun zwar auch die Hausfrauen nach kapitalistischen Begriffen insofern keine produktive Arbeit leisten, weil sie keinen Mehrwert erzeugen, so erkennen wir als Sozialisten selbstverständlich ihre Tätigkeit auch im Haushalt als produktiv an. Durch ihre Arbeit, durch ihre Haushaltsführung ermöglichen sie außerdem dem Mann erst, seinerseits produktive Arbeit zu leisten. Wir müssen erstreben, auch diese Proletarierinnen in den politischen Arbeiterräten zu erfassen.«

Clara Zetkin hat auf dem Kongress bereits vorher den Vorschlag gemacht, die proletarischen Frauen gemeinsam mit ihren Ehemännern oder Brüdern an deren Arbeitsplatz zur Wahl der Räte zu schicken. Dieser Vorschlag erscheint Sender jedoch völlig ungeeignet, da alleinstehende Frauen oder Witwen dann immer noch rechtlos bleiben würden. »Außerdem aber würde dies den Frauen wenig Sinn für Selbstständigkeit anerziehen, wenn sie nur als die Anverwandten der männlichen Erwerbstätigen mit zur Wahl zugelassen würden.« Weiterhin erklärt sie: »Wer sich nichts zutraut, wird seiner neuen Aufgabe nie gewachsen sein, wir aber, die eine ganze Welt aus den Angeln heben und neu aufbauen wollen, bedürfen entschlossener Männer und Frauen, die den Glauben an die eigene Kraft und Fähigkeit besitzen!«

Senders Vorschlag lautet stattdessen: »Man schreite zur Schaffung eines Wahlverbandes der proletarischen Hausfrauen mit bezirksweiser Untergliederung. Wahlberechtigt und wählbar zu den von den Hausfrauen zu entsendenden Räten können nur solche Personen sein, deren Haushaltseinkommen nicht aus unbezahlter Arbeit herrührt.« Zum Abschluss bekräftigt sie noch einmal, dass »die Praxis der Revolutionen uns Frauen in den vordersten Reihen und an den wichtigsten Stellen« gezeigt habe.[104]

Auf der Versammlung im Münchner Wagnersaal fordert Hedwig Kämpfer, Mitglied der USPD und des provisorischen Nationalrats, eine feministische Schulung der proletarischen Frauen, insbesondere in den sozialistischen Parteien und Gewerkschaften. An diesem Abend wird auch der Grundstein für die Gründung des Bundes sozialistischer Frauen gelegt, der im Dezember ins Leben gerufen werden soll.

21. November 1918

Im Franziskanerbräu in der Hochstraße 7 sprechen Erich Mühsam und Josef Sontheimer. Sie versuchen auf eine solidarische Zusammenarbeit der anarchistischen, sozialistischen und kommunistischen Bewegungen hinzuwirken. Auch Hilde ist anwesend und mitgerissen von dem militanten Gestus, mit dem Sontheimer seine Rede hält. Die meisten Männer rauchen die weitverbreiteten langen Pfeifen mit bunten Porzellanköpfen. Hilde leidet unter dem Rauch, der die Bierkeller, in denen die politischen Versammlungen stattfinden, fast immer in dichten Schwaden durchzieht. Jemand rät Hilde, dass die beste Verteidigung gegen Rauch darin bestehe, selbst zu rauchen. So beginnt sie tatsächlich in jenen Tagen das Zigarettenrauchen und wird die Gewohnheit bis ans Ende ihres Lebens nicht mehr ablegen. Sontheimer steigert sich immer weiter in seine Agitationsrede hinein. Irgendwann lässt er sich sogar zu einem offenen Aufruf zur Plünderung hinreißen: »Wir haben schon wochenlang Revolution, aber das Warenhaus Tietz steht noch!«

Da wird es Hilde zu viel. Um eine Gegenrede zu halten, macht sie sich auf zum Podium, obwohl sie noch nie zuvor öffentlich gesprochen hat. »Aber je näher ich kam«, erinnert sie sich später«, desto langsamer wurden meine Schritte. Ich sah mir die Menschen an, die an den Tischen saßen: größtenteils ältere Arbeiter mit ihren Frauen, die so viel mehr vom Leben wussten als ich. Es stand mir einfach nicht zu, sie zu belehren. Ich kam mir plötzlich so klein und unbedeutend vor, dass es mir gänzlich unmöglich gewesen wäre, die entrüstete Rede, die ich auf der Zunge hatte, zu halten. So kehrte ich denn langsam zu meinem Tisch zurück, ohne ein Wort zu sagen, aber dieses Erlebnis hat mir einen tiefen Schreck gegeben. Seitdem habe ich es nie gewagt, öffentlich oder überhaupt in einem großen Kreise zu reden.«[105] So reden auch auf dieser Versammlung wieder einmal nur Männer.

Nachdem Sontheimer seine Rede beendet hat, versucht Erich die Gemüter wieder etwas abzukühlen und zu strategischen Überlegungen der Bündnisarbeit überzugehen. »Ich stelle alles zurück, was mich theoretisch trennt von den Führern«, erklärt er. »Kurt Eisner hat sich vor der Geschichte ein unsterbliches Verdienst erworben, deshalb ist es nötig, ihm und seinen Helfern den Dank auszusprechen und ihm zu sagen, dass dieser Dank niemals erlöschen wird.« Die Anarchisten sehen sich als außerparlamentarische Triebkraft, die dafür sorgt, dass die begonnene Revolution nicht im Sande verläuft. »Wir wollen nichts gegen diese Personen unternehmen«, fährt Mühsam fort. »Wir wollen sagen, macht Ihr es, es ist schön von Euch, dass Ihr da steht, tut, was in Eurer Kraft steht, wir wissen dass es ungeheuer viel ist, was Ihr tut. Aber wir wollen, dass die Revolution an keinem Punkte stehen bleibt, dass sie unablässig weitergeht und sich auswächst zu einer sozialen, zu einer sozialistischen Republik.«[106]

30. November 1918

Erich und Hilde haben in den vergangenen Tagen viel über revolutionäre Politik diskutiert. Sie sind sich einig, dass die Revolution nicht am gegenwärtigen Punkt stehenbleiben darf, den sie beide als keineswegs befriedigend empfinden. »Trotz der verschiedenen neuen Errungenschaften«, schreibt Hilde an ihre Freundin Wise, »bleibt doch eine riesengroße Enttäuschung zurück. Hier herrscht jetzt Kurt Eisner als Diktator und schiebt das ›Sozialisieren‹ auf den St. Nimmerleinstag auf.«[107] Tatsächlich ist Eisner beim Versuch der Konsolidierung einer neuen linken Sozialdemokratie inzwischen dazu übergegangen, die Linksradikalen, die seine Revolution mitgetragen haben, zu bekämpfen. So wurde unter anderem auch Hildes Chef, der Kommunist Max Levien als Leiter des Soldatenrates durch Eisners ergebenen Assistenten Felix Fechenbach ersetzt. Ebenfalls einig sind sich Hilde und Erich darin, dass die Voraussetzung einer Weiterführung der Revolution die Einigung der verschiedenen revolutionären Strömungen ist. So haben sie sich immer wieder mit Vertretern verschiedenster Gruppen getroffen und einen gemeinsamen Plan ausgearbeitet, den sie an diesem Tag in die Tat umsetzen: Sie gründen im Braunauer Hof die strömungsübergreifende Vereinigung Revolutionärer Internationalisten (VRI)

»Der Sinn der Sache ist der«, schreibt Erich an den Bremer Johannes Knief, „einen Zusammenschluss aller wirklich radikalen Elemente ohne Rücksicht auf ihre Berufung auf Marx oder Bakunin zu ermöglichen. Es soll also jeder kommunistische Sozialist (wie immer man diesen Begriff im Einzelnen definieren will) zugehören können, sofern er der Ansicht ist, dass diese Revolution bis zur Verwirklichung des Ideals durchgeführt werden muss und zwar mit den Mitteln der Revolution und gerichtet auf die Weltrevolution einer Internationale, die diesen Namen verdient. Die Zugehörigkeit zur Spartakuspartei oder zu der Bremer Kommunistengruppe soll nicht vom Anschluss an uns zurückhalten.«

Die VRI will keine Partei sein, sondern eine umfassende Organisation aller Linksradikalen. Nicht zuletzt soll so zum ersten Mal eine Plattform geschaffen werden, die es auch der anarchistischen Bewegung ermöglicht, organisiert mit den Sozialisten und Kommunisten zusammenzuarbeiten, »ohne sie zur Verleugnung eigener oder zur Anerkennung fremder akademischer Formeln zu nötigen. Meine persönlichen Erfahrungen durch 20 Jahre haben mich belehrt, wie nötig das ist, um sehr brauchbare agitatorische Kräfte dem gemeinsamen Kampf zu sichern. Wir wollen uns nun zunächst mit allen verwandten Gruppen in direkte Beziehung setzen.«[108]

Hilde sieht sich in der VRI klar als Vertreterin der kommunistischen Bewegung, aber sie ist von der Notwendigkeit einer Zusammenarbeit ebenso überzeugt wie Erich. Später erinnert sie sich: »Obwohl er (Mühsam) immer wieder betonte, dass er kein Kommunist und überhaupt kein Parteimensch sei, sondern ein Anarchist, trafen wir uns mit ihm mit der Parole ›Alle Macht den Räten‹, die er energisch vertrat.«[109]

Später wird Erich detailliert Rechenschaft über seine Aktivitäten in der bayerischen Revolution ablegen. Diesen Rechenschaftsbericht adressierte er als offenen Brief an Lenin in Russland. Als diese Schrift 1929 neu aufgelegt wird, erklärt er im Vorwort diesen Umstand: »Das mag heute befremden, da ein Anarchist diese Adressierung wählte. Es sei daran erinnert, dass in der Zeit, als ich die Schrift verfasste, der offene Bürgerkrieg in Russland noch in vollem Gange war. Wir ahnten nichts von der Zersetzung innerhalb der proletarisch-revolutionären Kräfte, die mit der Aufhebung der reinen Rätemacht durch die Diktatur der bolschewistischen Partei schon begonnen hatte. Das furchtbare Verbrechen gegen die ihre Räterechte verteidigenden Kronstädter Matrosen und Arbeiter erfolgte erst später, und wenn wir den Namen Nestor Machno überhaupt gehört hatten, so nur im Zusammenhange mit gemeinsamen Abwehrkämpfen der Bolschewiki und der ukrainischen Anarchisten gegen die Weißgardisten. Der Name Lenin aber galt uns allen als die sichtbarste und energischste Kraft der russischen Revolution, der Bolschewismus als Formel für die revolutionäre Räteidee allgemein.«[110]

Über die VRI gibt Erich in den Bericht an Lenin zu bedenken: »Die Vereinigung Revolutionärer Internationalisten gewann mit großer Schnelligkeit ungeheure Popularität bei der revolutionären Arbeiterschaft, die in ihren Versammlungen den Konzentrationspunkt für die Opposition fand, welche sich nach und nach gegen Eisners bürgerlich-demokratische Politik geltend machte. Ich habe die Gewissheit, dass diese Popularität wesentlich begründet war in dem von mir als Prinzip aufgestellten Verzicht auf parteimäßige Konstituierung.«[111]

4. Dezember 1918

Nach langem Ausharren sieht der Kampfbund Thule die Möglichkeit, seine Pläne einer Entführung Kurt Eisners in die Tat umzusetzen. Eisner plant im Kurhaus von Bad Aibling eine Rede zu halten, auch Auer und Timm sollen anwesend sein. Der Obergeheimbündler Rudolf Glauer glaubt, dass die hohe Präsenz von konservativen Bauern und Mehrheitssozialdemokraten in Bad Aibling dafür sorgen wird, dass die Aktion ungestört vonstattengehen könne. So ist es auch das erklärte Ziel der Völkischen, Auer anstelle von Eisner zum Ministerpräsident zu machen. Der Aufruf zur Entführung soll erst kurz vor der Aktion veröffentlicht werden, nachdem Eisner gesprochen hat. Ein gegenrevolutionärer Leutnant soll sich an der Bühne aufstellen und Eisner nach seiner Rede provozieren. Rudolf Glauer will ihn von der anderen Seite der Bühne her unterstützen und Eisner gefangen nehmen. Ein Auto soll den Ministerpräsidenten dann in die Alpen bringen, wo er so lange festgehalten werden soll, bis sich eine neue Regierung gebildet hat. Aber es kommt anders.

Die beiden Kleinstädte Bad Aibling und Kolbermoor, etwa 60 Kilometer südöstlich von München gelegen, sind revolutionäre Hochburgen. Besonders die Arbeiterinnen der Kolbermoorer Baumwollspinnerei und die Arbeiter der Torfstichindustrie bilden starke kommunistische Bastionen. So berichtet einer der Entführer später: »Zwei Umstände vereitelten den Plan. Eisner brachte nicht Auer mit, sondern den Kultusminister Hoffmann und den Bauernrat Gandorfer. Dann hatten sich die Kolbermoorer Arbeiter, fast reine Kommunisten, und die Leute von der Rosenheimer Sanierung eingefunden, die sich in dicken Haufen um die Bühne drängten; es war Sebottendorf unmöglich, an die Bühne heranzukommen. Aber das wäre noch nicht so schlimm gewesen, das Gefährliche war, man hatte Eisners Redegabe unterschätzt, hatte nicht damit gerechnet, dass Gandorfer die Bauern gewinnen würde. Eisners Rede war ein Meisterstück.« Danach spricht Gandorfer. »Als Gandorfer geendet hatte und die Diskussion eröffnet wurde, sprang Sedlmeier auf die Bühne und begann seine Rede: ›Salomon Kosmanowsky – vulgo Kurt Eisner – hat gesprochen…‹ weiter kam er nicht, ein wilder Tumult erhob sich, die beiden Wachen stürzten sich auf den kleinen Leutnant, Fechenbach drängte heran – da erschein der Aiblinger Schmied im Hintergrunde, streckte seine Fäuste aus, ergriff den schmächtigen Sedlmeier am Kragen und hob ihn aus der Menge, um ihn hinter sich niederzusetzen. So konnte er entkommen.«[112]

Damit war die erste Gewaltaktion der Thule Gesellschaft gescheitert. Es sollte jedoch keineswegs die einzige bleiben.

6. Dezember 1918

Die VRI hat zu ihrer ersten eigenen Demonstration aufgerufen. Am Vortag sind für den 12.1.1919 Landtagswahlen festgesetzt worden. Für die VRI ist klar, dass eine solche Wahl die Rückkehr zum alten Parlamentarismus ohne Räte zementieren würde. Die Reaktionäre dagegen sehen in der Landtagswahl ihre Chance, wieder die politische Oberhand zu gewinnen. So beauftragt beispielsweise der Thule-Führer Glauer den Sportredakteur des Hetzblattes *Münchner Beobachter*, Karl Harrer, sich in dem obskuren Freien Arbeiterausschuss zu engagieren, aus dem im Januar 1919 unter Harrers Vorsitz die Deutsche Arbeiterpartei (DAP) entsteht, die nun auch zur Wahl antreten wird. Wenig überraschend sind ihre politischen Eckpfeiler: völkischer Nationalismus und Antisemitismus.

Die Linksradikalen aber beharren auf einer reinen Rätedemokratie – und dafür können sie an diesem Tag Tausende auf die Straßen Münchens mobilisieren. Dort prangern sie die Hetze der bürgerlichen Presse gegen Kurt Eisner und die Räte an und fordern die Fortführung der Revolution in Richtung einer Räterepublik. »Alle Macht den Räten!«, lautet der Sprechchor, der aus der Demonstration, der sich unterwegs beinahe tausend Soldaten angeschlossen haben, am lautesten zu hören ist.

Am Ende des Umzugs zieht Erich mit einer Gruppe von mehreren hundert Menschen zu den Redaktionen der bürgerlichen Zeitungen *Münchner Neueste Nachrichten, Münchner Zeitung, München-Augsburger Abendzeitung* und *Bayerischer Kurier*. Deren Räumlichkeiten werden umgehend von den Revolutionären besetzt. So will sich die VRI ein eigenes Publikationsorgan schaffen. Im *Bayerischen Kurier* wird darüber tags darauf folgendermaßen berichtet: »Plötzlich um ½ 11 Uhr ging nun der Sturm los. Eine größere Menge drang gegen das Geschäft vor und einer Reihe von Personen gelang auch der Eintritt in das Haus.« Nach einigen Spekulationen über die Zusammensetzung der Menge, wird namentlich Erich Mühsam als deren Anführer genannt: »An der Spitze der in die Hofstatt vordringenden Menge war Herr Erich Mühsam, der bekannte ›Edelanarchist‹, welcher in seiner Ansprache betonte, dass gegen die Presse eine Zensur ausgeübt werden müsse. Um das zu tun drang die Menge, die vielleicht tausend Personen zählen mochte, gegen unser Geschäftshaus vor. Als Herr Mühsam im Hause war, übernahm er, gedrängt durch seine Mitarbeiter, die Redaktion unseres Schwesterblattes, des *Neuen Münchner Tagblattes*. Er erklärte den Betrieb als kommunistisch und die Arbeiter als Teilhaber.«[113] Nicht alle der Arbeiterinnen und Arbeiter freuen sich über diese Entwicklung, einige verlassen das Redaktionshaus. Trotzdem wird sofort mit der Produktion einer ersten revolutionären Ausgabe begonnen. Diese soll mit einer Erklärung der VRI auf der Titelseite erscheinen.

Der Chefredakteur des *Bayerischen Kuriers* beschwert sich jedoch bei Ministerpräsident Eisner über die Besetzung. Daraufhin ruft dieser sofort Stadtkommandant Dürr und den Polizeipräsident Staimer an und erscheint zusammen mit den beiden persönlich in der Redaktion. Mit einem Polizeieinsatz lässt er das Gebäude räumen. Als Eisner und sein Begleiter Felix Fechenbach jedoch in den Maschinensaal kommen und Eisner dort den Setzern erklärt, dass die Zeitung in ihrer ursprünglichen Version fertiggestellt und gedruckt werden solle, bestehen die Drucker darauf, den Text der VRI zu veröffentlichen. Die VRI habe den Betrieb sozialisiert und sie zu Besitzern der Produktionsmittel gemacht. Eisner erwidert, dass alle Anordnungen der Revolutionäre ungültig seien. Daraufhin fragt ihn ein biederer christlicher Buchdrucker treuherzig: »Aha, Herr Ministerpräsident, wos is'n nacha mit da Sozialisierung?«[114]

Die von Eisner »befreite« Presse dankt ihm dadurch, dass sie weiterhin eine beispiellose Hetzkampagne gegen die Revolution und vor allem gegen seine Person veranstaltet. Der antisemitische Chauvinismus der großen Blätter ergießt sich in immer neuen Hasstiraden über den Juden.

Eine kleine Gruppe der Räteaktivisten zieht vom Redaktionsgebäude weiter zur Privatwohnung des verhassten Innenministers Auer. Dort angekommen dringen sie in das Haus ein und zwingen den Sozialdemokra-

Brüder!

Die Soldaten und Arbeiter München haben heute Nacht die Zeitungen besetzt. Sie haben der schändlichen Hetzpresse, die das Volk durch 51 Monate belogen und betrogen hat, die eine ungeheure Blutschuld an diesem Völkermorden trägt, in Haft genommen. Die Uebernahme der Zeitungen geschah in größter Ruhe und Ordnung und sie erscheinen von nun ab unter unserer Leitung.

Gleichzeitig haben wir mit der Vergesellschaftigung dieser Betriebe begonnen und sämtliche Angestellte zu Mitinhabern gemacht.

Kameraden! Folgt unserem Beispiel und verwirklicht die sozialistischen Ziele.

Es lebe die internationale, sozialistische Weltrepublik!

Die revolutionären Internationalisten Bayerns.

Erklärung der VRI für die Titelseiten der besetzen Zeitungen (BayHstA, Plkslg. 2074) ten mit vorgehaltener Pistole, eine Rücktrittserklärung zu unterzeichnen, was dieser auch tut. Stolz ziehen die Arbeiter danach zu Eisner, um ihm die Rücktrittserklärung zu überreichen. Dieser ist jedoch über die eigenmächtige Aktion keineswegs erfreut.

»Warum habt ihr mir von eurem Vorhaben nichts mitgeteilt?«, fragt er. »Wenn ihr mich gefragt hättet, so hätte ich euch wahrscheinlich abgeraten. Was ihr heute getan habt, war sicherlich gut gemeint und ist sicherlich aus Liebe zu mir geschehen, aber es war nicht gut. Wenn ihr wieder einmal Beschwerden habt, dass euch an der Regierung etwas missfällt, so kommt zu mir. Ich stehe jederzeit für jeden von euch zur Verfügung. Und nun geht ruhig nach Hause.«[115]

Was die Gruppe dann auch befolgt.

Eine zwei Tage später stattfindende Tagung der bayerischen Arbeiterräte verurteilt die Aktion der VRI. Erich übt öffentlich Selbstkritik und versucht, die Vorgänge herunterzuspielen. Noch stehen die Revolutionären Internationalisten mit ihrer vorwärtstreibenden Politik relativ alleine da.

13. Dezember 1918

Auf Druck des Frauenrates und der weiblichen Hausangestellten hebt der Stadtkommissar für Demobilmachung das Gesinderecht auf. Dieses hatte unter anderem vorgeschrieben, dass Dienstmädchen rund um die Uhr verfügbar sein müssen, ihre Arbeitskraft also auch nachts abgerufen werden kann. Das neue Gesetz führt für Hausangestellte den Achtstundentag, sowie einen Anspruch auf Verpflegung, Unterkunft und Urlaub ein. Auch die Nachtarbeit wird abgeschafft, sodass Hausangestellte vor sechs Uhr morgens und nach acht Uhr abends nicht mehr arbeiten müssen.

»Die Aufregung unter den kleinlichen, bourgeoisen Hausfrauen über die den Hausangestellten zuerkannten Rechte war groß«, hält Lida Gustava Heymann fest.[116] Ihr und anderen Feministinnen gehen die neuen Regelungen jedoch noch nicht weit genug. Sie problematisieren den Status der Dienstmädchen und der weiblichen Hausarbeit grundsätzlich. Heymann schreibt in einem Artikel, dass es generell unter der Würde des Menschen sei, einen anderen bedienen zu müssen. Sie fordert »Zentralhaushaltungen« mit vielen Familienwohnungen, in denen Essen, Heizung, Wäsche und so weiter gemeinsam geregelt werden. Auch Krippen, Kindergärten und Horte sollten an diese Haushalte angeschlossen sein.

Die Arbeiten sollen weiter von Hausangestellten ausgeführt werden, allerdings unter geregelter Arbeitszeit und gegen gute Bezahlung. Außerdem müsse der höchste Stand der Technik eingesetzt werden, wie zum Beispiel »Vacuummaschinen zum Reinigen der Wohnungen.« Die Vorschläge zielen darauf ab, dass Hausangestellte sich fortan weigern sollen, in Einzelhaushalten zu dienen. Neben dem Nutzen für alle Beteiligten sei ein solches Modell auch ökonomisch wesentlich vernünftiger, da es immense Kosten einspare. »Der kapitalistische Staat hat abgewirtschaftet«, schließt sie ihren Artikel. »Wir gehen mit Riesenschritten der Sozialisierung entgegen.«[117]

16. Dezember 1918

Im Deutschen Theater in der Schwanthalerstraße findet die Gründungsversammlung des Bundes sozialistischer Frauen statt. Das erklärte Ziel des Bundes ist es, linke Feministinnen unabhängig von ihrer Parteizugehörigkeit zusammenzuschließen. »Es ist das die erste sozialistische Frauenorganisation, die selbstständig, unabhängig von den sozialistischen Männerparteien und Fraktionen ist«, heißt es dazu in der ab Januar 1919 erscheinenden Zeitschrift *Die Frau im Staat*. »Der Bund hat keine Satzungen, kein Programm. Wer auf sozialistischem Boden steht – auch dann, wenn er keiner sozialdemokratischen Männerpartei angehört – und mitarbeiten will, kann die Mitgliedschaft erwerben.« Tatsächlich wird ein solch breites Bündnis jedoch nicht wirklich realisiert – die meisten Mitglieder des Bundes stehen der USPD nahe, eine Einbindung von Mehrheitssozialdemokratinnen und der katholischen Frauenbewegung scheitert weitgehend.

Elma Klingelhöfer hält auf der Versammlung eines der Hauptreferate. Auch sie ist USPD-Mitglied und Frau des späteren Zentralratsdelegierten Gustav Klingelhöfer. Die militärischen Ermittlungsakten nach der Niederschlagung der Räterepublik machen nach Angaben ihres Anwalts aus ihr »ein höchst gemeingefährliches Wesen und wissen von ihr zu erzählen, die Angeschuldigte spiele die Rolle einer Rosa Luxemburg in Bayern, sie übe bei hervorragender Begabung einen dämonischen Einfluss auf ihre Umgebung aus.« Tatsächlich führt sie bei ihrer Rede folgendes aus:

»Da das Wahlrecht den Frauen so lange vorenthalten war, haben sie sich wenig um die Politik gekümmert. Von vielen wurden sie belächelt,

Bund sozialistischer Frauen

Wir **dienen dem Sozialismus,** als dem Gedanken der Zukunft.

Wir **bekämpfen den Kapitalismus,** als die Macht der Vergangenheit und die Not der Gegenwart.

Wir gehören den verschiedenen sozialistischen Parteien an; wir fühlen uns trotzdem als **Einheit,** denn wir vergessen nie **das gemeinsame Ziel.**

Wir wenden uns an **alle** arbeitenden Mädchen und Frauen, die sich zum **Sozialismus** bekennen. Die **Handarbeiterin** und die **Kopfarbeiterin** sind uns gleich willkommen.

Wir wenden uns an alle Mädchen und Frauen in **Stadt und Land,** die politisch noch unreif sind, denn wir wollen sie sammeln.

Wir **wollen erziehen und bilden** durch Vorträge, Kurse und Diskussionen.

Wir wollen unsere **Frauenforderungen** aufstellen und vertreten in **Parlament und Frauenrat.**

Wir wollen Stellung nehmen zu allen politischen Ereignissen – **immer als Frauen, immer als Sozialistinnen.**

Kommt und helft!

Geschäftsstelle: Herzog Heinrichstraße 11|III

Telephon Nr. 10959.

Plakat mit den Statuten des Bundes sozialistischer Frauen

wenn sie es taten. ›Kinder, Kirche, Küche, Kranke‹, die bekannten vier K's, die sollten nach Wilhelm des II. Ausspruch das Wirkungsgebiet der Frau umfassen. Jetzt stehen wir plötzlich mit unseren staatsbürgerlichen Rechten da, wir sollen jetzt handeln. Politisches Wissen ist Gewissenspflicht geworden. Wir Frauen müssen uns Zeit nehmen für den Versammlungsbesuch, für das Lesen politischer Literatur. Und haben wir uns zur politischen Anschauung durchgerungen, so müssen wir in die politischen Organisationen eintreten, wenn das parteipolitische Getriebe und seine Kampfmethoden uns auch noch so sehr abstoßen mögen. Die Frau ist unentbehrlich in der Partei, um die Partei mit dem Geist der Frau, der Eigenart der Frau zu durchdringen. Wir haben in München einen Bund sozialistischer Frauen gegründet, der sich die politische Aufklärung und Schulung der Frauen zur Aufgabe gemacht hat. Der Bund will der Weltanschauung des Sozialismus zum Sieg verhelfen, die Herzen gewinnen.«

Das Hauptbetätigungsfeld des Bundes ist in den folgenden Wochen die Theorie und Praxis gewaltfreier Revolution. Unter anderem diskutieren die Frauen die Schriften der gewaltfreien kommunistischen Revolutionärin Henriette Roland Holst aus den Niederlanden. Die revolutionäre Bewegung hat für Holst die Pflicht, die »moralische Höherwertigkeit ihrer Kampfesmethode gegenüber denen des Klassenstaates« unter Beweis zu stellen. »Dass das Ziel die Mittel heiligt«, betont sie, »war vollkommen wahr für die Jesuiten, ebenso wie dies heute für die imperialistische Klasse wahr ist. Um schlechte Ziele von Unterdrückung und Ausbeutung zu erreichen und zu festigen, sind alle Mittel recht. Aber für das Proletariat steht die Sache anders; sein Ziel ist es, die Menschheit zu einigen, sie emporzuführen zu Brüderschaft und Freiheit. Es kann seine große Kraft erst dann ausüben, wenn es nach diesen Zielen mit den Mitteln strebt, die mit diesen Zielen übereinstimmen.«

Das zentrale Mittel der gewaltfreien Revolution ist für Holst der Generalstreik und die daran anschließende Aneignung der Produktionsmittel durch die Arbeiterinnen und Arbeiter: »Streikende Massen trachten ihren sozialen Gegnern nicht nach dem Leben. Sie wollen diese weder verwunden noch verstümmeln; auch wollen sie nicht – allenfalls als Ausnahme – das Eigentum dieser Gegner beschädigen oder vernichten. Der Angriff richtet sich nicht physisch gegen die Mitglieder der besitzenden Klasse, sondern ausschließlich gegen ihre gesellschaftlichen Einrichtungen, gegen ihre gesellschaftlichen Institutionen. Ihr Vertrauen auf den Sieg wurzelt nicht in der Hoffnung, die Kapitalisten durch Hunger zur Unterwerfung bringen zu können – denn bevor das erreicht sein würde, wäre das Proletariat selbst verhungert –, sondern es beruht darauf, die Kapitalisten in ihren ökonomischen und politischen Machtstellungen – das sind die Börsen, die Banken, der Staat selbst – tödlich zu treffen.« Holsts Aufsatz schließt mit einem Aufruf, der die Münchner Revolutionärinnen tief beeindruckt und in ihren folgenden Flugblättern immer wieder sein

Echo findet: »Der Kampf für die unblutige sozial-moralische Taktik wird zugleich der Kampf sein für die Machterhebung der Liebe über den Hass als beseelendes Kampfprinzip.«

Es wird nicht lange dauern, bis die Frauen die Möglichkeit bekommen werden, ihre Philosophie an der harten Realität zu erproben.

18. Dezember 1918

In Berlin tagt vom 16. bis zum 21. Dezember im Gebäude des preußischen Abgeordnetenhauses der Reichskongress der Arbeiter- und Soldatenräte. Zum ersten Mal treffen sich Delegierte der verschiedenen revolutionären Räte aus allen deutschen Ländern. Vom Münchner Zentralrat ist Ernst Toller als Delegierter gewählt. Die Art und Weise wie die Delegierten bestimmt werden, bleibt dabei den lokalen Räten überlassen. Als Faustregel gilt, dass auf etwa 200.000 Personen ein Delegierter kommt. Aus den Soldatenräten soll ein Delegierter auf jeweils 100.000 Militärangehörige gewählt werden. Einberufen worden ist der Kongress vom Vollzugsrat der Arbeiter- und Soldatenräte Groß-Berlins. Die Delegiertenwahlen wurden aber auf Landes-, Bezirks- oder Provinzebene durch die jeweiligen lokalen Räteorganisationen durchgeführt.[118]

Als Ernst am 18. Dezember in Berlin ankommt, gewinnt er sofort den Eindruck, dass der Kongress vollständig von der Sozialdemokratie dominiert wird. Mit 288 Delegierten vereint die SPD knapp sechzig Prozent der Sitze auf sich. Die USPD kommt gerade mal auf 18,4 Prozent und 98 Delegierte, von denen zehn der Spartakusgruppe angehören. Zwei Prozent der Sitze stellen die Syndikalisten, 15,3 Prozent entfallen auf Parteilose, 5,1 Prozent auf bürgerliche Demokraten. Besonders bezeichnend für die Schwäche der Linksradikalen erscheint Ernst, dass ihre beiden herausragendsten Köpfe, Karl Liebknecht und Rosa Luxemburg, kein Mandat erringen konnten und sogar der Antrag, die beiden als Gäste mit beratender Stimme zuzulassen, abgelehnt wird. So ist es auch nicht überraschend, aber für Ernst und die anderen revolutionären Delegierten deshalb nicht weniger fatal, dass der Rätekongress in seiner Mehrheit nichts dringlicheres im Sinn zu haben scheint, als sich selbst zu entmachten und die Räteidee zu beerdigen.

Die Linken stellen den Antrag, das Rätesystem zur Grundlage der Verfassung einer deutschen sozialistischen Republik zu machen und den

Arbeiter- und Soldatenräten die höchste gesetzgebende und vollziehende Gewalt zu übertragen. Der Antrag wird mit 344 zu 98 Stimmen abgelehnt. Als Ergebnis des Kongresses kommt es zu einer Bestätigung der Politik des Rates der Volksbeauftragten um Reichspräsident Friedrich Ebert. Der Termin für die Wahl zur Nationalversammlung wird auf den 19. Januar 1919 vorgezogen, was sogar noch früher ist als von der SPD-Regierung in Berlin ursprünglich vorgesehen. Ernst und die anderen Linken sind schockiert, denn sie sehen in diesen Beschlüssen die sozialdemokratische Absicht, die Revolution um jeden Preis abzuwürgen. Als am Ende des Kongresses ein neugeschaffener 17-köpfige Zentralrat der Deutschen Sozialistischen Republik gewählt wird, ist niemand mehr überrascht, dass alle 17 Sitze mit SPD-Vertretern besetzt werden. Daraus folgt dann auch, dass der Zentralrat zu keinem Zeitpunkt die ihm zugedachte Rolle als Kontrollgremium und Gegengewicht zum Rat der Volksbeauftragten einnehmen kann. Während der folgenden Wochen der revolutionären Kämpfe in ganz Deutschland bleibt der Zentralrat vollständig inaktiv und erhebt keinerlei Einspruch gegen die sukzessive Zerschlagung der Rätestrukturen. Am 4. Februar 1919 wird er dann seine nominelle Macht vollends an die Weimarer Nationalversammlung übertragen und sich selbst auflösen.

Ernst fährt völlig desillusioniert zurück nach München.

24. Dezember 1918

Erhard Auer verbringt den Weihnachtsabend in der Kaserne des Infanterie-Leib-Regiments. Dort brütet er mit monarchistischen Militärs und Vertretern des Münchner Bürgertums über einem Aufruf zur Bildung einer Bürgerwehr. Mit dieser soll das weitere Fortschreiten der revolutionären Entwicklung notfalls militärisch aufgehalten werden. Oberstleutnant Friedrich Ritter von Haack und Stabsoffizier Epp übernehmen die militärische Führung. Rudolf Buttmann berichtet, er stehe mit der Münchner Sektion des Deutschen Alpenvereins, sowie dem Turnerverein und den studentischen Verbindungen bereits in Verhandlung über deren Eintritt in die Bürgerwehr, außerdem könne er aus verschiedenen Quellen Waffen beschaffen. Der Alldeutsche Verleger Lehmann fügt hinzu, er habe von Erzbischof Faulhaber bereits die Erlaubnis erhalten, die Bürgerwehr durch das Läuten der Münchner Kirchenglocken zum Kampf zu rufen. Auer versichert, dass er als Innenminister die Polizei unter Kontrolle habe und möglicherweise sogar die Polizeireviere zu Waffendepots für die Bürgerwehr umfunktionieren könne. Oberstleutnant Haack wird zum militärischen Leiter ernannt und schlägt sogleich einen detaillierten Plan zur Besetzung wichtiger öffentlicher Gebäude vor. Auer und Buttmann scheuen sich nicht einmal davor, den Aufruf zur Bildung einer gegenrevolutionären Bürgerwehr eigenhändig zu unterzeichnen. Am nächsten Morgen wird er überall in München plakatiert.

30. Dezember 1918

Im Nationalrat enthüllt Ernst Toller die Pläne zur Gründung der Bürgerwehr, die ihm zugespielt worden sind. Detailliert erläutert er die Strukturen der parallel existierenden legalen und illegalen Wehren, legt Beweise über die Finanzierung der konterrevolutionären Truppen durch Fabrikanten vor. »Die alten Offiziere haben wieder zu tun«, erklärt er, »sie hecken Pläne aus zur Besetzung der Regierungsgebäude, sie organisieren Spionagebüros und Sprengkommandos, sogar der Glocken- und Fliegeralarm wird vorbereitet. Wenn sie losschlagen, wollen sie sagen, sie müssten die Nationalversammlung vor den Bolschewisten schützen, in Wirklichkeit gilt ihr Putsch dem Sturz der Republik.«[119] Dann geht er zum direkten Angriff auf Auer und Buttmann über: »Unerhört ist es, dass zwei revolutionäre Minister, ohne Zustimmung des Ministerrats natürlich, dieses konterrevolutionäre Unternehmen einleiten und sich dabei in durchsichtig falscher Weise der Worte des Ministerpräsidenten Eisner bedienen.«[120]

Die meisten Minister verurteilen die Unterschriften Auers und Buttmanns unter dem Aufruf. Besonders groß ist die Empörung aber freilich bei den Räten. Mitglieder des Soldatenrates machen sich sofort daran, alle an dem Plan Beteiligten zu verhaften. Bereits am nächsten Tag werden sie jedoch wieder freigelassen. Eisner zwingt Auer und Buttmann dazu, ihre Unterschriften zu widerrufen; im Gegensatz verteidigt er sie vor dem Ministerrat und den Räten. Für den größten Teil der Räte, die sich einen basisdemokratischen Neuanfang erhoffen, stellt dieses Ereignis einen schweren Vertrauensbruch der Regierung dar. Die Burgerwehr arbeitet fortan im Geheimen weiter und bereitet sich auf die bewaffnete Niederschlagung jeglicher sozialrevolutionärer Initiative vor.

1. Januar 1919

Hilde Kramer ist gemeinsam mit dem Vorsitzenden des Soldatenrats Max Levien als Delegierte der VRI nach Berlin zum Gründungskongress der Kommunistischen Partei Deutschlands gefahren. Levien ist mittlerweile die zentrale Figur der bayerischen Kommunisten geworden.

Die dreitägige Gründungskonferenz findet im Festsaal des Preußischen Landtags statt. Auf der organisatorischen Ebene markiert er vor allem den Zusammenschluss des Spartakusbundes, der sich zuvor von der USPD getrennt hat, mit den Internationalen Kommunisten Deutschlands (IKD) um Otto Rühle und Karl Radek, denen auch Hilde angehört. Auf dem Kongress spricht Radek, den Hilde bereits in München persönlich kennengelernt hat, nun vor allem vom Schulterschluss mit den russischen Bolschewiki und propagiert den offensiven bewaffneten Kampf. Max Levien argumentiert dagegen, dass Gewalt nur zur Selbstverteidigung eingesetzt werden dürfe. Angenommen wird schließlich der gemäßigtere Standpunkt Rosa Luxemburgs, der putschistische Revolutionsstrategien ablehnt. In der Frage zur Nationalversammlung ist auch Hilde gegen die Wahlbeteiligung, da sie glaubt, dass durch den Parlamentarismus nur die alten Kräfte wieder ans Ruder kämen. Sie lässt sich aber in Bezug auf die Wahlen von Luxemburg und Liebknecht weitgehend überzeugen. »Ihre Perspektive war realistischer als unsere«, hält sie später fest. »Wir nahmen an, dass die Machtergreifung durch die Arbeiterklasse vor der Tür stand und hielten daher die Farce einer Parlamentswahl für überflüssig.«[121]

Die Linkskommunisten setzen ihrerseits jedoch durch, dass sich die KPD nicht an den Wahlen zur Nationalversammlung beteiligen wird. So gibt sich die Partei zwar offiziell ein eher parlamentaristisch orientiertes Programm, ihre Praxis wird aber weiterhin vor allem sozialrevolutionär ausgerichtet sein. Dieser Konflikt bestimmt dann auch die Wahl des Parteivorstandes, in dem möglichst das gesamte Spektrum der Partei abgebildet sein soll. Als Repräsentant der IKD wird Otto Rühle in den Vorstand gewählt, von den Bremer Linksradikalen sind dies Hildes Freund Johann Knief und Paul Fröhlich. Der Spartakusbund stellt mit elf Vertretern die weitaus größte Gruppe im Parteivorstand, darunter Karl Liebknecht und Rosa Luxemburg. Liebknecht hat zuvor versucht, auch die USPD-Vertrauensleute der Berliner Metallindustrie zum Beitritt in die Partei zu bewegen. Das ist ihm aufgrund taktischer und persönlicher Differenzen mit diesen linken Unabhängigen jedoch nicht gelungen, was dazu führt, dass die KPD zunächst ohne Basis in den Betrieben bleibt.

Die Bremer Linksradikale Lotte Kornfeld, die Hilde ebenfalls bereits aus München kennt, nimmt sie mit zum Büro des Spartakusbundes. Dort trifft sie sich mit Karl Liebknecht, um über die Verteilung russischer Unterstützungsgelder für die kommunistische Bewegung in Deutschland zu sprechen. Hilde setzt sich dafür ein, dass den IKD ein größerer Teil des Geldes zukommen soll. Sie hat gehofft, auch Rosa Luxemburg im Spartakusbüro persönlich kennenzulernen. Erst später erfährt sie, dass die kleine, dunkelhaarige Frau, die hin und wieder durch das Zimmer ging, tatsächlich Luxemburg gewesen ist. »Noch viele Jahre danach«, schreibt Hilde, »hat es mir Kummer bereitet, dass ich die größte Persönlichkeit der deutschen Arbeiterbewegung gesehen, aber nicht erkannt hatte.«[122]

6. Januar 1919

In München konstituiert sich zwei Tage nach Ende des Berliner Gründungskongresses eine Ortsgruppe der KPD. Im Löwenbräukeller versammeln sich 5.000 Personen zum Vortrag eines Berliner Kommunisten mit dem Titel »Das Ziel des Bolschewismus«. Nachdem sich die Gruppe der kommunistischen Studenten aus Luxemburg aufgelöst hat, ist Hilde nun froh, eine neue Organisation zu haben, der sie sich zugehörig fühlt und von der sie hofft, dass sie die Kräfte des revolutionären Proletariats bündeln und lenken kann. Zum Münchner KPD-Vorsitzenden wird Max Levien gewählt. »Während des Krieges war dieser ein eifriger Soldat gewesen«, charakterisiert ihn der Sozialdemokrat Ernst Niekisch. »Nach 1918 war er ein ebenso militanter Revolutionär, wie er vor 1918 ein militanter Patriot gewesen war. In der Haltung eines Napoleon, mit großen Reitstiefeln angetan, schritt der Sechsundzwanzigjährige einher; wenn er sprach, schien er stets befehlen zu wollen.«[123]

Die meisten Mitglieder der Münchner KPD rekrutieren sich aus der VRI. Diese bleibt zwar weiter unter Erich Mühsams Führung bestehen, arbeitet aber eng mit der Partei zusammen. Die meisten linksradikalen Plakate, die nun in der Stadt auftauchen, sind sowohl von der VRI als auch von der KPD unterzeichnet, Vorträge werden von Levien und Mühsam gemeinsam oder in Absprache gehalten. Nach und nach geht die VRI jedoch in der KPD auf und macht sich nach Erichs eigener Einschätzung als eigenständige Organisation überflüssig.

Auch die Münchner KPD will sich in Anlehnung an die Beschlüsse auf dem Gründungskongress nicht an der bevorstehenden Landtagswahl beteiligen. Bei der Tagung des Münchner Arbeiterrates wird dann auf ihr Betreiben hin folgender Beschluss gefasst: »Der Münchner Arbeiterrat wird seine ganze Kraft dafür einsetzen, dass er auch nach dem 12. Januar fortbestehen wird und, dass seine Kompetenzen auch für die Zukunft in vollem Maße aufrecht erhalten bleiben. Irgendeine Beschränkung der Kompetenzen würde mit allen Mitteln als reaktionär verworfen werden und die Münchner Arbeiterschaft wird geschlossen gegen derlei Unternehmungen auftreten.«[124]

8. Januar 1919

Hilde Kramer hat einen neuen Chef, den 22-jährigen roten Matrosen Rudolf Egelhofer, der vor wenigen Tagen zusammen mit mehreren Hundert bewaffneten Matrosen aus dem revolutionären Kiel in seine Heimatstadt München zurückgekehrt ist. Wie Hilde ist auch Egelhofer Mitglied der neugegründeten KPD und ein wahres Energiebündel. Seinen eigenen Berichten zufolge war er einer der Anführer des Matrosenaufstandes in Kiel. Dort sei er zusammen mit Hunderten Genossen verhaftet worden, erzählt er Hilde. Die Offiziere hätten die Gefangenen abzählen lassen und jeden zehnten an ein Erschießungskommando überstellt. Egelhofer sei unter denen gewesen, die zum Tode verurteilt wurden. Dann aber sei er im letzten Moment von seinen Genossen befreit worden. Im Münchner Soldatenrat tritt Egelhofer als überzeugter Befürworter der Rätemacht und scharfer Kritiker der gemäßigten Sozialdemokratie auf. Auch Ernst Toller trifft den umtriebigen jungen Matrosen und hält fest: »Egelhofers Gegner nannten ihn einen Bluthund, in Wahrheit war er ein sensibler Mensch, den erst das Erlebnis der Kieler Matrosenrevolte hart und mitleidlos gemacht hat.«[125]

Als Egelhofers Sekretärin arbeitet Hilde weiterhin im Kriegsministerium. So erfährt sie als eine der ersten, dass in Berlin die sozialdemokratische Regierung auf Aufständische schießen lässt: Nachdem dort drei Tage zuvor das Zeitungsviertel von bewaffneten Arbeiterinnen und Arbeitern besetzt worden ist, setzt die Regierung Ebert-Scheidemann nun das Mi-

Soldaten und Arbeiter!

Angestellte u. Ausgehungerte

Wer von Euch mit den bisherigen politischen Ereignissen **nicht zufrieden** ist, der komme am **Mittwoch, den 8. Januar 1919** abends **7 Uhr** in die **große Versammlung**

Mathäserbräusaal I. Stock.

Wir verlangen u. a. den

◆ Kommunismus ◆

(Alles für Alle)

Wenn im Kriege Alles durch Alle zwangsweise verteidigt werden mußte, so muß nach dem Kriege auch Alles Allen gehören.

Wir verlangen, daß endlich einmal die unverschämt hohen Lebensmittelpreise verringert werden. Wir wollen nicht hungern, damit andere reich werden.

Referent: Anarchist **Jos. Sontheimer**

Redefreiheit! **Eintritt 30 Pf. Soldaten 10 Pf.**

Der Einberufer: **Wildum.**

Plakat für einen Vortrag mit dem bekannten Münchner Anarchisten Josef Sontheimer (StaBi München) litär gegen sie ein. In ganz Deutschland löst dieses Ereignis unter Linken Empörung aus.

In Nürnberg demonstrieren ungefähr tausend Arbeitslose gegen die Politik der Mehrheits-Sozialdemokratie in Berlin und München. Im Anschluss an die Demonstration besetzen sie das Redaktionsgebäude der SPD-Zeitung *Fränkische Tagespost*, um ihrer Unzufriedenheit mit der sozialdemokratischen Politik Ausdruck zu verleihen. Auch in Augsburg besetzen Räteanhänger die Redaktionen der bürgerlichen Zeitungen, um gegen die reaktionäre Hetze gegen Eisner und das Rätesystem zu protestieren.

In München ziehen etwa 3.500 Demonstrierende zum Ministerium für Soziales. Dort verhandelt eine Delegation mit Minister Unterleitner über die Erhöhung der Arbeitslosenunterstützung. Unterleitner verspricht einige Anpassungen und die Menge ist bereits dabei, sich aufzulösen, als plötzlich aus dem Ministerium auf die Umherstehenden geschossen wird. Drei Menschen sind sofort tot, acht weitere werden durch die Kugeln verletzt.

Hilde ist außer sich und mehr denn je davon überzeugt, dass die bevorstehende Landtagswahl in München verhindert werden muss, damit nicht auch hier die Sozialdemokraten in die Lage versetzt werden, die Revolution bereits nach ihren ersten Gehversuchen abwürgen zu können.

9. Januar 1919

Hilde ist von Erich zu einem Treffen der führenden Linksradikalen eingeladen worden. Neben den Anarchisten Gustav Landauer und Josef Sontheimer kommt auch Max Levien für die KPD. Es soll eine Aktion gegen die bevorstehenden Landtagswahlen geplant werden. Erich leitet das Treffen, denn er ist der eingefleischteste Antiparlamentarier. Schon vor über zehn Jahren hat er in der österreichischen sozialistischen Zeitschrift *Die Fackel* betont: »Jeder Wähler ist ein Tröpfchen von dem Öl, das die große Staatsmaschine schmiert. Was er wählen darf, ist allein das Ölkännchen, aus dem er in das Räderwerk träufeln darf, und von dem je nach der Größe des Behälters ein Schuss mehr links oder ein Schuss mehr rechts in den Apparat gegossen wird, dessen Hauptwalze sicher und exakt funktioniert, unbeirrt darum, welche von den vielen Seitenrädchen sich etwas schneller und welche sich etwas langsamer um ihre Achse drehen.

Die Stimmabgabe jedes einzelnen Wählers hat also für den Gang der Geschicke eines Volkes ebenso viel zu bedeuten wie der Rauch einer Zigarre, der sich im weiten Raum einer Wolke beimischt, für den Niederschlag eines Gewitters. Für den Psychologen sind alle Wähler konservativ. Sie haben ausnahmslos das Bestreben, in das Rädchen zu fließen, das dem mächtigen Staatsrad am schnellsten vorwärts hilft. Sie erkennen damit die Notwendigkeit des Bestehenden und den Wert seiner Erhaltung an.«[126]

Gemeinsam beschließen die Anarchisten und Kommunisten zum Boykott der Landtagswahlen aufzurufen. Hilde ist hin und her gerissen, da sie als Frau zum ersten Mal in der Geschichte Deutschlands wählen darf. »Nie und nimmer dürft ihr auf die Ausübung des Wahlrechts verzichten«, fordert die Münchner Hausfrauen-Vereinigung die Frauen auf. »Am 12. und 19. Januar ist die Stimmabgabe wichtiger als jede häusliche Tätigkeit. Hausfrauen, die nicht wählen oder ihre Stimme nicht für Kandidaten in die Waagschale werfen, die ihre eigensten Interessen vertreten, sind mitschuldig wenn die Zukunft der Hausfrau und Mutter nur nimmt und nichts gibt.«[127] Auf der anderen Seite ist Hilde aber auch mit ihren linksradikalen Genossinnen und Genossen der Meinung, dass der Parlamentarismus einer radikalen Gesellschaftsveränderung im Wege steht. So beteiligt sie sich an der Vorbereitung einer Großdemonstration für die Rätedemokratie. Kaum, dass die Linksradikalen mit der Mobilisierung beginnen, erlassen Stadtkommandant Dürr und Polizeipräsident Staimer ein generelles Demonstrationsverbot für München. Über Plakate kündigen sie an »Ansammlungen und Demonstrationen auf Straßen und Plätzen rücksichtslos zerstreuen« zu lassen, »wenn nötig mit Waffengewalt.«[128]

10. Januar 1919

Es ist noch dunkel als die Soldaten an die Tür von Erichs Wohnung hämmern. Ohne Umschweife nehmen sie ihn und Hilde fest. Sie werden gefesselt und in einem Armeefahrzeug ins Gefängnis Stadelheim gebracht. Dort stellen sie fest, dass auch Levien, Sontheimer, Fister, Reichel, Mairgünther, Merl, Sandtner und Frisch bereits verhaftet wurden. Damit ist die gesamte Vorbereitungsgruppe für die Demonstration gegen die Landtagswahlen im Gefängnis versammelt – bis auf Gustav Landauer. Die festgenommenen Revolutionäre vermuten sofort, dass es die persönliche

Freundschaft zu Eisner ist, die dem anarchistischen Philosophen das Gefängnis erspart.

»Ich war die einzige Frau unter den Verhafteten«, erinnert sich Hilde. »Es war klar, dass die Eisnerregierung am Tage vor den Wahlen zum bayerischen Landtag eine Demonstration gegen ihre Politik auf der Theresienwiese verhindern wollte. Sie ließ daher die ›Rädelsführer‹ verhaften. Ich hatte die Ehre, zu ihnen zu gehören, weil ich das Flugblatt unterzeichnet hatte.«[129] Später stellt sich heraus, dass Eisner den Haftbefehl gegen die Linksradikalen persönlich unterzeichnet hat. Als Haftgrund wird Landfriedensbruch angegeben. »Meine erste Bekanntschaft mit dem Inneren eines Gefängnisses, mit dem ich in Zukunft noch viel vertrauter werden sollte, machte großen Eindruck auf mich«, schreibt Hilde. »Die kleine, vergitterte Zelle, der stinkende Toiletteneimer, die Rücksichtslosigkeit, mit der mir sofort bei Ankunft alle meine persönlichen Besitztümer, einschließlich Armbanduhr und Handtasche, entrissen wurden – all dieses war mir neu und gab mir das Gefühl, dass ich von nun an zu den Aussätzigen gehörte.«[130]

Die Demonstration für eine Räterepublik findet trotz des Verbots und der Verhaftungen der ›Rädelsführer‹ wie geplant auf der Theresienwiese statt. Über dreitausend Personen versammeln sich. Als erstes zieht die Menschenmenge zur Wohnung Kurt Eisners, um die Freilassung der Gefangenen zu fordern. Vor den Toren stehen bewaffnete Soldaten, Eisner lässt sich nicht blicken. Da klettert Rudolf Egelhofer an der Fassade des Gebäudes bis zum ersten Stockwerk hinauf, wo Eisners Arbeitszimmer liegt, und steigt durchs Fenster ein. Sofort stürmen Wachen hinzu, aber Eisner beschwichtigt, sodass niemand verletzt wird. Nach einem kurzen Wortwechsel mit Egelhofer tritt er gemeinsam mit Minister Unterleitner heraus und verkündet, dass die Freilassung der Gefangenen genehmigt sei.

Eisner ruft in Stadelheim an, woraufhin die Gefangenen sofort freigelassen werden. Als die Gruppe der Linksradikalen das Gefängnis verlässt, werden sie von den Soldaten wüst beschimpft. Einer der Soldaten stößt Erich den Kolben seines Gewehrs in die Rippen. Die meisten Beschimpfungen richten sich aber gegen Hilde. Wie bei einem Spießrutenlauf wird sie von den versammelten Soldaten angepöbelt und beleidigt.

Gemeinsam mit den Freigelassenen wird nun die eigentliche Demonstration ohne Zwischenfälle durchgeführt. Anschließend sprechen Levien und Mühsam auf einer Versammlung im Mathäserbräu, wo sie abermals

Linksradikaler Aufruf zum Wahlboykott

für die Räterepublik agitieren. Dabei werden sie von der Nachricht ermutigt, dass in Bremen Kommunisten und Linksradikale die Räterepublik ausgerufen haben. Sie ahnen jedoch nicht, dass diese wenige Tage später wieder zerschlagen sein wird. Ebenfalls nach der Demonstration zieht eine größere Menschenmenge zum Hauptbahnhof, wo die von Stadtkommandant Dürr kontrollierte Republikanische Schutztruppe ihr Hauptquartier hat. Kaum sind die dort angekommen, wird aus den Fenstern der Kaserne mit Maschinengewehren das Feuer auf die Demonstration eröffnet. Sechs Personen sind sofort tot, 16 weitere werden verletzt.

12. Januar 1919

Trotz der Zusammenstöße an den Vortagen verläuft die Wahl zum verfassungsgebenden Landtag ohne weitere Zwischenfälle. Zum ersten Mal dürfen in Bayern Frauen und junge Menschen ab 21 Jahren wählen. Ernst Toller fiebert mit seinen Parteigenossen von der USPD der Auszählung der Stimmen entgegen. Aber angesichts der gegenwärtigen politischen Verhältnisse ahnen sie nichts Gutes. Anarchisten und Kommunisten haben zum Boykott der Wahlen aufgerufen und die SPD hat unablässig gegen die Linken agitiert. Tatsächlich aber fällt das Ergebnis noch weit desaströser aus, als erwartet: Gerade einmal 2,5 Prozent der Stimmen kann die USPD auf sich vereinen, was ein Zusammenschrumpfen auf drei Landtagssitze bedeutet. Ernst selbst, der auch für die USPD kandidiert hat, erhält nur 834 Stimmen, womit er von einem Mandat weit entfernt ist. Auch der linke Bauernbund als weitere rätefreundliche Partei gewinnt nur 9 Prozent der Stimmen. Gewinner des Tages sind dagegen die reaktionäre Bayerische Volkspartei mit 35 Prozent und die SPD mit 33 Prozent der Stimmen. Auf die rechtsliberale DDP entfallen 14 Prozent und auf die völkische Deutschnationale Volkspartei (DNVP) zusammen mit der Pfälzischen Mittelpartei 6 Prozent. Bei 86 Prozent Wahlbeteiligung muss auch der linksradikale Aufruf zum Wahlboykott als gescheitert angesehen werden.

Der vormals als Nationalheld gefeierte Kurt Eisner erhält nur deshalb überhaupt ein Landtagsmandat, weil er in 39 Kreisen als USPD-Kandidat aufgestellt worden ist. Damit ist er der Verlierer des Tages. Noch spricht es keiner der versammelten USPDler aus, aber es ist klar, dass aus diesem Wahlergebnis Konsequenzen gezogen müssen. Ein Ministerpräsident, der sich nur auf 2,5 Prozent der Wählerstimmen stützt, ist nicht haltbar. Für Ernst ist die Strategie des Parlamentarismus, für die Eisner seine guten Beziehungen zu den Räten und damit zur Arbeiterschaft aufs Spiel gesetzt hat, nun endgültig gescheitert. Er wirbt dafür, sich wieder mit aller Entschiedenheit darauf zu besinnen, dass es von Anfang an die Räte waren, die Eisner zum Ministerpräsident gemacht haben, weshalb man sich ihnen nun wieder zuwenden müsse.

Auers Mehrheits-SPD beginnt sofort Koalitionsverhandlungen mit den Vertretern der DDP und der BVP einzuleiten, um eine neue Regierung zu bilden. Damit stellt das Ergebnis der Wahl einen extremen Rechtsruck dar, der aber die Stimmung auf den Straßen in keiner Weise widerzuspiegeln scheint.

16. Januar 1919

Erich Mühsam sitzt mit Gustav Landauer beim Mittagessen in Eckels Schoppenstube. Landauer erklärt, dass in seinen Augen die Zeit für revolutionäre Aktion drängt. Er befürchtet, dass die Reaktion ihre Kräfte sammelt und der Kapitalismus wiederaufersteht. An einen Freund schreibt er in diesen Tagen: »Es ist nicht viel Zeit zu verlieren; die Gefahr, dass der Kapitalismus sich mit Hilfe der Enteteregierungen und Ententekapitalisten bei uns erholt ist sehr groß. Das ist der Grund, warum man jetzt vor allem die rebellische Stimmung in den Massen der Industriearbeiter und Arbeitslosen fördern muss; und von diesem Standpunkt betrachtet, bekommen auch die grauenhaften Vorgänge in Berlin und anderswo mehr Sinn. Der Kapitalismus darf nicht wieder funktionieren; er muss in den tatsächlichen Verhältnissen und in den Seelen ausgerottet werden. Wären die, die Hilfe wissen, die Notwirtschaft und Sozialismus zu verbinden wissen, an der Macht, könnten sie mit unbeschränkten Vollmachten die Wirtschaft umstellen, so könnten wir überall zum Guten kommen und könnten ein Vorbild für die ganze Welt aufstellen; gelingt das nicht, so werden wir weiter durch Chaos und Wildheit hindurchmüssen. Eine leise Hoffnung für Bayern habe ich noch, dass die Räte, die es nach positiver Arbeit drängt, zu dieser Arbeit zugelassen werden, ehe es zu spät ist.«[131]

Plötzlich stürmt ein Arbeiter in das Gasthaus und ruft, dass gestern in Berlin Rosa Luxemburg und Karl Liebknecht ermordet worden sind. Die beiden Anarchisten sind schockiert. Aber ein mit seiner Freundin am Eingang stehender Leutnant grölt schon: »Es leben die Mörder!« Erich ruft dem Soldaten zu, er solle still sein, aber der Wirt stellt sich auf die Seite des Uniformierten. Mühsam und Landauer lassen ihr Essen stehen und verlassen das Lokal.

In ganz Deutschland kocht in der Arbeiterschaft die Wut hoch. Inzwischen ist das ganze Ausmaß der Gewalt der sozialdemokratischen Regierung Ebert-Scheidemann auch in München bekannt geworden. Nachdem in Berlin am Abend des 5. Januars das Zeitungsviertel von bewaffneten Arbeiterinnen und Arbeitern besetzt worden war, hat die Regierung unter den Linken ein Massaker veranstaltet. Nachdem die USPD-Minister aus Protest von ihren Regierungsämtern in Berlin zurückgetreten sind, ist unter anderem das SPD-Mitglied Gustav Noske als Militärminister in die Regierung eingetreten. Unter seiner Leitung wurde ganz Berlin vom Stadtrand her besetzt und der Aufstand blutig niedergeschlagen. Ernst Toller hat Rosa Luxemburg und Karl Liebknecht persönlich gekannt. Wutentbrannt richtet er ein Protest-Telegramm an die Berliner Regierung:

»Scheidemann, Ebert, Noske. Mitglieder der Regierung, Berlin. Sie müssen erkennen, dass Sie seit Tagen an jedem Tropfen Blut, das noch vergossen wird, schuldig sind. Wenn das deutsche Volk selbst einen Ludendorff nicht zur Verantwortung zieht, Sie wird es vor ein Volksgericht stellen und kein deutscher, bewusster Arbeiter wird sich finden, der nicht sein dreimal schuldig spricht. Dass sie keine Sozialisten sind, wir wussten es längst, aber wir wissen nicht mehr, ob Mütter sie geboren haben. Ernst Toller, München.«[132] Danach stürmt Ernst in eine Massenversammlung der Münchner SPD. »Liebknecht und Luxemburg sind ermordet«, ruft er. »Bravo!«, wird aus der Menge geantwortet. »Recht ist ihnen geschehen, den Hetzern!«[133]

21. Januar 1919

Die Regierung Eisner hat beschlossen, dass reiche Bürgerhaushalte – zur Linderung der allgemeinen Wohnungsnot – leerstehende Zimmer zu erschwinglichen Preisen vermieten müssen. Auf diesem Weg gelangt auch Hilde zum ersten Mal an ein eigenes Zimmer. Wie viele andere lebt sie von Arbeitslosenunterstützung. Da es offensichtlich keine Arbeit gibt, macht das Amt bei der Auszahlung auch kaum Probleme. Hilde ist aber nicht nur eine Frau, sondern nach dem bayerischen Gesetz immer noch minderjährig. Deshalb bekommt sie erheblich weniger Geld ausbezahlt als ihre männlichen Genossen – so wenig, dass es oft nicht einmal für ein karges Essen reicht. Mit ihrer Schwester Frida und deren reaktionären Mann Max hat sie kaum mehr Kontakt und will von ihnen keine Hilfe annehmen. So legen ihre Kollegen beim Soldatenrat regelmäßig zusammen, um Hildes Essen zu bezahlen. »Niemand leitete daraus besondere Rechte ab und ich zögerte nicht, diese Hilfe anzunehmen«, erinnert sie sich. »Ich wurde häufig, wenn die Versammlung spät aufgehört hatte, von einem der Genossen nach Hause gebracht; niemand außer gelegentlich Egelhofer, versuchte mir nahezutreten oder womöglich den Versuch zu machen, mit mir ins Haus zu gehen, obwohl ich mich mit größter, nahezu naiver Freiheit benahm und fast immer die einzige Frau unter den Männern war.«[134]

Nun ist Hilde dementsprechend froh, dass ihr das Wohnungsamt ein möbliertes Zimmer im Haus der Witwe eines Zigarettenfabrikanten zugewiesen hat. Die Besitzerin lässt Hilde spüren, dass sie nicht willkommen ist, und gibt ihr eines der ungemütlichsten Zimmer im Haus. Aber immerhin ist es zentralgeheizt, was in diesem kalten Winter unter Arbeitern schon einen Luxus darstellt. Das Haus ist voller Dienstboten, die Hilde gegenüber fast noch mehr als die Witwe selbst ihre Ablehnung demonstrieren. »Ich hatte das Gefühl, ständig unter Beobachtung zu sein, besonders wenn ich Besuch hatte. Es wurde damals als unmoralisch angesehen, wenn ein junges Mädchen Herrenbesuche empfing. Da ich offensichtlich einflussreiche Freunde hatte, wagte man nicht, mir zu kündigen.«[135]

3. Februar 1919

In Bern findet die Konferenz der Zweiten Sozialistischen Internationale statt. Aus München wird von der USPD neben Kurt Eisner auch Ernst Toller delegiert. Es ist die erste internationale sozialistische Konferenz seit Beginn des Krieges. Die nationalistische Kriegshetze hatte auch die internationale Arbeiterbewegung gründlich untergraben, die sich nun zudem auch entlang des Konflikts zwischen Reformisten und Revolutionären spaltete. Der kommunistische Teil erscheint erst gar nicht zu der Konferenz, sodass die meisten Diskussionen zwischen den Reformisten um Karl Kautsky und den zwischen Reformismus und Revolution vermittelnden Zentristen um den Österreicher Friedrich Adler ausgetragen werden. Allerdings haben auch mehrere zentristische Parteien, unter anderem aus Italien, Serbien und der Schweiz, die Teilnahme an der Konferenz abgelehnt. In diesem Konflikt legt der Schwede Hjalmar Brantig zusammen mit Kautsky einen Resolutionsentwurf vor, mit dem die internationale sozialistische Bewegung zum ersten Mal verbindlich auf einen liberalen Parlamentarismus und zur Abkehr von der Revolution verpflichtet werden soll. Nachdem dieser Entwurf zwei Tage lang heftig diskutiert wird, entscheidet sich die Tagungsleitung gegen eine Abstimmung zu diesem Punkt.

Weiter voran kommt die Konferenz jedoch in Friedensfragen. Eisner wiederholt vor internationalem Publikum das Eingeständnis der deutschen Kriegsschuld. Unter den deutschen Sozialdemokraten stimmen ihm lediglich Karl Kautsky und Hugo Haase zu, alle anderen halten ihn für einen Nestbeschmutzer. Ernst wiederum richtet ein Grußwort an die internationalen Delegierten, in dem er die Jugend aller Länder zum Widerstand gegen Krieg und Kapitalismus aufruft: »Wir fordern die Jugend aller Länder auf, den Waffendienst zu verweigern, wenn man sie missbrauchen will. An Stelle der Handgranate soll die Achtung vor dem

Mitmenschen, die Achtung vor dem anderen Volk treten.«[136] Am Ende verabschiedet die Konferenz eine Resolution, in der die Idee eines internationalen Völkerbundes unterstützt wird, die unter anderem der US-amerikanische Präsidenten Wilson vorgelegt hat.

Am Ende der Konferenz ist deutlich, dass sich die meisten zentristischen Parteien nicht an einer sofortigen Neukonstituierung der Internationale beteiligen wollen, wie sie den reformistischen Sozialdemokraten vorschwebt. Deshalb unterbleibt die Neugründung. Stattdessen wird allerdings eine ständige Koordinierungs-Kommission eingesetzt, die sogenannte ›Berner Internationale‹.

7. Februar 1919

Max Levien wird unter Verweis auf die zwei politischen Paragraphen des alten monarchistischen Strafgesetzbuches, namentlich »Aufruf zum öffentlichen Ungehorsam« und »Aufruf zu einer Straftat« angeklagt. Diese beiden Paragraphen sollen auf seine Äußerungen im Rätekongress angewandt werden, was allgemeine Empörung in den Räten hervorruft. Der Münchner Arbeiterrat schickt eine Delegation, bestehend aus Mühsam, Landauer und Hagemeister, zum Justizminister. Diese fordert die Außerkraftsetzung der politischen Strafparagraphen und die Freilassung Leviens. Der Justizminister erklärt sich für nicht zuständig. Drei Tage später wird Levien trotzdem freigelassen. Direkt im Anschluss beschließt der Arbeiterrat, nach einer heftigen Diskussion zwischen SPD-Mitgliedern und Linksradikalen, am 16. Februar eine Massendemonstration für die Räterepublik abzuhalten.

11. Feburar 1919

Auf eine Initiative des Bundes Sozialistischer Frauen hin wird dem Ministerium für soziale Fürsorge ein eigenes Referat für Frauenrecht angegliedert. Es nimmt im Wittelsbacher Palais in der Briennerstraße seine Arbeit auf. Der Bund schlägt für die Leitung des Referates die parteilose Sozialistin Gertrude Baer vor. Unter ihr beschäftigt sich das Referat hauptsächlich mit der Arbeitssituation von Frauen, die aufgrund der zahlreichen männlichen Frontheimkehrer mit Massenentlassungen konfrontiert sind.

Lida Gustava Heymann schreibt darüber später: »Da galt es wenigstens, den schreiendsten Ungerechtigkeiten zu begegnen. Erstaunlich, fast unbegreiflich war es, mit welcher Lammsgeduld viele der Frauen, die z.B. bei der Tram, Post, und Eisenbahn sowie im Handel und in den Fabriken innegehabten Posten ohne Widerstand den Männern räumten und dann selbst ohne jeden Verdienst dastanden. Das war nur so möglich gemäß der Überlieferung, dass man Soldaten – Menschenschlächter – eo ipso als Helden betrachtete, denen das Vaterland und die Frauen zu Dank verpflichtet seien. Die Frauen begehrten erst energisch auf, als die Männer sich erdreisteten, in für Bayern typische und ausschließliche Frauenberufe wie Kellnerinnen und Straßenreinigerinnen einzudringen. Da gab es energischen Widerstand; da fanden z.B. die Kellnerinnen nach erledigtem Tages- und Abendwerk noch Kraft, auf Nachtversammlungen, die bis in den frühen Morgen dauerten, mit voller Energie ihre Rechte zu reklamieren.«[137]

Das Referat ruft zur Erkämpfung der Frauenrechte unter anderem eigene Frauengewerkschaften ins Leben. Später berichtet Heymann darüber: »Die bestehenden Männergewerkschaften hatten nichts für Frauen übrig, ja sie haben sie teilweise gar nicht aufgenommen. Wir kämpften um das Recht der Frauen, zu arbeiten, um den gleichen Lohn. Die Löhne von Frauen waren nicht zu vergleichen mit denen der Männer. Und die Männergewerkschaften haben ja die Forderungen der Frauen nicht aufgenommen.«[138] Baer gerät immer wieder in Konflikt mit ihrem Vorgesetzten, dem Sozialminister Unterleitner. Sie hat es nicht nur schwer, weil sie eine Frau ist, sondern auch ihre Parteilosigkeit ist dem Sozialdemokraten ein Dorn im Auge. So wird das Referat bereits Anfang April wieder aufgelöst.

16. Februar 1919

Auf der Theresienwiese spricht sich eine Massendemonstration für die Ausrufung der Räterepublik aus. Der Ministerrat hat beschlossen, die Demonstration nicht zu verbieten, um Blutvergießen zu vermeiden. Schließlich nehmen mehrere zehntausend Personen daran teil. Sie rufen Parolen wie »Alle Macht den Räten!«, »Lasst Euch durch Schwätzer nicht vertreten, selbst herrscht das Volk in seinen Räten!« oder: »Die Arbeiter- und Soldatenräte tanzen nicht nach der Landtagsflöte!«. Mehrere Regimenter der Münchener Garnison bilden geschlossene Formationen auf der Demonstration. Schwerverwundete Soldaten werden in Wagen mitgefahren. Viele Mitglieder des Rätekongresses beteiligten sich, alle Industriebetriebe sind durch Abordnungen vertreten. Der Revolutionäre Arbeiterrat (RAR), der die Demonstration organisiert hat, trägt eine mächtige Standarte vor sich her und wird stürmisch begrüßt. Von den öffentlichen Gebäuden in ganz München wehen rote Fahnen, ebenso von vielen Privathäusern, an denen der Zug vorbeiführt.

Sogar Kurt Eisner, der wenige Tage zuvor noch exponierte Vertreter des Rätesystems hat verhaften lassen, nimmt an der Demonstration teil und fährt ihr skurriler Weise im offenen Auto voraus. »Die Ovationen, die er erwartete, blieben jedoch aus«, erinnert sich Erich Mühsam, »und er konnte den Geist, der das Proletariat erfüllte, an den Aufschriften der Plakate erkennen, die der RAR verteilte und um die sich die Männer und Frauen scharten.«[139] Eisner kommt sich scheinbar so fehl am Platze vor, dass er auf halbem Wege sein Auto von der Demonstrationsroute abschwenken lässt.

Am Ende des Marsches trägt Gustav Landauer im Deutschen Theater einer Zusammenkunft der Minister die Forderung nach der Räterepublik vor. Damit könne Bayern zum Modell für ganz Deutschland werden, das als Föderation von Republiken organisiert werden müsse. »Diese autonomen Republiken«, so erklärt er in einer Broschüre, die er zum Thema verfasst hat, »delegieren Beauftragte zum Bundesrat, der die verhandlungsfähige Spitze des neuen Reichs bildet. Jede Kontinuität mit dem alten Reich muss aufhören, sonst haben wir die cäsarisch-proletarische Diktatur, gleichviel, ob sie Scheidemann oder Liebknecht heißt. Die Nationalversammlung fürs ganze Reich dürfte nur aus Delegierten der autonomen Republiken bestehen und diese wieder sollten ihre besonderen Versammlungen vorher haben, deren Delegierte aus den Korporationen hervorgehen. Dies sind da: Arbeiter-, Bauern- und Soldatenräte.«[140] Den Begriff des »Arbeiters« will Landauer dabei breit verstanden wissen: »Wer ist denn kein Arbeiter? Die tüchtige Hausfrau ist eine Arbeiterin, der in seinem organisierenden Beruf tätige Kaufmann oder Fabrikant ist ein Arbeiter, der Maler, der Bildhauer, der Musiker, der Schriftsteller sind Arbeiter, die Beamten sind Arbeiter. Dass später manches anders werden wird, zumal in dem grässlichen Unfug und Unglück der rein geistigen Berufe, ändert fürs Erste nichts an der Sache. Ungeistige Arbeit hat es, absolut betrachtet, gar nie gegeben; von nun an wird es so etwas ganz gewiss nicht geben.« Auch die Stimmabgabeverfahren selbst müssten geändert werden: »Den verflossenen Zuständen der Unterdrückung entsprach die direkte (atomisierte) und geheime Wahl; in der Freiheit brauchen wir die korporative (also indirekte) und öffentliche Wahl, das fortwährende Einvernehmen, das imperative Mandat, die Möglichkeit sofortiger Abberufung des Delegierten, der nicht ›Volksvertreter‹ ist, sondern Beauftragter einer permanent tagenden Korporation. So werden wir zugleich die Revolution und die Kultur sichern und die Verfassung auf demokratischer Grundlage haben, die die Entente mit Recht verlangt. Aber es wird nicht das verruchte parlamentarische Parteiherrschafts-System sein.«[141]

Zur selben Zeit als Landauer für das Rätesystem wirbt, ruft der SPD-Minister Roßhaupter mit Verweis auf die Unzuverlässigkeit der Truppen abermals zur Gründung einer Bürgerwehr auf, die er nun ›Volksheimatschutz‹ nennt. Soldatenräte sind für diese Bürgerwehr nicht vorgesehen, da sie zur »Disziplinlosigkeit und Zuchtlosigkeit« führen würden. Spätestens nach dieser Klarstellung wird deutlich, dass es hier darum geht, die gescheiterte Bürgerwehr unter anderem Namen durchzudrücken. Damit spitzt sich der Konflikt weiter zu. In Nürnberg haben bereits am Vortag Garnisonssoldaten gegen die Versuche der Mobilisierung einer »Weißen Garde«, also einer konterrevolutionären Kampftruppe demonstriert. Bei dieser von der USPD und der KPD organisierten Demonstration stürmen die Demonstrierenden das Nürnberger Generalkommando und besetzen anschließend auch alle weiteren öffentlichen Gebäude sowie Zeitungsredaktionen. Beim Sturm auf das Generalkommando sterben drei seiner Verteidiger. Ansonsten verläuft die Aktion ohne Blutvergießen. Als die Aufständischen in Nürnberg bereits die Macht in ihren Händen halten, werden sie aber von der Parteiführung der USPD zurückgepfiffen, die sich nicht zu weit vorwagen will. Bereitwillig verlassen daraufhin die Besetzer die Verwaltungsgebäude wieder.

19. Februar 1919

Kurt Eisner trifft sich mit Erhard Auer und anderen SPD-Politikern, um die Zusammensetzung des neuen Landtags zu diskutieren. Die SPDler machen unmissverständlich klar, dass sie Eisner nach den Ergebnissen der Landtagswahl nicht länger als Ministerpräsident dulden werden. So erklärt dieser sich resigniert dazu bereit, von seinem Posten zurückzutreten.

Später an diesem Tag kommt es zu einem ersten gewaltsamen Versuch von rechts, die Räte zu beseitigen. Ungefähr 600 Matrosen, die aus Norddeutschland nach München zurückgekehrt sind, schließen sich unter der Führung von Konrad Lotter mit einer Freiwilligen-Abteilung der 1. Pionier-Kompanie zusammen, um den im Landtagsgebäude tagenden Rätekongress zu verjagen. Damit wollen sie die ordnungsgemäße Eröffnung des Landtags erzwingen. Deswegen besetzen die Konterrevolutionäre zunächst das Polizeipräsidium, die Stadtkommandantur und das Telegrafenamt, dann setzen sie zum Sturm auf das Landtagsgebäude an. Dort tagen an diesem Tag jedoch nicht nur die Arbeiter-, Bauern- und Soldatenräte, sondern auch der Landesvorstand der bayerischen SPD. Der ebenfalls anwesende Erhard Auer interveniert und hält die Soldaten von der Besetzung des Landtags ab. Gleichzeitig macht er klar, dass er die Intention der Konterrevolutionäre durchaus nicht generell ablehnt. So erklärt er: »Geht jetzt nach Hause, wir brauchen euch jetzt nicht. Haltet Euch für morgen bereit.«[142]

Teil III
Räterepublik, libertär-sozialistisch

21. Februar 1919

Es ist der Tag der ersten Sitzung des neugewählten Landtags, ein sonnenklarer aber kalter Morgen, wie er für das winterliche München typisch ist. Kurt Eisner ist zusammen mit Felix Fechenbach und seinem Büroleiter Benno Merkle auf dem Weg zum Landtag. Die beiden haben zuvor versucht, Eisner dazu zu überreden, aufgrund der sich häufenden Morddrohungen, doch den Hintereingang des Landtags, der durch das Hotel Bayerischer Hof führt, zu benutzen. Eisner lehnt das entschieden ab und sagt laut Fechenbachs Erinnerungen: »Man kann einem Mordanschlag auf die Dauer nicht ausweichen und man kann mich ja nur einmal totschießen.«[143] Obwohl die zum Landtag führende Prannerstraße in beiden Richtungen von Soldaten abgesperrt ist, gelingt es dem rechtsextremen Studenten Graf Anton von Arco Valley sich in einem Hauseingang zu verstecken und dem Ministerpräsidenten auf seinem Weg zum Landtag verdeckt zu folgen. Arco Valley war bis vor Kurzem Mitglied der völkischen Thule-Gesellschaft. Aber nun ist er aus dem antisemitischen Verein hinausgeworfen worden, da dessen Führer festgestellt haben, dass seine Mutter jüdischer Herkunft ist. Aufgebracht hat Valley beschlossen, seine nationale Gesinnung dadurch zu demonstrieren, dass er den Juden Kurt Eisner ermordet.

In seiner Manteltasche hat Eisner die Abdankungsrede und seinen beiden Begleitern gegenüber erklärt er, wie sehr er sich darauf freue, nach der Niederlegung seines Amtes endlich wieder zu einem ruhigeren Leben zurückkehren zu können. Da krachen hinter den Dreien mehrere Schüsse. Merkle berichtet später vor Gericht: »Ich hob meinen Kopf in die Höhe und schaute zuerst geradeaus, weil ich glaubte, dass wir von vorne mit einem Maschinengewehr beschossen würden; ich sah aber nichts und schaute dann auf die rechte Seite und zuletzt auf die linke Seite. Unterdessen waren noch weitere Schüsse gefallen. Ich sah nun den Ministerpräsidenten in einer Blutlache am Boden liegen, den Kopf nach vorne, eben machte er noch eine letzte Zuckung mit dem Kopf, als ob er ihn noch näher zur Brust heranziehen wollte. Dann schaute ich rückwärts und sah einen Menschen neben dem Trottoirrande auf dem Boden liegen und ferner wie Fechenbach und eine Ordonanz mit ausgestreckten Händen über den am Boden Liegenden fielen. Ich glaubte nichts anderes, als dass nun alle um mich herum tot seien und ich der einzige Lebende sei.«[144] Arco Valley wird von den anwesenden Soldaten niedergeschossen und schwer verletzt gefangen genommen. Vor der Tat hat er, in dem Bewusstsein, dass der Anschlag möglicherweise auch ihn das Leben kosten könnte, ein Bekennerschreiben verfasst. Dort heißt es: »Mein Grund: Ich hasse den Bolschewismus, ich liebe mein Bayernvolk, ich bin ein treuer Monarchist, ein guter Katholik. Über alles achte ich die Ehre Bayerns. Er ist Bolschewist. Er ist Jude. Er ist kein Deutscher. Er verrät das Vaterland – also…«[145]

Die roten Soldaten vor dem Landtag kochen vor Wut. Sie gehen wie selbstverständlich davon aus, dass hinter dem Mordanschlag auf einen Revolutionär die sozialdemokratischen Führer stecken. Merkle erinnert sich weiter: »Noch bevor der Tote aufgehoben wurde, stürmten drei Soldaten mit umgehängtem Gewehr und mit Handgranaten am Leibe auf mich zu und riefen mir zu: ›Nun geht es in den Landtag, da wollen wir aufräumen.‹ Entsetzt über diesen Plan, fasste ich die Soldaten an der Brust und an den Armen, zog sie zur Leiche hin und sagte ihnen: ›Seht da, den ihr rächen wollt; wenn er nur einige Worte noch sprechen könnte, dann würde er euch sagen: rächet mich nicht.‹ Diese Worte machten auf die Soldaten solchen Eindruck, dass ihre Wildheit sich in Trauer kehrte und dass sie wieder zurückgingen.«[146]

Sofort dringt die Nachricht von Eisners Ermordung auch in den Sitzungssaal des Landtags vor. Die auf der Zuschauerempore versammelten Delegierten des revolutionären Soldatenrats geraten in Rage. Auch sie gehen zunächst davon aus, dass hinter dem Mord nur die Sozialdemokraten stecken können. Unter ihnen ist auch der Metzgergeselle und Mitglied des RAR Alois Lindner, der kurzerhand beschließt, die Justiz selbst in die Hand zu nehmen und in den Sitzungssaal hinabstürmt. Dort sitzt auch der DDP-Abgeordnete Ernst Müller-Meiningen, der davon spricht, dass »ein Mann in einem Mantel, ähnlich einem Chauffeurrock, in großen dröhnenden Schritten auf die Bänke der Sozialdemokraten zuschritt, eine rasche Wendung nach rechts machte wie auf dem Exerzierplatze und nun mit zwei wuchtigen Schritten – direkt auf den Minister Auer losging. Ich dachte unwillkürlich trotz der Schnelle des Vorgangs an die Riesenschritte im ›Rheingold‹, so schwer und wuchtig waren sie. Er hielt einen Browning vor, legte ruhig einen Moment auf den Rand der Ministertribüne an und schoss zweimal auf den dasitzenden Auer, der sich gerade erheben wollte, mit dem Rufe ›Lump‹.«[147] Nachdem Auer zu Boden gegangen ist, wendet Lindner sich zur Flucht. An der Tür des Saales versucht der Major Paul Ritter von Jahreiß ihn aufzuhalten, woraufhin Lindner auch ihn niederschießt. Da viele der Anwesenden selbst bewaffnet sind, beginnt nun im Sitzungssaal eine wilde Schießerei, in deren Verlauf auch ein Abgeordneter der BVP erschossen wird. Den anderen Abgeordneten gelingt die Flucht aus dem Landtagsgebäude. Der Landtag wird sofort vertagt. Sowohl Erhard Auer als auch der Attentäter Anton von Arco Valley überleben ihre Verletzungen und werden vom berühmten Arzt Ferdinand Sauerbruch behandelt.

Ein Sturm der Entrüstung fegt durch München. Um ein Uhr mittags stehen sämtliche Betriebe still, selbst der Straßenbahnverkehr kommt zum Erliegen. Zehntausende demonstrieren in der Innenstadt und bewaffnete Arbeiter patrouillieren auf Lastwagen durch die Straßen. Alle öffentlichen Gebäude und die Redaktionen der bürgerlichen Zeitungen werden besetzt. Noch am selben Tag ruft der Münchner Arbeiterrat eine Sondersitzung ein, zu der auch Vertreter der Bauern- und Soldatenräte kommen. Die Versammlung wählt einen elfköpfigen Zentralrat, in dem paritätisch die Delegierten der Arbeiter- und Soldatenräte, sowie der drei sozialistischen Parteien SPD, USPD und KPD vertreten sind. Zum Vorsitzenden wird das SPD-Mitglied Ernst Niekisch bestimmt. Als erste Handlung billigt der Zentralrat den spontanen Generalstreik und ordnet an, dass dieser noch drei Tage lang fortgeführt werden solle.

22. Februar 1919

Ernst Toller wird im mondänen Urlaubsort St. Moritz, wo er nach dem Berner Kongress abgestiegen ist, von der Nachricht der Ermordung seines Mentors Eisner überrascht. Hastig reist er zurück nach München. Dass er ausgerechnet in diesen Tagen der politischen Wirren Urlaub gemacht hat, anstatt sich als zweiter Vorsitzender des Arbeiter- und Soldatenrates, der er ist, in das Geschehen einzubringen, wird ihm noch lange als Zeichen politischer Unreife ausgelegt werden. Auf der Heimreise realisiert Ernst, dass die Nachricht von der Ermordung Eisners in ganz Bayern eine Art zweite Revolution ausgelöst hat. In Würzburg besetzt der Vorsitzende des Soldatenrates August Westrich zusammen mit sechs mit Maschinengewehren bewaffneten Soldaten das Rathaus und ruft die Räteregierung aus. Am folgenden Tag demonstrieren in der unterfränkischen Stadt Tausende gegen die Ermordung Eisners. Westrich stellt die bürgerlichen Zeitungen unter Vorzensur. In Rosenheim wird die rote Fahne auf dem Rathaus gehisst und am folgenden Tag von einer mehrere tausend Menschen umfassenden Menge der Rücktritt des Bürgermeisters erzwungen. Das Rathaus wird von dem örtlichen KPD-Vorsitzenden Guido Kopp und zweihundert Mann Republikanischer Schutztruppe besetzt. Im 70 Kilometer östlich von München gelegenen Buchloe werden die von der BVP gebildeten Arbeiter- und Bauernräte durch neue sozialistischen Räte ersetzt. Im oberbayerischen Ingolstadt übernimmt der Arbeiter- und Bauernrat die Kontrolle über die Verwaltung. In Schweinfurt werden Post- und Telegrafenamt durch Mitglieder des Arbeiter- und Soldatenrats besetzt und in den folgenden Tagen ungefähr 1.400 Waffen an die revolutionäre Arbeiterschaft ausgeteilt. Im oberpfälzischen Leonberg zieht die Trauerdemonstration zum Schloss des verhassten Grafen von der Mühle-Eckhart, der jedoch gewarnt wird und rechtzeitig fliehen kann. Sein Schloss wird aber vollständig geplündert und verwüstet. Der dazugehörige Park wird enteignet und für die Bebauung mit kostenlosen Wohnungen für Arbeitslose vorgesehen. Die Polizei wird vollständig entwaffnet. Im oberbayerischen Burghausen, einem Ort im sogenannten Chemiedreieck, wählt eine Versammlung einen neuen Arbeiterrat, der nur aus linkssozialistischen und syndikalistischen Arbeitern besteht. Im schwäbischen Augsburg, der drittgrößten Stadt Bayerns, hat noch am Tag des Mords eine wütende Menge die Redaktionen der bürgerlichen Zeitungen, das Bischofspalais und das Justizgebäude verwüstet. Außerdem stürmen die aufgebrachten Arbeiterinnen und Arbeiter das Gefängnis und befreien alle Gefangenen. Der lokale Arbeiter- und Soldatenrat besetzt alle öffentlichen Gebäude und stellt die bürgerlichen Zeitungen unter Zensur.

Erich Mühsam appelliert in seiner Zeitschrift *Kain*: »Jetzt aber darf es kein Zurück mehr geben. Jetzt gilt es der Gegenrevolution den Hals zuzudrücken, dass sie nie wieder zu Atem kommen darf. Man proklamiere sofort die Räterepublik, die kein Paktieren mit dem bürgerlichen Parlamentarismus mehr kennt. Man lasse die kapitalistisch monopolisierte ›Freiheit‹ der Presse nicht wieder zur Seelenvergiftung und Mordanstiftung zu. Man unterbinde die Offiziers- und Studentenverschwörungen mit den radikalsten Mitteln der Volksdiktatur. Man expropriiere den Großgrundbesitz, entrechte das rententragende Kapital, beginne mit sozialistischer Arbeit in Stadt- und Landgemeinden und scheue dabei nicht zurück vor der revolutionären Dekretierung weltstürzender Neuerungen. Man vertreibe alle verantwortlichen Persönlichkeiten des alten Systems von ihren Posten, pfeife auf den Bannfluch von Weimar und verbinde sich schnellstens mit den natürlichen Verbündeten der sozialistischen Revolution, mit den herrlichen Vorkämpfern der Weltbefreiung in Russland.«[148]

Im Zuge seines fortschreitenden Engagements in der bayerischen Realpolitik schwenkt Erich zunehmend auf die kommunistische Linie ein. Das drückt sich insbesondere darin aus, dass er vor dem Begriff der »Volksdiktatur« oder der »Diktatur des Proletariats« nicht mehr zurückschreckt, wofür er von anarchistischer Seite harsch kritisiert wird. Rückblickend erklärt er dazu: »Wir haben nicht entfernt daran gedacht, unter Diktatur des Proletariats jemals die Regierungsgewalt eines Klüngels zu verstehen. Wir haben das Wort gebraucht und mit dem Inhalt gefüllt, der sich aus der Forderung ›Alle Macht den Räten!‹ von selber ergibt.«[149] Als dann einige Jahre später die Bolschewismus-Euphorie unter den deutschen Revolutionären merklich abgekühlt ist, muss Erich der Kritik seiner anarchistischen Genossinnen und Genossen zustimmen: »Nachdem unglücklicherweise die Entwicklung in Russland allen Befürchtungen recht gegeben hat, die von den Anarchisten in früheren Jahrzehnten bei der sozialdemokratischen Agitation für die Diktatur des Proletariats ausgesprochen worden sind und nachdem auch im Bewusstsein weiter Kreise des revolutionär gestimmten Proletariats diese Bezeichnung wieder die Bedeutung einer Parteidiktatur erlangt hat, unter deren Obrigkeit sich das Proletariat zu ducken hat, ist es klar, dass der Ausdruck ›Diktatur des Proletariats‹ die Sache nicht mehr deckt, die wir damit benennen wollten.«[150] Was er selbst unter dem Begriff versteht, fasst Erich in diesen Tagen in einer Flugschrift zusammen, die selbst den Titel *Die Diktatur des Proletariats* trägt: »Niemand kann wissen auf welchem Wege wir in die Räterepublik einschwenken werden. Erste Voraussetzung der Vorarbeit ist die Schaffung von Räten, die auf diesen Namen Anspruch haben. Das Rätesystem in seiner dezentralistischen Verzweigung schafft die lebendige Beteiligung der arbeitenden Einzelpersönlichkeit an der Verwaltung und Entwicklung des gesamten Gesellschaftsorganismus. Der Aufbruch des Systems muss von unten nach oben gehen. Als Arbeiterrate kämen also in Betracht: Betriebsräte; Branchenräte, Ortsräte, Kreis- und Landesarbeitsräte. Worauf es ankommt ist, dass der Delegierte für jeden wesentlichen Entschluss das imperative Mandat seiner Auftraggeber einholen muss, dass er sich für seine Haltung in jeder einzelnen Frage vor seinen Wählern verantworten muss und dass er jederzeit von seinem Posten zurückgezogen werden und durch eine geeignetere Persönlichkeit ersetzt werden kann. Dieses Auswechselverfahren ist das eigentliche Kennzeichnen des Rätesystems im Gegensatz zum Parlamentarismus. Der Sinn der Räte ist vorläufig die kapitalistische Gesellschaftsmaschinerie in eine sozialistische zu überführen. Solange das nicht erreicht ist muss jeder Nichtsozialist und jeder, der als kapitalistischer Unternehmer Lohnangestellte beschäftigt, von der Beteiligung an den Wahlen ausgeschlossen bleiben. Die Räte zu bestimmen und durch sie die öffentliche Gewalt auszuüben, ist ausschließlich das Recht der Ausgebeuteten; das ist die Diktatur des Proletariats.«[151]

23. Februar 1919

Der elfköpfige Zentralrat unter dem Vorsitzenden Niekisch beginnt seine Arbeit. »Es geschah das zunächst Notwendige«, meint Erich Mühsam. »Der Belagerungszustand wurde verhängt, die Presse, die die Mordatmosphäre geschaffen hatte, unter Zensur gestellt, die Bewaffnung der Arbeiterschaft angeordnet. Dann berief man – leider ohne vorher eine Neuwahl nach revolutionären Grundsätzen anzuordnen – den Landeskongress der Arbeiter-, Soldaten- und Bauernräte Bayerns zusammen. Bayern war damit Räterepublik. Aber die Räte selbst merkten es nicht.«[152]

Als eine seiner ersten Amtshandlungen lässt der Zentralrat die bürgerliche Presse unter Zensur stellen. Denn in ihr sehen die Revolutionäre den eigentlich Schuldigen an Eisners Mord.

Die Stimmung in München ist ausgesprochen aufgewühlt. Überall auf den Straßen stehen Leute zusammen, betrachten Proklamationen der verschiedenen Parteien an den Litfaßsäulen und diskutieren die politischen Entwicklungen. Gustav Landauer hält fest: »Puppen werden zu Menschen; eingerostete Philister werden der Erschütterung fähig; alles, was feststeht, bis zu Gesinnungen und Leugnungen kommt ins Wanken; aus dem sonst nur das Eigene bedenkenden Verstand wird das vernünftige Denken und Tausende sitzen oder schreiten ratlos in ihren Stuben und hecken zum ersten Mal in ihrem Leben Pläne aus fürs Gemeinwohl; alles wird dem Guten zugänglich; das Unglaubliche, das Wunder, rückt in den Bereich des Möglichen.«[153]

Aber auch die Rechten bleiben nicht untätig und versuchen, die auf die Ermordung Eisners folgende Schießerei im Landtag in ihrem Sinne propagandistisch auszuschlachten. So heißt es in einem Flugblatt: »Der ruchlose Anschlag auf den Minister Auer und die übrigen bayerischen Abgeordneten und Regierungsvertreter in München, der von langer Hand vorbereitet war und keineswegs nur ein Racheakt für die Ermordung Eisners darstellt, hat wiederholt gezeigt, welch furchtbare Gefahr auch unserem Bayernvolk durch das verbrecherische Treiben hergelaufener Juden droht!« Das Flugblatt endet mit dem üblichen Aufruf: »Fort mit der Judenherrschaft! Nieder mit dem Bolschewismus!«[154]

25. Februar 1919

Zum ersten Mal versammelt sich ein gesamtbayerischer allgemeiner Rätekongress. Mehr als 300 Delegierte aus dem gesamten Land kommen im Gebäude des ehemaligen Landtags zusammen. Im Gegensatz zum alten Landtag werden nun jedoch die verschiedensten Deputationen unbürokratisch angehört. Auch von den Zuschauertribünen aus werden nun immer wieder Interventionen ermöglicht. Schnell bilden sich auf dem Kongress zwei opponierende Gruppen heraus: Auf der einen Seite die SPD, der rechte Flügel der USPD um Felix Fechenbach sowie der Großteil der Bauern- und Soldatenräte. Diese Gruppe, die die Mehrheit der Abgeordneten auf ihrer Seite hat, versucht eine parlamentarische Regierung wiederherzustellen, in der sie dominieren würde. Auf der anderen Seite stehen die Radikalen, bestehend aus den zehn Delegierten des RAR um Erich Mühsam, den Vertretern der Arbeitslosen und denen der demobilisierten Soldaten. In den meisten Punkten können diese die Unterstützung des linken Flügels der USPD um Ernst Toller und einer Minderheit der Bauernräte gewinnen. Die zahlenmäßige Schwäche der Radikalen wird ausgeglichen durch dauernde Zurufe von der Zuschauertribüne und von permanent tagenden, meist von Arbeitslosen organisierten Versammlungen, die, sehr zum Ärger der Bürgerlichen, fast täglich Delegationen mit revolutionären Forderungen zum Kongress schicken.

Die Tagung beginnt mit ausführlichen Berichten des Zentralrats über die Ermordung Eisners und die seitdem getroffenen Maßnahmen. Gleich im Anschluss daran ergreift Landauer das Wort und verlangt unter stürmischem Beifall, dass der Rätekongress zur obersten gesetzgebenden Instanz erklärt werden müsse. »Was von jetzt an, von Stund' an, von uns beschlossen wird, das ist Beschluss, das ist Dekret, das ist Gesetz für die Republik Bayern.«[155] Aus dem glühenden Antipolitiker wird Schritt für Schritt ein Politiker.

Tatsächlich erfüllt Landauer so gewissermaßen seine eigene Geschichtsphilosophie, die er in seiner Schrift *Die Revolution* dargelegt hat. Dort unterscheidet Landauer zwischen der vorwärtsdrängenden Utopie und der »Topie« des Bestehenden: »Die Utopie ist also die zu ihrer Reinheit destillierte Gesamtheit von Bestrebungen, die in keinem Fall zu ihrem Ziele führen, sondern immer zu einer neuen Topie. Revolution nennen wir die Zeitspanne, während deren die alte Topie nicht mehr, die neue noch nicht feststeht.«[156] Revolution ist also offensichtlich genau das, was dieser Tage in Bayern vor sich geht. Auch die Utopie selbst ist für Landauer jedoch eingebunden in die gesellschaftlichen Machtprozesse, wie sich nun in der Praxis der revolutionären Politik bestätigt. »Jede Utopie«, so fährt er fort, »setzt sich aus zwei Elementen zusammen: aus der Reaktion gegen die Topie aus der sie erwächst, und aus der Erinnerung an sämtliche bekannte frühere Utopien. Ebenso stecken in jeder Topie die siegreichen Elemente der vorhergehenden Utopie, die aus dem Willen zur Wirklichkeit geworden sind, und die erhalten gebliebenen Elemente aus der früheren Topie.«[157] Es scheint dem scheinbar kompromisslosen Idealisten also durchaus bewusst zu sein, dass die Utopie sich nicht einfach nur aufgrund ihrer Überzeugungskraft und Ausstrahlung durchsetzt, sondern, dass es konkreter Machtkämpfe bedarf, um ihr zum Sieg zu verhelfen. In diesen Machtkämpfen wird die Utopie notwendigerweise selbst zu einer neuen Topie. Oder aber sie geht unter. »Die Utopie wird also überhaupt nicht zur äußeren Wirklichkeit«, stellt er pessimistisch fest, »und die Revolution ist nur das Zeitalter des Übergangs von einer Topie zur anderen, anders gesagt: die Grenze zwischen zwei Topien.«[158] All diese Überlegungen hindern ihn aber keineswegs daran, selbst tatkräftig in die reale Politik einzugreifen – und damit seinen Teil zu dem Versuch beizutragen, die Utopie zur siegreichen neuen Topie werden zu lassen. So unterstreicht er in seiner Rede: »Wenn wir jetzt nicht erklären, dass diese Versammlung die souveräne, gesetzgebende Gewalt für den Augenblick ist, dann sind wir nicht einmal Hampelmänner, dann sind wir gar nichts.«[159] Die Räteversammlung spendet stürmischen Applaus, die Entscheidung wird jedoch aufgrund der Ausgangssperre und der am nächsten Tag bevorstehenden Beerdigung Eisners vertagt.

Während der allgemeine Rätekongress tagt, wechseln sich in München Demonstrationen und Massenveranstaltungen ständig ab. Arbeitslose, Soldaten, entschlossene Arbeiterinnen und Räteanhänger strömen in die großen Säle der Stadt, auf den Straßen finden permanent Manifestationen für die Räterepublik statt. Letztere werden mit Repressionen durch die Stadtkommandantur und die Republikanische Schutztruppe beantwortet. Aber noch immer können sich die Rätedelegierten nicht zu einem entschiedenen Vorgehen gegen die reaktionären Militärs durchringen. Erich Mühsam stellt den Antrag, Dürr zu beurlauben und den Bahnhofskommandanten Aschenbrenner, der zuvor Demonstranten hat niederschießen lassen, abzusetzen. Der Antrag wird jedoch abgelehnt und es wird nur eine Untersuchungskommission eingesetzt.

26. Februar 1919

Kurt Eisner wird zu Grabe getragen. Der Zentralrat hat einen Trauertag für ganz Bayern ausgerufen. In allen Städten soll die Arbeit niedergelegt werden und eine halbe Stunde lang läuten alle Kirchenglocken. Öffentliche Gebäude sind mit schwarzen und roten Fahnen beflaggt. In München nehmen über 100.000 Menschen am Trauerzug teil. Gustav Landauer hält die Hauptrede auf dem Ostfriedhof. »Kurt Eisner, der Jude, war ein Prophet«, sagt er, »der unbarmherzig mit den kleinmütigen, erbärmlichen Menschen gerungen hat, weil er die Menschheit liebte und an sie glaubte und sie wollte. Er war ein Prophet, weil er mit den Armen und Getretenen fühlte und die Möglichkeit, die Notwendigkeit schaute, der Not und Knechtung ein Ende zu machen. Er war ein Prophet, weil er ein Erkennender war, dieser Dichter, der zugleich von der Schönheit, die kommen sollte, träumte und den harten, bösen Tatsachen unerschrocken ins Gesicht sah.«[160] Bei einer späteren Gedächtnisveranstaltung hält der Schriftsteller Heinrich Mann als Vorsitzender des politischen Rates geistiger Arbeiter die Hauptrede. Auf der Beerdigung erklärt er unter anderem: »Der erste wahrhaft geistige Mensch an der Spitze eines deutschen Staates erschien jenen, die über die zusammengebrochene Macht nicht hinwegkamen, als Fremdling und als schlecht. Dass er am Quell der Macht doch lauter blieb, widerstrebte ihren Begriffen. Seine Güte, die um keinen Preis, nicht einmal um den seines eigenen Lebens, Blut vergießen wollte, ihnen war sie Schwäche.«[161] Zu den Menschen, von denen Heinrich Mann hier spricht, muss auch sein eigener, nationalistisch-konservativer Bruder Thomas gezählt werden, der Eisner als »schmierigen Literaturschieber« bezeichnet, der sich »durch Jahre von einer Kino-Diva aushalten ließ« und die »großstädtische Scheißeleganz des Judenbengels« an den Tag lege. Und weiter: »Das ist die Revolution! Es handelt sich so gut wie ausschließlich um Juden.«[162]

Noch am Tag von Eisners Beerdigung verabschiedet der Nationalrat unter Auer eine Richtlinie zur Regelung der Befugnisse der Räte, unter die er auch Eisners Namen setzt. Dort heißt es unter anderem: »Den Arbeiter- und Bauernräten sowie den Vollzugsausschüssen steht keine Vollzugsgewalt zu. Sie vermeiden jeden Eingriff in die staatliche oder gemeindliche Verwaltungstätigkeit.«[163] Diese Richtlinien bedeuten eine Rücknahme jeglicher Kompetenzen der Räte, weshalb diese, allen voran der Revolutionäre Arbeiterrat, sie scharf kritisieren.

27. Februar 1919

Der zweite Tag des Gesamträtekongresses steht an. Als die Delegierten sich jedoch am Morgen in das Landtagsgebäude begeben wollen, erleben sie eine böse Überraschung: Der Eingang ist auf Anordnung des Stadtkommandanten Dürr von Soldaten der Republikanischen Schutztruppe abgesperrt, die alle Delegierten auf Waffen durchsuchen und Zuschauer erst gar nicht einlassen. Der Rätekongress beschließt jedoch nach längeren Diskussionen, gegen die Schließung der Zuschauertribüne Stellung zu beziehen. Waffen, so beschließen sie, seien jedoch an der Garderobe abzugeben, wo sie von Soldaten der Landtagswache aufbewahrt werden sollten. Anschließend wird der Bericht der Untersuchungskommission über den Bahnhofskommandanten Aschenbrenner verlesen. Darin wird berichtet, dass dieser vom Hauptbahnhof aus Jagd auf angebliche Spartakisten mache und Reisende verprügeln und foltern lasse. Einige seiner Opfer werden dem Kongress vorgeführt. Daraufhin wird nun doch seine Absetzung beschlossen, der eigentliche Drahtzieher, Dürr, bleibt aber weiter im Amt.

Max Levien hält ein längeres Referat über seine Vision eines zukünftigen Rätesystems. Aus den Lokalräten sollen Bezirksräte gewählt werden, die wiederum den Gesamträtekongress wählen sollen, der alle drei oder sechs Monate zusammentreten würde. Der von diesem Kongress gewählte Zentralrat solle um eine Regierung der Volksbeauftragten erweitert werden, die nach den Richtlinien des Rätekongresses Gesetze erarbeitet, deren Umsetzung wiederum vom Zentralrat kontrolliert wird. Ernst stimmt ihm zu und erklärt: »Wenn eine Idee das Volk, ja nur einen Menschen beherrscht, kann man diese Idee nicht mehr unterdrücken und genauso beherrscht die Räteidee jetzt das bayerische Volk und Sie können tun, was Sie wollen, diese Idee werden sie nie mehr töten.«[164]

28. Februar 1919

Der dritte Sitzungstag des Gesamträtekongresses beginnt. Der Vorsitzende des Landessoldatenrates Fritz Sauber erklärt, dass ein Telegramm des Aktionsausschusses von Nürnberg eingetroffen sei, nach dem die ehemaligen Minister Schneppenhorst, Hoffmann und Ewinger in Nürnberg für ein militärisches Vorgehen gegen die Räte werben. Aufgrund dieser Situation müsse man schnellstens zu einem Ende der Diskussion kommen und verbindliche Beschlüsse fassen, sodass nicht weiter falsche Gerüchte über die Vorgänge in München verbreitet werden könnten. Ein Delegierter aus Lindau am Bodensee widerspricht jedoch vehement und führt an, dass die Diskussion offenbleiben müsse, damit sich die Räte aus der Provinz endlich auch einbringen könnten. Bisher seien alle Entscheidungen aus München gekommen, wohingegen nun endlich die Position der Provinzräte gestärkt werden müsse.[165]

So wird ein Kompromissantrag unter expliziter Berücksichtigung der Interessen der Räte aus ländlichen Gegenden ausgearbeitet. Darin wird vorgeschlagen, dass der Landtag »vorerst« nicht zusammentreten solle. Das Plenum des Gesamtkongresses solle an seiner Stelle einen »provisorischen Nationalrat« berufen. Der Nationalrat solle aus maximal 250 Mitgliedern bestehen, die von den acht Kreisen gewählt werden sollten. Diese wiederum sollten einen 33-köpfigen Aktionsausschuss wählen, der sich aus den Mitgliedern der Vollzugsausschüsse der Arbeiter-, Bauern und Soldatenräte, Vertretern der SPD, USPD, des Revolutionären Arbeiterrates und des Bauernbundes zusammensetzen solle. Die Mitglieder des Aktionsausschusses könnten jederzeit vom Nationalrat abberufen werden. Der Aktionsausschuss wählt seinerseits wiederum einen siebenköpfigen Zentralrat. Gemeinsam sollen alle Delegierte des Rätekongresses ein neues Ministerium von Volksbeauftragten wählen, das sich wiederum gegenüber dem provisorischen Nationalrat zu verantworten hätte. Diese Verfassung solle »sobald es die Verhältnisse gestatten« dem gesamten Volk zur Abstimmung vorgelegt werden.[166]

Kurz nachdem dieser Kompromissantrag vorgestellt worden ist, stürmt ein Trupp der Republikanischen Schutztruppe in den Saal und nimmt Max Levien, Erich Mühsam sowie den Vertreter der Arbeitslosen und denjenigen der demobilisierten kommunistischen Soldaten fest. Der Anführer der Soldaten erklärt, er wolle eine sozialdemokratische und keine kommunistische Regierung. Die Festgenommenen werden aus dem Saal gezerrt und unter Schlägen die Treppe hinuntergestoßen. In diesem Moment trifft Gustav Landauer am Landtagsgebäude ein. Als die Soldaten ihn erkennen, nehmen sie auch ihn mit. Später stellt sich heraus, dass die Revolutionäre als Geiseln gegen etwaige Aktionen des Proletariats dienen sollten. Aber die loyale Landtagswache stellt sich den Entführern in den Weg. Die Anführer der beiden Truppen schreien sich gegenseitig die Aufforderung zu, sich zu ergeben. Maschinengewehre werden in Stellung gebracht. Im letzten Moment kommt dann vom Stadtkommandanten die Order, die Gefangenen freizulassen, sodass diese in den Sitzungssaal zurückkehren können. Dort werden sie mit Applaus empfangen.

Später ordnet der Stadtkommandant allerdings an, die Abteilung der Republikanischen Schutztruppe, die beim Überfall auf den Rätekongress die Delegierten geschützt hatte, an einen anderen Ort zu versetzen. Einige Soldaten der Schutztruppe, die für ihre revolutionäre Gesinnung bekannt sind, werden sogar ganz aus der Truppe entlassen.

Zurück im Räteplenum fordern Erich Mühsam und die kommunistischen Delegierten, die Räterepublik sofort auszurufen, um so der Arbeiterschaft unmittelbar zur politischen Macht zu verhelfen. Zuvor hat der Münchner Arbeiterrat diese Forderung erhoben. Levien ergänzt Erichs Antrag durch einen Dringlichkeitsantrag, in dem er verlangt, dass die Ausrufung bereits am folgenden Sonntag »in Gegenwart sämtlicher Mitglieder des Zentralrats, des Aktionsausschusses und des Rätekongresses« erfolgen solle.[167]

Die Versammlung schreitet zur Abstimmung über den Antrag auf Ausrufung der Räterepublik. Während die Stimmen der Delegierten ausgezählt werden, ballt sich vor dem Gebäude eine große Menschenmenge zusammen, die das Ergebnis ungeduldig erwartet. Immer wieder ertönt der Ruf »Alle Macht den Räten!« Landauer tritt ans Fenster und versucht die Menge zu beruhigen. Sogar er hat gegen die Ausrufung der Räterepublik gestimmt, da er den Zeitpunkt für verfrüht hält. Normalerweise ist er bei den Arbeitern sehr beliebt, aber heute nehmen sie ihm seine Erklärungsversuche nicht ab. Die unruhige Ansammlung verlangt nach Levien und Mühsam. Mittlerweile liegt das Ergebnis der Auszählung vor: Der Antrag wird mit 234 zu 70 Stimmen abgelehnt. Levien und Mühsam respektieren das Ergebnis und versuchen, die Protestmenge zum Abzug zu bewegen. Kurz sieht es so aus, als wollten die Menschen den Landtag stürmen, um die Ausrufung der Räterepublik selbst in die Hand zu nehmen. Dann aber löst sich die Menge auf. »Mir hat es später sehr leidgetan«, schreibt Mühsam im Rückblick, »dass wir damals gebremst haben. Die Räterepublik wäre sonst durch einen heroischen Akt des Proletariats erzwungen worden, und die schlimmen Differenzen, die im April unsere Aktion zur Totgeburt machten, wären der bayerischen Arbeiterschaft erspart geblieben.«[168]

Auch über den vor der Festnahme der Linksradikalen vorgestellten Kompromissantrag wird abgestimmt. Zwar enthält dieser teilweise parlamentarische Züge, aber auch Teile der Befürworter einer reinen Rätedemokratie können ihn mittragen. Insgesamt wird er gegen nur 13 Stimmen von Linksradikalen angenommen. Diese wenigen finden den Beschluss jedoch so falsch, dass Levien und andere ihren Austritt aus dem Aktionsausschuss erklären, in den sie zuvor gewählt worden sind. Der Delegierte Köberl vom Revolutionären Arbeiterrat kündigt sogar jegliche Zusammenarbeit mit dem Zentralrat auf.

1. März 1919

Der allgemeine Rätekongress diskutiert die Aufgaben und Zusammensetzung des Aktionsausschusses und der Ministerien einer neuen Regierung. Die Parteien beginnen sofort ihr gewohntes Postengeschacher im Hintergrund. Landauer ist empört über dieses Vorgehen, das ihn zu sehr an den alten Parlamentarismus erinnert. »So wie das hier getechtelmechtelt werden soll«, ruft er, »mit Partei- und Fraktionswirtschaft, das muss sich jetzt endlich einmal dieses souveräne Parlament der Arbeiter-, Bauern- und Soldatenräte verbitten. Das geht nicht!«[169] Er beantragt daraufhin, dass die Räte selbst Delegierte für einen Aktionsausschuss wählen und die Parteien unabhängig davon ihre Vertreter schicken sollen. Der Antrag wird angenommen, aber gleich darauf beantragt ein Vertreter der SPD, dass die für den Revolutionären Arbeiterrat vorgesehenen Sitze im Aktionsausschuss gestrichen werden sollen, nachdem einige Delegierte des linksradikalen RAR tags zuvor ihre Mitarbeit aufgekündigt haben. Hiergegen verwahren sich jedoch die noch anwesenden Delegierten des RAR, woraufhin die Sozialdemokraten ihre Zusage zur Anerkennung der Räteregierung wieder zurückziehen. Da sich Sozialdemokraten und Revolutionäre nicht einig werden, wird der provisorische Aktionsausschuss ohne Mitarbeit der SPD, ausschließlich durch die 21 Delegierten der Arbeiter-, Bauern- und Soldatenräte gebildet.

Derweil bemerkt Hilde Kramer, die nicht am Kongress teilnimmt, wie ein Flugzeug über München Flugblätter abwirft. Überall auf den Straßen beginnen bewaffnete Arbeiter und Soldaten in die Luft zu schießen, aber der Flieger bleibt unversehrt. Hilde nimmt eines der Flugblätter, in dem es heißt:

> »Wollt Ihr, dass die Straße Euch weiter vergewaltigt? Könnt Ihr Euch länger von Elementen wie Levien, Mühsam, Hagemeister, Kronauer und Konsorten den Fuß auf den Nacken, die Pistole auf die Brust setzen lassen? Nein! Genauso, wie uns die Gegenrevolution, die Bourgeoisie, ins alte Elend bringen würde, genau so wird das Volk von den Spartakisten und ihrem Anhang, den Plünderern, ins größte Unglück gestürzt werden. Deshalb gilt es, dass alle Arbeiter und Soldaten das unerträgliche Joch einer brutalen Minderheit abschütteln, gemeinsam den Boden der Ordnung im Sinne einer einigen Sozialdemokratie betreten, und das Volk endlich der wahren Demokratie, dem Sozialismus, der echten Volksherrschaft zuführen. Vor allen Dingen müssen wir den gefährlichen Elementen des Spartakusbundes und dem sich immer mehr breitmachenden Lumpengesindel das Handwerk legen. Die vernünftige Bevölkerung bleibt zu Hause. Die Straße muss frei bleiben für die Soldaten, die berufen sind, sozialistische Ordnung zu schaffen! Soldaten! Schart Euch um Eure berufenen Führer! Deshalb in die Kaserne! Dort werden Eure gewählten Kasernenräte und Führer mit Euch unternehmen, was das Volkswohl erfordert.«[170]

Unterzeichnet ist dieses Flugblatt von Stadtkommandant Dürr und Polizeipräsident Staimer, sowie dem Sozialdemokraten Scheid. Ein anderes Flugblatt, unterzeichnet von Schneppenhorst, Ewinger und einigen Militärs aus Nürnberg schlägt noch drastischere Töne an:

»Die durch die ruchlose Ermordung Kurt Eisners geschaffene Erregung benützte eine kleine Gruppe von Gewaltmenschen, in München die Herrschaft an sich zu reißen. Dagegen wehren sich ganz entschieden die Arbeiter und Soldaten von Amberg, Bayreuth, Sulzbach, Regensburg, Straubing, Erlangen, Ingolstadt, Grafenwöhr, Nürnberg und Fürth. Alle verurteilen die Gewaltherrschaft einer kleinen Minderheit, die Bayern dem Untergange zuführt; sie verlangen eine sozialistische Regierung und die alsbaldige Einberufung des Landtags. Alle wollen die Demokratie und verwerfen die Diktatur, von welcher Seite sie auch kommen möge. Kameraden und Genossen in München! Ihr habt den Willen gezeigt, die Gewaltherrschaft Dr. Leviens und seines bewaffneten Anhangs zurückzuweisen. In diesem Bestreben unterstützen Euch alle Soldaten des III. Armeekorps. Wenn es nicht anders sein kann, mit Waffengewalt.«[171]

Hilde ist sich im Klaren darüber, dass diese Botschaft einen offenen Aufruf zum Putsch gegen die Räteherrschaft darstellt. Mit einigen Freunden zieht sie zur Theresienwiese, wo eine Demonstration gegen Dürr und Schneppenhorst und für die Ausrufung der Räterepublik stattfinden soll. Als sie sieht, dass die Republikanische Schutztruppe bereits Stellung bezogen hat, hält sie sich jedoch abseits der Menge. Tatsächlich beginnen die Soldaten noch bevor sich ein Zug formiert hat, in die Versammlung zu feuern. Die Menge flieht, drei Tote und neun Verletzte bleiben liegen.

Im Rätekongress werden derweil die Ministerien des neuen Landtags gewählt. Da die Sozialdemokraten die Mehrheit stellen, kommt in Landauers Worten nur ein »Ministerium der Mittelmäßigkeiten« zustande. Der SPDler Martin Segitz soll als Ministerpräsident die Nachfolge Kurt Eisners antreten. Zum Militärminister soll just jener Ernst Schneppenhorst bestimmt werden, der das Flugblatt unterzeichnet hat, in dem zum Putsch gegen die Regierung aufgerufen wird. Dagegen protestieren die Linksradikalen freilich vehement, sodass Schneppenhorst schlussendlich fallen gelassen wird. Der Ersatz ist jedoch ein Hohn: Es handelt sich um Scheid, der das zweite der kursierenden Flugblätter unterzeichnet hat. Da platzt Landauer der Kragen. Dem Vorsitzenden Niekisch ruft er zu: »Wollen Sie die Liebenswürdigkeit haben, mich zur Ordnung zu rufen; denn ich muss jetzt, ich kann nicht anders, etwas sagen, was sehr unparlamentarisch ist: In der ganzen Naturgeschichte kenne ich kein ekelhafteres Wesen als die sozialdemokratische Partei.«[172]

Die Linken können mit ihrem Protest aber nichts mehr ausrichten. So geht die erste Sitzungsperiode des Gesamträtekongresses mit der Wahl eines Wohnungs- und eines Gefängniskommissars sowie der Bewilligung eines Kredits über 200 Millionen Mark für Bauarbeiten zu Ende. Der Rätekongress und die von ihm aufgestellte Regierung sind nun faktisch die einzige Regierungsgewalt in Bayern. Die neue Regierungsform war ein Kompromiss zwischen Räterepublik und Parlamentarismus, da sich die Delegierten zwar gegen die Ausrufung einer reinen Räterepublik, aber auch gegen die zeitnahe Wiedereinberufung des Landtags entschieden haben. Die exekutive Funktion der Räte war durch die lapidare Formulierung »Die Räte wirken in der Verwaltung mit« so allgemein formuliert worden, dass sich die bisherigen Tätigkeiten der lokalen Räte möglicherweise noch erweitern lassen würden.[173]

Am Abend spricht Hilde mit Mühsam und Egelhofer über die Flugblätter und die zahllosen Angriffe der Republikanischen Schutztruppe auf Revolutionäre. Die Situation ist absurd: Obwohl der Rätekongress formell die einzige souveräne Macht in Bayern darstellt, gelingt es ihm nicht, sich zu einem klaren Vorgehen gegen die Reaktionäre durchzuringen. Dürr kann seine Soldaten weiterhin ungestraft auf Arbeiter schießen lassen, Schneppenhorst ungestört zum Putsch aufrufen, während der Rätekongress aufgrund der Spaltung zwischen Sozialdemokraten und Revolutionären völlig handlungsunfähig bleibt. Am späteren Abend fährt Erich zu einer Versammlung des Münchner Arbeiterrats, auf der auch Stadtkommandant Dürr und Polizeipräsident Staimer anwesend sind. Sofort verlangt er deren Absetzung. Die beiden entschuldigen sich ängstlich für das Flugblatt. Außerdem verweisen sie darauf, dass sie sich am Mittag offiziell und schriftlich zur Loyalität gegenüber der Regierung verpflichtet haben. Dort erklären sie:

> »Wir anerkennen, dass der aus den A.-, S.- und. B.-Räten bestehende Kongress (provisorischer Nationalrat) souverän ist. Er allein hat die Befugnis, die neue provisorische Regierung des Volksstaates Bayern einzusetzen. Dieser Regierung unterstellen wir uns selbstverständlich. 2. Die gestrige Verhaftung einzelner Mitglieder aus dem Kongress he raus wurzelt in einem traurigen Missverständnisse, das wir lebhaft bedauern, besonders die brutale Handhabung Dr. Leviens.«[174]

Damit scheint nun auch die Militärmacht auf Seiten der Räteregierung zu stehen, womit der Arbeiterrat wieder einmal besänftigt werden kann. Das hat zur Folge, dass dieselbe Versammlung, die wenige Tage zuvor noch die radikale Forderung der Ausrufung der Räterepublik gestellt hat, nun den Konterrevolutionären ihr Vertrauen ausspricht. Als die Sitzung spät in der Nacht geschlossen wird, fürchtet der Revolutionäre Arbeiterrat um die Sicherheit Erichs. So zwingen sie den Stadtkommandanten und den Polizeipräsidenten, den Anarchisten nachhause zu fahren. Dürr und Staimer setzen den Mann, den sie am selben Nachmittag noch verhaften wollten, persönlich vor seiner Wohnung ab.

2. März 1919

In Fürth tritt eine Landeskonferenz der SPD zusammen, die über die weitere Strategie zur sozialdemokratischen Machteroberung in Bayern berät. Zentraler Diskussionspunkt ist die Frage der Anerkennung der vom Gesamträtekongress gewählten Regierung. Obwohl die meisten Ministerien dabei an SPD-Vertreter gegangen sind, beschließt die Konferenz, diese Regierung nicht anzuerkennen. Im Anschluss an die Konferenz kündigen alle sozialdemokratischen Minister bis auf Ernst Niekisch ihre Teilnahme an der am Vortag gewählten Regierung wieder auf. Da Niekisch keine Stellungnahme abgibt, wird ihm die Teilnahme an der Regierung ausdrücklich verboten. Damit wird die Regierung hinfällig, bevor sie überhaupt ihr Amt antreten kann. Noch am selben Tag werden DDP, BVP und USPD zu Verhandlungen über die Wiedereinberufung des Landtags und die Vergabe der Ministerposten für denselben nach Nürnberg eingeladen. Für die USPD nimmt der ehemalige Assistent Eisners, Felix Fechenbach, an diesen Verhandlungen teil.

Bei der Zusammenkunft wird Johannes Hoffmann zum neuen Ministerpräsidenten erkoren. Grund für die Zustimmung der bürgerlichen Parteien ist vor allem die Zusicherung Hoffmanns, unter keinen Umständen Konzessionen an das Rätesystem zu machen. Die Parteien erarbeiten ein Papier, das als »Nürnberger Kompromiss« bekannt wird. Darin betonen sie die grundsätzliche Entscheidung für den Landtag als einzige legislative Gewalt und sprechen den Räten jegliche Legitimität zur Regierungsbeteiligung ab.

3. März 1919

Der Rätekongress legt nach den Dauersitzungen der Vortage einige Pausentage ein. Diese nutzt Landauer, um sich in München nach einer Wohnung umzusehen, da er bisher in dem zu weit entfernten Örtchen Krumbach gelebt hat. Inzwischen hat sich seine Annäherung an Else Eisner zu einer handfesten Beziehung ausgewachsen. So sucht er per Zeitungsannonce für sich und seine Kinder sowie für Else und deren Kinder ein Haus. Nach der Ermordung von Kurt Eisner hat Landauer viel Zeit mit der vierzehn Jahre jüngeren Witwe verbracht. Auch er hat vor wenigen Wochen seine Frau Hedwig verloren, die an Lungenentzündung gestorben ist, was Landauer tief erschüttert hat. So finden die beiden Hinterbliebenen beieinander Trost. Dabei kommen sie sich offenbar so nahe, dass sie, mitten in den Wirren der Revolution, beschließen, den Rest ihrer Tage als Paar zusammenzuleben. An ihre Freunde geben sie eine bemerkenswerte schriftliche Erklärung ab, die aber aufgrund der turbulenten Umstände nie versandt wird.

> »An unsere Freunde.
> Der schmale Mensch mit seiner dürren Vergänglichkeit ist viel zu unbedeutend, als dass man ihn lieben könnte: wer aus ganzer Innbrunst liebt und diesen einen erwählt, sieht in ihm die Menschheit, die Welt, das geheimnisvoll Ewige und Heilige, dessen Vertretung und Ausprägung der Geliebte und Einzige ist. So haben wir erwählt; so haben wir uns an das Beste der Welt geklammert; so haben wir es verloren.
> Um die Seele des Menschen ist es nicht so bestellt, dass sie ein Raum wäre, wo das eine weichen muss, damit das andere Platz findet. Das Gefühl, das in uns zueinander erwacht ist, nimmt der Verehrung und Liebe, die wir unseren Toten weihen, nichts weg. Unsere Kinder leben in holder Eintracht miteinander und bilden seit langem eine Familie; wir zwei haben uns in dieser wilden Zeit, die in so stürmischem Tempo verläuft, still und fest in Liebe gefunden und werden ein Paar sein solange das Leben währt. Unseren Freunden sind wir diese Erklärung schuldig, der niederträchtigen Konvention stehen wir nicht Rede.
> Else Eisner-Belli, Gustav Landauer«[175]

Dass sie »der niederträchtigen Konvention« nicht Rede stehen wollen, bedeutet wohl, dass sie nicht vorhaben zu heiraten. Damit wirft Landauer offenbar eine Überzeugung über Bord, für die er lange Jahre eingetreten ist, an deren praktischer Umsetzung er aber immer wieder scheiterte: Die Heiligkeit der Ehe. Gegenüber seinen anarchistischen Genossen, die zum großen Teil für eine freie Liebe eintreten, hat er die Institution der Ehe stets als kleinsten und zuverlässigsten Bund verteidigt, der durchaus die Grundlage eines befreiten Bund von Bünden sein könne. An der Umsetzung dieses Ideals ist er selbst jedoch immer wieder gescheitert. So hatte er verschiedene Geliebte, unter anderem die Sozialistin Margarethe Faas-Hardegger, die er auf einer Vortragsreise in der Schweiz kennenlernte. Wieder bei seiner Familie angekommen, schreibt er seiner Geliebten, wie glücklich ihn Frau und Kinder zuhause empfangen hätten. »Nur, dass es mir weh tut, etwas so Schönes zu haben, was ich vorerst nicht mit ihnen zu teilen wage. Vorerst. Denn möglichst viel muss ich jetzt schon mit ihnen, mit Hedwig und auch mit Gudula, von Dir sprechen. Und dann kommst Du bald zu uns, dann musst Du mit Deiner Person in ihr Leben kommen, und dann hoffe ich, reden zu müssen und reden zu dürfen. Und auch Gudula erzähle ich von Dir, mit dem Kind muss ich vor allem sprechen.«[176]

Wie Frau und Kind die von Landauer dermaßen ernst genommene Tugend der offenen Aussprache wohl aufgefasst haben? Tatsächlich macht er ernst mit seiner Idee, Margarethe zur Familie zu holen. Und irgendwie bringt er seine Frau tatsächlich dazu, mit seiner Geliebten gemeinsam unter einem Dach zu leben. Zumindest von der institutionellen Seite dieser Doppelmoral scheint sich Landauer in den letzten Tagen seines Lebens verabschiedet zu haben. So beschließen Else und er schlussendlich ohne Hochzeit gemeinsam ins Haus der Eisners in Großhadern einzuziehen.

5. März 1919

Nach den Pausentagen nimmt der Gesamträtekongress seine Tagung wieder auf. Zum Entsetzen der Linken wird dort durch das SPD-Mitglied Max Süßheim der »Nürnberger Kompromiss« vorgestellt. Erich Mühsam und Gustav Landauer unterbrechen die Rede mehrmals durch empörte Zwischenrufe. Süßheim erklärt, dass bei einer Ablehnung des Kompromisses durch den Rätekongress die Gefahr bestehe, dass sich der Landtag mit der Mehrheit den bürgerlichen Parteien eine reaktionäre Gegenregierung bilden würde. Auch Fechenbach wirbt im Namen der USPD für den Kompromiss und erklärt, dass auch das II. und III. Armeekorps auf der

Seite des Kompromisses stünden. Damit ist er der erste, der öffentlich auf einen drohenden Bürgerkrieg hinweist.

Nachdem Fechenbach geendet hat, ergreift sofort Ernst Toller das Wort. Er spricht ihm das Recht ab, im Namen der Partei aufzutreten, da er in Nürnberg nur seine Privatmeinung vertreten hätte. »Uns verbindet heute mit den radikalen Mehrheitssozialisten politisch mehr als mit der Rechten der Unabhängigen Partei«, erklärt er. Dann appelliert er an die Delegierten, die Parteikämpfe aufzugeben und stattdessen ihre Funktion als revolutionäre Räte ernst zu nehmen: »Brechen Sie doch endlich einmal mit diesem verfluchten Autoritätsprinzip. Das Autoritätsprinzip war eine der Wurzeln des Weltkrieges, lassen Sie nicht zu, dass das Autoritätsprinzip eine der Wurzeln des Arbeiterkrieges wird. Sie haben nicht nach Beschlüssen irgendwelcher Parteileitungen zu handeln, sondern einzig und allein nach Ihrem revolutionären Gewissen. Wenn Sie nicht anders können, so einen Sie sich über die Köpfe der Führer hinweg, die in diesem Augenblick Verführer sind.« Unter lebhaftem Beifall beendet er seine Rede mit einem letzten Appell: »Beschließen Sie nach Ihrem revolutionären Gewissen; wenn Sie anders beschließen, wird die Revolution über Sie hinwegschreiten!«[177]

Landauer beantragt den Schluss der Debatte und die sofortige Abstimmung: »Ich fürchte das Schreckgespenst des Bürgerkriegs nicht; denn die anderen können dem Volke nichts geben und wir können dem Volke alles geben. Das ist der Unterschied.« Der vom Rätekongress getroffene Beschluss müsse nicht nur beibehalten werden, sondern die Minister, die ihn kippen wollten, sollten durch andere ersetzt werden. »Wir müssen ein tatkräftig handelndes Ministerium haben, ein Ministerium, das mit Hilfe der Kommissionen des Aktionsausschusses in den nächsten Tagen schon zeigt, dass es dem Sozialismus zugeht.«[178]

Die Mehrheit der Delegierten ist jedoch keineswegs gewillt, ihre Parteizugehörigkeiten zurückzustellen. So wird beschlossen, dass die Regierungsbildung zwischen dem Rätekongress und den Nürnberger Kompromisslern neu verhandelt werden soll. Die Sitzung endet allerdings, ohne dass für den Rätekongress eine Verhandlungskommission aufgestellt wird.

Als die Delegierten am Abend den Saal verlassen, ist plötzlich die loyale Landtagswache verschwunden. Es stellt sich heraus, dass der Kommandant der Republikanischen Schutztruppe sie nicht nur vom Landtag abgezogen, sondern gänzlich aus der Truppe entlassen hat. Somit sind die Rätedelegierten wieder einmal völlig schutzlos.

6. März 1919

Am nächsten Sitzungstag fordern im Gesamträtekongress Anita Augspurg und Lida Gustava Heymann die Errichtung von Frauenräten. Augspurg führt dazu aus: »Ich hoffe, dass sie in fünf, zehn, fünfzehn Jahren wieder verschwinden können und dass die Frauen dann so weit politisch gebildet und interessiert sind, dass sie in den allgemeinen Arbeiter- und Bauernräten mitarbeiten und tätig sein werden. Aber für die Zwischenzeit halte ich es für notwendig, dass Frauenräte eingerichtet werden und zwar auf öffentlich-rechtlicher Grundlage. Ich halte es für sehr nötig, dass die Frauen in ihrer Eigenschaft als Mütter imstande sind, die Erziehung und die Interessen ihrer Kinder von früher Jugend an auf die politischen Gesichtspunkte hinzulenken und ihnen die Wirksamkeit der öffentlichen Einrichtungen klar zu machen.« Der Antrag wird nur von den Linksradikalen unterstützt, sodass es zu keiner formalen Repräsentation der Frauen kommt.

Süßheim, der am Tag zuvor den Nürnberger Kompromiss vorgestellt hat, fordert nun die Freilassung der Geiseln, die zum Schutz der Räte zuvor aus dem Bürgertum festgenommen worden sind. Gustav Landauer und Erich Mühsam scheint diese Forderung nach dem Verschwinden der Landtagswache am Vortag völlig unangebracht. Tatsächlich war es unter anderem Landauer gewesen, der die Anweisung zur Festnahme der Geiseln gegeben hat.[179] Die Sozialdemokraten fordern nun, die restlichen zwölf Geiseln freizulassen, sofern nicht nachweisbare Verdachtsgründe gegen sie vorliegen. Dafür ernten sie jedoch vehementen Widerspruch, da die linken Delegierten diese Forderung für eine Absprache mit dem bürgerlichen Landtag halten. »Man nimmt Geiseln nicht, um Schuldige zu treffen«, erklärt Erich, »sondern um Sicherheit zu erhalten, um die Kreise, die in ihrer Gesamtheit, nicht in Einzelpersonen, im Verdachte stehen, bestimmte gegenrevolutionäre Handlungen zu planen, einzuschüchtern. Ich spreche das ohne weiteres aus. Es soll die Einschüchterung einer ganzen Gesellschaftsklasse durchgeführt werden. Wir wissen, dass die Ermordung Eisners nicht die Tat eines einzelnen war. Dieser einzelne war der Revolver, die Tat wurde begangen von einer ganzen Kaste.«[180]

Landauer ergänzt: »Kriegsminister Hellingrath hat zu einem gesagt, der in Schutzhaft genommen wurde: ›jetzt geht es hart gegen hart‹, was höchstwahrscheinlich im Kampf gegen die Gegenrevolution auch noch für uns gelten muss.«[181] Diese Worte sind ungewöhnlich für einen radikalen Pazifisten wie Landauer. Immer wieder hat er früher auch seine anarchistischen Genossinnen und Genossen zur konsequenten Gewaltfreiheit aufgerufen. Die politische Realität scheint ihn nun zum Umdenken zu zwingen. In einem Brief schreibt er an einen Freund, der ihn danach fragt, wie diese beiden Formen der Politik zu vereinbaren seien, es gelte zwar die Gefahren der Revolution zu sehen, aber dennoch weiterzugehen, solange die Revolution noch lebendig sei:

> »Wir wollen im Guten nach dem Guten trachten, wollen uns nicht selbst schlechter Mittel bedienen, sehen nur vor Augen, dass die Gefahr der Verirrung und des Missbrauchs besteht; wir sagen es uns, um uns davor zu bewahren. Wendet man uns ein, die schlechtesten und fürchterlichsten Dinge der Weltgeschichte wären unter einer Losung geschehen, dass man das Gute erkämpfen wollte, so erwidern wir, dass wir lieber unser Menschenschicksal erfüllen und die Weltgeschichte wiederholen wollen, als uns durch unsere Kenntnis der Weltgeschichte in einem Augenblick zum Nichtstun zu verdammen, wo Tat und Rettung und Erlösung geboten ist. So ist es ganz in Ordnung, dass alle, in denen und um die die Revolution nicht lebt, uns für verwegene Verbrecher oder fanatische Narren ansehen müssen.«

In einem anderen Brief stellt er fest: »Das Problem der Gewalt macht mir nicht viel zu schaffen; blutige gebrauche ich keine; und das andere ist Notwehr gegen Gewalt.« Aus der »Antipolitik«, die sich die Befreiung der Gesellschaft von der Transformation des eigenen Lebens erhofft, ist die Politik eines Staatsmannes geworden – einschließlich der Härte und der Kompromisse, die diese erfordert. Auch Erich hat sich schnell den Sachzwängen der staatlichen Politik angepasst. Noch kurz zuvor hat er über den Staat ausgeführt:

> »Der Staat ist Herr über Leben und Tod. Er darf tun, was kein Mensch tun darf – es sei denn als Werkzeug des Staates. Der Staat hat das Monopol für Vermögenskonfiskation und für Mord. (...) Der Staat lebt von den Armen, damit er für die Reichen leben kann. Der bayerische Dialekt kennt einen Ausdruck, der die Forderung des Staates nach Wort und Inhalt am klarsten zur Geltung bringt: *stat sein!* Wer ein nützliches Mitglied des Staates sein will, der halte die Norddeutsche Allgemeine Zeitung und das Maul. (...) Die wenigsten Leute wissen, wovon sich die oppositionellen Bewegungen in ihrer Stellung zum Staat voneinander unterscheiden. Vielleicht belehrt sie folgendes Gleichnis: Man stelle

sich den Staat als einen Käfig vor, in dem die Vögel an Stangen festgebunden sind. Manche haben den Futternapf direkt vor dem Schnabel, die meisten müssen zusehen, wie die Begünstigten daraus fressen. Die Liberalen wünschen, dass man die armen Tiere losbinde, damit sie sich in dem engen Käfig um die paar Futternäpfe balgen können. Sie nennen das: *laisser faire, laisser aller*. Die Sozialdemokraten wollen alle Vögel auf einer einzigen Stange rings um einen mächtigen Futternapf festbinden und den Käfig entfernen. Die Anarchisten wünschen die Vögel losgebunden und den Käfig beseitigt zu sehen. Daher unsere Gemeingefährlichkeit. Man übersetzt das Wort Staat am richtigsten, indem man die Daumen hinter die Hosenträger klemmt, O-Beine macht und mit fettiger Stimme mauschelt: Zustand!«[182]

Sind die Anarchisten nun selbst zum Teil des Staates geworden? Mit seiner Forderung, in den Geiseln keine einzelnen Personen mehr zu sehen, sondern »Vertreter einer Kaste« weicht Mühsam jedenfalls stark von seiner bisherigen Linie des Individualismus ab. Damit hat er sich eine zentrale staatsmännische Denkweise zu eigen gemacht. Für den Staatsmann gibt es keine Individuen, denn Individuen sind nicht repräsentierbar. Stattdessen gibt es für ihn, genau wie für den Botaniker, nur Typologien: Gruppen, die überzeugt werden müssen, Gruppen, die bekämpft werden müssen und Gruppen, die ignoriert werden können – vor allem aber Gruppen, die verwaltet werden müssen.

7. März 1919

An diesem Tag findet keine reguläre Sitzung des Gesamträtekongresses statt, sodass der Vormittag von den Delegierten der Konstituierung eines Aktionsausschusses und des Zentralrats gewidmet wird. Neben den bereits bestätigten Vollzugsräten der Arbeiter-, Bauern- und Soldatenräte werden unter anderem auch Ernst Toller und Max Levien in den Aktionsausschuss gewählt. Dieser wählt wiederum den Zentralrat. Der linke SPDler Ernst Niekisch wird abermals zum Vorsitzenden gewählt. Außerdem werden je zwei Vertreter der SPD und des Bauernbundes, ein USPD-Delegierter und zwei Soldatenräte in den Zentralrat gewählt.

Noch am gleichen Tag findet auch die Tagung der Münchner USPD statt, bei der nach Eisners Tod unter anderem ein neuer Vorsitzender gewählt wird. In der Wahl tritt für den rechten Parteiflügel Eisners ehemaliger Assistent Felix Fechenbach und für den linken Flügel Ernst Toller an. Mit deutlicher Mehrheit kann Ernst sich durchsetzen. Sofort bemüht er sich, seine Partei auf eine Abkehr vom Nürnberger Kompromiss zu verpflichten. In diesem Sinne wird eine Erklärung verfasst, in der es heißt:

> »Die U.S.P. München verwirft grundsätzlich die bürgerliche Demokratie und den bürgerlichen Parlamentarismus als Ausdruck des politischen Willens und als Kampfmittel des werktätigen Volkes. Sie sieht in den aus der Revolution elementar erwachsenen Räten die Organisationsform, die notwendig ist, die Interessen aller produktiv Schaffenden in politischer und wirtschaftlicher Hinsicht zu vertreten und die kapitalistische Ordnung in eine sozialistische umzugestalten. Als Mittel bedient sie sich der Verwaltung durch das werktätige Volk (Diktatur des gesamten Proletariats) in der sie kein terroristisches, sondern ein schöpferisches Mittel sieht; Voraussetzung ist die Eroberung der politischen Macht durch die Räte.
> Die U.S.P. Münchens wendet sich entschieden gegen die Kompromisspolitik der mehrheitssozialistischen Führer, die jetzt noch glauben, mit bürgerlichen Reformen der Sache des Sozialismus zu dienen. Es kommt nicht darauf an, gewisse Folgeerscheinungen und Symptome zu bekämpfen, sondern einzig darauf, die Ursachen, die im kapitalistischen System liegen, zu beseitigen.
> Die U.S.P. verwirft jedes Bestreben, eine sozialistisch-revolutionäre Front zu bilden, die einen Teil der arbeitenden Bevölkerung ausschließt.
> Die U.S.P. sieht in der Kommunistischen Partei eine Bruderorganisation, mit der sich eine gemeinsame Arbeitsbasis finden lässt.«[183]

Mit dieser Grundsatzerklärung will die Münchner USPD ihren schwankenden Kurs zwischen Parlamentarismus und Rätedemokratie beenden und positioniert sich nun eindeutig auf Seiten der Räte. Darüber hinaus schließt sie den bisherigen Bündnispartner SPD ab jetzt explizit aus und erklärt, sich der KPD zuwenden zu wollen. In den folgenden Tagen wird sich jedoch herausstellen, dass unter der neuen KP-Führung Eugen Levinés diese Annäherung recht einseitig bleiben wird.

8. März 1919

Wieder tagt der bayerische Gesamträtekongress. Nachdem er in der ersten Sitzungsperiode dem Berliner Beispiel der Selbstentmachtung des Reichsrätekongresses widerstanden hat, soll nun über den Nürnberger Kompromiss und damit über die Rückkehr zum Parlamentarismus abgestimmt werden. Nachdem es zu keinen offiziellen Verhandlungen zwischen den Vertretern des Parlamentarismus und dem Rätekongress gekommen ist, wird der Nürnberger Entwurf in seiner ursprünglichen Fassung zu Abstimmung gestellt. Darin soll die Funktion der Räte nicht nur auf eine rein beratende zusammengeschrumpft, diese sollen auch noch nach dem Verhältniswahlrecht neugewählt werden. Damit wäre die Idee der aus den Betrieben direkt gewählten Delegierten ad absurdum geführt und die Räte zu einer Art kleinem Parlament gemacht. Erich Mühsam stellt gleich zu Beginn der Sitzung den Antrag, nicht über den Nürnberger Kompromiss abzustimmen und stattdessen den Gesamträtekongress zur höchsten Regierungsinstanz Bayerns zu erklären. »Stellen Sie sich vor, was uns da zugemutet wird!«, ruft er. »Wir sollen hier beschließen, dass der Landtag zu beschließen habe, dass das was zu beschließen ist, von einem Ministerium zu beschließen sei.«[184] Sein Antrag wird ohne Gegenrede abgelehnt.

Landauer bringt an allen Punkten des »Kompromisses« Änderungsvorschläge ein und versucht, diejenigen USPD-Delegierten umzustimmen, die den Kompromissvorschlag der SPD unterstützen. Dieser Versuch artet in eine regelrechte Standpauke gegen alle Formen von Sozialdemokratie aus:

»Die Sache ist doch die, dass im ganzen Lande und auch hier in diesem Kongress von Tag zu Tag, von Stunde zu Stunde, die Neigung besteht, aus so einer Sorte Mehrheitssozialdemokratie auszutreten und die instinktiven Anmeldungen zur Unabhängigen Sozialdemokratischen Partei wachsen von Stunde zu Stunde, weil die Leute so naiv sind, sich zu sagen, wenn die Mehrheitspartei so etwas macht, gehen wir zur Unabhängigen Sozialdemokratischen Partei. Die Leute wissen aber nicht, dass die USPD es genau gerade so macht. Sie haben nicht den Mut zu sagen: ›*Wir* sind die Partei!‹, Sie haben nicht den Mut, zu sagen: ›Nein, wir sind *gar keine Partei*, wir sind Arbeiter-, Bauern-, und Soldatenräte!‹. Sie stehen nicht in der wirklichen Situation, in der wir sind, Sie stehen noch im Alten drin und haben Angst vor dem Neuen. Schön, wenn es sein muss, haben Sie noch acht Tage, vierzehn Tage Angst. Es werden andere kommen, man wird andere Delegierte senden; denn Sie sind Zufallsdelegierte. Sie vertreten nicht die wahrhaften Arbeiterräte im Lande, weil Sie sich selbst nicht vertreten. Wer von sich selbst abtrünnig wird, wer nicht auf sich selber steht, kann nicht die vertreten, die etwas Bestimmtes wollen.«[185]

In der anschließenden Abstimmung wird der Nürnberger Kompromiss trotzdem fast unverändert angenommen. Die einzige Änderung besteht darin, dass die eingesetzten Kommissionen weiterarbeiten dürfen. Schon diese Änderung bringt die SPD-Fraktion dazu, mit der Aufkündigung ihrer Mitarbeit zu drohen. Max Levien wiederum erklärt, dass die KPD in keiner Weise mit dem neuen Landtag und der neuen Regierung zusammenarbeiten werde.

Auf der Grundlage des Nürnberger Kompromisses wollen die Sozialdemokraten nun das vom Rätekongress gewählte Ministerium doch nicht anerkennen, da dieses nicht den in Nürnberg getroffenen Absprachen zwischen den Parteien entspricht. Sie fordern, den alten Landtag noch einmal einzuberufen, um den neuen ordnungsgemäß zu legitimieren. Landauer stellt dagegen sofort einen Dringlichkeitsantrag, in dem er fordert, die aktuelle auf dem Rätekongress basierende Regierung beizubehalten. Ein Redner der SPD insistiert, dass München nicht mit ganz Bayern verwechselt werden dürfe. Der Landtag müsse das gesamte Land repräsentieren, das zum großen Teil keine revolutionäre Regierung wolle. Wenn kein Kompromiss gefunden werde, drohe ein Bürgerkrieg. Die Delegierten wissen genau, dass sie diese Worte als Drohung zu verstehen haben. »Der Kompromissantrag, der hier angenommen worden ist«, antwortet Lida Gustava Heymann auf die SPD-Wortmeldung, »ist von vielen aufrechten Frauen als ein Schlag ins Gesicht empfunden worden. Wir Frauen, die wir neu in das politische Leben hinaustreten, wollen keine Kompromisse mehr. Wir werden aber auch von Bayern aus ein Beispiel geben, dass es eine Revolution gibt, die nicht im Bürgerkriege zu ertränken ist, sondern dass es eine Revolution des Geistes gibt, der weit über allen Dingen steht und nicht nur im Namen der revolutionären Frauen erkläre ich dies, dass wir den Bürgerkrieg nicht wollen, ich erkläre es im Namen aller Frauen Bayerns, die noch Frauen geblieben sind. Wir erklären es im Namen der Männer, welche im Parlament nicht mitzureden haben.«[186]

Als letzter Redner erhält Ernst Toller das Wort. Er erklärt, dass sich die Mitgliederversammlung der Münchner USPD in überwältigender Mehrheit gegen den Einigungsvorschlag ausgesprochen habe und eine Beteiligung am Landtag ablehne. An die anderen USPD-Delegierten, von denen

An die Bevölkerung Augsburgs und Münchens!

Eine kleine Minderheit hat München und Augsburg von dem übrigen Land abgeschnitten und die Regierung an sich gerissen.

Männer und Frauen Münchens und Augsburgs!

Sämtliche Provinzstädte Bayerns, das ganze flache Land — die Arbeiter- und Bauernschaft — vereinigt sich gegen die Räterepublik und erklärte sich für das Ministerium Hoffmann und für den Landtag.

Wehrt Euch gegen die Vergewaltiger!

Wehrt Euch gegen die spartakistischen Banditen!

Die Bauernschaft schließt München und Augsburg so lange von der Lebensmittelzufuhr ab, bis die Ausrufung der Räterepublik in Augsburg und München wieder zurückgenommen ist.

Sämtliche Deutsche Bundesstaaten weigern sich, die Münchener Räteregierung anzuerkennen und werden mit aller Gewalt gegen sie vorgehen.

Nürnberg, Bamberg, Würzburg, Ansbach, Nördlingen, Regensburg, den 8. April 1919.

Plakat gegen die Räterepublik (StaBi München)

einige für den Kompromiss gestimmt haben, sagt er: »Geht einmal zu eurem Volke und verantwortet, was ihr hier geleistet habt. Ihr werdet die Antwort bekommen!«[187] Dann beendet er seine Rede mit einem Appell des Widerstandes: »An euch alle, revolutionäre Sozialisten, richte ich die Mahnung: Tretet in Opposition! Haltet euch in Bereitschaft und wartet den Augenblick ab, wo wir zur dritten endgültigen Revolution des Sozialismus der Gesinnung, die Sie noch nicht besitzen, schreiten können.«

Ungeachtet dieses Aufrufs wird im Anschluss sofort zur Wahl eines neuen Ministeriums geschritten, dem der SPD-Politiker Hoffmann – entsprechend der zuvor in Nürnberg ausgehandelten Vereinbarung – als Ministerpräsident vorsitzt.

10. März 1919

Während der Tage des Gesamträtekongresses sind in München zwei Personen eingetroffen, die für den Fortgang der Rätebewegung in Bayern eine wichtige Rolle spielen werden: Die russischen Immigranten Rosa und Eugen Leviné. Sie sind von der KPD-Zentrale in Berlin nach München beordert worden, um dort die Redaktion der bayerischen Ausgabe der Zeitschrift *Rote Fahne* zu übernehmen und den Gang der Revolution im Sinne der KPD zu beeinflussen. Sie sind erfahrene kommunistische Kader. Eugen hat bereits als Student in der ersten gescheiterten russischen Revolution gekämpft. 1905 ist er verhaftet und in der berüchtigten Schlüsselburg eingekerkert und gefoltert worden. Anschließend wurde er nach Sibirien verbannt, wo er in einem Bleibergwerk Zwangsarbeit leisten musste. Von dort ist er über Asien nach Europa geflüchtet. In Heidelberg hat er Nationalökonomie bei Max Weber studiert und es bis zum Doktor gebracht. Während des Studiums lernte er Rosa kennen, die sich bald in den düsteren Revolutionär verliebte. Als sich 1918 die Revolution in Deutschland ausbreitete, sind die beiden sofort nach Berlin gereist, um sich der Spartakusgruppe anzuschließen. Von dort wurde er vom Zentralkomitee des Spartakusbundes ins Rheinland geschickt. Nach der Gründung der KPD ging Leviné im Auftrag der Partei nach Braunschweig und Oberschlesien. Im März 1919 scheint München einer der am heftigsten brennenden Herde der Revolution zu sein.

Da in Berlin alle revolutionären Aufstände mit brutalen militärischen Mitteln unterdrückt werden, haben die beiden dort im Untergrund leben müssen. Sie sind ständig von Hotel zu Hotel, Versteck zu Versteck gewechselt. Kaum in München angekommen, beginnt Eugen die Politik der Münchner Kommunistischen Partei, der bisher Levien vorstand, umzukrempeln. »Meine Freunde hier sind die reinsten Kinder«, urteilt er in einem Brief an Rosa. Diese Kritik bezieht sich vor allem auf die von ihm so verstandene Naivität der Kommunisten, eine Räterepublik zu unterstützen, in der sie nicht den Ton angeben. So beginnt er systematisch gegen die aktuelle Praxis der Räte zu agitieren – mit Erfolg. »Der hagere Mann«, bemerkt Ernst über Eugen Leviné, »aus dessen eingefallenem Gesicht die gebogene fleischige Nase groß vorspringt, ist kein Redner, der sofort das Gehör der Massen hat, jedes Mal muss er es erst erkämpfen, mit sparsamen Gesten und eindringlicher Dialektik erzwingen. In wenigen Wochen reorganisiert er die Partei und bestimmt entscheidend ihre politische Haltung.« Noch treffender drückt es Rosa später in ihren Memoiren aus: »Mit dem ihm eigenen Takt begann er vorsichtig, aber eindringlich den Genossen sein besseres Wissen einzuhämmern.«[188]

Auch für Hilde Kramer hat die neue Führung ihrer Partei einschneidende Konsequenzen. Nachdem sie zuvor eine wichtige Stellung in der Partei eingenommen hatte, scheint Eugen Leviné sie nicht ernst zu nehmen. Er rügt sogar seine Parteigenossen dafür, dass sie es zugelassen haben, sie, »ein Schulmädchen«, ein Flugblatt unterzeichnen zu lassen. »Ich fand das sehr ungerecht«, schreibt Hilde, »denn ich hatte mich nicht gedrängt es zu tun, obwohl ich mich natürlich geehrt fühlte, als man mich aufforderte. Dies war geschehen aus genau demselben Grunde, aus dem man mich nach Berlin schickte. Wir waren alle Neulinge in der Bewegung, niemand wusste genau, wem man vertrauen könnte, aber ich gehörte zu den wenigen denen man unbedingt Vertrauen schenkte. Ich war jung und unwissend, aber es war ganz klar, dass ich bereit war, wenn nötig für unsere Sache mein Leben zu geben.«[189]

18. März 1919

Heute Abend sollen die neuen Minister in fünf verschiedenen öffentlichen Versammlungen vorgestellt werden. In den Tagen nach der Wahl der neuen Regierung wurde die Ministerliste noch einmal angepasst und alle Linken sind aus der Regierung entfernt worden. Der letzte USPD-Repräsentant, Edgar Jaffé, der bereits unter Eisner Finanzminister gewesen ist und den der Rätekongress als einzigen Minister ohne Gegenstimme bestätigt hat, ist ausgetauscht worden, weil er Hoffmann zu links und außerdem Jude ist. Militärminister Scheid, der aufgrund der Ablehnung Schneppenhorsts durch den Rätekongress zum Zuge gekommen ist, wird ebenfalls abgesetzt, weil er trotz seiner Unterzeichnung der konterrevolutionären Flugblätter scheinbar immer noch nicht gemäßigt genug ist. Die Zuständigkeit für das Militär erhält pikanterweise doch noch der zuvor abgelehnte Schneppenhorst.

Erich Mühsam, der einige dieser öffentlichen Ministervorstellungen besucht, erinnert sich später: »Den Rednern wurde überall übel zugesetzt, der neuen Regierung die allerschärfste Opposition angekündigt, die Werbeinserate der Reaktion zur Bildung von weißen Garden wurden ihr vorgehalten, und aus allen Reden und Rufen der Proletarier klang immer wieder die eine Forderung heraus: Räterepublik!«

Die Münchner Arbeiterschaft sieht nun die reale Gefahr heraufziehen, dass die neue Regierung ähnlich brutal mit den Linken umgehen wird wie zuvor Noske in Berlin. Und tatsächlich haben bereits mehrere alte Militärs damit begonnen, insbesondere unter Studenten für konterrevolutionäre Militärverbände, die sogenannten Freikorps, zu werben. Auf den Versammlungen verlangen Arbeiterinnen und Arbeiter immer wieder ein Verbot des sogenannten Grenzschutz Ost, einem der größten und offen rechtsextremen Freikorpsverbände. Der Kommandant des Verbandes ist Oberst Franz Xafer von Epp, der bereits als Kolonialsoldat in China an der Niederschlagung des Boxeraufstandes und in Deutsch-Südwestafrika am Genozid an den Nama und Herero teilgenommen hat. Nun zieht er auf dem Truppenübungsplatz Ohrdruf in Thüringen mit der Unterstützung des Militärministers der Reichsregierung Noske immer mehr reaktionäre Milizionäre zusammen. Von Epp hat bereits Kontakte zum Vorsitzenden des rechtslastigen Allgemeinen Studierendenausschusses (AStA) der Universität Würzburg geknüpft, sodass bald die ersten rechten Verbindungsstudenten nach Ohrdruf abreisen. In der Universität Erlangen beschließt eine Vollversammlung der Studierenden mit 900 gegen 100 Stimmen, sich dem Freikorps Epp anzuschließen. Das Rektorat unterstützt diesen Beschluss durch die Unterbrechung des Semesters. Durch den Protest der Linken sieht Hoffmann sich jedoch gezwungen, die Schließung der Universität wieder rückgängig zu machen. Die Proteste auf den öffentlichen Vorstellungsveranstaltungen sind so heftig, dass mehrere der Minister ihre Reden abbrechen müssen. Bei der Versammlung, auf der SPD-Ministerpräsident Hoffmann selbst spricht, gelingt es Linksradikalen sogar, die Rednertribüne zu stürmen und für kurze Zeit zu besetzen.

Nachdem der Landtag verabredungsgemäß nach seiner ersten Sitzung, in der die neuen Minister ernannt worden sind, wieder vertagt worden ist, liegen die Regierungsgeschäfte nun allein bei den einzelnen Ministerien. Tatsächlich wird aber ein Großteil der täglichen Regierungsarbeit nach wie vor von den durch den Rätekongress eingesetzten Kommissaren geleistet. Diese sind schon seit Eisners Ermordung am Werk und leisten nach Erichs Einschätzung »teilweise sehr Tüchtiges«. Insbesondere der Wohnungskommissar Anton Wadler machte sich bei der ärmeren Bevölkerung sehr beliebt, weil er sämtliche leerstehenden Grundstücke beschlagnahmen lässt, um darauf Sozialwohnungen zu errichten. Außerdem lässt er alle großen Wohnungen und Häuser registrieren und auf dieser Grundlage Arbeiterfamilien bei Wohlhabenden zur günstigen oder kostenfreien Mieten einziehen lassen – eine Maßnahme, der auch Hilde ihr Zimmer verdankt.

Im Münchner Arbeiterrat wird der österreichische Ökonom Otto Neurath vorstellig. Er will sich dadurch in den Dienst der Revolutionäre stellen, indem er einen konkreten Plan zur Vergesellschaftung der Produktion in Bayern ausarbeitet. Das Ziel dieses Planes ist die Überwindung der materiellen Not der Nachkriegszeit. Dazu soll die gesamte Produktion auf Unterkunft, Verpflegung, Bekleidung und Bildung für alle ausgerichtet werden. Jegliche Art von Luxusgüterindustrie sowie Spekulationsgeschäfte will Neurath dagegen unterbinden. Durch die so erzielten Einsparungen glaubt er den Energie- und Arbeitsbedarf für den Ausbau einer Güterproduktion decken zu können, die die Grundversorgung der Bevölkerung sicherstellen kann. Die entsprechenden Großbetriebe sollen, genau wie der Grundbesitz ohne Entschädigung enteignet und von den Arbeitern selbst verwaltet werden. Die für viele eigentlich zentrale Frage, Rätedemokratie oder Parlamentarismus, ist ihm hingegen völlig egal. Neurath behauptet, seine Forderungen ließen sich mit jeder Regierung durchführen, die ihn ungestört arbeiten lasse, ob es eine absolutistisch-monarchistische sei oder eine Räterepublik, sei ihm gleichgültig. Da in diesem Moment die Sozialdemokratie die Oberhand zu haben scheint, lässt er sich in die SPD aufnehmen und bewirbt sich um den Posten des Sozialisierungskommissars. Ministerpräsident Hoffman spricht sich vehement gegen Neurath aus, da aber alle anderen Minister für ihn eintreten wird er tatsächlich zum Sozialisierungskommissar mit außerordentlichen Vollmachten ernannt.

21. März 1919

In Ungarn wird eine Räterepublik mit dem Kommunisten Béla Kun an der Spitze ausgerufen. Damit ist Ungarn nach der Oktoberrevolution 1917 in Russland das weltweit zweite kommunistisch regierte Land. Kun erklärt, dass Banken, Großindustrie, Mietshäuser und Betriebe mit mehr als zwanzig Angestellten und Grundbesitz über 100 Joch* enteignet und in Produktionsgenossenschaften überführt werden sollen. Kun selbst ist von den Bolschewiki nach Ungarn entsandt worden, um dort die Revolution voranzutreiben, was ihm nun gelungen ist. Ähnlich wie in der Sowjetunion entwickelt sich die ursprüngliche Rätedemokratie jedoch schnell zu einer Diktatur der Kommunistischen Partei. Davon ahnt die Rätebewegung in Bayern jedoch nichts und die Ausrufung der ungarischen Räterepublik wird mit Euphorie begrüßt. Hilde Kramer schickt für die KPD-Ortsgruppe ein Telegramm an Bela Kún.

> »Die Nachricht über die Besitzergreifung der gesamten Macht durch die ungarischen revolutionären Arbeiter, Bauern und Soldaten löste unter den kommunistischen Proletariern und Soldaten Münchens unbeschreibliche Freude aus. Wir beglückwünschen Euch von ganzem Herzen zu Eurem gewaltigen Sieg und sind gewiss, dass ihr im Verein mit der heldenhaften russischen Roten Armee nicht bloß über Eure Feinde im Innern, sondern auch über die irregeleiteten Ententetruppen triumphieren werdet! Deutschland kommt bald nach! Die Weltrevolution marschiert!«[190]

Nicht nur die KPD träumt nun von einer sozialistischen Achse Bayern – Österreich – Ungarn – Russland. Erich Mühsam erinnert sich: »Am 21. März schlug die Nachricht von der Ausrufung der Räterepublik in Ungarn wie eine Bombe ein. Die Begeisterung des Proletariats war überschwänglich. Der Name Béla Kun wurde neben denen Lenins und Trotzkis zum Kampfruf für die Massen. Die Versammlungsredner fanden mit dem Appell zur Nacheiferung des ungarischen Beispiels jubelnde Zustimmung. Vor der Bourgeoisie tauchte erst jetzt das Gespenst der Räterepublik als unmittelbare leibhaftige Drohung auf.«[191]

Wieder finden fast täglich Massenversammlungen statt, auf denen die Aussicht auf eine neue bayerische Revolution erörtert wird. Die SPD-Regierung bekommt es mit der Angst zu tun und hofft, dass sie mit Neuraths

* etwa 43 Hektar = 430.000 Quadatmeter

Soldaten und Arbeiter!
Frauen und Mädchen!

Die Revolution beschäftigt uns mit der wichtigen Frage der Kommunisierung. [Alles für Alle.] Nicht minder wichtig ist die Einschränkung der Geburten. Auf Jahre hinaus droht uns Entbehrung und Sklaverei. Keinem Bauern fällt es ein, mehr Rindvieh zu züchten, als er füttern kann.

Herr Auer aber verlangte eine Steigerung der Geburtenzahl. Diese bedingt eine neue Lohnsklaverei.

Wir verlangen:

Die Geburteneinschränkung

als wirksamste Waffe im Kampfe gegen das soziale Elend.

Hierüber spricht **Jos. Sontheimer**

Freitag, 21. März 1919, abends 7 Uhr
im Mathäserbräusaal, 1. Stock.

Eintritt 30 Pf. Soldaten 20 Pf. Redefreiheit.
Soweit Vorrat reicht, erhält jeder Besucher ein Flugblatt gratis.

MAX VOLK, FRAUENSTR. 20.

[illegible]: Infanterist Wildum.

Poster für einen Vortrag Josef Sontheimers zur Geburtenkontrolle (F.Mon. 2696)

Sozialisierungsplänen eine Revolution wie diejenige in Ungarn verhindern könne. So wird Neuraths Position schnell gestärkt, wodurch es ihm gelingt, das Ministerium zu überreden, eine Proklamation zu erlassen, in der die »Vollsozialisierung« angekündigt wird.

Der preußische Gesandte in München verfasst einen Kurzbericht über die Stimmung in Bayern, den er an das Reichsinnenministerium telegraphiert. Darin heißt es:

> »Hier sind durch Budapester Ereignisse radikale Tendenzen stark gewachsen. Durch Weimarer Unitarisierungsbestrebungen ganz allgemein erregt, verfällt Bevölkerung immer mehr spartakistischen Gedanken. Der Ausbruch einer dritten Revolution, die deutliche Spitze gegen das Reich voraussichtlich haben wird, ist in bedrohliche Nähe gerückt. Regierung, die äußersten Ernst der Lage voll einsieht, ist machtlos wegen gänzlichen Fehlens zuverlässiger Truppen und ständigen Nachlinksgleitens der Massen.«[192]

Insgesamt gelingt es der neuen Regierung also keineswegs, die Räte wie geplant zu entmachten. Der Zentralrat, ebenso wie die lokalen Räte in der Provinz, arbeiten einfach weiter. Viele der Räte radikalisieren sich sogar noch. Während so zum Beispiel der Revolutionäre Arbeiterrat im Münchner Vorort Pasing noch Anfang März zu zwei Dritteln aus SPD-Mitgliedern bestand, sind nun die meisten von ihnen zur USPD übergetreten. Nach der Auflösung des in Pasing stationierten 1. Reserve-Infanterieregiment übernimmt der RAR sogar deren Waffen. Auf der anderen Seite stößt die einsetzende Radikalisierung jedoch auf eine zunehmende Hetze gegen »Spartakisten«. So werden in den bürgerlichen Zeitungen allerhand Schauergeschichten verbreitet, die insbesondere in der bäuerlichen Landbevölkerung ihre Wirkung entfalten. Deshalb gerät bereits langsam die Lebensmittelversorgung der Landeshauptstadt ins Stocken.

22. März 1919

Nachdem Erich Mühsam, obwohl ohne Parteizugehörigkeit, bisher einer der wichtigsten Redner der Münchner KPD gewesen ist, wird er nun plötzlich nicht mehr angefragt. Ihm wird erklärt, dass seine Dienste nicht mehr benötigt würden, da die Berliner Parteizentrale besondere Organisatoren nach München entsandt habe und die Partei deshalb nun selbst über genügend Referenten verfüge. Unter Levinés neuer Führung hat sich die Münchner KP stark gewandelt. So distanziert sich nicht nur Max Levien, sondern auch Hilde immer mehr von Erich: »Eugen Leviné war ein strenger russischer Kommunist«, bestätigt Hilde, »und hatte wenig Verständnis für die Münchner Art, von Dichtern und Künstlern eine weniger strenge politische Linie zu verlangen als von gewöhnlichen Sterblichen.«[193]

Hilde verbringt die meiste Zeit im Büro Egelhofers, teilweise schläft sie sogar dort. Ein Vorteil daran ist, dass dort, im Gegensatz zu Privatwohnungen, durchgehend geheizt wird. Denn seit Mitte März ist eine Kältewelle über München hereingebrochen und nun setzen noch dazu starke Schneefälle ein, die die Stadt mit einer geschlossenen Schneedecke von 50 Zentimetern überziehen. Lebensmittel und Brennstoff werden immer knapper. Die wöchentlichen Fleischrationen werden von 300 auf 250 Gramm herabgesetzt, auch die Brennstoffrationen werden drastisch gesenkt.

Mittlerweile hat sich einer von Hildes Kollegen beim Soldatenrat ernsthaft in sie verliebt. Der Name des Verehrers lautet Karl Petermeier. Wie Hilde ist dieser zunächst Stenograph beim Landessoldatenrat gewesen, später aber zum Kurier und Telefonisten des Militärkommissars aufgestiegen. Hilde erinnert sich, dass Petermeier sie »heftig liebte und durch keine Argumente fernzuhalten war«. Auch Hilde findet ihn charmant und beginnt eine offene Beziehung mit ihm. An eine ehemalige Schullehrerin, die über Hildes Lebensführung besorgt ist, schreibt sie: »Sie fragen mich nach meinem Verlobten und weisen dabei gleich auf die Ehe hin. Ich denke ja gar nicht daran zu heiraten! Um mir mein persönliches Leben zu gestalten, brauche ich keinen Stempel vom Standesamt. Mein Verlobter – ich könnte ihn besser meinen Freund nennen – ist ein Student, den ich im November im Soldatenrat, wo ich gearbeitet habe, kennengelernt habe. Heiraten werden wir aus Prinzip nicht. Wenn wir uns einmal nicht mehr verstehen sollten, wollen wir uns ohne Bitterkeit und ohne dass eine Behörde sich einmischt, trennen können. Hier in Bayern ist ja die Anschauung über derlei Dinge überhaupt viel freier, da ist freie Liebe etwas Allgemeines.«[194]

23. März 1919

Im Revolutionären Arbeiterrat ergreift Otto Neurath mit einem kuriosen Vorschlag das Wort, für den er, so verkündet er, bereits die Zustimmung der Regierung Hoffmann habe: Die Regierung werde den Revolutionären ein großes, fruchtbares Gebiet mit allem nötigen Werkzeug und einem

Kapital von vorläufig einer Million Mark zur völlig freien Bewirtschaftung nach eigenen Grundsätzen zur Verfügung stellen. Dieses Stück Land könne einige Tausend Personen bequem ernähren. So könnten diejenigen, die sich dort ansiedeln wollen, die Realisierbarkeit der kommunistischen Ideen experimentell beweisen. Neurath verspricht jedes Entgegenkommen in der Auswahl des Gebiets, in der Freigiebigkeit des Staates sowie bei sonstigen Einzelheiten. Die Versammlung ist überrumpelt und zunächst ratlos, wie sie auf dieses Angebot der sonst so feindselig gestimmten Regierung reagieren solle. Landauer ist als einer der wenigen Anwesenden begeistert von dem Vorschlag, da er glaubt, dass dort entsprechend seines Siedlungskonzepts eine revolutionäre Keimzelle mit Strahlkraft für das gesamte Land entstehen könne. Auch Erich plädiert dafür, das Angebot anzunehmen, schon um nicht in den Verdacht zu geraten, dass man sich selbst vor kommunistischen Experimenten fürchte. Keinesfalls dürfe die Regierung aber den Eindruck gewinnen, dass sie mit der Verpflanzung einiger Tausend Kommunisten aufs Land die gesamte kommunistische Opposition Bayerns loswerden könne – weshalb konkrete Forderungen an die Regierung gestellt werden müssten. Neurath möge seiner Regierung mitteilen, dass sein Angebot erst dann diskutabel werde, wenn das Gebiet als politisch absolut autonom anerkannt werde, dass seine Anwohner demnach nicht der bayerischen Gesetzgebung unterworfen seien, dass es eigene diplomatische Vertreter in Russland und Ungarn haben könnte, dass seine Bevölkerung Waffen führen müsse, um sich gegen Angriffe verteidigen zu können – und dass bei alledem die freie Agitation im übrigen Bayern keineswegs beendet werde. Diese Forderungen finden die lebhafte Zustimmung der Versammlung, nicht jedoch der Regierung, sodass niemand mehr je etwas von dem Projekt hört.

26, März 1919

Um Eisners Vermächtnis der geistigen Umbildung Bayerns fortzuführen, wird der renommierte Soziologe Max Weber auf den Lehrstuhl für Nationalökonomie an der Münchner Universität berufen. Nachdem er zuvor Angebote der Universitäten Göttingen und Berlin sowie einen speziell auf seine Forschungsinteressen ausgerichteten Lehrstuhl in Bonn abgelehnt hat, kommt er diesem Ruf sofort nach. Allerdings machen die reaktionären studentischen Verbindungen und Burschenschaften, aus deren Reihen auch der Eisner-Mörder Graf Arco kam, dem neuen Professor schwer zu schaffen. Sie reagieren auf Webers antinationalistische Äußerungen immer wieder mit Störungen seiner Vorlesungen, sodass er diese mehrmals vorzeitig abbrechen muss.

3. April 1919

Hilde begleitet ihre Kollegen vom Soldatenrat zu einer Versammlung der KPD im Löwenbräukeller, die den Titel »Der Soldat in der Revolution« trägt. Es kommen ungefähr 4.000 Soldaten der Stadtgarnison und die Stimmung ist wahrhaft revolutionär. Zur gleichen Zeit findet auch in Augsburg eine Versammlung der Arbeiter- und Soldatenräte zum Thema »Die zweite Revolution« statt. Referent ist Ernst Niekisch, der dort auftritt, bevor er sich nach Berlin begeben will, wo in wenigen Tagen die zweite Tagung des Reichskongresses der Arbeiter-, Bauern- und Soldatenräte stattfinden soll. Der große Saal des Ludwigsbaus, in dem die Veranstaltung stattfindet, ist bis auf den letzten Platz besetzt, mehrere Hundert drängen sich vor den Türen. Obwohl er SPD-Politiker ist, erklärt Niekisch vor der Versammlung abermals seine Unterstützung für die Räte: »Die Parlamente können nicht den Widerstand kapitalistischer Kreise durch Gesetze brechen. Diesen Aufgaben sind sie nicht gewachsen; das können nur die Räte, die wahren Vertreter des arbeitenden Volkes.«[195] Gleichzeitig erklärt er aber in marxistisch-abwartender Manier, dass er den Zeitpunkt für eine Räterepublik noch nicht für gekommen hält.

Nach Niekischs Vortrag entbrennt eine lebhafte Diskussion im Ludwigsbau. Mehrere der Versammelten fordern, dass in München sofort die Räterepublik für ganz Bayern ausgerufen werden müsse. Der Versammlungsleiter von der SPD und Niekisch selbst sind über diese Forderung keineswegs glücklich und versuchen, die Anwesenden damit zu beruhigen, dass der Zentralrat in München bereits ausreichend Einfluss habe. Die Zuhörer lassen sich dadurch aber durchaus nicht beruhigen und die Forderung nach der Ausrufung der Räterepublik findet eine überwältigende Mehrheit. Die Arbeiter kündigen an, so lange in den Generalstreik zu treten, bis ihnen die tatsächliche Proklamation vorliege. Ausgerechnet der Skeptiker Ernst Niekisch soll diese Forderung der Regierung Hoffmann überbringen.

Als die Soldaten im Münchener Löwenbräukeller vom Verlauf der Augsburger Versammlung hören, stellen sie sich sofort hinter die dortigen Räte. Hilde ist überwältigt, als auch im Löwenbräukeller einstimmig die Forderung nach der Räterepublik auf kommunistischer Grundlage beschlossen wird.

4. April 1919

Noch in der Nacht sind in Augsburg die frischgedruckten Plakate für den Generalstreik geklebt worden. Als die Arbeiterinnen und Arbeiter in den Betrieben eintreffen, werden sie von den Betriebsdelegierten über den ausgerufenen Generalstreik unterrichtet und strömen zum Ludwigsbau. Dort treffen nach und nach über 10.000 Personen ein. Den ganzen Tag über bleiben die meisten Geschäfte geschlossen, die Straßenbahn fährt nicht und bis auf die sozialdemokratische *Schwäbische Volkszeitung* erscheint keine der lokalen Zeitungen.

Ministerpräsident Hoffmann empfängt derweil die Münchner und Augsburger Arbeiter-Delegationen, die ihm ihre Forderung nach Ausrufung der Räterepublik vortragen. Er erwidert, dass ihr Verlangen »wohlwollend geprüft« werde.[196] In der Sitzung der Regierungsminister ist jedoch keine Rede davon, der Forderung der Arbeiterdelegationen in irgendeiner Weise nachzukommen. Stattdessen sieht sich die Regierung unter Zugzwang und verkündet die Einberufung des Landtags für den 8. April. Direkt danach fährt Johannes Hoffmann nach Berlin zu einer Besprechung mit Reichswehrminister Noske. Dem klagt er sein Leid über die revolutionären Zustände in Bayern und fragt ihn um militärische Unterstützung für den Fall der Ausrufung einer Räterepublik an. Diese Hilfe sichert Noske seinem Parteigenossen zu. Außerdem rät er Hoffmann, den Landtag nach Nordbayern zu verlegen, da dessen Bevölkerung politisch weniger links stehe und es leichter von Preußen aus verteidigt werden könne. »Bis Truppen in ausreichender Stärke zusammengebracht seien«, erklärt er, »könne München wohl oder übel etwas in Angst schmoren.«[197] Noch am selben Tag fahren zwei Kuriere nach Bayern, um die preußische Gesandtschaft in München bei der Vorbereitung einer militärischen Auseinandersetzung finanziell zu unterstützen.

Als der Zentralrat zu seiner Morgensitzung zusammentritt, herrscht dort helle Empörung über die Nachricht zur Einberufung des Landtags. Die Aktion wird als klarer Bruch der Vereinbarungen vom 8. März aufgefasst, wonach der Landtag frühestens Ende Mai einberufen werden sollte.

Eine Delegation aus drei Mitgliedern des Zentralrats wird zum Ministerrat entsandt und spricht dort Klartext: Wenn der Beschluss nicht rückgängig gemacht werde, müsse der Zentralrat zum Generalstreik aufrufen und das Zusammentreten des Landtags mit Waffengewalt verhindern. Tatsächlich erklären sich alle Minister – bis auf den nach Berlin abgereisten Johannes Hoffmann – gegen die Landtagseinberufung am 8. April. Auch die von den streikenden Arbeiterinnen und Arbeitern in Augsburg geforderte Ausrufung der Räterepublik wird wiederholt diskutiert. Der Ministerrat reagiert jedoch mit einer Hinhaltetaktik und gibt weiterhin keine Stellungnahme zu dieser Frage ab.

Am Nachmittag eilt Erich Mühsam zum Wittelsbacher Palais, wo um sechs Uhr eine Sitzung des Revolutionären Arbeiterrats stattfinden soll. Am Eingang kommen ihm Gustav Landauer, Ernst Niekisch, einige USPD-Vertreter und die Augsburger Delegation entgegen. Die Männer fordern ihn auf, umzukehren und mit ihnen zum Außenministerium zu gehen, da die Räterepublik ausgerufen werden solle. Erich hält das zuerst für einen Witz, schnell wird ihm aber klar, dass es durchaus ernst gemeint ist: Auf dem Weg erklärt ihm Niekisch, dass die Augsburger Arbeiterschaft angekündigt hat, so lange im Generalstreik zu verharren, bis in München die Räterepublik für ganz Bayern ausgerufen und der Landtag für abgesetzt erklärt worden ist. Ihn habe man als Vorsitzenden des Arbeiterrates auserkoren, diese Forderung zu überbringen. Außerdem, so fügt ein anderer hinzu, rüste sich die Konterrevolution zum Schlag gegen München. Die Regierung plane, das geschlossene Abkommen zu brechen und für den 8. April den Landtag einzuberufen. Damit wolle man vor allem den Sozialisierungsplänen der Revolutionäre zuvorkommen. Man habe daher keine andere Wahl, als selbst den ersten Schritt zu gehen und die Räterepublik zu proklamieren.

Diese Wendung kommt für Erich zwar sehr überraschend, völlig abwegig scheint sie ihm jedoch auch nicht. So sind ja bereits im Januar in Bremen und Cuxhaven Räterepubliken ausgerufen worden. Auch in Mannheim hatte Erich selbst miterlebt, wie schnell eine solche Entscheidung gefällt werden kann: Er hat dort im Februar einen Vortrag mit dem Titel »Am Vorabend der Weltrevolution« gehalten. Dabei haben seine Worte dermaßen beflügelnd auf das Publikum gewirkt, dass es direkt im Anschluss die Gefängnisse gestürmt und die Räterepublik proklamiert hat. Die Sache ist aber, vor allem aufgrund mangelnder Vorbereitung, von vorneherein zum Scheitern verurteilt gewesen. Das weiß Erich, aber trotzdem lässt er sich von der Euphorie des revolutionären Augenblicks mitreißen: »Der Moment ist gegeben, wie er kaum wiederkehren wird: Generalstreik in Augsburg mit der strikten Forderung des Proletariats, zugleich Bruch des Übereinkommens mit dem Rätekongress durch die Bourgeoisie. Das Proletariat unter dem frischen Eindruck der ungarischen Vorgänge. In Braunschweig und Thüringen Unruhen mit der ausgesprochenen Tendenz zur bolschewistischen Rätediktatur. Benutzen wir die Situation, dachte ich mir, so ist Österreich zwischen den beiden Räterepubliken Ungarn und Bayern eingeklemmt. Das wird den Einfluss der Bauer und Adler brechen, und die Brücke wird hergestellt sein; wenn zugleich in Braunschweig und Mitteldeutschland Inseln entstehen, so wird unser Vorgehen auch das Signal zur allgemeinen deutschen Revolution geben, und die Herrschaft Ebert-Scheidemann-Noske muss zersplittern. Ich sah also in der Etablierung der Räterepublik in Bayern ein eminent bedeutungsvolles Ereignis für die Weltrevolution.« Später, als die Euphorie der Stunde verflogen ist, sieht er die Sache jedoch ganz anders und erklärt: »Wir alle wussten, mit welcher Leidenschaftlichkeit das Münchener Proletariat Tag für Tag nach der Räterepublik rief, und so übersahen wir die Gefahr, die eine so willkürliche Form der Ausrufung, wie sie jetzt geplant war, in sich schloss.«[198]

Im Außenministerium wird die Gruppe von Innenminister Segitz, Sozialminister Unterleitner und Kriegsminister Schneppenhorst, sowie Vertretern des Bauernbundes, der USPD und der Gewerkschaften empfangen. Auch der Stadtkommandant Dürr und der Polizeipräsident Staimer sind anwesend. Delegierte der KPD sieht Mühsam jedoch keine. Niekisch erklärt, die Partei sei verständigt und Max Levien werde als ihr Vertreter jeden Moment erwartet. Als er jedoch nicht erscheint, wird die Sitzung ohne die Kommunisten eröffnet. Stadtkommandant Dürr erklärt, dass die Ausrufung der Räterepublik die notwendige Maßnahme zur Abwehr konterrevolutionärer Angriffe sei und dass er sich für die Mitwirkung der Truppen verbürge. Auch die Kasernenräte der Münchner Garnison beschließen, im Falle eines Generalstreiks in München nicht eingreifen zu wollen. Sollte der Landtag tatsächlich zusammentreten, würden sie diesem hingegen den Schutz verweigern. Nach diesen Erklärungen sind die Anwesenden überzeugt, dass ihrer Sache militärisch nichts im Weg steht und beginnen mit der Planung der Ausrufung.

Nach einer lebhaften Diskussion werden Landauer und Mühsam damit beauftragt, einen Text für die Proklamation der Räterepublik am folgenden Tag auszuarbeiten. Diese Proklamation soll auch schon die Namen der zukünftigen Volksbeauftragten – so wollen die Revolutionäre die vorher als Minister betitelten Verantwortlichen nennen – enthalten. Landauer besteht darauf, dass das Provisorische aller Ämter und Maßnahmen deutlich kenntlich gemacht werden müsse, also nur die Rede von einem »provisorischen Zentralrat« und einem »provisorischen Rat der Volksbeauftragten« sein dürfe, da die endgültigen Wahlen den Räten vorbehalten bleiben müssten.

Es wird beschlossen, dass die Posten paritätisch zwischen den mitwirkenden Organisationen aufgeteilt werden sollen. Niekisch solle vorerst Vorsitzender des Zentralrates bleiben. Als Volksbeauftragter für Äußeres wird der nicht anwesende, nur durch seine literarischen Werke bekannte Schriftsteller Mühlon vorgeschlagen. Für die SPD wird als Volkskommissar des Inneren Martin Segitz aufgestellt, Simon von der USPD für Handel und Unterleitner für soziale Fürsorge. Damit sollen die Männer allesamt auf dieselben Ressorts berufen werden, die sie bereits als Minister innehaben. Erich gibt zu bedenken, dass so der Eindruck erweckt werde, dass die Ausrufung der Räterepublik sich in einer Änderung der Ämterbezeichnungen erschöpfe. »Ich hielt es für notwendig«, berichtet Erich später, »den anwesenden Sozialpatrioten und lahmen Unabhängigen mit aller Deutlichkeit zu Gemüte zu führen, dass die Errichtung der Räterepublik nicht die Änderung einer Firma, sondern die völlige Verwandlung des Systems bedeute, und setzte in einer längeren Rede auseinander, dass es nun gelte, wie in Ungarn alle Konsequenzen aus der Lage zu ziehen und das unzweideutige Bekenntnis zum Kommunismus abzulegen. Während ich die nächsten Maßnahmen erörterte, darunter die Errichtung einer Roten Armee, die Einsetzung eines Revolutionstribunals, die sofortige Nationalisierung der Banken und so weiter.«[199]

Deshalb verlangt Erich, dass die drei wichtigsten Posten, Auswärtiges, Justiz und Militär den Kommunisten gegeben werden müssten. Um derartige Einwände zu beschwichtigen, wird für Neurath ein Referat für Sozialisierung eingerichtet. Außerdem wird, in Ermangelung anwesender Kommunisten, Landauer als bekannter Anarchist als Beauftragter für Volksaufklärung vorgeschlagen. Nun melden vor allem die Sozialdemokraten Skepsis an, einem zugereisten Juden dieses Amt zu übertragen. Niekisch notiert dazu: »Landauer war kein Bayer, er war Literat, er war Jude. Würde er für das bayerische Volk wirklich tragbar sein?«[200] Am Schluss setzt sich der Antisemitismus jedoch nicht durch und Landauer wird als neuer Volksbeauftragter bestätigt. Im Gegenzug nominieren nun jedoch die Sozialdemokraten Militärminister Schneppenhorst als Volksbeauftragten für Militärwesen. Dieser Vorschlag führt zu einer heftigen Kontroverse zwischen Mühsam und Schneppenhorst. Erich erinnert sich daran folgendermaßen: »Ich erklärte, dass der Mann, der diesen Posten übernehme, die Aufgabe habe, das Proletariat zu bewaffnen und eine rote Arbeiterarmee aufzustellen, die bereit sei, die Räterepublik gegen jeden Angriff von innen und von außen zu schützen, dass Schneppenhorst hingegen im Ruf eines bayerischen Noske stehe und besonders durch seine Flugblätter und dadurch, dass er von Nürnberg aus Militär gegen München in Anmarsch gesetzt habe, jedes Vertrauens bei den Massen entbehre.«[201] Schneppenhorst ist empört. Die Flugblätteraffäre rechtfertigt er damit, dass er falsch informiert gewesen sei: Man habe ihm berichtet, Levien und Mühsam wollten durch einen Gewaltakt den Rätekongress auseinandertreiben und dann selbst die Rätediktatur einführen. Als er gesehen habe, dass dies nicht geschah, habe er sein vorschnelles Handeln selbst bedauert. Auch habe er nie Truppen gegen München schicken wollen. Stattdessen habe er auf die Nachricht hin, dass die Republikanische Schutztruppe in München durch wochenlange strenge Bereitschaft völlig erschöpft sei, zur Ablösung eine Anzahl Nürnberger Soldaten, noch dazu unbewaffnet, nach München schicken wollen. Diese seien dann aber überhaupt nicht abgereist. Ein weiterer Beweis für seine unbedingte Loyalität zur Sache der Räterepublik sei außerdem, dass er jede Werbung für Freikorps in Bayern verhindert und Werbeoffiziere habe verhaften lassen. Mit dieser Rede macht Schneppenhorst auf die Anwesenden starken Eindruck. Erich erwidert noch, dass niemand die Richtigkeit von Schneppenhorsts Angaben überprüfen könne aber selbst wenn diese gänzlich wahrheitsgemäß seien seine Person im Proletariat diskreditiert sei. Er bleibt jedoch mit seinem Widerspruch allein. Einig ist man sich hingegen darin, dass der Volksbeauftragte für Landwirtschaft vom Bauernbund bestimmt werden solle. Die Mitglieder des Revolutionären Arbeiterrats bestehen am Ende jedoch darauf, dass erst dann endgültige Beschlüsse gefällt werden dürften, wenn die KPD an den Verhandlungen teilnehme. Da Levien jedoch trotz mehrfacher Versuche, ihn herbeizuschaffen, nicht erscheint, wird vereinbart, dass am Abend im Kriegsministerium eine neue Zusammenkunft im größeren Kreise stattfinden müsse. An die Möglichkeit, dass die KPD sich grundsätzlich ablehnend verhalten könne, denkt in diesem Augenblick noch keiner der Anwesenden.

Direkt im Anschluss an die Sitzung trifft sich Erich mit Landauer, um den Text für die Proklamation zu verfassen. Dabei wiederholt Erich seine Sorge, dass die Begeisterung des Proletariats durch die Liste der Volksbeauftragten, insbesondere durch den Namen Schneppenhorst, einen starken Dämpfer erfahren könne. Landauer hingegen sieht die Lage optimistischer: Die Ereignisse in Ungarn hätten auch in Bayern alle revolutionären Arbeiter davon überzeugt, dass die Einigung des Proletariats möglich und notwendig sei. Die Mitwirkung der Sozialdemokraten beweise doch nur, dass auch sie wie ihre Genossen in Budapest erkennen, dass ihnen nur die Mitwirkung an der Räterepublik übrigbleibe, wenn sie sich nicht völlig ins Abseits stellen wollten. Was die Namen der provisorischen Volksbeauftragten betreffe, so sei es doch schlussendlich egal, wer die Proklamation unterzeichne. Da durch die Ausrufung der Räterepublik das Proletariat selbst die Macht übernehme, könne es doch sofort diejenigen Personen, die ihm nicht passen, durch seine Vertrauensleute ersetzen.

Zur selben Zeit halten Ernst Niekisch, Anton Wadler und einige weitere Zentralratsmitglieder im Löwenbräu eine Veranstaltung mit dem Titel »Die Arbeiterhochschule als Vermächtnis Kurt Eisners« ab. Obwohl die Entscheidung über die Ausrufung der Räterepublik erst bei der Abendsitzung fallen soll, kann Niekisch nicht an sich halten und verkündet diese bereits unter stürmischem Jubel bei seinem Vortrag: »Die Ausrufung der bayerischen Räterepublik wird in ganz Deutschland vorbildlich wirken und den Ausbruch der Weltrevolution zur Folge haben.«[202]

Getragen von einer Welle der Euphorie kommen am Abend etwa hundertfünfzig Personen in den Sitzungssaal des Kriegsministeriums, um die finale Entscheidung über die Räterepublik zu treffen. Darunter sind viele Mitglieder des Revolutionären Arbeiterrats, von denen ein Teil gleichzeitig der Kommunistischen Partei angehört, sowie offizielle Vertreter der SPD, der USPD, der Gewerkschaften, eine Abordnung des Bauernrates, Vertreter der Soldatenräte, der Stadtkommandant, der Polizeipräsident und alle in der Mittagssitzung vorgeschlagenen Volksbeauftragten. Die KPD ist trotz mehrmaliger Einladung offiziell nicht vertreten. Den Vorsitz übernimmt wieder Ernst Niekisch, womit deutlich wird, dass es sich um eine vom Zentralrat ausgehende Sitzung handelt, unter dessen Oberhoheit sich die verschiedenen Parteien und Organisationen mit einem Teil des Ministerrats besprechen.

Niekisch eröffnet die Sitzung mit einem kurzen Bericht über die politische Lage, in dem er auch ankündigt, dass das Militär auf Seiten der Räterepublik stehe. Niemand der Anwesenden erhebt dagegen Einspruch, sodass Karl Gandorfer als Vertreter des Bauernrates das Wort erhält. Er erklärt, dass die Bauernschaft einer Räterepublik nur dann zustimmen werde, wenn Grundbesitz unter tausend Tagwerk* vorerst nicht sozialisiert werden würde. Da die Teilnahme der Bauernschaft für alle Anwesenden zwingende Voraussetzung ist, sieht sich die Versammlung gezwungen, die Forderungen der Bauern anzunehmen.

Als die Debatte bereits eineinhalb Stunden andauert, trifft endlich eine Delegation der KPD ein. Max Levien ist nicht unter ihnen, vielmehr handelt es sich um drei Männer, die sogar Erich Mühsam gänzlich unbekannt sind. Sie erklären zur grenzenlosen Überraschung sämtlicher Anwesenden, dass ihre Partei gegen die Ausrufung der Räterepublik protestiere. Die gegenwärtige Versammlung dürfe eine solche Proklamation auch gar nicht beschließen, vielmehr müsse sie vom Rätekongress angenommen werden. Mit diesen Worten erntet die Delegation das ungläubige Gelächter der gesamten Versammlung. Auch Erich ist zunächst verdutzt, macht sich dann aber daran, der Delegation zu antworten: »Zunächst setzte ich noch einmal die Gründe auseinander, die schleuniges Handeln verlangen, erinnerte daran, dass sich der Rätekongress als rückständige und willenlose Körperschaft erwiesen habe und dass der Zentralrat es sei, von dem jetzt die Initiative ausgehe, also durchaus die Instanz, die berufen sei, ein Provisorium zu schaffen, zu dem dann ein neuer auf Grund revolutionärer Rätewahlen einzuberufender Kongress endgültig Stellung nehmen müsse.«[203] Die Worte der Delegation, so Erich weiter, zeigten nur, wie fremd diese den Verhältnissen in Bayern gegenüberstehe, da seit Eisners Ermordung das Proletariat unablässig die Räterepublik fordere. Daraufhin erhält ein Mann aus der Delegation das Wort, der sich als »Genosse Nissen« vorstellt. Dass es sich bei diesem in Wirklichkeit um den, unter den Anwesenden noch gänzlich unbekannten, Eugen Leviné handelt, wird erst einige Tage später öffentlich werden.

»Eben habe ich von Euren Plänen erfahren«, beginnt dieser. »Wir Kommunisten hegen das größte Misstrauen gegen eine Räterepublik, deren Träger die sozialdemokratischen Minister Schneppenhorst und Dürr sind, die die ganze Zeit den Rätegedanken mit allen Mitteln bekämpften. Wir können es uns nur als einen Versuch bankrotter Führer, durch eine scheinbare revolutionäre Aktion den Anschluss an die Massen

* etwa 3.400.000 Quadratmeter

zu gewinnen, oder als eine bewusste Provokation erklären. Wir wissen aus Beispielen in Norddeutschland, dass die Mehrheitssozialisten häufig bestrebt waren, verfrühte Aktionen ins Leben zu rufen, um Selbige erfolgreicher abwürgen zu können. Die ganze Art Eures Vorgehens gebietet die größte Wachsamkeit. Eine Räte-Republik wird nicht vom grünen Tisch proklamiert, sie ist das Ergebnis von ernsten Kämpfen des Proletariats und seines Sieges. Das Münchner Proletariat steht noch vor solchen entscheidenden Kämpfen. Wir bereiten uns dazu vor und haben Zeit. Gegenwärtig ist der Augenblick der Proklamierung einer Räte-Republik außerordentlich ungünstig. Die Massen in Nord- und Mitteldeutschland sind geschlagen und sammeln sich erst zu neuen Kämpfen; und Bayern ist kein wirtschaftlich geschlossenes Gebiet, das sich selbständig längere Zeit halten könnte. Nach dem ersten Rausch würde folgendes eintreten: die Mehrheitssozialisten würden sich unter dem ersten besten Vorwand zurückziehen und das Proletariat bewusst verraten. Die USPD würde mitmachen, dann umfallen, anfangen zu schwanken, zu verhandeln und dadurch zum unbewussten Verräter werden. Und wir Kommunisten würden mit dem Blut unserer Besten Eure Taten bezahlen. Wir lehnen es ab, der Sündenbock für die Dummheit und Verworrenheit der anderen zu sein und setzen uns nicht an einen Tisch mit Schneppenhorst, dem Nürnberger Noske und Dürr, der Gasbomben für streikende Arbeiter verlangte.«[204]

Levinés Rede wird von empörten Zwischenrufen der Sozialdemokraten begleitet. Schneppenhorst beschimpft Leviné als Preußen und Juden, der in Bayern nichts zu suchen habe. Handelsminister Simon und Soldatenrat Sauber versuchen, Schneppenhorst in Schutz zu nehmen. Mühsam hingegen hält Levinés Ausführungen für deutlich ernstzunehmender als die seiner Vorredner. Er antwortet, dass er das Misstrauen gegen die Sozialdemokraten durchaus verstehe, er aber dafür werbe, ihnen im Namen der Einheit des Proletariats eine Chance zu geben. »Im Übrigen sei jedoch meine Meinung, dass, wenn jetzt ein neuer provisorischer Zentralrat und ein Rat der Volksbeauftragten bestimmt werde, das für das Proletariat keineswegs bindend sei. Ich wünschte, dass morgen, gleich nachdem das Ereignis bekanntgegeben sei, die Massen auf der Theresienwiese zusammenkämen, uns allesamt zum Teufel jagten und das Weitere aus eigenem Ermessen den Personen übertrügen, denen sie Vertrauen entgegenbrächten. Dass jedoch ein Zusammengehen aller Parteien und sozialistischen Richtungen durchaus dem Wunsch des Proletariats entspreche, müsse ich nach dem Beweise, den Ungarn zur Zeit für die Möglichkeit dieser Einigung biete, bestimmt annehmen.«[205]

Aber Leviné beharrt: »Wir warnen Euch vor den Illusionen eines kampflosen Hinübergleitens in eine Räterepublik. Schneppenhorst ist nicht Noske? Noske erklärte, er würde sich mit Schneppenhorst sehr wohl verständigen und Schneppenhorst hat bis jetzt noch keinen Strich zwischen sich und seinem Parteifreund Noske gezogen. Seine plötzliche Umwandlung, diese Eile, sind verdächtig. Wir Kommunisten erklären noch einmal, dass wir alles aufbieten werden, Euer Experiment zu vereiteln. Eure Zwischenrufe und Wut verraten nur Euer schlechtes Gewissen.«[206] Nach diesen Worten verlässt die kommunistische Delegation den Saal.

Nach diesem Zwischenfall herrscht im gesamten Saal helle Aufregung. Selbst die der KPD angehörenden Mitgliedern des Revolutionären Arbeiterrats meinen, dass diese drei Männer, die niemand kennt, unmöglich die Auffassung der kommunistischen Arbeiterschaft Münchens repräsentieren könnten. Stattdessen wird vermutet, dass sie nur für den Parteivorstand sprechen, der nur deswegen opponiere, weil er die Räterepublik zu einer ihm genehmen Zeit als reine Parteiaktion proklamieren wolle. Noch empörter ist freilich die SPD, die nun erklärt, unter diesen Bedingungen nicht weiter verhandeln zu können und eine Unterbrechung der Sitzung fordert. Während die Sozialdemokraten sich zur Beratung zurückziehen, telefoniert Schneppenhorst nach Nürnberg um die Meinung der dortigen Militärs und seiner Parteigenossen einzuholen. Diese teilen ihm mit, dass man gegen die Räterepublik sei und notfalls auch gewillt sei, militärisch gegen München vorzugehen. Als die Sozialdemokraten nach mehreren Stunden in den Sitzungssaal zurückkehren, hat man dort mit den Verhandlungen bereits fortgefahren und Landauer hat gerade vorgeschlagen, die Räterepublik ohne die Zustimmung der SPD auszurufen. Da erklärt Schneppenhorst für seine Partei: »Wir Mehrheitssozialisten sind zu der Auffassung gekommen, dass es selbstverständlich ist, dass wir uns gegen die Räterepublik nicht wenden, sondern, dass wir nicht abseitsstehen, sondern mitmachen. Der Landtag, davon kann gar keine Rede mehr sein, nur wünschen wir, nachdem auch der Zentralrat nicht vollständig hier ist, dass er auch hier ein wichtiges Wort mitzusprechen habe. Bis Montag wünschen wir Zeit zu gewinnen, um die Grundlage für ein gleichmäßiges Arbeiten zu finden in ganz Bayern. Mit der Gegnerschaft vom Bürgertum haben wir zu rechnen. Wir müssen es eine Landesangelegenheit werden lassen.«[207] Deshalb müsse er, Schneppenhorst, zunächst nach Nürnberg reisen, um das II. und III. bayerische Armeekorps, die er völlig in der Hand habe, mit ins Boot zu holen.

Die Linksradikalen unter den Anwesenden protestierten heftig gegen diesen Vorschlag, den sie als Verschleppungstaktik bezeichnen. Landauer betont, dass nur die Überrumpelung der Bourgeoisie Gegenmaßnahmen der Reaktion verhindern könne. Außerdem habe er ein gewisses Misstrauen gegen die Ehrlichkeit Schneppenhorsts entwickelt und ermahne diesen, dass man ein ausgesprochenes Wort nicht in seinen Mund zurückrufen könne. Schneppenhorst beteuert daraufhin seine Zuverlässigkeit und erklärt, er verpfände seinen Kopf dafür, dass er in Nürnberg nur für die Räterepublik werben werde. Die anschließende Abstimmung ergibt mit den Stimmen der SPD und des rechten Flügels der USPD eine Mehrheit für das Aufschieben der Ausrufung um 48 Stunden. Erich hält diese Verzögerung für äußerst gefährlich und schlägt den Delegierten des Revolutionären Arbeiterrats vor, die Sitzung zu verlassen und sich sofort mit der KPD in Verbindung zu setzen. Gemeinsam mit ihr könne der RAR die Ausrufung ausarbeiten und den Zentralrat vor vollendete Tatsachen stellen. Aber Landauer bringt ihn von dieser Idee wieder ab. Später bedauert Erich, dass er sich in diesem Moment nicht durchgesetzt hat: »Die revolutionäre Vorhut des Proletariats hätte einig gehandelt, und dem Verrat wäre von Anfang an kräftig vorgebeugt worden.«[208]

So wird nun jedoch der Entschluss gefasst, dass während der zwei nächsten Tage Delegierte in alle größeren Städte Bayerns geschickt werden sollen, um dort die Stimmung zur Räterepublik zu erkunden oder diese, wenn nötig, agitatorisch unterstützen. Um sicherzustellen, dass in Nürnberg tatsächlich in diesem Sinne gewirkt wird, erklärt sich Erich bereit, Schneppenhorst dorthin zu begleiten. So kommt es, dass diese beiden politischen Gegner gemeinsam eine konsequenzenreiche Reise antreten, die beide noch lange beschäftigen wird.

5. April 1919

Auch in dieser Nacht hat Erich kaum schlafen können. Noch in der Nacht hat er die Tickets und Passierscheine für die Delegation besorgt, die nun, um acht Uhr morgens, im Zug nach Nürnberg sitzt. Die Rolle der Delegationen des Zentralrats variiert zwischen der von Kundschaftern und der von Agitatoren; insgesamt verfolgen sie aber das Ziel, auch die Provinz in die geplante Räterepublik miteinzubinden. Außerdem hat der Zentralrat gemeinsam mit der Bayerischen Beamtengewerkschaft ein Telegramm an alle bayerischen Verwaltungsdienststellen geschickt, das auf die bevorstehende Ausrufung der Räterepublik hinweist. Auch die Minister Unterleitner und Segitz unterzeichnen den Entwurf, was die Räte als Einwilligung der alten Regierung interpretieren. Im Text heißt es unter anderem: »Regierungsgewalt können nur Beamte ausüben, die vorbehaltlos sich auf den Boden der neuen Verhältnisse stellen.«[209]

Unterdessen sitzt Mühsam zusammen mit Schneppenhorst in einem Abteil des Schnellzugs München-Nürnberg. Die ganze Fahrt über diskutiert Erich mit Schneppenhorst. Als sie in Nürnberg angekommen sind, ist Erich davon überzeugt, dass es Schneppenhorst keinesfalls ernst mit der Räterepublik meine. Sofort telegrafiert er nach München: »Mit Schneppenhorst ist nicht zu arbeiten. Ich mache den sozialistischen Schwindel nicht mehr mit.«[210] Er drängt darauf, dass Schneppenhorst bei der Organisation der Räterepublik unter keinen Umständen und an keinem Posten zugelassen werden dürfe. Seine eigene Beteiligung mache er von Schneppenhorsts Ausschluss abhängig.

Während die Delegierten des Zentralrats in allen anderen bayerischen Städten erfolgreich die Zustimmung der lokalen Räte und Parteien zur Ausrufung der Räterepublik einholen können, ist die Situation in Nürnberg als traditioneller Hochburg der Sozialdemokratie schwieriger. Schon als am Vortag die Nachricht vom Augsburger Generalstreik in Nürnberg eintraf, hatte Hermann Ewinger vom Nürnberger Generalkommando den Generalstab, die Soldatenräte und verschiedene SPD-Funktionäre zusammengerufen, die sich gemeinsam gegen die Räterepublik aussprachen. Noch in der Nacht haben sie Schneppenhorst angerufen, um ihn zu bitten, von Nürnberg aus die Bekämpfung der Räterepublik zu leiten. Zeitgleich werden die Nürnberger Offiziere und Soldatenvertreter darauf eingeschworen, eine eventuelle Ausrufung mit Waffengewalt niederzuwerfen. Die Soldaten in München stellen sich derweil auf die andere Seite: Das 1. Bayerische Infanterieregiment fordert vom Zentralrat die sofortige Ausrufung der Räterepublik und die Soldatenräte geben den Münchner Kasernen neue Namen wie *Kurt-Eisner-Kaserne* und *Karl-Liebknecht-Kaserne*. Als Schneppenhorst nun in Nürnberg eintrifft, spricht er sofort mit Ewinger und dem Nürnberger SPD-Vorstand. Gemeinsam bereiten sie eine am nächsten Tag zu verabschiedende Resolution gegen die Ausrufung der Räterepublik vor.

Auch der Nürnberger Arbeiterrat tritt zusammen, um eine Position zur Räterepublik zu formulieren. Erich Mühsam vertritt in der Sitzung die Minimalforderungen der Ortsgruppe der KPD, die der Ausrufung generell zustimmt. Damit vertreten sie, wie alle anderen lokalen KPD-Gruppen, einen der Münchner Parteizentrale völlig entgegengesetzten Standpunkt. Auch Ernst Toller nimmt an der Sitzung teil und bringt die Forderungen der lokalen USPD ein, die denen der KPD fast wörtlich entsprechen. Ernst hat erst durch Erich von den Ereignissen in München erfahren und ist völlig überrascht davon, dass die Räterepublik nun tatsächlich unmittelbar ausgerufen werden soll. Am Abend desselben Tages reisen die beiden gemeinsam mit dem Schnellzug nach München zurück.

6. April 1919

An diesem Sonntagmorgen treffen sich die Sektionsführer und Delegierten der Münchner USPD im Restaurant Müllerbad, um die Ausrufung der Räterepublik vorzubereiten. Da die Münchner Ortsgruppe sich der KPD eng verbunden fühlt, hat sie Eugen und Rosa Leviné zur Versammlung eingeladen, um die ablehnende Haltung ihrer Partei zu erklären. Diese geben sich während dieses Treffens völlig kompromisslos. Kommunist könne nur sein, wer Mitglied der KPD sei: »Wenn die jetzigen Verfechter der Räte-Republik erklären, sie stehen auf dem Boden der Kommunisten«, erklärt Leviné, »so fragen wir sie, warum sie dann nicht offen der Kommunistischen Partei beitreten, die alle übrigen Kommunisten umfasst und in der Partei des Räteabwürgers Haase und des Antibolschewisten Kautsky bleiben. Aber wenn Ihr wirkliche Kommunisten seid, müsst Ihr begreifen, was für eine moralische Bedeutung und Ansporn für die übrige Arbeiterschaft Euer offener Übertritt sein wird und nicht länger säumen. Wir haben keine Veranlassung, uns mit der USP in Verhandlungen einzulassen. Ich wiederhole: seid Ihr wirklich Kommunisten so macht Schluss mit Haase und Kautsky und alle Verhandlungen sind überflüssig. Wenn nicht, ist jedes Verhandeln mit Euch zwecklos, dann haben wir andere Ziele und Wege.«[211]

Tatsächlich lassen sich die Münchner USPD-Verantwortlichen von diesen harschen Worten überzeugen und erklären, noch am selben Tag oder spätestens in der kommenden Nacht, geschlossen in die KPD überzutreten. Nicht anwesende Delegierte, unter anderem der Vorsitzende Ernst

Toller, sollen über diese Entscheidung lediglich noch befragt werden. Mit dieser Nachricht eilen Eugen und Rosa Leviné freudig zur Vertrauensmännerversammlung ihrer Partei, die zeitgleich im Gasthaus Gambrinus stattfindet. Dort werden sie bejubelt und auch diejenigen der ungefähr 50 Vertrauensmänner, die bis dahin an Levinés kompromisslosem Kurs gezweifelt hatten, zeigen sich angesichts dieses Erfolges überzeugt.

Als Ernst von den Übertrittsplänen seiner Parteigenossen erfährt, ist er zunächst skeptisch. Dann aber sieht er ein, dass die Einheit des Proletariats nur durch die Annahme aller Forderungen der KPD zu erreichen sei. Nachdem die Münchner USPD sich nun nicht nur inhaltlich an die Kommunisten angeglichen hat, sondern sich auch dazu bereit erklärt hat, sich als eigenständige Partei aufzulösen, ist Ernst davon überzeugt, die KPD für die Ausrufung mit ins Boot geholt zu haben. So wird an diesem ansonsten zeitungslosen Sonntag eine Sonderausgabe des USPD-Organs *Neue Zeitung* veröffentlicht, in der detaillierte Pläne für den Aufbau der Räterepublik dargelegt werden. Als Ernst aber am Abend mit seinen Parteigenossen zur Vollversammlung der Kommunisten kommt, erlebt er eine böse Überraschung: Als er bei der Versammlung ankommt, befinden sich ungefähr 600 Personen im Saal und Leviné hält gerade eine seiner langen Ansprachen, in der er wieder einmal den Plan der Ausrufung einer Räterepublik geißelt. Tatsächlich war Levinés Plan nie, sich mit ins Boot holen zu lassen. Vielmehr hat er seiner Frau Rosa tags zuvor die Forderung des Übertritts an die USPD folgendermaßen erklärt: »Vielleicht wird sich durch den Übertritt der USPD zu uns die Räterepublik verhindern lassen. Es kommt darauf an, in welchem Maße er sich vollziehen wird. Ich fürchte aber, es wird nichts nützen. Die Illusionen in der Arbeiterschaft sind zu stark, sie werden es ›versuchen‹ wollen.«[212] Als Ernst versteht, was gespielt wird, meldet er sich zu Wort und erklärt, dass er die von seinen Parteigenossen am Morgen getroffene Zusage des Übertritts in die KPD widerrufen müsse, wenn diese sich weiterhin weigere, an der Räterepublik teilzunehmen. Von Leviné wird dies als Bestätigung seines Misstrauens gegen die USPD verstanden, sodass er lospoltert, mit einer dermaßen wankelmütigen Partei ohnehin nicht zusammenarbeiten zu können.

Zu diesem Zeitpunkt betritt der ebenfalls herbeigeeilte Erich Mühsam den Saal. Er geht zum Vorstandspodium hinauf und bittet seinen Freund Max Levien, ihm außer der Reihe das Wort zu erteilen, weil er der Versammlung eine wichtige Meldung von ihren Nürnberger Parteigenossen zu überbringen habe. Zu seinem großen Erstaunen protestiert Levien dagegen, dass Erich in eine geschlossene Mitgliederversammlung eingedrungen sei. Dieser verlangt jedoch, dass die Mitglieder darüber entscheiden sollten, ob er angehört werden soll. Als Leviné geendet hat, erklärt Levien, dass Mühsam um das Wort bitte. »Mühsam ist mein persönlicher Freund, aber mein politischer Gegner«, sagt er zur allgemeinen Überraschung. Es gibt ärgerliche Zwischenrufe, die fordern, dass Erich sprechen soll. So berichtet dieser über die grundsätzliche Zustimmung der Nürnberger KPD zur Räterepublik und verliest deren Forderungskatalog. Auch seine eigene Mitwirkung mache er davon abhängig, dass die Nürnberger Forderungen erfüllt würden und dass Schneppenhorst von jeder öffentlichen Betätigung ferngehalten werde.

Erich erhält lauten Beifall, nach ihm erhält aber sofort wieder Leviné das Wort. Dieser wirft ihm vor, dass er noch am Vortag mit demselben Schneppenhorst, den er jetzt herunterkanzele, nicht nur gemeinsame Sache gemacht, sondern sogar zur gemeinschaftlichen Agitation mit ihm nach Nürnberg gereist sei. »Das erregte mich dermaßen, dass ich meine Nerven verlor«, berichtet Erich später. »Ich fühlte meine reine Sache vor den nächsten Genossen, die ich zuerst überhaupt revolutionär aufgeklärt hatte, besudelt und verließ in großer Erregung den Saal. Damit beging ich den entscheidendsten Fehler. Wäre ich geblieben, so wäre mir gewiss Gelegenheit gegeben worden, meine Haltung gerade Schneppenhorst gegenüber voll zu rechtfertigen, und auch Genosse Leviné hätte sich sicher überzeugt, dass er falsch unterrichtet war und dass ich in Nürnberg nicht gemeinsame Sache mit Schneppenhorst machte (mit dem ich rein zufällig im selben Kupee gefahren war), sondern mit seinen eigenen Parteigenossen von der KPD.«[213] Tatsächlich ist Erich aber schwer enttäuscht von den Kommunisten, von denen er mit mehreren, unter anderem mit Levien selbst, ehemals intensive Freundschaften gepflegt hat: »Ich war nach dem Empfang in der Versammlung nahe daran, alles hinzuwerfen, mich vollkommen zurückzuziehen und den Dingen ihren Lauf zu lassen. Die Freude an der Arbeit war mir gründlich vergällt. Schließlich siegte aber in mir die Erwägung, dass ich jetzt nicht fahnenflüchtig werden dürfe.«[214]

Trotz allem findet am Abend, nun offiziell ohne Teilnahme der KPD, das Treffen zur endgültigen Vorbereitung der Ausrufung der Räterepublik im Schlafzimmer der ehemaligen Königin im Wittelsbacher Palais statt. Es nehmen ungefähr hundert Personen teil. Als Vertreter der USPD ist nun zusätzlich Ernst Toller anwesend. Nicht anwesend sind im Gegensatz zum ersten Treffen die Minister Schneppenhorst, Simon und Unterleitner. Schneppenhorst ist nach seiner Reise nach Nürnberg und der dortigen Verabredung mit den Reaktionären noch einmal nach München zurückgekehrt, um die Ausrufung vielleicht doch noch zu stoppen. Sein Vertrauensmann Paul Simon hat ihm jedoch erklärt, dass die Räterepublik nicht mehr verhindert werden könne. So begibt sich Schneppenhorst in sein Ministerium und teilt den dort anwesenden Offizieren und Beamten mit, dass er sich auf keinen Fall an der Räterepublik beteiligen werde und es nun unausweichlich zum Bürgerkrieg kommen müsse. Er setzt ein Schreiben an all seine Mitarbeiter auf, in dem er diesen rät, die Stadt zu verlassen. Den Brief übergibt er Simon, der ihn an die Beamten weiterleiten soll. Gleichzeitig beauftragt er ihn, die Räterepublik-Bewegung zu beobachten und ihn auf dem Laufenden zu halten. Noch in den frühen Morgenstunden verlässt er die Stadt mit dem Auto.

Der Revolutionäre Arbeiterrat ist fast vollzählig im Schlafzimmer der Königin erschienen. Es sind sogar einige Mitglieder anwesend, die gleichzeitig der KPD angehören und sich über den Beschluss ihrer Zentrale zur Nichtteilnahme hinwegsetzen. Das verleiht Erichs Stimme als Sprecher des RAR großes Gewicht. »Ich verlangte daher für meine eigene Person«, berichtet er später, »über die Ablehnung Schneppenhorsts hinaus, dass kein einziger Mehrheitssozialist und kein einziges Mitglied des bisherigen Ministeriums – auch die Unabhängigen nicht – in den Rat der Volksbeauftragten aufgenommen werden dürfe. Da mein Einfluss auf den RAR bekannt war und es jedem einleuchtete, dass die Abstinenz dieser Körperschaft die ganze Aktion zersprengen würde, erklärte Niekisch, dass die Sache nicht an Personenfragen scheitern dürfe. Mit Ausnahme der Bauernvertreter, deren Auswahl dem Bauernrat überlassen werden sollte, wurde daher meinem Verlangen gemäß entschieden.«[215]

Zunächst wird über die endgültige Liste der künftigen Volksbeauftragten verhandelt. Für den Posten des Außenressorts wird wieder der Schriftsteller Mühlon vorgeschlagen. Erich wendet ein, dass dieser Posten von einem Mann besetzt werden müsse, der unbedingtes Vertrauen in Russland und Ungarn besitze und bringt sich selbst ins Spiel, da er zahlreiche Kontakte zu Revolutionären in ganz Europa und auch in Russland habe. Aber unter den Sozialdemokraten und auch den meisten anderen Anwesenden findet seine Kandidatur wenig Zustimmung. Erst als auch sein Freund Landauer erklärt, Erich sei zu radikal, um Bayern gegenüber den Westmächten in den bevorstehenden Friedensverhandlungen zu vertreten, verzichtet dieser enttäuscht. Stattdessen schlägt die USPD Dr. Franz

Lipp für das Amt vor. Kaum jemand kennt diesen Mann im Gehrock mit dem großen Vollbart, jedoch wird er als Mann von Welt präsentiert, der sogar den Papst persönlich kenne.

Nachdem Lipp tatsächlich als Volksbeauftragter für Äußeres angenommen wird, kann Erich die Versammelten zumindest noch davon überzeugen, sich selbst um die Verbindung mit den beiden Räterepubliken Russland und Ungarn sowie die Freilassung der russischen Kriegsgefangenen kümmern zu dürfen. Für das Innenressort wird Soldmann vom linken Flügel der USPD gewählt. Das Kommissariat für Verkehr erhält Paulukum, ebenfalls von der USPD und gleichzeitig eines der entschiedensten Mitglieder des Revolutionären Arbeiterrats. Das Justizressort fällt in Ermangelung eines geeigneteren Kandidaten an das Mitglied des Bauernrats Kübler. Zum Verantwortlichen für Finanzen wird der Physiokrat und Freigeldtheoretiker Silvio Gesell gewählt, als Beauftragter für Volksaufklärung wird Landauer noch einmal bestätigt. Das Ressort Soziales soll der nicht anwesende Kommunist Hagemeister übernehmen. Dieser weilt als Delegierter des Zentralrats noch in Würzburg. Was die Versammlung nicht wissen kann, ist, dass er dort bei Straßenschlachten mit der Polizei verhaftet worden ist.

»Am schwierigsten gestaltete sich die Wahl des Volksbeauftragten für das Militärwesen«, erinnert sich Mühsam. »Ich verlangte mit der größten Schärfe, dass nur einem absolut zuverlässigen kommunistischen Revolutionär der Befehl über die Waffen anvertraut werden dürfe. Die Gewehre, sagte ich, schießen immer nach links. Daher darf der Mann, der über sie verfügt, links von sich niemanden mehr vorfinden. Ich hoffte immer noch, Levien werde zu bewegen sein, den Posten zu übernehmen. Vorerst jedoch musste ein anderer gefunden werden. Wir wählten den Genossen Killer, der zwar bei der USP, aber eines der radikalsten und zuverlässigsten Mitglieder des Soldatenrats war.«[216] Der Zentralratsvorsitzende Ernst Niekisch ist ebenfalls von der Regelung des Ausschlusses aller SPD-Mitglieder aus der künftigen Räteregierung betroffen. Persönlich hat er ohnehin eine ambivalente Haltung zur Ausrufung, sodass er seinen Rücktritt erklärt und Ernst Toller als seinen Nachfolger vorschlägt. Er werde jedoch weiter Mitglied des Zentralrates bleiben und für diesen auch noch die Proklamation unterzeichnen, bis Ernst bereit sei, das Amt anzutreten. Da Ernst als Vertreter des linken Flügels der USPD bekannt ist, wird er nicht nur von seiner Partei, sondern auch vom RAR sofort als neuer Vorsitzender akzeptiert.

Während der Diskussion um die Posten taucht plötzlich eine Delegation der KPD im königlichen Schlafzimmer auf. Sie besteht aus Max Levien sowie zwei Nürnberger Kommunisten. Levien verliest eine Liste scharf formulierter Fragen nach der Beteiligung sozialdemokratischer Minister, nach der Bewaffnung des Proletariats und der Grundlage der hier tagenden Versammlung. Erich beantwortet all diese Fragen – wie er meint – im Sinne der KPD-Politik. Er »wies daraufhin, dass wir die Mehrheitler aus der eigentlichen Regierung völlig herausgedrängt, ihren Einfluss im Zentralrat derart geschwächt hätten, dass sie immer in der Minorität bleiben müssten, erinnerte ihn an das Verlangen der Massen, an Ungarn, an die Gesamtlage des politischen Geschehens, die ein Zurück nahezu unmöglich mache, da es der Reaktion einen ungeheuren moralischen Halt geben müsste, zeigte ihm die Gefahr, bei der Passivität der Kommunisten Halbkommunisten kommunistische Politik treiben zu lassen, und legte ihm dar, wie stark der revolutionäre Gedanke bei den Massen gekräftigt würde, wenn er als Volksbeauftragter die Bildung einer Roten Armee in die Hand nähme.«[217] Levien lehnt das Angebot des Postens eines Volksbeauftragten für Militär jedoch kategorisch ab. Zu allem weiteren könne er sich erst nach Rücksprache mit der Zentrale äußern. Am Ende teilen die beiden Nürnberger Delegierten noch mit, dass sie nach Rücksprache mit der Münchner Parteiführung ihre Unterstützung für die Räterepublik wieder zurückziehen.

Nach kurzer Beratung über diese endgültige Absage der KPD entschließt sich die Versammlung dazu, dass die Proklamation trotzdem am folgenden Tag vonstattengehen solle. Der von Mühsam und Landauer am Freitag vorformulierte Text der Proklamation wird inhaltlich abgesegnet und soll von Niekisch in eine endgültige Fassung gebracht werden. Die Bekanntmachung soll am nächsten Tag als Plakat angeschlagen und von allen Zeitungen veröffentlicht werden. Die bürgerlichen Zeitungen sollen zu diesem Zweck besetzt werden. Mühsam erhält die Aufgabe, gemeinsam mit Lipp Telegramme an die russische und ungarische Regierung aufzusetzen. In gespannter Erwartung gehen die Anwesenden in den frühen Morgenstunden auseinander.

Am selben Tag reist Ministerpräsident Johannes Hoffmann von seiner Audienz bei Noske in Berlin zurück nach Bayern. Er fährt jedoch nicht mehr nach München, sondern nach Nürnberg. Dort will er, dem Rat Noskes folgend, die Möglichkeiten einer Exilregierung erkunden. So trifft er sich mit dem Nürnberger Bürgermeister, der ihm jedoch davon abrät, den

Landtag in seine Stadt zu verlegen. Die Stadt sei schon allein durch ihre schiere Größe und noch dazu durch die Tausenden Linksradikalen viel zu unkontrollierbar, als dass es möglich wäre, dort eine Gegenregierung zu etablieren. Er empfehle dagegen das kleine, konservative Städtchen Bamberg. Hoffmann folgt diesem Rat, denn Bamberg ist seit jeher erzkatholisch und praktisch ohne Industriearbeiterschaft, der traditionellen Basis der kommunistischen Bewegung. Bereits am Sonntagnachmittag haben alle Minister der Regierung München verlassen.

7. April 1919

Der erste Tag der Bayerischen Räterepublik, ein warmer, sonniger Frühlingstag, wird zum Nationalfeiertag erklärt. Lastwagen mit Soldaten fahren durch die Stadt, auf dem Wittelsbacher Palais weht die Rote Fahne. Die Regierung Hoffmann wird für abgesetzt erklärt, der Landtag per Dekret aufgelöst. Hoffmann denkt jedoch keineswegs daran, aufzugeben. Stattdessen ist er in diesen Tagen damit beschäftigt, im konservativen Bamberg eine Gegenregierung zu etablieren. Auf den Straßen Münchens zeigen sich stolze und festlich gekleidete Arbeiter und ängstliche Bürger drängen sich um Plakate. Dort heißt es:

> »An das Volk von Baiern!
> Die Entscheidung ist gefallen. Baiern ist Räterepublik. Das werktätige Volk ist Herr seines Geschickes. Die revolutionäre Arbeiterschaft und Bauernschaft Baierns, darunter auch unsere Brüder, die Soldaten sind, durch keine Parteigegensätze mehr getrennt, sind sich einig, dass von nun an jegliche Ausbeutung und Unterdrückung ein Ende haben muss. Die Diktatur des Proletariats, die nun zur Tatsache geworden ist, bezweckt die Verwirklichung eines wahrhaft sozialistischen Gemeinwesens, in dem jeder arbeitende Mensch sich am öffentlichen Leben beteiligen soll, einer gerechten sozialistisch-kommunistischen Wirtschaft. Der Landtag, das unfruchtbare Gebilde des überwundenen bürgerlich-kapitalistischen Zeitalters, ist aufgelöst, das von ihm eingesetzte Ministerium zurückgetreten. Von den Räten des arbeitenden Volkes bestellte, dem Volk verantwortliche Vertrauensmänner erhalten als Volksbeauftragte für bestimmte Arbeitsgebiete außerordentliche Vollmachten. Ihre Gehilfen werden bewährte Männer aus allen Rich-

tungen des revolutionären Sozialismus und Kommunismus sein; die zahlreichen tüchtigen Kräfte des Beamtentums, zumal die unteren und mittleren Beamten, werden zur tatkräftigen Mitarbeit im neuen Baiern aufgefordert. Das System der Bürokratie aber wird unverzüglich ausgetilgt. Die Presse wird sozialisiert. Zum Schutz der baierischen Räterepublik gegen reaktionäre Versuche von außen und von innen wird sofort eine rote Armee gebildet. Ein Revolutionsgericht wird jeden Anschlag gegen die Räterepublik sofort rücksichtslos ahnden. Die baierische Räterepublik folgt dem Beispiel der russischen und ungarischen Völker. Sie nimmt sofort die brüderliche Verbindung mit diesen Völkern auf. Dagegen lehnt sie jedes Zusammenarbeiten mit der verächtlichen Regierung Ebert-Scheidemann-Noske-Erzberger ab, weil diese unter der Flagge einer sozialistischen Republik das imperialistisch-kapitalistisch-militaristische Geschäft des in Schmach zusammengebrochenen deutschen Kaiserreichs fortsetzt. Sie ruft alle deutschen Brudervölker auf, den gleichen Weg zu gehen. Allen Proletariern, wo immer sie für Freiheit und Gerechtigkeit, wo immer sie für den revolutionären Sozialismus kämpfen, in Württemberg und im Ruhrgebiet, in der ganzen Welt, entbietet die baierische Räterepublik ihre Grüße. Zum Zeichen der freudigen Hoffnung auf eine glückliche Zukunft für die ganze Menschheit wird hiermit der 7. April zum Nationalfeiertag erklärt. Zum Zeichen des beginnenden Abschieds vom fluchwürdigen Zeitalter des Kapitalismus ruht am Montag, den 7. April 1919 in ganz Baiern die Arbeit, soweit sie nicht für das Leben des werktätigen Volkes notwendig ist, worüber gleichzeitig nähere Bestimmungen ergehen. – Es lebe das freie Baiern! Es lebe die Räterepublik! Es lebe die Weltrevolution! Der revolutionäre Zentralrat Baierns: Niekisch, Gustav Landauer, Erich Mühsam, Gandofer (Bauernrat), Dr. Franz Lipp, Albert Schmid. Für den revolutionären Soldatenrat: Kohlschmid, Johann Wimmer, Max Mehrer.«

In den frühen Morgenstunden sendet Erich Mühsam die vereinbarten Telegramme nach Ungarn und Russland:

»Bayern ist Räterepublik. Die revolutionären Arbeiter und Bauern und die Soldaten haben sich geeinigt, die Diktatur des Proletariats verwirklicht um die sozialistisch-kommunistische Gesellschaft aufzurichten, eine rote Armee wird gebildet. Die Beziehungen zur russischen und ungarischen Räterepublik sind hiermit aufgenommen. Ihnen, unsern natürlichen Verbündeten, unsere ersten Grüße. Die bayerische Räterepublik lehnt jede Gemeinschaft mit der dem Kapitalismus dienstbaren Regierung Potsdam-Weimar ab und ruft die Völker Deutschlands und Europas und der ganzen Erde auf, ihr Beispiel nachzuahmen, wie sie dem Vorbild Russlands und Ungarns nachzufolgen. Wir vertrauen auf den Tag der Weltbefreiung. Es lebe die Internationale, es lebe die Weltrevolution. Für die Räterepublik: Der Volksbeauftragte für äußere Politik: Dr. Lipp. Für den revolutionären Zentralrat: Erich Mühsam.«[218]

Noch am gleichen Tag, in vielen Fällen aber erst am nächsten und in einigen wenigen Fällen erst zwei Tage später, schließen sich Städte und Ortschaften in allen Regionen des Landes an, so z.B. Rosenheim, Kempten, Lindau, Regensburg, Fürth, Würzburg, Schweinfurth, Aschaffenburg und Hof.

Ernst Toller arbeitet als neuer Zentralratsvorsitzender mit aller Kraft daran, dass die neue Räterepublik nicht für mangelndes Engagement kritisiert werden kann: Die bürgerlichen Zeitungen werden unter Zensur gestellt, um Agitation gegen die Räterepublik zu unterbinden. Dabei wird die Pressezensur nicht nur in München, sondern auch über die lokalen Zeitungen in der Provinz verhängt. Nachdem die Redaktion der konservativen *Münchener Neusten Nachrichten* aus Protest gegen die Bestimmungen zurücktritt, wird das Blatt auf Verfügung Landauers zum Organ des Zentralrates ernannt. Von nun an werden dort expressionistische Holzschnitte, Proklamationen und Bekanntmachungen neben dem weiterexistierenden Anzeigenteil der Geschäftsleute abgedruckt. Es erscheinen aber auch Berichte über Russland und die neue Räterepublik in Ungarn, sowie Artikel zur revolutionären Kunst und Kultur.

Zum Zweck der Sozialisierung der Banken wird ein revolutionärer Bankenrat gegründet, der die Aufhebung des Bankgeheimnisses erklärt. In den darauffolgenden Tagen versuchte der Finanztheoretiker Silvio Gesell, als Volksbeauftragter für Finanzen, seine Freigeld-Theorie zur Grundlage einer neuen Währungspolitik zu machen. Zu mehr als ein paar Aufrufen und Verordnungen, die ohnehin meist nicht ausgeführt werden, kommt es aber nicht. Zur Bekämpfung der Wohnungsnot wird eine Beschlagnahmung sämtlicher Münchner Spekulationsgrundstücke verordnet, um darauf neue Wohnungen zu errichten. Zusätzlich wird die Registrierung aller Großwohnungen eingeleitet und der Wohnraum derart rationiert, dass vielköpfige Arbeiterfamilien bei Großbürgern und Industriellen einziehen können.

Gustav Landauer setzt einen Revolutionären Hochschulrat ein, der Vollmachten zur Durchführung einer Hochschulreform erhält. Die insgesamt eher konservative Professoren- und Studierendenschaft der Münchner Universität widersetzen sich aber diesem Reformvorhaben. Schon am Tag der Ausrufung der Räterepublik demonstrieren reaktionäre Studenten der Universität gegen die neue Räteherrschaft und protestieren gegen die Versuche, die Universität umzugestalten. Auf der ersten Versammlung werden die Räteanhänger von den Studenten ausgebuht. Nachdem es in Verhandlungen mit reaktionären Studierendenvertretern und dem Senat zu keiner Einigung kommt, ordnet Landauer die vorzeitige Schließung der Universität und die alleinige Zuständigkeit des Revolutionären Hochschulrats an, der den Aufbau einer neuen Hochschule vorbereiten soll, bei der die Ideale der Bildung und Selbstverwirklichung an die Stelle der Elitenförderung treten sollen. Unter anderem sollen die Rangklassen der Universitätslehrenden aufgehoben sowie Eintritts- und Schulgelder abgeschafft werden.

Insgesamt ist Landauers Stimmung optimistisch: »Wir waren im Politischen zurückgeblieben, waren die anmaßendsten und herausforderndsten Knechte; das Unheil, das sich daraus für uns mit Schicksalsnotwendigkeit ergab, hat uns in Empörung gegen unsre Herren getrieben, hat uns in die Revolution versetzt. So sind wir mit einem Schlage, mit dem Schlag, der uns traf, zur Führung gekommen. Zum Sozialismus sollen wir führen; wie anders könnten wir führen als durch unser Beispiel? Das Chaos ist da; neue Regsamkeit und Erschütterung zeigt sich an; die Geister erwachen; die Seelen heben sich zur Verantwortung, die Hände zur Tat; möge aus der Revolution die Wiedergeburt kommen, möge, da wir nichts so sehr brauchen als neue, reine Menschen, die aus dem Unbekannten, dem Dunkel, der Tiefe aufsteigen, mögen diese Erneuerer, Reiniger, Retter unserm Volke nicht fehlen; möge die Revolution lange leben und wachsen und sich in schweren, in wundervollen Jahren zu neuen Stufen steigern, möge den Völkern aus ihrer Aufgabe, aus den neuen Bedingungen, aus dem urtief Ewigen und Unbedingten der neue, der schaffende Geist zuströmen, der erst recht neue Verhältnisse erzeugt.«[219]

Am Mittag treten an mehreren öffentlichen Plätzen Münchens prominente Redner auf, die Erklärungen zur Räterepublik abgeben. Einer von ihnen ist Erich Mühsam, der am Stachus auf eine Bank steigt, um zu einer dort versammelten Menschenmenge zu sprechen. Antisemitische Rufe werden laut, die Erich als Zeichen einer erstarkenden Reaktion wertet. In der Menge erkennt er einen Genossen vom RAR, der gleichzeitig KPD-Mitglied ist. Dieser unterbricht Erichs Rede immer wieder durch laute Zwischenrufe, wobei er von nationalen Studenten unterstützt wird. Die Festrede, die er halten wollte, verwandelt sich zunehmend in eine Rechtfertigungsrede. Aus dem Publikum wird Erich persönlich angegriffen und immer wieder kommt die Aufforderung, der Räterepublik keine Gefolgschaft zu leisten. Zwar ergreift ein großer Teil der Umstehenden entschieden für ihn Partei, aber er bekommt zunehmend das Gefühl, sich auf ein undurchdachtes Abenteuer eingelassen zu haben.

Am Abend werden Münchens Straßen schnell ruhig, da als eine der ersten Maßnahmen von der provisorischen Regierung der Belagerungszustand und das Standrecht verhängt worden sind: Ab sieben Uhr abends herrscht Ausgangssperre und Plünderern wird die standrechtliche Erschießung angedroht. Landauer verlangt, dass der Ausnahmezustand nur für die Bourgeoisie gelten solle, um den proletarischen Charakter der neuen Regierung deutlich zum Ausdruck zu bringen. Diese Einschränkung wird in der Ausführung aber übersehen, sodass auch die Arbeiterschaft in den folgenden Tagen davon ausgeht, unter Standrecht zu stehen. Zum Schutz der Räterepublik soll eine Rote Armee gebildet werden. Der Zentralrat beschließt als Maßnahme zur Bewaffnung der Arbeiterschaft, dass an die Arbeiter von vier Münchner Großbetrieben je 600 Gewehre verteilt werden sollen. Gleichzeitig wird eine Entwaffnung des Bürgertums angekündigt. Die militärischen Vorkehrungen sind für die Räteregierung jedoch zweit- oder drittrangig und werden dementsprechend wenig nachdrücklich verfolgt. Die Anarchisten sehen noch immer die Revolutionierung des Alltagslebens als ihre oberste Priorität und vertrauen auf den Erfolg der »Umbildung der Seelen«, von der sie sich die allgemeine freiwillige Anerkennung der Räterepublik versprechen. Das kommt insbesondere darin zum Ausdruck, dass zunächst überhaupt kein Volksbeauftragter für militärische Angelegenheiten bestimmt wird. Erst am 9. April wird dann der Kellner Wilhelm Reichart auf diesen Posten berufen.

Es ist unter anderem diese Vernachlässigung des Selbstschutzes, die dazu führt, dass sich der rechte Widerstand gegen die neue Republik weitgehend ungehindert organisieren kann. Daran arbeitet in diesen Tagen vor allen die Thule-Gesellschaft unter Rudolf Glauer. In den frühen Abendstunden versammelt sich eine Demonstration am Karlstor, die ge-

Jubel über die Proklamation der Räterepublik

gen die angeblich von Juden beeinflusste Räteregierung hetzt. In einem Flugblatt wird demgemäß behauptet: »Bolschewismus bedeutet zunächst Gewaltherrschaft des Verbrechertums unter jüdischer Organisierung und Leitung, Kampf gegen die rechtschaffene Menschheit!« Sodann wird mit Schauermärchen über Sowjetrussland fortgefahren indem ein angeblicher sowjetischer Regierungserlass folgendermaßen zitiert wird: »§1: Vom ersten März an wird das Recht der Haltung eigener Frauen von 17-32 Jahren aufgehoben. §2: Alle Frauen sind von Ehe und privatem Besitz ausgeschlossen und werden als Nationalgut erklärt. §3: Die Zuteilung enteigneter Frauen wird dem Anarchisten-Klub übergeben (ausschließlich Juden!). §4: Innerhalb 3 Tagen haben sich alle Frauen zu melden, (bei fürchterlicher Strafandrohung!!!)«[220] Dieses Märchen von der »Nationalisierung der Frauen« wird identisch über die Bayerische Räterepublik verbreitet und spielt eine wesentliche Rolle bei der Aufhetzung der ländlichen Bevölkerung. Vorerst kommt es aber nirgends zu ernsten Ausschreitungen.

8. April 1919

Der anarchistische Schriftsteller Ret Marut nimmt als Volkskommissar für die Sozialisierung der Presse seine Arbeit auf. Maruts Ideen sind stark vom Individualanarchismus Max Stirners beeinflusst. Parteidisziplin und Vereinheitlichung sind ihm fremd. »Ihr werdet niemals die Masse haben«, schreibt er in seiner Zeitschrift *Der Ziegelbrenner*. Die Masse denkt nicht, weil sie nicht denken kann, darum hat sie Parteien, Programme und Führer. Aber du, der Einzelne, denkt, kann denken.«[221] Während des Weltkrieges hat Marut, freilich ohne sich um die herrschende Zensur zu kümmern, seine eigene Zeitschrift herausgegeben. Nun ist er selbst zum Chefzensor geworden. Dieses Verhältnis beschreibt er in einem Artikel in seiner Zeitung unter der Überschrift »Pressefreiheit oder Befreiung der Presse«. Dort schreibt er: »Bis zur Novemberrevolution gab es in Deutschland keine uneingeschränkte Pressefreiheit. Die schamlose und rücksichtslose Aufhebung der Pressefreiheit während des Krieges soll hierbei gar nicht in Betracht gezogen werden. Es gab auch vor dem Kriege keine uneingeschränkte Pressefreiheit. Die sozialdemokratischen und linksliberalen Redakteure können den Beweis führen.« Während Pressefreiheit grundsätzlich eine der wichtigsten Errungenschaften der Menschheit sei, sei sie doch »unter der heutigen Wirtschaftsform gar nicht durchführbar. Was heute Kapitalisten, Bourgeoisie und Mehrheitssozialisten unter Pressefreiheit verlangen, ist die Freiheit, aus der Meinungsäußerung ein Geschäft, und zwar ein sehr ertragreiches Geschäft, zu machen; diese Pressefreiheit führt aber nicht zur wahren Meinungsfreiheit, sondern sie führt zu geistiger Knechtschaft derjenigen, für die in erster Linie die Pressefreiheit gefordert werden muss: für die Zeitungsschriftsteller.« Diese Form von Pressefreiheit zu gewähren sei für Revolutionäre deshalb »eine ebenso große politische Dummheit, als wenn man unbeaufsichtigte Monarchen herumlaufen ließe, um mit allen Mitteln, die ihnen zur Verfügung stehen, für die Wiedererrichtung der Monarchie zu werben, oder als wenn man den Kapitalisten, deren Eigentum in Gefahr ist, ohne weiteres das Recht zugestehen wollte, Soldaten zu mieten um die Revolution niederzuschlagen.«[222]

Gustav Landauer arbeitet derweil an seinem Kulturprogramm, dessen zentrale Forderung die sofortige Trennung von Kirche und Staat ist. Bereits zuvor haben sich die katholische und evangelische Kirche offen auf die Seite der Monarchie gestellt, da sie in der Linken eine größere Gefahr für den Klerus sehen als in der Rechten.

Aus Würzburg kommt die Nachricht eines schweren Rückschlages für die Räterepublik. Dort ist die Räterepublik durch das KPD-Mitglied Waibel ausgerufen worden, der dort gerade auf Agitationsreise Station gemacht hat. Im Gegensatz zu München steht die Rätebewegung in Würzburg deshalb unter kommunistischer Leitung. Auch läuft dort – ebenfalls anders als in München – die Ausrufung der Räterepublik keineswegs unblutig ab. Es kommt zu Straßenkämpfen, die die Revolutionäre verlieren. Waibel, sowie die Delegierten Hagemeister und Sauber aus München werden verhaftet. Um die Sicherheit der Gefangenen zu gewährleisten, beschließt der Zentralrat in München Geiseln aus dem Münchner Großbürgertum zu nehmen.

Diese Niederlage der Revolutionäre in Nordbayern trägt zum Erfolg der Gegenregierung entscheidend bei. Johannes Hoffmann hat sich inzwischen mit seinen Ministern im Rathaus von Bamberg einquartiert, von wo aus sie sich zur rechtmäßigen Regierung erklären. Mit einigen Getreuen ist er durch Nordbayern gereist, um einen geeigneten Standort für sein Hauptquartier zu finden. In Bamberg hat er vor den Soldaten der Stadtkaserne eine Rede gehalten, in der er erklärt hat: »Ich bin hier, um Euch zu fragen, ob ihr bereit seid, die Regierung aufzunehmen und zu unterstützen. Entscheidet ihr Euch gegen die Regierung, dann fahre ich mit dem nächsten Zuge ab und muss es an anderer Stelle versuchen. Wollt ihr aber die Regierung unterstützen, dann will das Ministerium versuchen, mit dem Landtage von Bamberg aus die Ordnung in Bayern wiederherzustellen.«[223] Die Soldaten entscheiden sich für die Wiederherstellung der Ordnung, wie sie sich Hoffmann vorstellt. So kommen mit dem Schnellzug München-Berlin am Morgen des 8. Aprils die anderen Minister der Regierung in Bamberg an. Sie hatten erwartet, von den Revolutionären in München an der Abreise gehindert zu werden, diese sind jedoch viel zu sehr mit sich selbst beschäftigt, um davon Notiz zu nehmen. Die Minister der USPD sind nach der offiziellen Ausrufung der Räterepublik aus der alten Regierung ausgetreten. Die verbleibenden Minister von SPD über DDP bis BVP sind sich einig darüber, dass ihr wichtigstes Ziel der Sturz der Räterepublik sein muss.

Tatsächlich besteht die Tätigkeit der Bamberger Regierung fast ausschließlich in der Vorbereitung und Durchführung dieses Plans. Entlang der Donaulinie soll die Zufuhr von Nahrungsmitteln und Kohle nach Südbayern vollständig blockiert werden. Der Oberst Franz Xafer von Epp wird beauftragt, in Nordbayern Freiwillige für Freikorpseinheiten zu rekrutieren, mit denen der Sturm auf München erfolgen soll. In München stehen jedoch die Kasernenräte geschlossen hinter der Räteregierung. Darüber hinaus beginnt die Bewaffnung der Arbeiterschaft bei den Arbeitern der Maffei-Werke in Hirschau.

9. April 1919

Auf Plakaten des Zentralrats wird die Bevölkerung Bayerns über den Unterschied zwischen Rätedemokratie und Parlamentarismus aufgeklärt. Dort heißt es:

> »Was ist der Unterschied zwischen den Räten und dem Landtag? Die Volksvertreter, welche ehemals von euch in den Landtag gewählt wurden, waren von Parteien und Parteivereinen aufgestellt. Die Partei, welche das meiste Geld hatte, konnte die meiste Reklame machen und gewann den Kampf. So kam es, dass, obwohl das ganze Volk anders dachte oder wenigstens fühlte, wichtige Entscheidungen zugunsten der Riesenvermögen und Riesengewinne getroffen wurden. Das werktätige Volk will selbst durch seine Räte Ordnung schaffen. Alle Kreise des schaffenden Volkes, Bauern, Arbeiter, Handwerker, Kleinbeamte, wählen aus ihren Kreisen heraus die tüchtigsten Männer als ihre Vertreter in das Landtagsgebäude. Es kann nicht mehr vorkommen, dass Männer, führ jahrelang hinaus gewählt, für das Volk Unheil stiften; denn die Wähler können jederzeit einen solchen Vertreter abberufen. Nur durch die Räte können die Tüchtigen mitarbeiten an der Neugestaltung des Staates zu unser aller Wohl. In Fragen der Landwirtschaft werden nur die Bauern mit dem Landwirtschaftsministerium, in Fragen der Handwerker nur diese selbst mit dem Ministerium für Handel und Industrie entscheiden. Niemand denkt daran, den Besitz der Bauern anzutasten und die Existenz der Handwerker zu gefährden.«[224]

Unterzeichnet sind die Erklärungen von Ernst Toller als Vorsitzendem des Zentralrats. In der *Roten Fahne* erscheint dagegen ein Artikel von Leviné, der gegen die Räterepublik Stimmung macht. Dort urteilt er, dies sei

> »eine ›Räterepublik‹, die mit einer proletarischen Räterepublik nichts gemein hat. An der Proklamierung einer solchen Scheinräterepublik können sich die Kommunisten unmöglich beteiligen. Ist die

> Arbeiterschaft noch nicht so weit, um einzusehen, dass nur Kommunisten eine proletarische Räterepublik gründen können, ist ein Teil des Proletariats gewillt, unter der verwirrenden Parole ›Einigkeit‹ die Noske-Freunde in ihrem Sinne arbeiten zu lassen – nun, so sollen doch auch jene die Verantwortung für ihr Werk tragen. Wir aber werden fieberhaft arbeiten an der Vorbereitung der wirklichen proletarischen Räterepublik, werden das Proletariat aufklären, werden es organisieren in Betriebsräte und kommunistische Gruppen, werden den Klassenkampf aufs Land tragen, werden unter den Soldaten agitieren und uns rüsten für den Augenblick, wo es uns vergönnt sein wird, für die wirkliche Räterepublik zu kämpfen und zu siegen.«[225]

An diesem Tag sollten sich die Ereignisse überschlagen. Am Morgen finden sich mehrere Tausend Kommunisten auf der Theresienwiese ein. Einer ihrer Wortführer wettert, ganz im Sinne von Levinés Leitartikel, gegen die Räterepublik. Erich Mühsam berichtet später in seinem Gefängnistagebuch über Leviné: »Ich habe ihn wenig gekannt, weiß aber, dass die Hetze gegen mich, die mir so schwere Enttäuschungen und bittere Stunden verursacht hat, wesentlich auf ihn zurückzuführen war. Auch gebe ich ihm die Hauptschuld an der ganzen Wirrnis durch die Uneinigkeit des Proletariats in München. Levien wäre damals, am 6. April, noch zum Einlenken bereit gewesen, aber Nissen war unerbittlich. Durch ihn war die ganze Woche der Konflikt mit der KPD lebendig, ohne den wahrscheinlich alles besser und glatter verlaufen wäre.«[226] Eine Räterepublik ohne Kommunisten erscheint Erich jedoch absurd, sodass er sich um jeden Preis um die Beilegung des Konfliktes bemüht. In einem als Plakat und Flugblatt verbreiteten Aufruf richtet er sich an die Basis der linken Parteien, die im Gegensatz zu den Anführern schon seit dem Novemberumsturz gemeinsam in einer Art Einheitsaktion von unten agieren. Erich tritt nun dafür ein, durch Neuwahlen der Betriebsräte das Rätesystem auf revolutionärer Grundlage zu konsolidieren und die Gegensätze zwischen den unterschiedlichen Strömungen zu überbrücken. Als einen Ausdruck solch einer Annäherung interpretiert Erich, dass das KPD-Mitglied Wilhelm Reichart als Militärbeauftragter in den Zentralrat eintritt. Als die KPD-Leitung davon erfährt, schließt sie ihn sofort aus der Partei aus. Die Vertreter aller süd-bayerischen Regimenter erklären jedoch, dass sie hinter der Räterepublik stehen.

Außerdem legt Simon, der SPD-Delegierte des Landessoldatenrates, Reichart einen fertig ausgearbeiteten Plan für die Aufstellung einer Roten Armee vor. Sofort werden Gerüchte laut, dass er insgeheim mit der Gegenregierung Hoffmanns in Verbindung stehe. Als diese Vorwürfe im Zentralrat artikuliert werden, gibt sich Simon empört und versichert seine Redlichkeit. Er verspricht, als Beweis seiner Ehrlichkeit, alle Ämter niederzulegen und in Nürnberg wieder seinen ehemaligen Beruf auszuüben. Landauer und Mühsam werden angesichts dieser Ankündigung misstrauisch und verlangen, Simon an der Abreise zu hindern, werden aber überstimmt. Daraufhin reist Simon ab und eine Woche später steht sein Name unter Flugblättern Hoffmanns, in denen ein Sturz der Räterepublik propagiert wird. Als Mühsam später vor dem Standgericht angeklagt wird, erscheint Simon als Zeuge der Anklage und gibt zu, dass er tatsächlich bereits bei der Ausarbeitung des Plans für eine Rote Armee Instruktionen aus Bamberg bekommen hat. Unter dem Eindruck, die Bewaffnung der Arbeiterschaft werde in München gezielt sabotiert, stellt Mühsam im Rätekongress den Antrag, einen Panzerzug auszurüsten, der zu einer Gewehrfabrik im oberpfälzischen Amberg vorstoßen solle, um dort Waffen zu requirieren. Der Antrag wird angenommen, doch wie viele andere Beschlüsse auch, bleibt er eine papierne Resolution.

Die Verantwortlichen der Räterepublik wenden sich stattdessen wieder eher geistigen Angelegenheiten zu: Auf Betreiben Landauers konstituiert sich ein Künstlerrat. Alle Professoren der Akademie der bildenden Künste werden entlassen, die Künstler selbst sollen die Kontrolle über den Kunstbetrieb übernehmen. Noch am selben Tag trifft Landauer sich mit Schauspielern, um mit ihnen die Selbstverwaltung der Münchener Theater zu beraten. Des Weiteren beabsichtigt er, neben der Einrichtung von öffentlichen Büchereien und Wanderbühnen, die Gründung mehrerer Museen, insbesondere ein Ausstellungshaus für moderne Kunst. Als der expressionistische Münchner Maler Paul Klee davon hört, schließt auch er sich dem Rat bildender Künstler und dem Aktionsausschuss Revolutionärer Künstler Münchens an. Seine Mitgliedschaft bleibt allerdings Formsache.

Am Abend stürmt Gustav Klingelhöfer in Ernst Tollers Büro im Zentralrat und meldet, die KPD habe eine Versammlung der revolutionären Obleute im Kindlkeller im Stadtteil Haidhausen einberufen, bei der eine neue kommunistische Regierung gebildet werden solle. »Ich schüttle ungläubig den Kopf«, erinnert sich Ernst. »Hat die Kommunistische Partei nicht vor wenigen Tagen die Schaffung der Räterepublik abgelehnt, hat sie nicht, und mit Recht, ihren frühen Zusammenbruch, die unglückseligen Folgen für die Arbeiterschaft prophezeit, welche neuen politischen Ereignisse bestimmen sie, die Macht zu erobern? Die Lage ist die gleiche wie vor einigen Tagen, eher aussichtsloser. Nur wollte damals die Kommunistische Partei nicht als Minderheit in einer Regierung vertreten sein, sie forderte, obgleich sie die Arbeiterschaft nicht führte, die Führung der Regierung, das Diktat ihres politischen Willens, diesen Machtanspruch hoffte sie jetzt durchzusetzen.«[227]

Ernst eilt gemeinsam mit Klingelhöfer zum Kindlkeller. Dort erklärt Leviné gerade, die Räterepublik sei eine Scheinräterepublik mit einer unfähigen Regierung: »Ihr ließet es zu, dass eine Handvoll verworrener Führer über euer Geschick entscheiden durfte. Ich fürchte, wir sind verloren, so oder so. Es gilt nur in Ehren unterzugehen. Das bedeutet für uns, aus der jetzigen Situation eine machtvolle Kundgebung des Willens des Proletariats zu gestalten. Wir wollen den Massen Anschauungsunterricht geben, ihnen zeigen, wie eine Räterepublik aufgebaut wird und was sie von ihr zu erwarten haben. Den blutigen Preis müssen wir doch zahlen.«[228] Deshalb müsse die aktuelle Räteregierung gestürzt und anstelle des Zentralrats ein kommunistischer Rat gewählt werden, der die Macht übernehmen solle. Die Versammlung applaudiert.

Nun betritt Erich Mühsam den Raum, der mit zwei Genossen vom RAR den Auftrag bekommen hat, mit der KPD über einen Eintritt in den Zentralrat zu verhandeln. Er geht davon aus, dass die Kommunisten den Ausschluss der SPDler und Gewerkschaftsfunktionäre aus dem Zentralrat fordern werden, oder vielleicht die Neubenennung des Rats der Volksbeauftragten. In der festen Absicht, die Forderungen der Partei zu seinen eigenen zu machen, kommt er in der Versammlung an und geht, noch während Leviné spricht, aufs Podium. Kaum jedoch, dass die Menge ihn bemerkt hat, bricht ein ungeheurer Lärm los. Rufe wie »Verräter! Schuft! Volksbetrüger!« werden laut und er wird tätlich angegangen. Unter dem Schutz einiger Genossen, die noch auf seiner Seite stehen, gelangt er hinaus und entgeht so der Gefahr, verprügelt zu werden. Einer seiner Begleiter, der selbst ein Mitglied der KPD ist, wird jedoch schwer misshandelt.

Als sich der Aufruhr gelegt hat, erklärt Leviné, dass er es durchaus für möglich halte, dass die KPD sich unter gewissen Umständen an der Räterepublik beteilige. Diese Umstände sieht er aber vor allem in Form einer militärischen Konfrontation gegeben: »Wir sind von der Unvermeidlichkeit einer militärischen Intervention überzeugt und werden euch zur Seite stehen, wenn der Kampf ausbricht. Aber wir können nur die Verantwortung für eine kommunistische Politik übernehmen und werden nur dann die Macht übernehmen, wenn ihr bereit seid, unser Programm auszuführen.«[229]

Nach Leviné meldet sich Ernst zu Wort. Der Versammlungsleiter will es ihm aber nicht erteilen und so steigt er auf einen Tisch und wendet sich direkt an das Publikum. Er erklärt, dass auch er auf die Beteiligung der Kommunisten hoffe, dass deren Alleinherrschaft, wie Leviné sie fordere, für ihn jedoch nicht infrage komme. Auch eine militärische Auseinandersetzung mit der Reaktion dürfe nicht forciert, sondern müsse im Gegenteil unbedingt verhindert werden. »Wenn ihr heute eure politische Haltung revidiert habt«, ruft er den Kommunisten zu, »und glaubt, dass nur die unfähige Regierung an der Verfahrenheit schuld sei, liegt es an euch, durch eure Mitarbeit die Revolution zu retten. Wenn ihr uns stürzt, eine neue Regierung bildet, und die Bauern nicht mittun, was wollt ihr beginnen, wie wollt ihr München ernähren?«[230]

In der Tat stellt die bayerische Bauernschaft die Revolutionäre immer wieder vor Probleme. Zu Beginn der Räterepublik ist es der Vertreter des Bauernbundes Martin Steiner gewesen, der den Revolutionären als einziger Kompromisse abgerungen hat. Viele Bauern haben Angst, dass die Kommunisten ihnen ihre Höfe wegnehmen wollen. Durch die Kontrolle über die Nahrungsmittel stellen die Bauern eine ernstzunehmende politische Macht dar, zudem ist nur eine Minderheit von ihnen revolutionär eingestellt. So stellt sich auch später heraus, dass der Volksbeauftragte für Landwirtschaft, Steiner, in diesen Tagen mit der Gegenregierung in Bamberg Kontakt aufnimmt. Daraufhin wird ihm von Hoffmann der Posten des Landwirtschaftsministers in seinem Kabinett versprochen, was Steiner sofort akzeptiert. So ist er gleichzeitig Volksbeauftragter der Räterepublik und Minister der Gegenregierung. Dies wird jedoch erst später öffentlich.

An diesem Tag werden über München aus einem Flugzeug Flugblätter der Regierung Hoffmann abgeworfen. Im Hofgarten wurden mittlerweile Flugabwehrgeschütze aufgestellt, die aber wenig gegen die feindlichen Flieger ausrichten können. Die Flugblätter verkünden, dass die Bauernschaft von Franken, der Oberpfalz und dem Ries eine Lebensmittelblockade gegen München verhängt haben.

Leviné erklärt offen, dass dieses Problem nach dem russischen Vorbild gelöst werden müsse und Strafexpeditionen die Bauern dazu zwingen sollen, wieder Lebensmittel zu liefern. »Diese Strafexpeditionen erzielten nicht einmal in Russland Erfolge«, entgegnet Ernst, »in Bayern würde solches Beginnen zu völligem Fiasko führen. In Bayern könnt ihr euch

An die Garnison Münchens!

In allen Formationen, in welchen gestern und vorgestern noch keine Wahlen revolutionäre Soldatenvertreter stattgefunden haben, müssen unverzüglich revolutionäre Soldatenvertreter als Delegierte zum

Rat Revolutionärer Betriebsobleute u. Revolutionärer Soldatenvertreter

gewählt werden.

Jedes Bataillon sendet einen revolutionären Soldatenvertreter.

Jeder revolutionäre Soldatenvertreter muß ein Mandat mitbringen, auf welchem sein eigener Name, der Name der Formation und die Zahl der vertretenden Soldaten angegeben sein muß.

Heute abend 7 Uhr im Münchener Kindl-Keller

Sitzung

des Rates Revolutionärer Betriebsobleute und Revolutionärer Soldatenvertreter.

Der geschäftsführende Ausschuß des Rates
Rev. Betr.-Obl. und Rev. Sold.-Vertreter
J. A.: Rotter.

Druck: Max Steinebach, München.

Aufruf zur Versammlung der Betriebs- und Soldatenräte im Kindlkeller

nicht auf die Dorfarmut stützen, selbst die niederbayerischen Gütler sind keine russischen Muschiks, der bayerische ist nicht der russische Bauer, er ist bewaffnet, er wird sich wehren, wollt ihr auf die Dörfer ziehen und um jeden Liter Milch eine Schlacht liefern?«[231]

Es gelingt Ernst aber nicht, die Kommunisten zum Einlenken zu bewegen. Leviné und Levien ergreifen mehrmals das Wort und erklären, dass der provisorische Zentralrat ersetzt werden müsse durch einen neuen. So wird tatsächlich aus der Versammlung ein neuer 20-köpfiger Zentralrat gewählt. In diesen werden skurriler Weise neben KPDlern auch wieder USPDler und SPDler gewählt, obwohl eben deren Teilnahme an der Räterepublik von den Wortführern der Kommunisten zuvor als Grund für ihre Abstinenz angeführt worden ist. Zum Vorsitzenden des neuen Zentralrats wird der Maurerpolierer Klotz gewählt, nachdem Levien und Leviné diesen Posten abgelehnt haben.

Während sich der neue Zentralrat daranmacht, schriftliche Erlasse aufzusetzen, werden Toller und Klingelhöfer daran gehindert, den Saal zu verlassen. Sie seien Gefangene der neuen Regierung, wird ihnen mitgeteilt. Als erste Amtshandlung beschließt der kommunistische Zentralrat einen Generalstreik und die Bewaffnung der Partei. Letzterer Beschluss wird noch in derselben Nacht von KPD-Mitgliedern, die sich in ihren Sektionslokalen versammelt haben, umgesetzt: 20 Polizeistationen in 15 Stadtbezirken werden von zum Teil bewaffneten Kommunisten besetzt. Einzelne Stationsvorsteher von nachts unbesetzten Polizeistationen werden aus ihren Betten geholt und zum Öffnen der Wachen gezwungen. Im Kindlkeller liegen plötzlich vorgefertigte Stempel des neuen Zentralrats vor, sodass Ernst den Eindruck gewinnt, dass es sich bei der gesamten »Neuwahl« um ein abgekartetes Spiel der Kommunisten handelt.[232]

10. April 1919

Auch dieser Tag ist von politischen Wirren gekennzeichnet. In der Morgendämmerung ist plötzlich vor dem Kindlkeller Lärm zu hören. Die Türen fliegen auf, Soldaten der SPD-nahen Republikanischen Schutztruppe stürmen mit Waffen im Anschlag in den Saal. Der Offizier der Truppe bahnt sich durch die Menge einen Weg zu Toller und Klingelhöfer. Die beiden weichen zurück, woraufhin der Offizier schreit, dass er zu ihrer Befreiung angerückt sei. Die Kommunisten wissen nicht, ob der Überfall ihnen gilt oder ihren Gefangenen. Nun dreht sich der Truppenführer mit schussbereitem Revolver zur Menge um.

Nach Ernsts Erinnerung ruft er »Hände hoch! Verlasst sofort den Saal! Nach dreimaligem Trommelwirbel wird geschossen!« Schon erklingt der erste dumpfe Trommelwirbel und hundert Gewehrläufe richten sich drohend auf die Menschen im Saal. Einige Arbeiter eilen zu den Fenstern, öffnen sie und springen hinaus, die meisten aber bleiben.[233]

Offenbar will die Republikanische Schutztruppe mit der Stürmung der Versammlung ihrer eigenen – von dem Kommunisten beschlossenen – Auflösung zuvorkommen. Ernst befürchtet ein Blutvergießen und befiehlt den Soldaten, sich zurückzuziehen. Zusammen mit Klingelhöfer fährt er im Auto des Offiziers sofort zur Stadtkommandantur. Dort kündigt Polizeipräsident Staimer an, dass im Falle eines Marsches der Kommunisten auf die Kasernen sofort scharf geschossen werde. Um ihn zu beruhigen sichert Ernst Toller Staimer zu, dass die entwaffneten Polizisten wiedereingesetzt werden könnten. Daraufhin gibt dieser telefonisch die Anweisungen an die Polizisten, sich widerstandslos von den Kommunisten entwaffnen zu lassen. So verhindert Toller schließlich, dass es bei der Stürmung der Polizeireviere zu Toten kommt.

Von dem angekündigten Generalstreik ist am Morgen noch nichts zu sehen. Ernst fährt sofort zu den Rüstungsindustriebetrieben von Maffei, um die dortigen Arbeiter von der Unsinnigkeit eines Streiks gegen den Zentralrat zu überzeugen. Klingelhöfer agitiert zur selben Zeit in einigen kleineren Betrieben gegen den Ausstand. Da die Arbeiter keineswegs so unzufrieden mit der Räteregierung sind wie die kommunistische Partei behauptet, gelingt es ihnen, den Streik abzublasen, bevor er überhaupt begonnen hat. Es ist den meisten Arbeitern unbegreiflich, warum Leute wie Mühsam oder Toller plötzlich keine überzeugten Vertreter des Rätegedankens mehr sein sollen, insbesondere nachdem die Münchner USPD ja auf ihrer Versammlung alle kommunistischen Forderungen angenommen und die KPD als ersten Bündnispartner bezeichnet hat. So scheint der Putschversuch der Kommunisten, die der »Scheinräteregierung« stets Unfähigkeit vorwerfen, selbst recht stümperhaft vorbereitet und von einer völligen Fehleinschätzung der politischen Lage geleitet zu sein. Dem »20er Rat« der vergangenen Nacht bleibt nur noch übrig, seinen Rücktritt zu erklären.

Der Zentralrat leitet trotz des Putschversuches keine Repressionsmaßnahmen gegen die KPD ein, sondern fordert vielmehr die Kommunisten noch einmal auf, sich an einer gemeinsamen Räteregierung zu beteiligen. Dieses Mal entsendet die Partei tatsächlich zehn Delegierte unter Leitung von Leviné und Levien, die den Zentralrat beratend unterstützen sollen.

Dort legt die Delegation jedoch ausschließlich eine Erklärung vor, die deutlich macht, dass die KPD in ihrer neuen Beraterrolle weiterhin nur einen Zwischenschritt zur vollständigen Machtübernahme sieht:

»Der Rat Revolutionärer Betriebsobleute und Revolutionärer Soldatenvertreter betrachtet sich als die einzige gewählte und einzig berufene Vertretung des Münchner Proletariats und der Münchner Soldaten. Von dieser Voraussetzung ausgehend hatte der Rat am 9. April beschlossen die ganze Gewalt zu übernehmen. Es wurde ein ›Revolutionärer Stab‹ von 20 Personen gewählt, der beauftragt wurde die ausführenden Maßnahmen zu treffen Der ›Rat Revolutionärer Betriebsobleute und Revolutionärer Soldatenvertreter‹ hatte erwartet, dass der Zentralrat die einzig mögliche Konsequenz aus diesem Beschluss ziehen und freiwillig abdanken würde. In dieser Erwartung hat der Rat sich getäuscht. Mag der Teil der Arbeiterschaft noch so klein sein, der immer noch nicht erkannt hat, dass der Zentralrat, die Spitze einer ›Scheinräterepublik‹ und nicht einer Räterepublik ist, dennoch barg die Situation die Gefahr von Kämpfen des Proletariats gegen das Proletariat in sich. Unter diesen Umständen und insbesondere im Angesicht der seitens der weißen Garden drohenden Gefahr, beschloss der ›Rat Revolutionärer Betriebsobleute und Revolutionärer Soldatenvertreter‹ seinen am 9. April gefassten Beschluss aufzuheben und den ›Revolutionären Stab‹ von seinen Pflichten zu entbinden. Der ›Rat Revolutionärer Betriebsobleute und Revolutionärer Soldatenvertreter‹ betrachtet auch fernerhin die sogenannte Räteregierung als ›Scheinräteregierung‹, da in ihr die grundsätzliche Forderung der Betriebswahl und der jederzeitigen Abberufbarkeit nicht erfüllt ist. Er betrachtet auch fernerhin den Zentralrat keineswegs als berufenen Vertreter der Arbeiterschaft. Der ›Rat Revolutionärer Betriebsobleute und Revolutionärer Soldatenvertreter‹, der sich selbst als die einzige rechtmäßige Vertretung der Arbeiter und Soldaten betrachtet, lehnt es ab, den Zentraltat, die unrechtmäßige Scheinräteregierung einzutreten und die Verantwortung für deren Maßnahmen zu übernehmen. Um jedoch das bayerische Proletariat vor den weißen Garden zu schützen, hat der ›Rat Revolutionärer Betriebsobleute und Revolutionärer Soldatenvertreter‹ eine zehngliedrige Kommission gewählt, deren Mitglieder an Sitzungen des Zentralrates mit beratender Stimme teilnehmen sollen, um die Erfahrungen und Kenntnis bei der Organisie-

> rung der Abwehraktionen gegen die weißen Garden zur Verfügung zu stellen. Diese Kommission wird sich jedoch an der Beratung nur soweit beteiligen, als sie Maßnahmen betreffen, welche erforderlich sind, um die augenblicklich drohende weißgardistische Gefahr abzuwenden. Ebenso erklärt der ›Rat Revolutionärer Betriebsobleute und Revolutionärer Soldatenvertreter‹ für selbstverständlich, dass alle seine Mitglieder teilnehmen werden bei der Durchführung der Maßnahmen, welche notwendig sind zum Schutze gegen die weißen Garden.«[234]

Tatsächlich haben die Kommunisten recht mit ihrer Anklage, dass der Zentralrat über keine rätedemokratische Legitimation verfügt. Alle seine Mitglieder sind in der recht zufällig zusammengekommenen Runde im Wittelsbacher Palais, bei der die Ausrufung der Räterepublik beschlossen wurde, einfach bestimmt worden. Aus diesem Grunde bezeichnet sich der Zentralrat stets als »provisorisch« und erkennt damit implizit die Forderung nach rätedemokratischen Neuwahlen selbst an. So zutreffend dieser Kritikpunkt der KPD an der Räteregierung auch sein mag, so sehr muss daran gezweifelt werden, dass ihr rätedemokratischer Einspruch nicht mehr als bloß machttaktischer Natur ist. Da bisher der kommunistische Hauptkritikpunkt an der Räteregierung immer gewesen ist, dass diese nicht ausschließlich aus Kommunisten bestehe, ist es äußerst zweifelhaft, ob die Partei es ernst meint mit ihrem rätedemokratischen Anspruch, oder ob dies nicht vielmehr eine ihrer Taktiken zur Eroberung der Macht ist.

Trotz der aktuellen Zuspitzung des Konflikts unter den verschiedenen linken Kräften versucht der Zentralrat weiter eine sozialistische Politik voranzutreiben. Es werden erste zaghafte Versuch zum Aufbau einer Roten Armee begonnen, alle noch internierten Kriegsgefangenen, vor allem Franzosen und Russen, werden freigelassen und im Justizpalast nimmt ein Revolutionstribunal seine Arbeit auf. Das Tribunal fußt auf Regeln, die von Ernst unterzeichnet auf Plakaten veröffentlicht werden:

> »1. Das Revolutionstribunal besteht aus achtundzwanzig Richtern, die in Permanenz (Tag und Nacht) tagen, in einer Körperschaft von je sieben Mitgliedern, unter denen sich eine Frau befindet. Außer den sieben Mitgliedern nimmt an den Sitzungen ein Jurist (Rechtsanwalt) mit beratender Stimme teil. Infolgedessen sind dem Tribunal vier Rechtsanwälte zugeteilt. 2. Die Richter setzen sich zusammen aus revolutionären Volksgenossen, die volljährig und im Besitz der bürgerlichen Ehrenrechte sein müssen. 3. Für leichtere Fälle wird eine Gerichtskam-

> mer von drei Richtern bestimmt, worüber das Tribunal entscheidet. 4. Zu jeder Gerichtssitzung wird ein Sprecher (Ankläger) bestellt, diesem jedoch ein Antrag auf das Strafmaß abgesprochen. 5. Die Wahl des Verteidigers steht dem Angeklagten frei. Der Verteidiger aber muss volljährig und im Besitz der bürgerlichen Ehrenrechte sein.«[235]

Das bayerische Revolutionstribunal ist damit das erste deutsche Gericht, in dem Frauen als Richterinnen arbeiten. Darüber hinaus beantragt die Referentin für Frauenrecht im Ministerium für soziale Fürsorge, Gertrud Ralq, bei Delikten, die von Frauen begangen worden sind oder in denen Frauen als Klägerinnen auftreten, eine paritätische Besetzung des Revolutionstribunals mit Männern und Frauen. Um vorschneller Brutalität vorzubeugen, veranlasst Ernst, dass jedes vom Tribunal verhängte Todesurteil vom Zentralrat bestätigt werden muss. Unter anderem deshalb gilt das Tribunal insgesamt als relativ harmlos. Lidia Gustava Heymann ergänzt dazu: »Dass dieses Revolutionstribunal kein Todesurteil aussprach, war ausschließlich auf die Frauen zurückzuführen, die sofort nachdem es zusammentrat als erstes die Forderung erhoben: ›Todesurteile werden nicht verhängt‹. Die Annahme dieses Grundsatzes trug den Frauen – wie sich sehr bald zeigen sollte – den unverbrüchlichen Hass eines Levien und Eugen Leviné ein.«[236] Die psychologische Wirkung des Bekanntwerdens eines Revolutionstribunals bleibt nicht aus, obwohl dieses sogar im Falle der Einrichtung einer geheimen Telefonleitung zu Nürnberger Militärs mit Freispruch urteilt. In den reaktionären Zeitungen wird dagegen das Schreckensbild einer Klassenjustiz gezeichnet. Zu einer solchen kommt es allerdings erst nach der Niederschlagung der Rätebewegung – und zwar unter umgekehrten Vorzeichen.

Erich bemüht sich unterdessen weiterhin nach Kräften um die Beilegung des innerlinken Konflikts und trifft sich unter vier Augen mit Eugen Leviné. Es ist das erste und letzte Mal, dass der KPD-Chef und der Anarchist persönlich miteinander sprechen. Leviné eröffnet das Gespräch, indem er Mühsam versichert, dass er nicht an dessen Integrität und Engagement für die Revolution zweifle. Das nimmt Mühsam zum Anlass, den führenden Kommunist noch einmal zu bitten, seine Agitation gegen die Räterepublik einzustellen und sich stattdessen an deren Aufbau zu beteiligen. Leviné lehnt dies abermals entschieden ab und erklärt die Räteregierung für hoffnungslos gescheitert.

Revolutionäre patrouillieren durch München

»Wir können doch die Karre nicht im Dreck stecken lassen«, ruft Mühsam erregt über die scheinbare Gleichgültigkeit seines Gegenübers.

»Dann ziehen Sie sie wieder heraus!«, gibt Leviné zurück, fügt jedoch sogleich hinzu, dass man Bayern selbstverständlich auch nicht den Konterrevolutionären unter Hoffmann ausliefern dürfe.

Verzweifelt fragt Mühsam, ob die Kommunisten denn nicht vielleicht die Räteregierung durch einen Putsch absetzen und dann die Regierung übernehmen könnten. Leviné hält auch hierfür die Zeit noch nicht für reif. Nichtsdestotrotz würden sich die Kommunisten tatkräftig an den zu erwartenden Kämpfen gegen die Konterrevolution beteiligen und dann werde man schon sehen, wie die neuen Machtverhältnisse aussehen würden. Nach dieser Versicherung beenden die beiden das Gespräch mit einem Händedruck, von dem Mühsam im Nachhinein schreibt, dass er »alle persönlichen Differenzen zwischen uns aufhob und mir die Hoffnung gab, auch noch zu einer Übereinstimmung im Handeln zu gelangen.«[237] Noch am selben Tag aber veröffentlicht Leviné wieder einen Artikel in der *Roten Fahne* gegen die Räterepublik. Darin schreibt er:

> »Alles wie sonst. In den Betrieben schuften und fronen die Proletarier nach wie vor zugunsten des Kapitals. An den Straßen die alten Hüter der kapitalistischen Wirtschaftsordnung mit dem Schutzmannsäbel. Kein bewaffneter Arbeiter zu erblicken. Keine roten Fahnen. Keine proletari-

sche Besetzung in den Machtpositionen der Bourgeoisie.
Alles wie sonst. Noch rattern die Rotationsmaschinen der kapitalistischen Presse und speien ihr Gift und ihre Galle, ihre Lügen und ihre Verdrehungen in die nach revolutionären Kampfworten begierige Menge.
Alles wie sonst. Nur an den Straßen von Wind und Regen zerfetzte Plakate. ›Nationalfeiertag!‹ steht darauf. Nationalfeiertag! Nicht proletarischer Feiertag. Nicht internationaler Feiertag. Von der Nation sprechen sie, der einigen Nation der Arbeiter und Kapitalisten. Von der Nation – die die Proletarier nicht kennt. Und wollten doch die Diktatur des Proletariats errichten!
Schon zieht Oberst Epp seine Freiwilligen zusammen. Die Studenten und andere Bourgeoisiesöhnchen strömen ihm aus allen Enden als Freiwillige zu. In Nürnberg ist der Kriegszustand erklärt. Unser Genosse Dr. Böhnheim ist dort verhaftet worden. In Weimar erklärten die Herren, dass sie nur die alte Regierung anerkennen. Schon wetzt Noske sein Schlächterschwert, um seinen bedrohten Parteigenossen und den bedrohten Kapitalisten zu Hilfe zu eilen.
Grauer Regenschauer hängt über München. Grau und trübe sind auch die Gedanken der kommunistischen Arbeiter.«[238]

Erich liest diesen Artikel voll Unverständnis darüber, warum die Kommunisten die kritikwürdigen Zustände nicht durch konstruktive Mitarbeit im Zentralrat verbessern helfen. Mehr und mehr scheint ihm der Gedanke an eine Verständigung nun doch hoffnungslos. Auch Ernst Toller wirbt weiterhin für die Einigkeit und veröffentlicht im Namen des Zentralrats mehrere entsprechende Aufrufe. In einem davon heißt es:

»Die Einigung des revolutionären Proletariats ist unbedingt notwendig. Die Gegensätze zwischen dem gegenwärtigen provisorischen Zentralrat und der KPD sind keineswegs grundsätzlicher Natur. Der provisorische Zentralrat weiß sehr gut, dass die endgültige Einsetzung der obersten Vollzugsgewalt allein Sache des Proletariats ist. Die Betriebsratswahlen werden im ganzen Lande schleunigst durchgeführt. Aus ihnen wird in allerkürzester Zeit die ordungsgemäße Wahl der Volksbeauftragten und der übrigen Organe hervorgehen. Zur Sicherung der jungen Räterepublik sind die wichtigsten Anordnungen getroffen. Die Rote Armee ist im raschen Werden begriffen. Die Bewaffnung des Proletariats hat begonnen und wird in einigen Tagen vollständig durchgeführt sein. Die Entwaffnung der Bourgeoisie ist angeordnet.

> Proletarier einigt Euch! Die Früchte Eures Streites erntet nur die Reaktion, ernten nur die Weißen Garden! Wir wollen alle dasselbe und wir arbeiten umso besser je tatkräftiger die entschiedensten Vertreter der sozialistischen und kommunistischen Idee am gemeinsamen Werk teilnehmen. Nieder mit der Bourgeoisie! Es lebe das Proletariat!«[239]

Am Abend nutzt Ernst eine Sitzung der Betriebsräte, um weiter für die Einigkeit zu werben. Seine Rede gerät aber einmal mehr zur Attacke gegen die Kommunisten, sodass auf dem Treffen am Ende nur noch wild durcheinandergeschrien wird.

11. April 1919

Inzwischen haben sich alle Minister der Regierung Hoffmann vollständig in Bamberg eingefunden und arbeiten mit voller Kraft am Sturz der Räterepublik. In München wird derweil die bürgerliche Bevölkerung durch Plakate des Zentralrats, unterzeichnet von Ernst Toller, aufgefordert, innerhalb von vierundzwanzig Stunden alle Waffen abzugeben. Noch immer geht es ziemlich chaotisch zu in der Räteregierung. Der Finanzkommissar Silvio Gesell nutzt die Revolution für den Versuch, seine »Freigeldtheorie« zu verwirklichen. In einem Interview erklärt er, dass diese Theorie, obwohl sie »den Uneingeweihten zunächst verblüffen« müsse, »da sie unantastbar und unangefochten ist, die Grundlage zu einer allgemeinen proletarischen Verständigung« liefere.[240] »Das Geld ist das Blut der Volkswirtschaft«, führt er aus. »Mit der Geldhamsterei wird die Schlagader dieser Blutbahn unterbunden. Nicht nur, dass das Geld die Welt regiert, es kann sie auch zugrunde richten. Das geschieht unfehlbar durch Geldhamsterei.«[241] Anstelle des Kommunismus will er sich dafür einsetzten, »das gehamsterte Geld wieder in Verkehr zu zwingen« und damit die »Blutzirkulation« wieder anzukurbeln: »Bei Ausbruch der Revolution tritt sofort das Freigeld an die Stelle des gehamsterten Geldes und erzwingt die ununterbrochene Zirkulation des Geldes. Gelingt es auf diese Weise die Arbeit während der Revolution in Betrieb zu erhalten, so ist damit schon der Erfolg gesichert.«[242] So »würde der größte Wauwau, das Kapital, zur Strecke gebracht, ohne dass es dazu nötig wäre, unsere gesamte Volkswirtschaft auf dem Kommunismus neu aufzubauen.«[243] Da ihn der Zentralrat jedoch daran hindert, diese wilden Ideen tatsächlich umzusetzen, erklärt er enttäuscht: »Mit dem kommunistischen Zentralrat-Ersatz konnte ich meine auf die Freigeldwirtschaft gerichteten Bestrebungen nicht durchbringen.«[244] Das ist wohl auch besser so, da Gesells Ideen teilweise dem verkürzten und antisemitisch aufgeladenen Antikapitalismus der Rechten ähneln.

Noch mehr Sorgen bereitet Ernst der Kommissar für Auswärtige Angelegenheiten, Dr. Franz Lipp. Der sendet immer abenteuerliche diplomatische Depeschen in die ganze Welt. Ernst werden einige der Telegramme vorgelegt. Darin versichert Lipp zunächst dem Papst persönlich seine Ergebenheit: »Ich mache es mir zur heiligen Pflicht, die Sicherheit Ihrer verehrlichen Person und des gesamten Instituts der Nuntiatur in München zu garantieren. Glauben Sie an meine Ergebenheit.« Dann erklärt er Württemberg und der Schweiz den Krieg, wofür er wiederum den Segen des Papstes bekommen werde. Ernst will ihn zum Rücktritt bewegen, trifft ihn in seinem mit Nelken dekorierten Büro aber nicht an und lässt ihn in der Stadt suchen. Als Lipp dann in Ernsts Büro eintrifft, kommt der Kommissar für Äußeres sofort wieder auf die Toilette zu sprechen: »Haben Sie schon das Badezimmer des letzten Königs von Bayern gesehen? Welche Schande. Ich sehe da ein winziges Paddelruder, wundere mich, frage den Lakaien und muss hören, dass Ludwig von Wittelsbach, anstatt zu regieren, stundenlang warme Bäder nahm und zu seinem Vergnügen in der Badewanne paddelte.«[245]

Als Ernst dem offensichtlich psychisch kranken Mann die Rücktrittserklärung vorlegt, geschieht, seiner Erinnerung nach, folgendes: »Lipp erhebt sich, zupft an seinem grauen Gehrock, zieht ein Kämmchen aus der Tasche, frisiert mit eleganter Geste seinen Henri-Quatre-Bart, steckt sein Kämmchen wieder in die Tasche, ergreift die Feder, stützt sich einen Moment auf den Schreibtisch und sagt mit trauriger Stimme: ›Was tue ich nicht für die Revolution.‹ Er unterschreibt das Dokument und geht. Nachmittags sitzt er wieder im Ministerium, beschenkt die Sekretärinnen und redigiert Telegramme. Samariter entführen ihn von seiner Arbeitsstätte.«[246]

Um acht Uhr abends strömen an diesem Freitag mehrere Tausend Menschen im Hofbräuhaus zusammen. Es kommen Soldaten- und Arbeiterräte, Vertreter der verschiedenen Ausschüsse, die neugewählten Betriebsobleute, die sozialistischen Studierenden des Revolutionären Hochschulrats sowie eine Gruppe sozialistischer Akademiker, die Vorstände von KPD und USPD, der Zentralrat und die Volksbeauftragten.

Die Mehrheit der Anwesenden sind aber einfache Mitglieder der drei sozialistischen Parteien oder Gewerkschaften sowie nichtorganisierte Linke. Der Saal ist trotz einem Fassungsvermögen von mehreren Tausend völlig überfüllt, bei Weitem nicht alle, die hineinwollen, bekommen einen Platz. Gustav Klingelhöfer eröffnet als Vorsitzender diese letzte große Diskussionsveranstaltung der libertär-sozialistischen Räterepublik. Als erstem erteilt er Max Levien das Wort, der noch einmal vor den zunehmend verständnislosen Arbeitern zu rechtfertigen versucht, warum die KPD-Führung sich nicht an der Räterepublik beteiligt. Wieder erklärt er, die Räterepublik sei dem Proletariat »in den Schoß gefallen«, sie müsse aber »aus der Not und dem Elend des unteren Volkes heraus« entstehen. Deshalb werde die KPD sich nur auf der militärischen Ebene beteiligen. »Der Zentralrat leitet die Geschicke der Arbeiter, und dies ist nicht der Ausdruck des gesamten Proletariats. Warum wir Kommunisten abseits stehenbleiben und nicht mitmachen? Weil wir all dies nicht mitmachen können. Selbst sollen die Arbeiter ihre Geschicke lenken. Kapitalist bleibt Kapitalist und Proletarier – Proletarier. Es gibt keine Deutschen, es gibt nur noch Parteien.«[247] An Erich gerichtet ruft er: »Sie haben das Volk ins Unglück gestürzt, ohne Kopf!« Erich ruft zurück: »Mir ist Herz ohne Kopf lieber als Kopf ohne Herz.« Dann fügt er hinzu, dass auf dieser Versammlung unbedingt die Einigkeit des Proletariats hergestellt werden müsse und sie vorher nicht auseinandergehen dürfe.

Im Anschluss an Leviens über einstündige Rede gibt Ernst Toller bekannt, dass die Entwaffnung der Bourgeoisie fortschreite, ebenso wie die Bewaffnung des Proletariats. Gustav Landauer verteidigt die Ausrufung der Räterepublik, während Erich sich mittlerweile zur ablehnenden Haltung der KPD bekennt, ihren gegenwärtigen Boykott jedoch scharf kritisiert. Dann spricht Dichtl von der Münchner SPD. Diese hat bei ihren Mitgliedern eine Urabstimmung zur Räterepublik durchgeführt, bei der über die Hälfte der Mitglieder sich für die Räterepublik ausgesprochen hat. Nun erklärt Dichtl jedoch ausdrücklich, dass die Sozialdemokratie nicht »auf dem Boden des Kommunismus steht«, wofür er langanhaltende Buh-Rufe erntet. Werner vom Vorstand der KPD erklärt noch einmal die Position seiner Partei: »Die Münchner KPD kann und darf diese Räterepublik nicht mitmachen. Es ist keine Räterepublik, wie sie sein soll. Die Errungenschaften müssen vom Proletarier aus der tiefsten und bittersten Not erkämpft sein. Nur durch die vielen Geburtswehen hindurch kann das Proletariat das zu halten lernen, was ihm überhaupt zusteht. Wir wollen Klarheit schaffen und werden sie schaffen. Wir trieben die Politik der Spaltung und werden sie weiter betreiben. Wir wollen die sondern, die sich nicht auf unsern Standpunkt stellen, und durch diese Spaltung schaffen wir Klarheit und Einigkeit. Und sie wird dadurch kommen!«[248]

Für dieses offene Bekenntnis zur Spaltung der Revolutionäre erntet nun auch Werner laute Buh-Rufe und Pfiffe. Nach und nach steigert sich im Saal der Unmut über die Starrsinnigkeit der Anführer zu regelrechten Tumulten. Auch KPD-Mitglieder wenden sich lautstark gegen die Haltung ihrer Zentrale. Ein Antrag der Betriebsräte, der gegenwärtigen Räteregierung das Vertrauen auszusprechen wird mit überwältigender Mehrheit angenommen. Erich stimmt dagegen, um seine Verbundenheit mit den Kommunisten zu demonstrieren.

12. April 1919

Es ist der Tag der letzten Sitzung des libertär-sozialistischen Zentralrats. Trotz aller Widrigkeiten ist es ihm gelungen, wichtige politische Ziele zu erreichen: Alle Banken sind mit Kontrollgremien versehen und Abhebungen limitiert worden. So soll einerseits die Finanzierung konterrevolutionärer Umtriebe erschwert und andererseits die Kapitalflucht aus dem revolutionären Bayern verhindert werden. Die Entwaffnung der Bourgeoisie und Bewaffnung des Proletariats schreitet voran, wenn auch langsamer als erwünscht. Landauers revolutionäres Kulturprogramm kann vorerst nur beim Umbau der Universitäten unter dem Revolutionären Hochschulrat erste Erfolge verzeichnen. Während Ernst Toller die Lage der Räterepublik, insbesondere in militärischer Hinsicht, äußerst pessimistisch bewertet, ist Landauer bester Stimmung. In einem Protokoll der Zentralratssitzung wird seine Rede folgendermaßen wiedergegeben: »Er sehe die Situation nicht so trübe an, wie sie nach den Worten des Genossen Toller erscheinen könnte. In Nürnberg sei die radikale Richtung, die zur Räterepublik halte, sehr stark. Auch in Bamberg mache eine Richtung dem Ministerium Hoffmann das Leben nicht allzu leicht, in Amberg sei eine starke militärische Macht auf unserer Seite, die von sich aus tatkräftig mit Aufklärung usw. zu handeln bereit sei. Was Regensburg anlange, so sei es keine Kunst für irgendeine militärische Formation, den Beschluss zu fassen, sie stehe nicht auf dem Boden der Räterepublik, andere Formationen beschlössen das Gegenteil. Fürth stehe ganz auf dem Boden der Räterepublik. Wenn ein Flieger von Nürnberg mit Flugblättern von Hoffman aufsteige, dann steige ein Flieger von Fürth auf mit Flugblättern der Räterepublik, oder zu dem Zwecke, den Nürnberger Flieger nicht zur Verbreitung der Flugblätter kommen zu lassen. Das wisse auch das Ministerium Hoffmann und aus diesen Gründen und vor allen Dingen auch, weil er das, was Genosse Toller in militärischer Hinsicht auch gesagt habe, auch wisse, dass Bayern nicht auf Bayern schießen würden, jener aber nicht den Schluss daraus ziehe wie wir, sondern den, dass es mit seiner Armee auch nicht weit her sein werde, sei er der Überzeugung, dass das Ministerium Hoffmann gern zu einem befriedigenden Vertrag zu irgendeiner Verhandlung kommen möchte… Selbst Landesteile, mit denen wir nicht mehr, oder höchstens noch durch Flieger in direkter Verbindung ständen, kämpften aus eigener Initiative fest und treu für unsere Sache.« Den Kohlemangel erkennt er als ernstes Problem, hofft aber auf die Revolution im Ruhrgebiet: »Die Möglichkeit sei immerhin da, dass ein Streik- und revolutionäre Bewegung von Süd- und Westdeutschland bis zum Ruhrrevier gehe und das, was in Braunschweig begonnen habe, auch anderwärts Gefolgschaft bringe… Zu irgendwelchen Verhandlungen oder zum Verzweifeln scheine ihm kein Grund vorzuliegen.«[249]

So tagt der Zentralrat weiter, ohne zu ahnen, dass in München bereits Vorbereitungen für seine gewaltsame Absetzung stattfinden.

Teil IV
Räterepublik, kommunistisch

13. April 1919

Um vier Uhr morgens wird Erich Mühsams Wohnung von Soldaten der Republikanischen Schutztruppe gestürmt. Ohne Erklärung und ohne Haftbefehl nimmt man ihn fest und bringt ihn in einem Militärwagen zum Hauptbahnhof, ins Hauptquartier der Schutztruppe. Unterwegs fallen Erich Plakate auf, die im Namen der Kasernenräte den Sturz der Räteregierung verkünden und die Regierung Hoffmann als allein rechtmäßig bezeichnen. Im Bahnhofsgebäude trifft er zwölf weitere Linke, unter anderem Wadler und Soldmann, die im Wittelsbacher Palais oder in ihren Wohnungen festgenommen wurden. Bis zum Mittag werden die Gefangenen im Bahnhof festgehalten, während sie beständig auf eine Befreiungsaktion der Revolutionäre hoffen. Dann werden sie in einem Sonderzug unter starker militärischer Bewachung ins 250 Kilometer nördlich von München gelegene oberfränkische Ebrach verschleppt und dort im Zuchthaus eingesperrt.

Ernst Toller hat in dieser Nacht, wie meistens, nicht in seiner eigenen Wohnung, sondern bei einem Freund geschlafen. Am Morgen wird er von der Stimme des Freundes geweckt, der am Telefon steht. Es habe einen sozialdemokratischen Putsch gegen die Räteregierung gegeben. Die Republikanische Schutztruppe habe den Hauptbahnhof eingenommen. Wenige Augenblicke später klingelt es an der Tür. Die beiden gehen davon aus, dass es Soldaten der Schutztruppe sind. Der Freund versteckt Ernst hinter dem Bücherschrank in einer kleinen Kammer, dann öffnet er die Tür. Es ist tatsächlich ein Leutnant. Doch wenig später wird der Schrank wieder weggerückt. Der Leutnant kommt gerade aus der Türkei und will nichts mehr von der Monarchie wissen, seit Wilhelm II. nach Holland geflohen ist. Die Regierung Hoffmann, berichtet der Offizier, habe mit Hilfe einiger Münchener Sozialdemokraten die republikanische Schutztruppe gewonnen, indem jedem Soldaten 300 Mark versprochen worden seien. Die Schutztruppe habe nachts den Bahnhof und mehrere Regierungsgebäude besetzt. Die Bahnlinien nach Ingolstadt seien sabotiert worden, damit kein Nachschub geliefert werden könne. Die Putschisten beherrschten die Stadt, aber die Revolutionäre würden noch kämpfen.

Vor dem Haus patrouillieren Soldaten der Schutztruppe, deshalb bittet Ernst den Leutnant, ihm seine Uniform zu leihen. »Mit Vergnügen«, antwortet dieser, »ich schenke sie Ihnen mit sämtlichen Orden und Ehrenzeichen. Ich verlange nur einen Gegendienst. Wenn Sie die Macht wiedergewinnen, schenken Sie mir ein Flugzeug, ich will zu den Eskimos fliegen und eine Eskimofrau heiraten und das verdammte Europa vergessen.«[250] In der Uniform verlässt Ernst unerkannt das Haus und läuft zum Ort der Kämpfe. Unterwegs erfährt er, dass sich der Gesamtausschuss der Münchner SPD hinter den Putsch gestellt hat.

Anführer des Putsches ist der Sozialdemokrat Aschenbrenner, der bereits zuvor mit seinen konterrevolutionären Aktionen aufgefallen ist. Mit der Republikanischen Schutztruppe hat er den Bahnhof besetzt, dessen Kommandant er vormals gewesen ist. So soll die Verbindung zur Regierung Hoffmann in Bamberg und den bereits versammelten konterrevolutionären Truppen vor München hergestellt werden.

Bewaffnete Räteanhänger haben sich unter der Führung Rudolf Egelhofers auf der Theresienwiese eingefunden und setzen nun zum Sturm auf den Hauptbahnhof an. Auch der Schriftsteller Oskar Maria Graf ist in die Kämpfe hineingeraten. Später erinnert er sich an Folgendes: »›Nie-ieder! Nie-ieder! Nie-ieder!‹, dröhnte auf, die Maschinengewehre knatterten, die Stürmenden jagten abermals vor und schossen, was aus ihren Gewehren herausging. Im Rauchgeschwader tauchte Sontheimer auf, schwang das Gewehr und schrie zurück: ›Vorwärts! Sturm! Sturm!‹ Zwei Gewehre hatte er außerdem umgehängt, auf seinem Bauch baumelten zwei Feldstecher, eine breite rote Schärpe trug er, drinnen steckte ein mächtiger Revolver. Um ihn herum pfiffen die Kugeln. ›Vorwärts! Auf! Sturm!‹, brüllte er abermals und alles stürzte hinter ihm nach, wieder ein Kanonenschuss, Fensterscheiben klirrten, Getroffene fielen um, Boden und Häuser zitterten, die Menge, in der ich steckte, wogte weiter vor mit den Stürmern und mit furchtbarem Geschrei in den krachenden Bahnhof.«[251]

Fünf Stunden lang tobt der Kampf, der 17 Tote und mehr als 100 Verletzte fordert. Am Ende gelingt es den Räteanhängern jedoch, den Bahnhof wieder einzunehmen und so den Putsch niederzuschlagen. Zur Rettung Mühsams und seiner Genossen kommen sie jedoch zu spät. Dem Bahnhofskommandant Aschenbrenner, der zuvor drei Unterhändler der Revolutionäre hat erschießen lassen, gelingt im letzten Moment die Flucht auf einer Lokomotive.

Später stellt sich heraus, dass der Putsch vor allem an einem Koordinierungsfehler gescheitert ist. Bereits am 10. April haben sich Münchner Sozialdemokraten zum Putsch entschlossen. Später erklären Anführer der Thule Gesellschaft ebenfalls an den Vorbereitungen des Putsches beteiligt gewesen zu sein. Von der Firma Krupp und anderen Großindustriellen haben die Verschwörer insgesamt 100.000 Mark für die Finanzierung ihres Vorhabens gesammelt. Diese gaben sie zum Großteil für die Bestechung der Republikanischen Schutztruppe aus. Dann fuhren die Verschwörer nach Bamberg, um sich mit der dortigen Regierung zu koordinieren. Dort wurde ihnen die Vollmacht für die Aktion erteilt und Schneppenhorst ließ Truppen nach Ingolstadt marschieren, die von außen in die Stadt eindringen sollten, sobald Aschenbrenner in München losschlug. Diese Truppen wurden dann aber nie in Bewegung gesetzt. Offenbar wollten die Münchner Putschisten zuerst Herr der Lage werden, bevor die Regierung Hoffmann in der Stadt in Erscheinung treten sollte. Erich Mühsam analysiert die Gründe für den Putsch rückblickend so: »Der ganze Plan des Palmsonntagsputsches stützte sich auf die durch das Außenbleiben der KPD bewirkte Uneinigkeit des Proletariats. Gerade aus dem Verhalten der KPD damals ist zu erkennen, wie schädlich der Parteigeist gewirkt hat.« Deshalb schwört er sich, in Zukunft seine anarchistische Überzeugung konsequenter umzusetzen: »Ich will das verfluchte Parteiführertum bei der Wurzel fassen und ausrotten.«[252]

Die siegreichen Kämpfer, zum Großteil Kommunisten, versammeln sich im Anschluss an die Kämpfe auf der Theresienwiese. Levien erklärt, dass sich die anarchistische Räteregierung unfähig erwiesen habe, die Revolution zu verteidigen, und deshalb eine rein kommunistische Räterepublik ausgerufen werden müsse. Der ebenfalls anwesende Gustav Landauer erklärt, er sei der Verhaftung nur entgangen, weil er noch am Abend vorher das Hotel gewechselt habe. Er trete weiter für die Räterepublik ein und werde auch eine neue kommunistische Regierung unterstützen. Ernst Toller und Gustav Klingelhöfer geben ebenfalls Erklärungen der Unterstützung ab. Daraufhin wird der bisherige Zentralrat für abgesetzt erklärt.

Wenig später wird auf einer Versammlung der Betriebsräte die Exekutive an einen fünfköpfigen Vollzugsrat mit Leviné und Levien und einem fünfzehnköpfigen Aktionsausschuss übertragen. Ernst verliest eine Erklärung des alten Zentralrats:

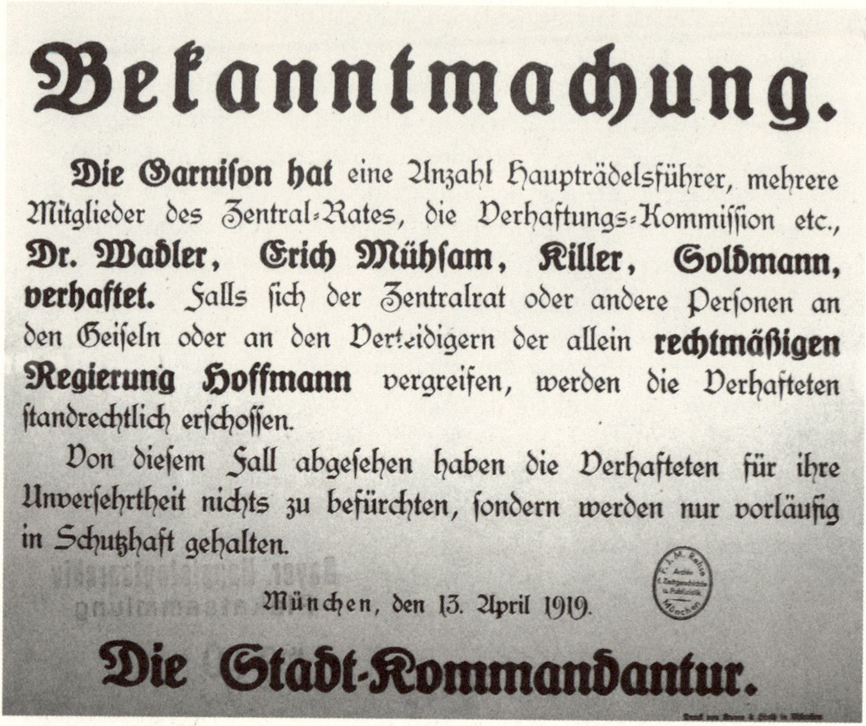

Bekanntmachung.

Die Garnison hat eine Anzahl Haupträdelsführer, mehrere Mitglieder des Zentral-Rates, die Verhaftungs-Kommission etc., **Dr. Wadler, Erich Mühsam, Killer, Goldmann, verhaftet.** Falls sich der Zentralrat oder andere Personen an den Geiseln oder an den Verteidigern der allein **rechtmäßigen Regierung Hoffmann** vergreifen, werden die Verhafteten standrechtlich erschossen.

Von diesem Fall abgesehen haben die Verhafteten für ihre Unversehrtheit nichts zu befürchten, sondern werden nur vorläufig in Schutzhaft gehalten.

München, den 13. April 1919.

Die Stadt-Kommandantur.

Bekanntmachung der Geiselnahme der linksradikalen »Rädelsführer« Wadler, Mühsam, Killer und Goldmann

»Die Sozialverräter haben versucht, im Verein mit der Bourgeoisie und bezahlten Söldnern, die Macht der Arbeiter zu stürzen. Der Versuch ist misslungen! Die Arbeiterschaft, geeint durch das gleiche Ziel und den gleichen harten Willen, hat mit ihren Leibern den Sieg über die Konterrevolution errungen. Wir neigen uns vor den toten Kämpfern in Ehrfurcht. Ein neues Stadium der Revolution ist eingetreten. Der alte provisorische revolutionäre Zentralrat, dessen Mitglieder zum größten Teil verhaftet sind, ist durch den Gang der Ereignisse erledigt. An seine Stelle trat der von der Arbeiterschaft Münchens gewählte Aktionsausschuss, der die Macht übernommen hat. Arbeiter! Euer Werk ist in Gefahr! Schützt die Revolution mit euren Leibern, eurem Willen und euren Herzen.
Es lebe die bayerische Räterepublik! Es lebe die Weltrevolution!«[253]

Damit ist die Auflösung des alten Zentralrats und dessen Anerkennung der neuen kommunistischen Regierung erklärt. Diese Machtübergabe wird von den Betriebsräten allgemein begrüßt.

14. April 1919

Als erste Amtshandlung verkündet die neue Regierung einen Generalstreik, der vor allem zum Aufbau der Roten Armee genutzt werden soll. Später, vor dem Standgericht, wird Leviné dazu erklären: »Den Antrag auf Beschluss des Generalstreiks habe ich allerdings gestellt. Es war eine Selbstverständlichkeit, dass zur Sicherung einer proletarischen Diktatur die gesamten proletarischen Massen zur Verfügung stehen mussten, und zwar bewaffnet; es war keine Polizei da, es galt Plünderungen zu verhüten usw. Der Herr Staatsanwalt sagte, wie hatte ich es fertigbringen können, die Menschen zehn Tage lang von der Arbeit fernzuhalten, jetzt, wo Arbeit so dringend notwendig ist. Die deutsche Regierung hat Millionen von Proletariern nicht zehn, sondern hundert und aberhundert Tage von der Arbeit ferngehalten. Die deutsche Regierung wollte nach Bagdad und Longwy, wir wollten den Kommunismus.« [254]

Die Militärkommission gibt einen Aufruf heraus, der für den Eintritt in die Rote Armee wirbt. Alle Arbeiter, die Mitglieder einer sozialistischen oder freigewerkschaftlichen Organisation sind, können Teil der revolutionären Armee werden. Dann jedoch müssen die Soldaten sich für die mindestens drei Monate Dienstzeit zu eiserner Disziplin in und außerhalb des Dienstes und zum unbedingten Gehorsam gegenüber ihren Kommandeuren verpflichten. Die Kommandeure niederen Grades sollen von den jeweiligen Soldaten frei gewählt werden, während die Regimentsführer und Führer selbstständiger Formationen von den Volksbeauftragten im Einvernehmen mit den Regimentern eingesetzt werden sollen.

Stadtkommandant Egelhofer ordnet die sofortige Entwaffnung der Bürgerschaft und der Polizei an: Wer seine Waffen nicht innerhalb von zwölf Stunden abgebe, werde verhaftet. Mit den so gewonnenen Waffen soll das Proletariat aufgerüstet werden. Außerdem sollen überflüssige Lebensmittel in Hotels, Gaststätten und beim Bürgertum beschlagnahmt werden. Alle Zeitungen werden verboten, als Ersatz werden kostenlos die Mitteilungen des Vollzugsrates der Betriebs- und Soldatenräte verteilt.

Leviné nimmt derweil Kontakt zu Russland auf, um sich der Unterstützung Lenins zu versichern. Da sich die junge Sowjetunion selbst in der schwierigen Situation eines Bürgerkriegs befindet, ist eine praktische Unterstützung der bayerischen Räterepublik, etwa im Sinne militärischer Hilfe, allerdings illusorisch. Lenins Antwort fällt dann auch recht nüchtern aus:

> »Wir danken für die Begrüßung und begrüßen unsererseits von ganzem Herzen die Räterepublik in Bayern. Wir bitten, Sie mögen uns häufiger und konkreter mitteilen, welche Maßnahmen Sie zwecks Bekämpfung der bürgerlichen Henker, der Scheidemänner und Kompagnie durchgeführt haben, ob Sie in Stadtbezirken Arbeiterräte und Hausangestelltenräte geschaffen haben, ob Sie die Bourgeoisie entwaffnet haben und die Arbeiter bewaffnet, ob Sie Kleiderlager und andere Warenlager beschlagnahmt, ob Sie speziell die Fabriken und die Reichtümer der kapitalistischen Landwirtschaftsunternehmungen in der Umgebung expropriiert, ob Sie die Hypotheken- und Pachtabgaben für die Kleinbauern abgeschafft haben, ob Sie die Löhne der Landarbeiter und der ungelernten Arbeiter verdoppelt und verdreifacht haben, ob Sie alles Papier und Druckereien für die Herausgabe populärer Flugblätter und Zeitungen für die Massen konfisziert haben, ob Sie den sechsstündigen Arbeitstag mit zwei- oder dreistündiger Beschäftigung auf Staatsverwaltungsgebiet eingeführt haben, ob Sie die Bourgeoisie gezwungen haben, weniger Raum zu bewohnen zwecks sofortiger Einführung der Arbeiter in reiche Wohnungen, ob Sie alle Banken in Ihre Hände genommen haben, ob Sie höhere Lebensmittelrationen für die Arbeiter als für die Bourgeoisie eingeführt haben! Ob Sie alle Arbeiter für die Verteidigung der Räteregierung bis zum letzten Mann und die Ideenpropaganda in den umliegenden Dörfern mobilisiert haben? Durch restlose Durchführung solcher und ähnlicher Maßnahmen in großem Maßstabe mit Selbsttätigkeit der Arbeiterräte und Abgesandten der Kleinbauernräte muss ihre Lage befestigt sein. Es ist notwendig, der Bourgeoisie eine außerordentliche Steuer aufzuerlegen, um den Arbeitern, Landarbeitern, Kleinbauern sofort um jeden Preis eine tatsächliche Besserung ihrer Lage zu gewähren. Beste Grüße und Wünsche wirklicher Erfolge.«[255]

Auch in Bamberg werden Telegramme geschrieben, aber nicht nach Moskau, sondern nach Berlin. Darin bittet Johannes Hoffmann seinen

Parteigenossen, den Reichswehrminister Gustav Noske um militärische Unterstützung bei der Niederschlagung der Räterepublik. Noske hat bereits Erfahrung in diesem Geschäft, da er zuvor bereits die zwei großen Berliner Arbeiteraufstände im Januar und März 1919 niedergeschlagen hat. So antwortet er routiniert:

> »Die deutsche Reichsregierung ist zur Hilfe für Bayern fest entschlossen, doch kann größere militärische Hilfs-Unternehmung nicht in wenigen Tagen begonnen und durchgeführt werden. Es wird sofort mit Vorbereitung angefangen. Sammlung der Kräfte erfolgt im Norden und Westen an bayerischer Grenze. Die Reichsregierung behält sich für Regelung der Befehlsverhältnisse selbst vor, die Führer für die Hilfstruppen zu bestimmen.«[256]

Währenddessen vollendet Gustav Landauer den Entwurf des revolutionären Kulturprogramms, das der alte Zentralrat bereits in Auftrag gegeben hatte. Eine der zentralen Forderungen ist die völlige Trennung zwischen Staat und Kirche. »Der Kampf gegen die offizielle Kirchenreligion«, heißt es im Programmentwurf, »entspringt der Erkennung, dass dieser Kult der heutigen Gesellschaft nicht mehr entspricht, sowohl in seinen Formen als auch in seiner Ethik. Dieser Geist ist ein Ungeist, hat weder Beziehungen zur Wahrheit noch zum Leben. Wenn etwas beweisbar falsch ist, so sind es diese Vorstellungen allesamt.« Ein Verbot des Religionsunterrichtes der aktuellen Staatskirche komme aus praktischen politischen Erwägungen nicht infrage. Trotzdem müsse aber die revolutionäre Regierung die Kirche als gesellschaftsschädlich bekämpfen. »Die heutige Ausübung der Religion ist Opium. Die Entziehungskur dieses Narkotikums kann aber nicht plötzlich geschehen, sondern nur ansteigend.« So könne man der Kirche nicht sofort alle Geldmittel nehmen, es müsse aber das Prinzip des Eigentums der politischen und nicht der kirchlichen Gemeinden an den Kirchen betont werden. Die karitativen Einrichtungen der Kirche sollen ihrem Zweck erhalten bleiben, die Art der Aufsicht müsse jedoch geändert werden, sodass pädagogisch-ärztliche Richtlinien und nicht kirchliche leitend seien.

In der Schule solle vor allem die Erziehung der Kinder zu Untertanen aufgehoben werden. »Selbstverständlich muss das alte Autoritätsverhältnis in den Schulen aufhören. Freundschaft trete an die Stelle der Autorität, indem die Lehrer die älteren, erfahrenen Freunde der Schüler werden.« Ziel sei die »die Aufhebung der Klassen, das heißt, die Zertrümmerung

Revolutionäre Proletarier!

Eine kleine Gruppe von mehrheitssozialistischen Führern hat mit einigen Soldaten, die an der Räte-Republik Verrat übten, in dieser Nacht einen Putsch versucht. Sie verhafteten eine Anzahl von Mitgliedern des Zentral-Rates.

Der Putsch ist mißglückt.

Die Räte-Republik ist nicht gestürzt.

Aber dieser reaktionäre Angriff gegen Euch, revolutionäre Proletarier, wird das Gegenteil erreichen von dem, was beabsichtigt war. Nunmehr wissen die Arbeiter, daß der Gegner im Hinterhalt lag; daß er zum Sprunge ansetzt, wenn er seine Zeit gekommen glaubt. Die Räte-Republik ist nun gesichert. Allen gegenrevolutionären Elementen zum Trotz wird die Räte-Republik bestehen bleiben. Sie kann erschüttert werden. Aber nach jeder Erschütterung wird sie immer kühner wieder dastehen. Jede Umwälzung führt nur zu umso radikaleren Zielen. Das soll jeder Reaktionär bedenken.

Auf, Proletarier, schützt Eure Räte-Republik! Zieht auf die Theresienwiese, demonstriert für Eure großen Ziele!

Revolutionäre Proletarier, es handelt sich um Eure große Sache; es handelt sich um Eure Macht.

Nieder mit der Reaktion! Serbien ist seit gestern Räte-Republik.

Es lebe das revolutionäre internationale Proletariat! Es lebe die Welt-Revolution!

Abends 6 Uhr versammeln sich alle Betriebs- und Arbeiter-Räte im Löwenbräukeller.

Die Garnison München steht hinter der Räte-Republik. Die Garnison München wird niemals wortbrüchig an ihrem Gelöbnis werden. Nur verräterische Elemente unter den Soldaten, die keine Ehre im Leibe haben, begingen Verrat an der großen Sache des Proletariats. Ein bairischer Soldat hält, was er versprach. Das mögen sich Bürgertum und Offiziere, die jahrelang die Soldaten zu Sklaven machten, merken.

Der prov. revolut. Zentralrat

Bekanntmachung des provisorischen Zentralrats zum gescheiterten Putschversuch des Staates. Die erste Realisierung wird in den Schulen erfolgen, da naturgemäß nur eine im neuen Geist erzogene Generation dieses Ziel erreichen kann.« Zu diesem Zweck soll eine Einheitsschule geschaffen werden, in der sowohl theoretische, als auch praktische und künstlerische Fähigkeiten gleichmäßig gelehrt werden sollen. »Häusliche Schulaufgaben sind eine Prämie für die Faulheit der Lehrer. Sie sind in jedem Unterrichtsfach zu entbehren, auch beim Erlernen fremder Sprachen.«

Jeder festgelegte Stundenplan soll abgeschafft und die Auswahl der Fächer den Kindern weitgehend selbst überlassen werden. »Abgesehen vom Grundrechnen, vom Schreiben und Lesen in der Muttersprache sowie vom Moralunterricht kann die denkbar größte Fakultas herrschen.« Außerdem sollen sich die Kinder während des Unterrichts frei und ungezwungen durch das Klassenzimmer bewegen können. »Es schadet gar nichts, wenn sie sich einmal eine Zeitlang nicht am Unterricht beteiligen, sich anders beschäftigen.« Vom 13. bis zum 15. Lebensjahr sollen die Kinder in einer Lebensgemeinschaft mit theoretischen Lehrern und Handwerksmeistern leben.

Auch die Universität solle weitgehend reformiert und unter die Leitung eines Hochschulrates gestellt werden. Dabei werde es keine Rangeinteilung der Lehrenden geben, sondern nur noch Dozenten mit gleichen Rechten und Pflichten. »Selbstverständlich haben die Studenten ein Mitbestimmungsrecht über die Zulassung zur Dozentur.« Die juristische und die theologische Fakultät solle bis auf Religions- und Rechtsgeschichte abgeschafft werden. Statt Juristen würden Volksgerichte eingesetzt, vor denen sich jeder selbst verteidigen könne. Angewandte Wissenschaften sollen in Technische Hochschulen ausgelagert werden. An den Universitäten werde es künftig nur noch eine philosophische Fakultät im umfassenden Sinne geben. »Die Universität soll eine gute Bildung verlangen, die der Staat jederzeit einem jeden zu übermitteln bereit sein muss.«[257]

Bald wird sich jedoch herausstellen, dass die kommunistische Regierung weit weniger Interesse an der »Umbildung der Seelen« hat, als Landauer es programmatisch festgehalten hat.

Am Nachmittag trifft in München die Nachricht ein, dass von Dachau her eine 800 Mann starke Einheit der Weißen Garde nach München vorstoße. Dabei handelt es sich um jene Einheit, die bereits beim Palmsonntagsputsch in München hätte eindringen sollen. Unter den Revolutionären in München breitet sich die Angst aus. Viele haben Angehörige in den umliegenden Dörfern, um deren Leben sie sich nun sorgen. So auch Gustav Landauer, dessen Töchter noch in Krumbach sind. In einem Telegramm schreibt er: »Ganz wohl drahtet sofort Befinden. Packt alle Betten usw. Ich will Euch hier haben. Auch Helma. Willy holt Euch. Abmeldung nötig. Papa.«[258]

Rudolf Egelhofer gibt den Befehl, zur Verteidigung alle verfügbaren Truppen an den Nordwestausgang von München zu verlegen. Dafür mobilisiert die kommunistische Partei unter ihren Anhängern spontan Freiwillige, da bisher noch keine funktionierenden militärischen Verbände existieren. Kleinere Gruppen von Rotgardisten eilen in den Münchner Norden, auf der Straße schließen sich ihnen spontan Arbeiterinnen und Arbeiter an, sodass die Truppe bald auf 1.000 Bewaffnete angewachsen ist. Unter ihnen sind auch Ernst Toller und der Anarchist Josef Sontheimer. Da Ernst als Kriegsfreiwilliger beim 1. Bayerischen Fuß-Artillerie-Regiment gedient hat, verfügt er über mehr militärische Erfahrung als die meisten anderen Revolutionäre. So reitet er mit einigen Begleitern Richtung Dachau, um die dortigen Truppen zu unterstützen. Diese Entscheidung stürzt ihn jedoch in heftige innere Konflikte. Als er vor einem Jahr beim Januarstreik verhaftet worden ist, hat er sich geweigert, wieder Uniform und Waffen zu tragen. Er hatte sich geschworen, Gewalt eher zu erleiden als auszuüben. Darf er diesen Schwur jetzt, wo die Revolution angegriffen wird, brechen? »Ich musste es tun«, notiert er. »Die Arbeiter hatten mir Vertrauen geschenkt, hatten mir Führung und Verantwortung übertragen. Täuschte ich nicht ihr Vertrauen, wenn ich mich jetzt weigerte, sie zu verteidigen, oder gar sie aufrief, der Gewalt zu entsagen?« Dann wiederum wirft er sich vor, dass er die Möglichkeit einer militärischen Konfrontation vorher hätte bedenken müssen und kein Amt hätte annehmen dürfen. Am Ende kommt er zu dem Schluss, dass jeder Revolutionär wissen müsse, dass »Gesetz und Folgen seines Kampfes von anderen Mächten bestimmt werden als seinen guten Absichten, dass ihm oft Art der Wehr und Gegenwehr aufgezwungen werden, die er als tragisch empfinden muss, an denen er, im tiefen Sinn des Wortes, verbluten kann.«[259]

Am nordwestlichen Stadtrand Münchens bilden die Rotgardisten ohne militärische Leitung eine Schützenlinie und beginnen gemeinsam vorzurücken. Kurz vor der Straße Allach-Ludwigsfeld stoßen sie auf die Weißen Truppen. Es entbrennt ein heftiges Feuergefecht und die Rotgardisten gehen zum Sturm über. Der Feind wird so zum Rückzug gezwungen.

Nachdem die Weißen verschwunden sind, ist die Truppe uneins, was zu tun sei. Ernst fordert sie auf, nach Dachau vorzustoßen. Kurz vor Dachau werden sie beschossen. Das Pferd eines Kavalleristen, der neben Toller reitet, bäumt sich auf und geht zu Boden. Dachau liegt auf einer Anhöhe und ist im Süden von einer morastigen Ebene umgeben, was den erschöpften Rotgardisten einen Angriff zunächst als unmöglich erscheinen lässt. Ernst gibt den Befehl zum Rückzug in den Nachbarort Karlsfeld. Dort versammeln sich in einem Gasthaus die Delegierten der bewaffneten Gruppen zur Beratung. Die Szenerie beim Treffen wird Ernsts Leben nachhaltig verändern. Er erinnert sich:

»›Der Toller soll die Führung übernehmen!‹, ruft einer.

›Von einem Geschütz?‹, antworte ich. Ich denke daran, dass ich im Krieg Artillerieunteroffizier war.

›Na, vom Heer‹, ruft ein alter weißhaariger Krupparbeiter. Ich sträube mich und versuche zu erklären, dass ein Heerführer andere Fähigkeiten braucht.

›Oana muaß sein Kohlrabi herhalten, sonst gibt's an Saustall, und wennst nix vastehst, wirst es lerna, die Haupsach is, dich kennen wir.‹«[260]

So wird Ernst Toller, der Pazifist, zum Kommandanten der Roten Armee im Abschnitt Dachau. Gustav Klingelhöfer, der tatsächlich über mehr militärische Erfahrung verfügt, wird zu seinem Stellvertreter. Damit hat Ernst über tausend Männer und Frauen der mittlerweile auf ungefähr 10.000 Personen angewachsenen bayerischen Roten Armee unter sich. Die Kämpfenden haben die verschiedensten Hintergründe. Neben Kommunisten schließen sich auch Sozialdemokraten und sogar christliche Arbeiter, die an Halsketten Heiligenbilder tragen, der Roten Armee an. Ungefähr zwei Drittel von ihnen sind Industriearbeiter und ein Drittel Bauern. Neun von zehn haben zuvor in der Kaiserlichen Armee gedient. Auch Frauen schließen sich der Roten Armee an. Sie dienen vor allem als Sanitäterinnen und Spioninnen. Darüber hinaus haben sich freigelassene russische und italienische Kriegsgefangene freiwillig gemeldet.

Ernst ist nicht der einzige Antimilitarist in der bayerischen Roten Armee. Vielen der Veteranen des Weltkriegs ist der blinde Obrigkeitskult der preußischen Armee zuwider. So versuchen sie ihre Rote Armee entsprechend ihrer politischen Ideale zu organisieren. Die Offiziere werden gewählt, es wird nicht vor ihnen salutiert und sie werden geduzt. Blinder Gehorsam soll durch Konsens ersetzt werden. Falls sich ein Kommandeur und ein Soldat über Anweisungen nicht einig werden, sollen Soldatenräte als Vermittler hinzugerufen, oder die Frage durch Abstimmung gelöst werden. Die Entlohnung von fünf Mark am Tag und die Verpflegung ist für alle Mitglieder der Roten Armee, vom Frontsoldaten bis zum Oberkommandierenden, dieselbe.

Ernst berichtet vom neuen Geist, der in den Einheiten herrscht: »Autorität und blinder Gehorsam regierten das kaiserliche Heer, auf Freiwilligkeit und Einsicht soll die rote Armee sich gründen, wir dürfen den alten verhassten Militarismus nicht übernehmen, der rote Soldat darf keine Maschine sein, er hat erkannt, dass er für seine Sache ficht, sein revolutionärer Wille wird die notwendige Ordnung schaffen.« Viel zu lange seien die deutschen Arbeiter an Gehorsam gewöhnt worden, sodass der Gehorsam nunmehr in ihren eigenen Willen eingebrannt sei. »Er will gehorchen, Brutalität hält er für Stärke, autoritäre Herrengeste für Führertum, Ausschaltung eigener Verantwortlichkeit für Disziplin, vermisst er die gewohnten Ideale, glaubt er, das Chaos breche an. Der Instinkt für Freiheit und Freiwilligkeit ist verschüttet und gebrochen. Jahre wären nötig, um die Laster des Militarismus zu überwinden. Der alte Staat war stark durch das Untertanentum seiner Bürger, gezüchtet in Schulen, Kasernen, Vereinen, Zeitungen, die neue Gesellschaft kann nur durch freie Menschen aufgebaut werden, Untertanengesinnung untergräbt sie.«[261]

Diese Einstellung macht Ernst beliebt bei den meisten seiner Kämpfer. Die Realität des Bürgerkrieges wird den Antimilitarismus jedoch bald auf eine harte Probe stellen. Noch sind die Revolutionäre an der Front und in München, angesichts ihrer militärischen Erfolge, vorsichtig optimistisch. Selbst Eugen Leviné, der die Situation zunächst äußerst pessimistisch beurteilt hatte, lässt sich von der allgemeinen Hoffnung anstecken. Immer wieder erklären ihm seine Parteigenossen, hier in Bayern sei es anders, die bayerische Regierung werde sich hüten, Preußen einmarschieren zu lassen. So glaubt auch er bald an die Möglichkeit, dass die bayerische Revolution sich vielleicht so lange halten könne, bis anderswo auch eine

Räterepublik ausgerufen würde, und dass die Regierung Hoffmann davon absehen werde, eine Reichsarmee gegen Bayern einzusetzen.[262]

16. April 1919

Ernsts erste Handlung als Kommandant ist zugleich eine heftig umstrittene: Um Blutvergießen zu vermeiden, schickt er Parlamentäre nach Dachau. So soll der Major der weißen Truppen zum kampflosen Rückzug hinter die Donau bewegt werden. Dazu wird ein Waffenstillstand von zwölf Uhr mittags bis sechs Uhr abends vereinbart. Die Parteikommunisten im Dachauer Generalstab werfen Ernst vor, dass er damit dem geschlagenen Feind eine willkommene Verschnaufpause verschafft, die dieser dazu nutzen werde, sich neu zu formieren. Unter diesen Kritikern ist auch der Infanteriekommandant Erich Wollenberg, der Ernst in erbitterter Feindschaft gegenübersteht und ihn als »typischen Vertreter des wildgewordenen Spießbürgertums« beschimpft, dem es nur darum gehe, dem Kommunismus zu schaden.[263]

Während Klingelhöfer die Rotgardisten nach Karlsfeld zurückzieht, fährt Ernst nach München zu einer Versammlung der Betriebsräte. Die Stadt leidet nunmehr unter einer ernsten Hungersnot. Zusätzlich zur ohnehin schon mangelhaften Lebensmittelversorgung hat die Bamberger Regierung eine Hunger-Blockade über ganz Niederbayern verhängt. Bauern, die Lebensmittel nach München und in andere revolutionäre Städte schicken, werden bestraft. Auf seinem Weg zur Versammlung sieht Ernst ein Flugblatt der Regierung Hoffmann: »Niederbayern soll kein Stück Brot mehr nach München und Augsburg liefern, da dort nur spartakistische Banditen sind.«[264] Er kommt aber auch an einem Plakat vorbei, das der Bund sozialistischer Frauen in der gesamten Stadt geklebt hat:

> »Frauen und Mütter! Wir hassen den Krieg, noch mehr aber den Bruderkrieg! Wir verurteilen die Hungerblockade der Entente, noch mehr aber die Hungerblockade Hoffmanns. Es ist ein gemeines Verbrechen an uns und unseren Kindern, durch Hunger politische Macht behaupten zu wollen. Sind sich die Herren bewusst, dass sie den Tod von Tausenden armer Kinder und Frauen auf ihr Gewissen laden? Haltet ein! Sonst werden wir unsere Kinder rächen!
> Bund sozialistischer Frauen«[265]

Auf der Betriebsräteversammlung hört Ernst zunächst Max Levien zu den Räten sprechen: »Unsere Hauptaufgabe«, erklärt er, »ist die Bewaffnung des Proletariats. In einer Nacht habt ihr mehr geleistet, als der Zentralrat in zehn Tagen. Ihr habt euch selbst bewaffnet. Darin besteht das Wesen der proletarischen Regierung, dass sie selbst nichts machen kann, dass sie nur an euch appellieren kann, euch Vorschläge machen. Handeln müsst ihr auch weiter selbst.« Um die Loyalität der Beamten zu sichern, seien die Gehälter der unteren Beamten erhöht worden, auf die oberen könne die Revolution ohnehin verzichten. Bei den Soldaten habe die Räterepublik starken Rückhalt. Sämtliche Kasernenräte haben sich für die neue Räterepublik ausgesprochen. Auch die Entwaffnung des Bürgertums mache Fortschritte: »Wer Waffen noch zurückbehält, verdient keine Schonung und wird erschossen«, verkündet Levien.[266]

Als nächster erklärt Eugen Leviné die weiteren Aktivitäten der neuen kommunistischen Regierung. Es sei eine Verkehrskommission gebildet worden, die Post, Telegraf, Telefon und Funkstation leitet. Im Telefondienst seien Kontrolleure eingesetzt worden, um Feindkommunikation zu unterbinden und auch das Telegrafenamt sei unter Beobachtung gestellt worden. Außerdem würden alle Fahrzeuge kontrolliert, damit die Bourgeoisie nicht Waffen und Kostbarkeiten fortbringen könne. Alle Bahnlinien seien durch schweres Geschütz gesichert. Züge, die auf das Haltesignal nicht anhielten, würden unter Artilleriefeuer genommen. Die Wirtschaftskommission sorge für die Sicherstellung der Zufuhr von Lebensmitteln, Rohstoffen und Kohle nach München. Sie beschlagnahmt Hotels, in die obdachlose Arbeiterinnen und Arbeiter einquartiert werden oder Mitglieder des Aktionsausschusses, die weit weg wohnen und in München arbeiten müssen. »Wir werden nach Noskes Beispiel arbeiten«, erklärt Leviné. »Wie er jedes Arbeiterviertel absperren und Haus für Haus nach Waffen absuchen ließ, so werden wir die Bourgeoiseviertel absperren und Spind für Spind nach Speck, Eiern und Butter durchsuchen lassen.«[267] Dann setzt er zu einer glühenden Abschlussrede an:

»Die Gefahr ist nicht gewichen. Es ist nicht ausgeschlossen, dass die Weiße Garde uns bedroht, dass der Hunger an die Tore Münchens pocht. Ebert-Scheidemann-Noske können sich nur noch ein paar Wochen halten. Überall gärt es in Sachsen und Braunschweig. Wenn wir uns ein paar Wochen halten, dann ändert sich die Stimmung im ganzen Reich. In Italien sieht man mit Freude und Hoffnung auf Bayern. In Frankreich, England, Amerika wissen die Kapitalisten nicht mehr, was sie anfangen sollen, überall kommt der Bolschewismus durch. Die internationale Lage ist günstig und wir stehen auf vorgeschobenem Posten. Wir wissen nicht, ob wir auf dem ersten Hieb aushalten können und ob wir Sieger bleiben, bis uns ganz Deutschland zu Hilfe eilt. Wir wollen es versuchen und wissen, umsonst ist der Kampf nicht gewesen.«[268]

Ernst meldet sich auf der Versammlung nicht zu Wort, ist aber äußerst skeptisch angesichts der Alles-oder-Nichts-Rhetorik der Kommunisten. Später trifft er sich noch mit seinem alten Mentor Gustav Landauer. Der ist völlig resigniert, weil das von ihm ausgearbeitete Kulturprogramm von Leviné in Bausch und Bogen abgelehnt worden ist. Einzige Begründung: Es sei »zu bürgerlich«. Landauer wettert über die autoritären und militaristischen Kommunisten. Der Marxismus habe »verzweifelte Ähnlichkeit mit dem militärischen und bürokratischen Wesen«. Es sei kein Zufall, dass man heutzutage echte Marxisten fast nur noch in den Ländern des Feldwebels, Subalternbeamten und des Apparatschiks finde: in Preußen und Russland. »Nicht umsonst verspürt man die Disziplin und die davon untrennbare Grobheit und Befehlshaberei nirgends so oft, wie in der preußischen Armee und in der deutsch-preußischen Sozialdemokratie.«[269]

Angesichts dessen kann Landauer sich nicht länger mit der kommunistischen Regierung identifizieren. Er formuliert einen Brief an den Aktionsausschuss, in der er die Niederlegung seiner Ämter erklärt:

> »Ich habe mich um der Sache der Befreiung und des schönen Menschenlebens der Räterepublik weiter zur Verfügung gestellt. Sie haben meine Dienste bisher nicht in Anspruch genommen. Inzwischen habe ich Sie am Werke gesehen, habe Ihre Aufklärung, Ihre Art, den Kampf zu führen, kennengelernt. Ich habe gesehen, wie im Gegensatz zu dem, was Sie ›Scheinräterepublik‹ nennen, Ihre Wirklichkeit aussieht. Ich verstehe unter dem Kampf, der Zustände schaffen will, die jedem Menschen gestatten, an den Gütern der Erde und der Kultur teilzunehmen, etwas anderes als Sie. Der Sozialismus, der sich verwirklicht, macht sofort alle schöpferischen Kräfte lebendig: in Ihrem Werk aber sehe ich, dass Sie auf wirtschaftlichem und geistigem Gebiete, ich beklage, es sehen zu müssen, sich nicht darauf verstehen. Es liegt mir fern, das schwere Werk der Verteidigung, das Sie führen, im Geringsten zu stören. Aber ich beklage aufs schmerzlichste, dass es nur noch zum geringen Teil mein Werk, das Werk der Wärme und des Aufschwungs, der Kultur und der Wiedergeburt ist, das jetzt verbreitet wird.«[270]

Ernst kann Landauer gut verstehen. Auch er hat nach all den Konflikten mit den Kommunisten mehrmals darüber nachgedacht, seine Ämter niederzulegen. Aber das Gefühl der Verantwortung überwiegt, schließlich zählen die roten Truppen bei Dachau auf ihn. So macht er sich auf den Weg zu der Sitzung, bei der eine Militärkommission gebildet werden soll. Fast schon absurd erscheint es Ernst, dass die Kommunisten für diese Kommission nun auch Wilhelm Reichart vorschlagen, den sie zuvor aus ihrer Partei ausgeschlossen haben, weil er in der ersten Phase der Räterepublik das Militärkommissariat übernommen hat. Stadtkommandant Rudolf Egelhofer wird zum Oberkommandanten der Roten Armee ernannt. Max Levien versucht, Toller und Klingelhöfer das Kommando über den Dachauer Frontabschnitt abzunehmen, hat damit aber keinen Erfolg. Sie werden in ihren Positionen als gewählte Abschnittskommandanten bestätigt, ihnen wird jedoch August Sandtner als Vertreter der KPD an die Seite gestellt.

Eine halbe Stunde vor Ablauf des Waffenstilltandes erreicht Ernst wieder Karlsfeld. Dort sind inzwischen Verstärkungen eingetroffen, fünfhundert Arbeiter aus der Waffenfabrik von Maffei, bewaffnet und militärisch gegliedert. Außerdem zwei Artilleriebatterien mit sechs Geschützen. Ernst wird der Befehl überbracht, Dachau mit Artillerie zu bombardieren und dann zu stürmen. Er weigert sich jedoch, den Befehl zu befolgen, da er davon ausgeht, dass ein Großteil der Dachauer Bevölkerung auf der Seite der Roten stehe und er zivile Verluste vermeiden will. Stattdessen schickt er einen Parlamentär nach Dachau, der den Weißgardisten ein Ultimatum stellt. Darin wird die Freilassung der beim Palmsonntagsputsch Entführten, die Aufhebung der Hungerblockade und der Rückzug der weißen Truppen bis hinter die Donaulinie gefordert. Nach zwei Stunden erreicht Toller die Nachricht, dass die Bamberger Regierung die Forderungen angenommen habe, die weißen Truppen sich jedoch nur bis nach Pfaffenhofen zurückziehen würden.

Plötzlich beginnt die Artillerie der Roten Armee doch noch Dachau zu beschießen. Toller versucht, den dafür Verantwortlichen zu identifizieren und fährt im Auto zur Artilleriestellung. Aber an dem Ort, wo er die Truppen stationiert hat, ist niemand mehr zu sehen. Plötzlich wird sein Auto von Maschinengewehrfeuer bestrichen. Er fährt trotzdem weiter und entdeckt die in Schützenlinien vorrückenden Roten Truppen. Auf die Frage an den Zugführer, wer den Befehl zum Angriff gegeben habe, erhält er die Antwort, dass ein Soldatenrat Wimmer dafür verantwortlich sei. Nach der Niederschlagung der Räterepublik wird dieser sich als Agent der Weißen zu erkennen geben und erklären, den Befehl nur gegeben zu haben, um Verwirrung zu stiften. Nun sind Tollers Truppen bereits in schwere Gefechte mit den Weißgardisten in Dachau verwickelt. Er ist empört über den Bruch des Waffenstillstands, aber ihm ist klar, dass er nicht mitten im Gefecht den Rückzug befehlen kann. So rast er mit dem Auto nach Karlsfeld zurück und schickt die Reserven den Kämpfenden zu Hilfe. Auch er selbst schließt sich einem der vorrückenden Trupps an. Der Beschuss durch den Gegner wird stärker und Tollers Gruppe verlangt Artillerieunterstützung. Er weigert sich jedoch weiterhin, den Befehl zur Bombardierung Dachaus zu erteilen. Stattdessen stürmt er mit einigen Freiwilligen voran. Kurz darauf schließt sich der Rest der Roten Truppen an und stürmt Dachau.

Die Weißen Truppen haben die Zeit des Waffenstillstandes genutzt, um sich neu zu organisieren. Sie haben auf dem erhöht gelegenen Dachauer Schlossplatz Geschütze und Maschinengewehre in Stellung gebracht, um die südliche Ebene kontrollieren zu können. Auch weiter unten in der Stadt haben sie zahlreiche Maschinengewehre positioniert. Sie sind von ihren Spitzeln bereits über den bevorstehenden Angriff der Roten vorgewarnt worden. Der Major der Weißen gibt den Befehl, die Revolutionäre heranrücken zu lassen und dann in die dichte Menge zu feuern. In der Stadt selbst befinden sich jedoch auch Arbeiterinnen der Dachauer Munitionsfabrik, die von dem Befehl hören. Sie nähern sich den Soldaten an den Maschinengewehren und bedrängen sie, nicht auf die Revolutionäre zu schießen. Die Weißen Offiziere versuchen die Frauen zu verjagen, legen sogar ihre Waffen auf sie an. Das wiederum bringt ihre männlichen Kollegen in Rage, sie stürzen sich auf die Offiziere, um sie zu entwaffnen. In Panik flieht der Stab zu seinen Autos, ganze Abteilungen der Weißen nehmen Reißaus, andere ergeben sich widerstandslos. Die von Toller nach Dachau entsandten Parlamentäre, deren Erschießung bereits befohlen worden war, können sich im Durcheinander retten. Ungefähr zweihundert Weißgardisten werden festgesetzt, mehrere Maschinengewehre und Geschütze beschlagnahmt. Die weißen Truppen ziehen sich bis ins 50 Kilometer nördlich gelegene Pfaffenhofen zurück.

Toller wird von der Bevölkerung und den Revolutionären als der Befreier von Dachau gefeiert. Er selbst ist sich da nicht so sicher. »Ich, der ›Sieger von Dachau‹?«, wundert er sich. »Die Arbeiter und Soldaten der Räterepublik haben den Sieg erfochten, nicht ihre Führer. Ohne Unter-

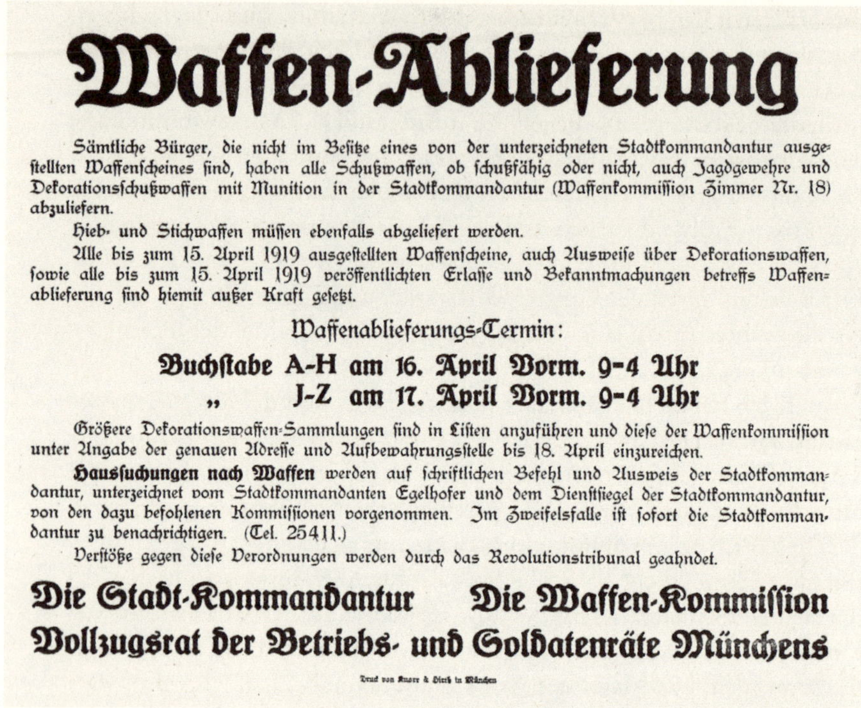

Waffen-Ablieferung

Sämtliche Bürger, die nicht im Besitze eines von der unterzeichneten Stadtkommandantur ausgestellten Waffenscheines sind, haben alle Schußwaffen, ob schußfähig oder nicht, auch Jagdgewehre und Dekorationsschußwaffen mit Munition in der Stadtkommandantur (Waffenkommission Zimmer Nr. 18) abzuliefern.

Hieb- und Stichwaffen müssen ebenfalls abgeliefert werden.

Alle bis zum 15. April 1919 ausgestellten Waffenscheine, auch Ausweise über Dekorationswaffen, sowie alle bis zum 15. April 1919 veröffentlichten Erlasse und Bekanntmachungen betreffs Waffenablieferung sind hiemit außer Kraft gesetzt.

Waffenablieferungs-Termin:

Buchstabe A-H am 16. April Vorm. 9-4 Uhr
„ J-Z am 17. April Vorm. 9-4 Uhr

Größere Dekorationswaffen-Sammlungen sind in Listen anzuführen und diese der Waffenkommission unter Angabe der genauen Adresse und Aufbewahrungsstelle bis 18. April einzureichen.

Haussuchungen nach Waffen werden auf schriftlichen Befehl und Ausweis der Stadtkommandantur, unterzeichnet vom Stadtkommandanten Egelhofer und dem Dienstsiegel der Stadtkommandantur, von den dazu befohlenen Kommissionen vorgenommen. Im Zweifelsfalle ist sofort die Stadtkommandantur zu benachrichtigen. (Tel. 25411.)

Verstöße gegen diese Verordnungen werden durch das Revolutionstribunal geahndet.

Die Stadt-Kommandantur Die Waffen-Kommission
Vollzugsrat der Betriebs- und Soldatenräte Münchens

Druck von Knorr & Hirth in München

Plakat der kommunistischen Räteregierung zur Entwaffnung des Bürgertums (F.Mon. 3343)

schied der Partei eilten sie herbei, die Revolution zu schützen, auch sozialdemokratische, auch parteilose Arbeiter, sie warteten auf keine Parole, die einheitliche Front der Werktätigen formierte sich in der Tat.«[271]

Per Kurier trifft ein Befehl vom Oberkommandanten Egelhofer aus München ein, nach dem die gefangenen Offiziere sofort vor Standgerichte gestellt und erschossen werden sollen. Ernst zerreißt den Befehl. Er lässt die Offiziere nach München in ein Hotel zur »Ehrenhaft« überstellen. Die gefangenen Soldaten dürfen sich in Dachau frei bewegen und werden verpflegt wie die roten Truppen auch. »Es sind irregeleitete Brüder«, schreibt Ernst. »Sie werden die Gerechtigkeit unserer Sache erkennen, sie werden sich überzeugen, dass sie belogen wurden, sie dürfen frei sich entscheiden, ob sie bei uns bleiben oder in die Heimat zurückkehren wollen. Mögen die Gesetze des Bürgerkriegs noch so brutal sein, ich weiß, die Konterrevolution hat in Berlin rote Gefangene ohne Schonung gemordet, wir kämpfen für eine gerechtere Welt, wir fordern Menschlichkeit, wir müssen menschlich sein.«[272] Die meisten Soldaten wählen die Option der »Rückkehr in die Heimat«. Wenige Tage später kämpfen sie – wieder neubewaffnet – gegen die Revolutionäre. In der Versammlung der Betriebsräte ist von 700 gefangenen und entwaffneten Weißgardisten die Rede, die wieder freigelassen wurden. Eugen Leviné fordert angesichts dessen wutentbrannt, Ernst wegen Ungehorsams festnehmen zu lassen.

17. April 1919

Ernst Toller hat an der Dachauer Front mit ernsthaften Disziplinproblemen in der Roten Armee zu kämpfen. Ungefähr zweitausend Kämpfende haben Dachau eingenommen, nach drei Tagen aber sind tausend davon ohne Erlaubnis nach München zurückgekehrt. Er sieht sich gezwungen, die eigenmächtig Abreisenden aufzuhalten. Einige der alten Regeln militärischer Disziplin erweisen sich auch für die Antimilitaristen in der Roten Armee als unverzichtbar. So lässt Ernst den Dachauer Schankwirten verbieten, den Rotarmisten Alkohol zu verkaufen, um die Kampfkraft der Truppe aufrechtzuerhalten. Nicht gut kommt bei der Truppe an, dass Ernst nach Beschwerden aus dem Bürgertum auch das Einquartieren der Rotgardisten in den Villen von Dachau verbietet und für seine Kämpfer stattdessen Massenunterkünfte in Ställen einrichtet, wo es bitterkalt wird. Laut einem Bericht seines Feindes Erich Wollenberg, vernachlässigt Ernst auch die Errichtung von Defensivstellungen und das Sprengen der nach Dachau führenden Eisenbahngleise.[273]

In München schlägt Ernst dem Generalstab um Egelhofer vor, weiter in die Offensive zu gehen. Er glaubt, dass die militärische Niederlage die Bamberger Regierung moralisch geschwächt hat. Er will den weißen Truppen keine Zeit lassen sich zu sammeln, glaubt, dass die Rote Armee stark genug ist, die Weißen über die Donau zurückzudrängen. Außerdem stocke die Lebensmittelversorgung in München. Durch einen Vormarsch könnte die Rote Armee die Holledau einnehmen, ein landwirtschaftlich wichtiges Gebiet, dessen Bauern den Revolutionären freundlich gesinnt seien. Der Generalstab verbietet Ernst jedoch den Vorstoß. So gelingt den Weißen Truppen der Vormarsch bis nach Augsburg.

Auch in Berlin tagt zur selben Zeit ein Kriegsrat, wenngleich ein gegenrevolutionärer. Im Reichswehrtruppenkommando I hat sich eine illustre

Runde zusammengefunden. Reichswehrminister Gustav Noske hat seine Militärs und die Kommandeure verschiedenster rechter Freikorps zusammengerufen, um die Niederschlagung der Bayerischen Räterepublik zu planen. Nach der offiziellen Kapitulation des Deutschen Kaiserreichs haben sich die meisten zurückgeführten Truppen aufgelöst. Noske war deshalb dazu übergegangen, bis auf die Offiziere alle Soldaten zu entlassen und die Reihen mit Freiwilligen aufzufüllen. Darüber hinaus haben sich jüngere Frontoffiziere mit überzeugten Reaktionären zusammengeschlossen, um die Aufstellung von Truppenverbänden aus ehemaligen Soldaten und ungedienten Freiwilligen voranzutreiben. Diese Verbände werden als Freikorps bald berüchtigt werden. Ihr Hauptziel ist die Niederschlagung sozialrevolutionärer Bewegungen im gesamten Land. Aus diesem militanten Antikommunismus entwickeln einige ihrer Führer wie der bayerische Oberst von Epp eine rechtsextreme Ideologie, die dazu führt, dass die Freikorps später nahtlos in die paramilitärischen Verbände der Nazibewegung übergehen werden.

Dem Generalleutnant von Oven wird der Oberbefehl über reguläre Soldaten und Freikorps für die geplante Operation übertragen. Die Truppen werden in vier Gruppen unterteilt: Die erste besteht aus dem berüchtigten rechtsextremen Freikorps Lützow, einer Marinebrigade und einer Gardekavallerie-Schützendivision unter Oberst Deetjen. In der zweiten Gruppe befindet sich das Hessisch-Thüringisch-Waldeckschen Freikorps, das Freikorps Görlitz und die zweite Gardedivision. Geführt wird sie von Generalleutnant von Friedeburg. Die Dritte Gruppe unter Generalmajor Haas besteht aus dem Württembergischen Freikorps, dem Detachement Bogendörfer, dem Freikorps Epp und dem Freikorps Schwaben. Die vierte und letzte Gruppe setzt sich aus verschiedenen kleineren nordbayerischen Einheiten zusammen und wird später von Hoffmann unter den Befehl von General Möhl gestellt. Insgesamt sollen über 50.000 Mann gegen die rund 10.000 Verteidiger der Bayerischen Räterepublik in Marsch gesetzt werden.

Während sich solch militärisches Unheil zusammenbraut, beginnen an der Münchner Universität erst einmal Ferienkurse für Arbeiter.

18. April 1919

Hilde Kramer geht im Aktionsausschuss der KPD, der in der Privatwohnung eines Genossen tagt, ein und aus. In einem kleinen Zimmer sitzen und stehen etwa ein Dutzend Leute. Abwechselnd fällt der eine oder die andere aufs Bett, um übermüdet ein paar Minuten zu schlafen. In einer Ecke steht ein großer Kavalleriesäbel, in einer anderen Gewehre. Eine Handgranate liegt auf einem Tischchen, als gehöre sie zur Einrichtung. Alle Mitglieder des Ausschusses sind bewaffnet. Besonders stolz sind sie auf die Revolver mit der Prägung KPD (Königliche Polizei-Direktion). Es finden hitzige Debatten statt, die aber fast immer sachlich bleiben, mit nur knappen Begründungen der Vorschläge und schneller Entscheidung. Ein wichtiges Thema ist die Nahrungsmittelknappheit. Bisher lieferten die Bauern täglich 150.000 Liter Milch nach München, jetzt sind es nur noch 17.000 Liter. Es wird beschlossen, das Verarbeiten der Milch zu Butter und Käse zu untersagen. Angeblich kommt es immer wieder zu Plünderungen. Deshalb unterzeichnet Militärkommissar Reichart einen Aufruf mit der Überschrift »Schützt euch vor den Revolutionsschmarotzern«. Darin wird Plünderern die Erschießung angedroht. Zudem herrscht Mangel an Kohle und an Geld.

An einer Ecke des Tisches werden Proklamationen verfasst und zur Druckerei gebracht. »Jeder größeren Bank wird ein politischer Kommissar zugeteilt«, liest Hilde auf einem der Schriftstücke »Dieser hat alle großen Beträge zu prüfen, um eventuell unnötige Verschleppungen zu verhüten. Abhebungen über 1.200 Mark bedürfen der Genehmigung des Vollzugsrates.«

Boten wuseln herum. Für bestimmte Aufgaben werden Mitglieder des Ausschusses persönlich abgestellt, andere Instruktionen werden schriftlich an die Parteisektionen gesandt. Die Sozialisierung soll vollständig erfolgen. Deshalb wird eine Beschlussvorlage für die Betriebs- und Soldatenräte vorbereitet, bei der Leitsätze für die Kontrolle von Geschäften durch Betriebsräte festgelegt werden. Die Betriebsräte haben nun die Aufgabe, die Betriebsleitungen zu kontrollieren. Gleichzeitig ist jedes Mitglied des Betriebsrats jederzeit durch die Belegschaft abwählbar.

Immer wieder gelingt es den Revolutionären, der Bamberger Gegenregierung ihre Truppen abzuwerben. So haben sie die Soldaten eingeladen, sich selbst ein Bild von der Lage in München zu machen, um der reaktionären Propaganda entgegenzuwirken. »Weshalb sagt ihr nicht zu euren

Offizieren«, heißt es in einem Flugblatt, »bevor wir nach München marschieren und bayerische Männer und Frauen erschießen, wollen wir uns erst einmal ganz genau erkundigen, was eigentlich in München los ist.« Und weiter: »Das Proletariat Münchens garantiert eurer Abordnung absolute Sicherheit. Ihr könnt jederzeit kommen, Euch alles ansehen und jederzeit wieder ungehindert zurückkehren.«[274] Tatsächlich kommen einige Soldaten dieser Aufforderung nach – und die praktische Aufklärung zeigt Wirkung: 700 Mann eines Nürnberger Regiments geben ihre Waffen ab und fahren zurück nach Hause. Wenige Tage zuvor ist ein Transport von 1.200 Artilleristen und Infanteristen aufgehalten worden. Die Revolutionäre haben die Soldaten über die Lage in München aufgeklärt, woraufhin diese, ohne dass die Offiziere etwas dagegen ausrichten konnten, ihre Waffen niederlegten und nach Regensburg zurückgefahren sind.

19. April 1919

Ernst Toller berichtet auf der Betriebsräteversammlung über die Kämpfe in Dachau und über den ihm unverständlichen Befehl des Münchner Oberkommandos, die Truppen sofort zurückzuziehen. Er erklärt, dass es möglich gewesen wäre, ohne Blutvergießen ganz Südbayern von Weißen Truppen zu befreien. Sein Plan zur Offensive wird aber auch hier abgelehnt. Die Kommunisten dagegen beantragen, Ernst wegen Ungehorsams sofort seiner Funktion als Abschnittskommandant zu entheben, womit sie jedoch keinen Erfolg haben. Stattdessen wird dem Dachauer Generalstab ein Kontrollgremium beigeordnet, das aus je einem Vertreter des Arbeiter-, Bauern- und Soldatenrates besteht. Mit diesen dreien fährt Ernst zurück an die Front. Auf dem Weg dorthin überzeugt Ernst die drei Räte von seiner Idee der Verhandlung mit den weißen Truppen, sodass diese einwilligen, selbst als Parlamentäre zum Feind zu fahren und einen neuen Waffenstillstand zu vereinbaren. Zwar lautet die Antwort aus Bamberg, dass die Regierung nicht mit Hochverrätern verhandle, in einen dreitägigen Waffenstillstand willigt sie jedoch ein. Das Gebiet zwischen Ingolstadt und Dachau wird dabei zur »neutralen Zone« erklärt.

Unterdessen wird Erich Mühsam im Zuchthaus Ebrach, nunmehr fünf Tage nach seiner Verhaftung, mitgeteilt, dass er sich wegen des Verdachts auf Landesverrat in Untersuchungshaft befinde. In sein Tagebuch notiert er: »Umschlossen von engen, kahlen Gefängnismauern, verurteilt zu einem Leben voll harter Entbehrung, voll Unsauberkeit und Armseligkeit, höre ich aus den Zellen meiner Gefährten fröhliches Pfeifen und Singen. Hinter den dicken Mauern dieses Verlieses liegt die Welt, an deren Schönheit, Freiheit und Glück zu arbeiten auch mir wieder gewährt sein wird. Ich glaube an das Glück der Menschheit durch die Revolution.«[275] Er selbst will die Revolution unterstützen, indem er in den Hungerstreik tritt, um gegen seine Verhaftung und die Zustände im Zuchthaus zu protestieren.

20. April 1919

Die Soldaten und Freikorps der Konterrevolution nutzen den Waffenstillstand mit Dachau, um in Ingolstadt und Augsburg einzumarschieren. Zuvor trifft sich der Augsburger Stadtkommandant Edelmann von der USPD mit den Weißen Offizieren zu einer Unterhandlung. Dabei gibt er bereitwillig Auskunft über die Stärke der bewaffneten Arbeiter in der Stadt und behauptet, er selbst würde den Durchmarsch der Weißen Truppen ja gestatten, sei aber nicht mehr Herr der Lage. Die Offiziere legen ihm daraufhin folgenden Forderungskatalog vor:

1. Unbedingte Anerkennung der Regierung Hoffmann.
2. Abgabe sämtlicher Waffen.
3. Auslieferung der Rädelsführer.
4. Besetzung der Stadt durch Regierungstruppen.
5. Bildung einer Volkswehr in Augsburg aus allen Ständen der Bevölkerung.[276]

Edelmann nimmt diese Forderungen an, woraufhin die Weißen Garden in die Stadt einmarschieren. Die Revolutionäre wollen ihre Stadt jedoch nicht kampflos aufgeben. So berichten Offiziere, dass eine Truppe mit Maschinengewehren und Geschützen »von einer sich zunächst harmlos gebärenden Menschenmenge umstellt, bedrängt und schließlich entwaffnet« worden ist.[277] Die bewaffneten Arbeiter sammeln sich in den Arbeitervierteln Oberhausen und Lechhausen, wo sie den Weißen heftige Gefechte liefern. Auf der Wertach-Brücke am Südostende von Oberhausen umzingeln unbewaffnete Männer, Frauen und Kinder einen Trupp mit Geschützen, den sie schlussendlich entwaffnen. Erst nachdem die Konterrevolutionäre Oberhausen zwei Tage lang mit Artillerie beschießen und mit Flugzeugen attackieren, gelingt es ihnen, das Viertel einzunehmen. Lechhausen fällt am Tag darauf.

Auf dem Münchner Marsfeld werden Waffen an organisierte Arbeiter ausgegeben

Unterdessen beantragen die Parteikommunisten im Stab der Roten Armee in Dachau die Reorganisation der dortigen Truppen. Der Großteil der Sturmbataillone soll zur Schaffung einer »Vorfeldzone« in die Vororte von Dachau verschoben werden. Der Stab selbst dagegen solle nach Karlsfeld verlegt werden. Grund für diese Umstrukturierung ist, dass die Kommunisten glauben, in Dachau seien die Rotgardisten »am meisten dem pazifistischen, antikommunistischen Trommelfeuer der Toller und Genossen ausgesetzt«.[278] Toller und Klingelhöfer argumentieren dagegen, dass die Trennung von Truppe und Kommando die demokratische Kultur der Roten Armee zerstöre. Sie werden im Stab jedoch von den Frontkommandeuren und den Soldatenräten überstimmt. So wird Erich Wollenberg mit der Umstrukturierung beauftragt.

21. April 1919

Von Flugzeugen aus lässt die Regierung Hoffmann Flugblätter über München abwerfen, auf denen die »Befreiung« der Stadt in wenigen Tagen in Aussicht gestellt wird. Im Hofbräuhaus in der Altstadt findet eine außerordentliche Versammlung der Betriebsräte statt. Es wird beschlossen, den

Generalstreik am folgenden Tag um Mitternacht zu beenden. Der letzte Tag des Generalstreiks soll zu einer »wuchtigen Demonstration des klassenbewussten Proletariats Münchens« werden.

Ein per Flugzeug eingeflogener Delegierter aus Augsburg berichtet, dass dort die Truppen der Hoffmann-Regierung einmarschiert sind und die Rätestrukturen zerschlagen haben. Die Versammlung reagiert betroffen und niedergeschlagen. Ernst Toller und Gustav Klingelhöfer berichten von der Dachauer Front. Ernst hält die Lage nach dem Rückzugsbefehl nunmehr für aussichtslos und erklärt: »Etwa hunderttausend Soldaten sind gegen München aufgeboten, wir verfügen über wenige tausend. Das ist die Frage: Sollen wir die militärische Entscheidung herbeiführen oder dem Kampf ausweichen? Sollen wir zwei Schritte zurückgehen, um später, gesammelter und reifer, einen Schritt vorwärts gehen zu können? Wir haben kein Recht, die Arbeiterschaft zu einem Kampf aufzurufen, der zur sicheren Niederlage, zu sinnlosem Blutvergießen führt. Solange der Gegner nicht weiß, wie schwach wir sind, solange wir noch einen Schein von Macht besitzen, müssen wir für die Arbeiterschaft retten, was zu retten ist.«[279] Deshalb, so rechtfertigt er sich, habe er Parlamentäre zu den weißen Truppen entsandt, um mit diesen zu verhandeln und gleichzeitig zu versuchen, deren Soldaten zur Niederlegung der Waffen zu bewegen.

Leviné reagiert empört auf diesen Bericht, bezichtigt Ernst aufgrund seiner eigenmächtigen Aktionen des Ungehorsams gegenüber dem Oberkommando und wirft ihm vor, er führe sich auf »wie der König von Südbayern«. Darauf erhebt sich im Raum wilder Protest und Zwischenrufe wie »Pfui! Runter! Zurücknehmen!«.[280] Ernst hält Leviné entgegen, er vertrete nicht das Proletariat von München, sondern nur eine kleine Clique von Parteikommunisten, worauf dieser androht, Ernst vor das Revolutionstribunal zu stellen. In diesem Stil zieht sich die Diskussion bis in die späte Nacht hin. Um ein Uhr erklärt Ernst dann, dass er durch ein Telegramm zu seinen Truppen nach Dachau zurückberufen worden sei und die Versammlung doch tun und lassen solle, was sie wolle. Darauf folgt lauter Applaus und mehrere Zuhörer schließen sich dem Kommandanten auf seiner Fahrt nach Dachau an. Kurz nach Ernsts Abgang stürmt ein Matrose in den Saal und verlangt, dass sofort Alarm geläutet werde, da die Weißen Truppen im Dachauer Moos ständen. Daraufhin löst sich die Versammlung rasch auf.

22. April 1919

Der letzte Tag des zehntägigen Generalstreiks ist zum »Roten Tag von München« erklärt worden. Vor dem Kriegsministerium in der Ludwigstraße soll eine Heerschau gehalten werden. Bewaffnete Arbeiterinnen und Arbeiter versammeln sich vor dem Gebäude. Manche tragen Uniformen, andere nicht, alle jedoch die rote Armbinde. Um drei Uhr nachmittags finden an elf verschiedenen Orten in der Stadt öffentliche Versammlungen statt, auf denen die kommunistischen Anführer sprechen. Jede dieser Versammlungen wird von mehreren Tausend Personen besucht. Anschließend findet um fünf Uhr eine gemeinsame Massenversammlung auf der Theresienwiese statt. Insgesamt sind über 12.000 bewaffnete Proletarier erschienen. Singend ziehen sie zum Wittelsbacher Palais, in dem die revolutionäre Regierung ihren Sitz hat. »Der Marsch der Bataillone war gut, soweit es nicht Soldaten waren, die marschierten«, schreibt Victor Klemperer. »Die Feldgrauen sind junge Burschen, die frech, aber unkriegerisch aussehen, die alle noch kein Pulver gerochen haben. Dagegen die Zivilisten! Das sind die eigentlichen Soldaten; sie treten auf, sie tragen das Gewehr nicht anders, als sie es draußen getan haben, wenn sie in Stellung gingen. Festigkeit in der Haltung, entschiedene Gesichter. Einige fallen durch ihre Haltung, andere durch Verkrüppelungen, manche durch besondere Verbitterung in den Zügen auf. Alle haben sie Haltung. Kommt es wirklich zum Kampf, so werden die Arbeiter kämpfen und die Soldaten laufen.«[281]

Im offiziellen Mitteilungsblatt der kommunistischen Regierung heißt es: »Unter den knospenden Bäumen, mit ihrem zarten Frühlingslaub versammeln sich die Massen, die wie das Blut durch die Lebenskanäle dem Herzen, dem Wittelsbacher Palais zuströmen. Einige Arbeiter haben als Trophäen gleich ihre Maschinengewehre mitgebracht. Nicht allein das Fabrikproletariat feiert die Räterepublik: Tausende von Post- und Telegraphenbeamten sind dabei, Männer und Frauen. Vom Balkon werden dann Ansprachen gehalten. Zuerst der Stadtkommandant und Kommandierende der Roten Armee, kein dekorierter und ordensgeschmückter General, sondern ein Proletarier, der zu Proletariern spricht, im Vollbewusstsein der großen Aufgabe, die er vertritt.«[282] Egelhofers Rede an die Bewaffneten endet mit dem Aufruf: »Wir waren die ersten, die die Fahne der proletarischen Revolution in Deutschland emporgehoben haben und so müssen wir auch alles aufbieten, um unser Ideal überall zu verwirklichen!«[283]

23. April 1919

Um Dachau herum werden entsprechend des Reorganisationsplans von Wollenberg Verteidigungsstellungen errichtet. Die Kämpfer werden nun in die Dachauer Vororte Etzenhausen, Webling und Günding verlegt. Dort werden auf Hügeln getarnte Maschinengewehrstellungen errichtet, sodass jeder Punkt der vor ihnen liegenden Ebene von drei Maschinengewehren beschossen werden kann. Da durch die Spioninnen der Roten Armee bekannt ist, dass die Weißen Truppen über Panzerzüge verfügen, erwartet Wollenberg den Angriff in Etzenhausen, wo die Schienen verlaufen. Deshalb lässt er die dortige Stellung am stärksten bemannen und die Schienen aufreißen. Die Straßen werden gegen Panzerangriffe verbarrikadiert.

Währenddessen marschieren auf der anderen Seite der Frontlinie die Weißen Truppen auf. Die Bamberger Regierung hat jedoch Schwierigkeiten, Freiwillige aus Bayern für einen Angriff auf München zu gewinnen. Die Arbeiter weigern sich, auf die Soldaten ist kein Verlass und auch die Bauern schließen sich nur spärlich den Freikorps an. Deshalb setzt sie eine Propagandamaschinerie in den sozialdemokratischen und bürgerlichen Zeitungen in Gang, die Schauergeschichten über die Räterepublik verbreitet. Eine immer wiederholte Behauptung ist zum Beispiel, dass Landauer die »Sozialisierung der Münchner Frauen« befohlen habe. »Mord, Plünderung und Vergewaltigung sind in der ›Räterepublik München‹ an der Tagesordnung«, heißt es in einem Flugblatt.[284] Den Bauern wolle München ihre Höfe rauben, den Bürgern ihre Familien zerstören, die Priester ermorden, die Klöster plündern. Außerdem wird der Sold für die reaktionären Truppen mithilfe von Spenden von fünf auf zehn Mark am Tag verdoppelt, was schlussendlich für viele hungernde Männer den Ausschlag gibt, sich ihnen anzuschließen. Für jeden »Bereitschaftstag« wird außerdem eine zusätzliche Prämie von fünf Mark gezahlt, für jeden »Kampftag« zehn Mark. Außerdem gibt es Prämien für jeden Gefangenen. Dieses Provisionssystem trägt mit zur Brutalität der weißen Truppen bei. Um gefahrlos zu »Kampftagen« zu kommen, beschießen sie immer wieder unbewaffnete Arbeiter oder nehmen wahllos Gefangene. Trotzdem halten die Generäle die meisten ihrer Truppen für unzuverlässig, da es immer wieder zu Desertionen kommt. Ein geheimer Befehl ordnet deshalb strenge Kasernierung und häufiges Quartierwechseln in den besetzten Städten an, um die »zersetzende Wirkung des Verkehrs mit der Arbeiterbevölkerung« zu vermeiden.[285]

Es dauert nicht lange, bis München von gegenrevolutionären Truppen umzingelt ist. Das bisherige revolutionäre Kernland Oberbayern ist zu großen Teilen besetzt, die bayerischen, württembergischen und preußischen Regimenter marschieren von allen Seiten gegen die bayerische Hauptstadt. Trotzdem wird die Lage von den Reaktionären immer noch als ungünstig eingeschätzt. So schreibt der Geheimrat Riezler in einem Telegramm aus Bamberg:

> »Aus München kommende Nachrichten lauten sehr schlecht, während Augsburg wieder schwankt und bei Eintreffen von Münchener Agitatoren übergehen wird. Die Besatzung der Donau-Brückenköpfe wird gleichfalls nicht standhalten. In Nürnberg ebenfalls verdächtige Ausschreitungen. Auch Nord-Bayern kann bei Unzuverlässigkeit aller Truppen in wenigen Tagen den Münchener Kommunisten widerstandslos anheimfallen. Mitteilung, Reichshilfe sei frühestens in 10 Tagen möglich, wirkte auf Minister niederschmetternd... Empfehle dringend, Hilfe so sehr als irgend möglich zu beschleunigen.«[286]

Die Rote Armee wagt vereinzelte Vorstöße, kann den Vormarsch der Weißen aber insgesamt nicht aufhalten. Währenddessen hat die Bamberger Regierung ihre Macht fast vollständig an die preußischen Generäle von der Obersten Heeresleitung abgegeben. In München wird nach Beendigung des Generalstreiks die Arbeit wiederaufgenommen. Die sozialdemokratische *Münchner Post* wird als erste Tageszeitung wieder zugelassen. In den Straßen tauchen Plakate auf, die für den Frieden werben:

> »Frauen und Mütter! Wir hassen den Krieg, mehr noch den Bruderkrieg! Wir dulden nicht, dass Proletarier auf Proletarier schießen. Wir wollen, dass das Neue sich ohne Blutvergießen verwirklicht. Wir glauben an die Kraft des sozialistisch-kommunistischen Gedankens. Gedanken siegen ohne Blut. Wir wollen jede für sich und alle zusammen diesem Morden ein Ende machen. Proletarierbrüder! Hört uns! Handelt als Menschen einer neuen Gesellschaft!«[287]

Unterzeichnet sind die Plakate vom Bund Sozialistischer Frauen, der noch immer für eine gewaltfreie Revolution wirbt.

25. April 1919

Inzwischen ist der Aufmarsch der Weißen Truppen vor Dachau abgeschlossen. Unter ihnen sind das Freikorps Görlitz, das bereits in Oberschlesien Arbeiteraufstände niedergeschlagen hat, und die Garde-Kavallerie-Schützen-Division, zu der auch die Mörder Karl Liebknechts und Rosa Luxemburgs gehören. Insgesamt sind es ungefähr 6.000 Mann Freikorps und reguläre Soldaten, die über hervorragende Ausrüstung verfügen – unter anderem mehrere Artilleriebatterien und zwei Panzerzüge.

Im Stab der Roten Armee in Karlsfeld wird unterdessen wieder gestritten. Die Kommunisten haben beantragt, mit den Dachauer Truppen einen Sturm auf das besetzte Augsburg zu unternehmen. Aber Toller ist misstrauisch. Er glaubt, dass dies nur ein taktisches Manöver der KPD sei, um ihn aus Dachau zu entfernen. So lehnt er, nachdem er zuvor selbst mit seinem Offensivplan zurückgewiesen wurde, nun seinerseits diesen Plan ab.

Außerdem muss ein Plan für einen eventuellen Rückzug ausgearbeitet werden. Während Wollenberg vorschlägt, diese Aufgabe aus Geheimhaltungsgründen einer kleinen Kommission zu übertragen, besteht Ernst darauf, dass der Plan im gesamten Stab diskutiert wird. So werden um acht Uhr abends alle Kommandeure und Soldatenräte zusammengerufen. Das bedeutet jedoch auch, dass die Truppen in einem kritischen Augenblick für mehrere Stunden ohne Führung bleiben müssen. Wie zu erwarten, dauert die Diskussion mehrere Stunden. Sie wird jedoch gegen elf Uhr unterbrochen durch einen Anruf vom I. Sturmbataillon aus Etzenhausen, das meldet, seit einer halben Stunde beschossen zu werden. Man könne dem Angriff nicht standhalten und werde sich nun nach Dachau zurückziehen. Der Stab läuft auseinander und Chaos bricht aus. Es werden bereits erste Anweisungen für den Abtransport der Truppen nach München gegeben. Später stellt sich jedoch heraus, dass es in Etzenhausen nur zu leichten Vorpostenkämpfen gekommen ist und die Kämpfer den Alarmruf nur abgesetzt haben, um ihre Kommandeure zur Rückkehr an die Front zu bewegen.

26. April 1919

Auf der Versammlung der Betriebsräte im Hofbräuhaus steigern sich die Gegensätze zwischen den Unabhängigen um Ernst Toller und der KPD um Levien und Leviné zum offenen Konflikt. Ernst hält es für Selbstmord, den zahlenmäßig um ein vielfaches überlegenen Weißen Truppen, weiter bewaffneten Widerstand zu leisten. In einem solchen Fall stehe ein Massaker unter der Münchner Arbeiterschaft bevor. Auch die Kommunisten glauben nicht ernsthaft an einen Sieg der Roten Armee. Stattdessen erhoffen sie sich von einer militärischen Niederlage neue revolutionäre Antriebe, da sie glauben, dass das Proletariat durch den Kampf reifer und aktiver werde. Ernst stattdessen glaubt, dass die Arbeiter allzu viele Niederlagen ertragen haben: »Leiden, Elend und Unterdrückung wirken nur so lange als revolutionäre Antriebe, wie sie im Menschen die Überzeugung wecken, dass seine Lage nicht notwendig sei und dass er sie zu ändern vermöge. Werden sie zur Gewohnheit oder scheinen sie übermächtige, unüberwindliche Gewalten, wird der Mensch Spielball jedes Scharlatans, der ihm verheißt, das himmlische Reich auf Erden herbeizuzaubern, Söldner und Landsknecht jedes Freibeuters, der ihm das Brot für den nächsten Tag bezahlt.«[288]

Vor diesem Hintergrund kann Ernst das Vorgehen des revolutionären Generalkommandos nicht weiter mittragen. Deshalb erklärt er gemeinsam mit Klingelhöfer seinen Rücktritt als Kommandant der Roten Armee. Schriftlich gibt er folgende unterzeichnete Erklärung ab: »Da ich es nicht mehr verantworten kann, mit dem jetzigen Vollzugsrat und dem Generalstab als Führer zusammenzuarbeiten, sehe ich mich gezwungen, mein Amt als Abschnittskommandeur niederzulegen. Ich werde die Geschäfte solange weiterführen, bis ein neuer Führer meine Stelle eingenommen hat.«[289]

An die Betriebsräte gerichtet fügt er hinzu: »Die jetzige Regierung betrachte ich als ein Unheil für das werktätige Volk Bayerns. Die führenden Männer bedeuten für mich eine Gefahr für den Rätegedanken. Unfähig auch nur das Geringste aufzubauen, zerstören sie in sinnloser Weise. Sie unterstützen hieße für mich, die Revolution und die Räterepublik gefährden.«[290]

Am Abend erringt die Rätebewegung noch einmal einen Erfolg. Nachdem sie wochenlang in München gegen die Räterepublik gearbeitet hat, fliegen die Aktivitäten der Thule Gesellschaft auf. Karl Petermeier bringt

Nachricht darüber zu Hilde Kramer in die Stadtkommandantur. Sie bespricht diese mit Rudolf Egelhofer, der den Befehl gibt, das Luxushotel Vier Jahreszeiten zu stürmen. Dabei wird unter anderem Rudolf Glauer verhaftet. Bei ihm wird eine Mitgliederliste des Geheimbundes gefunden, sodass 20 Personen festgesetzt werden können. Im Zuge dessen wird deutlich, wie weit deren konspirative Aktivitäten gereicht haben. Systematisch sind im Hotel Dokumente und Ausweise der Räteregierung gefälscht worden. Mehrere Thule-Agenten haben die kommunistische Partei und die Rote Armee infiltriert und bespitzelt. Die Erkenntnisse wurden direkt an die Regierung in Bamberg weitergeleitet. Außerdem sind systematisch Kämpfer für die Freikorps rekrutiert worden. Einer der Verhafteten gibt an, Thule habe allein aus München 400 bis 500 rechte Kämpfer mobilisiert und mit gefälschten Papieren nach Bamberg geschmuggelt. Der Thule-Vorsitzende Friedrich Knauf hatte als Bahninspektor entsprechende Ausweise besorgt. Die Rechtsextremisten haben aber auch vielen anderen reaktionären Organisationen Unterschlupf in den von ihnen angemieteten Räumlichkeiten im Hotel geboten. So haben dort unter anderem die Nationalliberale Partei, der Alldeutsche Verband, der Deutsche Wehrverein und der Deutschnationale Handlungsgehilfen-Verband getagt. Nun werden Thule-Mitglieder und Spitzel eingesperrt und sollen vor das Revolutionstribunal gestellt werden. Damit ist es in München zur ersten aktiven Auseinandersetzung der revolutionären Arbeiterbewegung mit dem entstehenden Faschismus gekommen.

Währenddessen wird um Dachau herum weitergekämpft. Der etwa zwölf Kilometer östlich von Dachau gelegene Flugplatz Schleißheim, auf dem aufgrund mangelnder Verfügbarkeit von Piloten mehrere Kampfflugzeuge ungenutzt herumstehen, wird von den Weißen Truppen eingenommen. Bei ihrem weiteren Vorstoß auf Dachau werden sie jedoch von den Verteidigungsstellungen der Rotgardisten zurückgeschlagen.

27. April 1919

Noch einmal wirbt Ernst Toller in der Versammlung der Betriebsräte im Hofbräuhaus für Verhandlungen mit der Bamberger Regierung. Die Kommunisten wollen ihn deshalb zum wiederholten Male als Verräter festnehmen lassen. Der Pächter des Hofbräuhauses hilft ihm aber, sodass er rechtzeitig entkommen kann.

Nachdem sich der Aufruhr gelegt hat, hält Leviné eine Rede an die Betriebsräte: »Die Forderung der Weißen heißt: Führer und Waffen! Wenn ihr glaubt, dass euch damit geholfen wird, dann gebt uns preis! Aber wird euch damit geholfen? Immer werden sich tapfere Genossen finden, die nun und nimmer darauf eingehen. Die werden unter allen Umständen bis zum Letzten kämpfen. Und wenn alle zur Übergabe bereit wären, glaubt ihr denn, dass euch die Bourgeoise jemals den Tag verzeihen wird, an dem sie die Waffen an euch abliefern musste?«[291] Dann schlägt er einen militanten Plan für das weitere Vorgehen vor: Alle bürgerlichen Zeitungen sollen sofort verboten, die versammelten Betriebsräte von »bürgerlichen Elementen« gesäubert und auch sonst eine Reihe von Konterrevolutionären sofort verhaftet werden. Bezüglich der Verteidigung Münchens solle bis zum letzten Blutstropfen gekämpft werden: »Viele von uns werden die Sonne nicht mehr lachen sehen, viele von uns durch unseren Tod die künftige Freiheit einleiten. Wir wollen wissen, wofür wir sterben. Ich weiß es aus den Beispielen in Russland. In den Städten, wo eine richtig durchgeführte Räterepublik durch die Übermacht des Gegners zugrunde ging, war sie so tief in den Köpfen der Arbeiter eingewurzelt, dass sie immer fast automatisch wieder entstand, sobald die Übermacht beseitigt war.«[292]

Es scheint so, als würde er ein Massaker unter den Arbeitern bewusst als unvermeidliche Stufe der Entwicklung hin zum Kommunismus in Kauf nehmen. Für ein solches Blutopfer will sich aber kaum einer der Delegierten hergeben, sodass diese in der anschließenden Abstimmung die vorgestellten Maßnahmen vollständig ablehnen. Stattdessen sind die Betriebsräte von der Rücksichtslosigkeit, mit der die Kommunisten den bewaffneten Kampf vorantreiben wollen, so vor den Kopf gestoßen, dass sie der Regierung das Misstrauen aussprechen. Daraufhin müssen der Aktionsausschuss und der kommunistisch dominierte Vollzugsrat zurücktreten. Für den nächsten Tag wird eine Neuwahl des Aktionsausschusses angesetzt, der nur aus Betriebsräten bestehen soll. Die Kommunisten verlassen die Versammlung und fordern die Arbeiter auf, den Anordnungen der neuen Regierung nicht Folge zu leisten.

Vor Dachau stehen derweil die Panzerzüge der Gegenrevolution, die mittlerweile bis Schleißheim vorgerückt sind. Um ein weiteres Vorrücken zu verhindern, wird ein 25-köpfiges Kommando zusammengestellt, das die Gleise nach Dachau sprengen soll. 15 der Freiwilligen sind ehemalige russische Kriegsgefangene, denen ihr Auftrag mit Händen und Füßen erklärt werden muss. Das Kommando umgeht die feindlichen Stellungen

Gegenrevolutionäre Truppen marschieren nach München

und schleicht sich an die Gleise heran. Tatsächlich gelingt es ihm, mit geballten Handgranatenladungen, die Sprengung durchzuführen. Im Anschluss beschließt die Gruppe, ihre günstige Position im Rücken des Gegners für einen Angriff zu nutzen und beschießt die Stellung der Weißen. Da setzt sich der Panzerzug in Bewegung und rollt auf die sabotierte Stelle zu. Als der Zugführer die beschädigten Gleise sieht, ist es bereits zu spät und die Lok entgleist.

28. April 1919

Die Versammlung der Betriebsräte tritt zur endgültigen Neuwahl des Aktionsausschusses zusammen. Lediglich gewählte Betriebsräte sind zu der Versammlung zugelassen. Der als Mitglied der Pressekommission anwesende Gustav Landauer wird des Saales verwiesen. So soll sichergestellt werden, dass die Neuwahlen nicht wieder entlang der Parteigräben entschieden werden. So wählen die Versammelten einen neuen zwanzigköpfigen Aktionsausschuss, zum ersten Mal in strenger Umsetzung rätedemokratischer Prinzipien. Weder USPDler, noch KPDler gehören dem Komitee an, sondern nur Arbeiter- und Soldatenräte. Die kommunistischen

Wachen im Wittelsbacher Palais weigern sich jedoch, die neue, verhandlungsbereite Regierung zu schützen. Auch die Rote Armee ordnet sich dem neuen Aktionsausschuss nicht unter. So bleibt die militärische Macht faktisch in Händen der KPD, die bereit ist, bis zum Letzten zu kämpfen.

Die Räterepublik hat nun mehrere, voneinander unabhängige Machtzentren, die alle gleichzeitig in Aktion treten. Der Vollzugsrat der Betriebs- und Soldatenräte fordert die Arbeiter auf, bewaffnet in die Betriebe zu gehen. Egelhofer ruft zum Generalstreik gegen die neue Räteregierung auf. Ein der USPD angehörender Kommandant von Dachau, der gemeinsam mit Ernst abgereist ist, gibt telefonisch an das in Gründing liegende III. Sturmbataillon den Befehl, nach München zu kommen und dort das Wittelsbacher Palais zu stürmen, das von der kommunistischen Wachabteilung besetzt ist. Das Bataillon verweigert diesen Befehl. Auf der Stabsversammlung in Dachau verlangen danach mehrere Kommunisten, nach München zu marschieren und ihrerseits gegen die USPD vorzugehen. Unter anderem aufgrund der Unklarheit der Befehlslage, kommen immer mehr Rotarmisten nach Dachau, sodass am Mittag ungefähr 800 von ihnen in der Stadthalle versammelt sind, während die Front weitgehend unbesetzt ist. Es wird beschlossen, eine Delegation nach München zu schicken, die persönlich Befehle von Egelhofer entgegennehmen und um acht Uhr zurückkehren sollen.

Aber in München glaubt kaum jemand an einen militärischen Sieg der Räterepublik. So wird bereits damit begonnen, Vorkehrungen für die Erstürmung der Stadt durch die Weißen zu treffen. Im Polizeipräsidium werden sämtliche Einrichtungen und Apparate des Erkennungsdienstes zerstört. Akten, Formulare, Fingerabdrücke und Wohnungsmeldezettel werden, ebenso wie das Material des sogenannten »Zigeuner-Überwachungsdienstes« verbrannt. »Die Arbeit von 50 Jahren«, notiert Mühsam in seinem Gefängnistagebuch schadenfroh. »Da hat die Spitzelei allerdings einen schweren Schlag erlitten. – In der Bevölkerung soll heller Jubel sein.«[293]

In Dachau brechen am Abend erneut Tumulte aus, als die Delegierten um acht Uhr nicht zurückgekehrt sind. Mehrere hundert Rotarmisten ziehen zum Bahnhof und verlangen, nach München gebracht zu werden, um dort zugunsten der Kommunisten einzugreifen. Der Streckenkommandant verweigert jedoch den Abtransport. Da trifft auch eine Abteilung des III. Sturmbataillons am Bahnhof ein und verlangt ihrerseits, nach München gebracht zu werden, um »Toller vor den Kommunisten zu schützen«.[294] Es kommt beinahe zu Kämpfen zwischen den beiden Fraktionen, aber dann erscheinen die Delegierten doch noch, gemeinsam mit Klingelhöfer in Dachau. Sie überbringen den Befehl Egelhofers, Dachau um jeden Preis zu verteidigen. Deserteure würden erschossen.

29. April 1919

Der neugewählte Aktionsausschuss schickt ein Telegramm an die Regierung Hoffmann: »Neuer Aktionsausschuss zusammengetreten. Wünscht in Besprechungen einzutreten. Stellt Waffenhandlungen umgehend ein. Wir stellen dieselben ein, wenn die Truppen der Regierung Hoffmann das Weichbild der Stadt nicht betreten, da der Aktionsausschuss keine Garantien übernehmen kann, dass der Einmarsch nicht zu einem blutigen Straßenkampf wird.« Die Antwort kommt postwendend: »Bedingungen unannehmbar. Legt Waffen nieder. Widerstand ist nutzlos. Regierung Hoffmann.«[295]

Daraufhin erklärt die KPD den neugewählten Aktionsausschuss der Betriebsräte für abgesetzt, um die militärische Konfrontation mit der Konterrevolution ungestört koordinieren zu können. Der Versammlung der Betriebsräte im Hofbräuhaus wird dazu folgende Erklärung übergeben:

> »Die Rote Armee wurde gegründet nicht als Instrument der Politik, sondern als Organ der Verteidigung der Diktatur des Proletariats und der Räterepublik gegen die Konterrevolution der weißen Garden. Entsprechend dieser Aufgabe erklärt das Oberkommando, dass sich das revolutionäre Proletariat, koste es was es wolle, gegen die weiße Garde verteidigen wird und sich von keiner Seite, auch nicht von den Betriebsräten, zu einem Verrat an der sozialen Revolution wird zwingen lassen.«[296]

Erich Mühsam wird bei seinen Hofspaziergängen im Zuchthaus über die politische Lage auf dem Laufenden gehalten. Zu diesen Gelegenheiten werden die Gefangenen in zwei oder drei Gruppen mit jeweils 15 – 20 Personen eine Stunde ins Freie gelassen. Die Aufseher achten zwar darauf, dass im Gänsemarsch gegangen und ein gewisser Abstand eingehalten wird, damit keine Gespräche stattfinden, doch die Gefangenen unterhalten sich trotzdem ganz leidlich. Als Erich so von dem Verhandlungsangebot an die Bamberger Regierung erfährt, ist er verärgert. Er kann Tollers

Haltung in dieser Frage nichts abgewinnen. In sein Tagebuch notiert er: »Ich fürchte diese Unabhängigen, die ihr ›kein Blutvergießen‹ mit besonders großem Talent immer dann plärren, wenn grade dadurch Schwäche und also Blutvergießen hervorgerufen wird. In Berlin und Bremen hat sich's doch wahrhaftig gezeigt, wie die Bereitwilligkeit zu verhandeln, von der Gegenseite zur erbarmungslosesten Brutalität ausgenutzt wird. Wer A gesagt hat, muss auch B sagen. Ich für meine Person stände in dieser Frage vollständig bei Levien.«[297]

Aus dem Gefängnis heraus hat Erich ein recht blauäugiges Bild von der politischen Lage. Noch immer glaubt er an den Sieg der bayerischen Revolutionäre: »Waffen, Munition etc. und Soldaten der Roten Armee scheinen nicht zu fehlen, sodass man dem Anmarsch auch größerer Truppenmassen jedenfalls mit der Hoffnung entgegensehn kann, dass ein Angriff ihnen im Handumdrehen den Sieg nicht bescheren wird.« Im Falle eines Sturms auf München, so glaubt Erich, würden die Arbeiter Nürnbergs sich erheben und »den Herren Noske und Schneppenhorst schwierigere Aufgaben stellen, als sie gewöhnt sind.«[298]

Tatsächlich kommt es aber auch in Bayern zu Massakern, ähnlich denen in Berlin, auf die Mühsam hier sarkastisch anspielt. Als die Regierungstruppen in das 25 Kilometer südwestlich von München gelegene Starnberg vorstoßen, verhaften sie sofort neun Männer, die ihnen als »Spartakisten« angezeigt werden. Innerhalb weniger Stunden kommen noch ungefähr 20 weitere Personen hinzu. Als alle beisammen sind, werden sie aus dem Gefängnis geholt und von der schwäbischen Freikorpstruppe Seutter erschossen. In Possenhofen werden drei Sanitäter, die einen Verwundetentransport begleiten, verhaftet und an einem Bahndamm niedergeschossen.

In Dachau leistet die Rote Armee jedoch noch immer Widerstand gegen die nunmehr kontinuierlichen Angriffe der Weißen. In den Abendstunden wird Dachau auch mit Artillerie beschossen. Aus München kommt der schriftliche Befehl Egelhofers, den Flugplatz Schleißheim zurückzuerobern. Mehrere Arbeiterbataillone sollen von München her auf Schleißheim vorstoßen und Dachau soll den Angriff flankierend unterstützen. Die Mission ist äußerst riskant, da die Gegend stark von weißen Truppen besetzt ist, aber trotzdem wird das IV. Bataillon aus Dachau entsandt. Unterwegs verschwindet der Bataillonskommandant, sodass sich die Rotarmisten im Schloss von Karlsfeld einquartieren und über die dort eingelagerten Weinvorräte herfallen. Erich Wollenberg und Jo-

Arbeiter! Soldaten der Roten Armee!

Der Feind steht vor den Toren Münchens. In **Schleißheim** sind schon die Offiziere, Studenten, Bourgeoissöhne und weißgardistischen Söldner des Kapitalismus.

Keine Stunde ist zu verlieren. Heraus aus den Betrieben. Sofortiger

Generalstreik!

Schützt die Revolution. Schützt Euch selbst. Alle Mann

zu den Waffen!

Auf zum Kampfe. Setzt Eure ganze Kraft ein. Alles steht auf dem Spiele.

Der Feind kennt keine Gnade!

In Starnberg haben die weißgardistischen Hunde die **Sanitätsmannschaften niedergemetzelt.** Ihr kämpft für Eure Frauen, Eure Kinder, für Euch selber.

Zeigt den Kapitalisten und deren bezahlten Söldner, wie das Proletariat für seine Sache zu kämpfen weiß.

Zeigt der weißen Garde wie die Rote Armee zu siegen versteht.

Auf zum Kampfe
für die Sache des Proletariats!

München, 29. April 1919. Das Oberkommando der Roten Armee: gez. R. Egelhofer.

Von Egelhofer unterzeichneter Aufruf zum Generalstreik

sef Sontheimer fahren nach Karlsfeld, um das Kommando zu übernehmen. Dort müssen einige der Rotarmisten mit vorgehaltener Waffe aus dem Weinkeller geschleppt werden. »Die Rotarmisten mussten zuerst eine Stunde in Gruppenkolonne marschieren, bis alle Nachwirkungen des Weingenusses überwunden waren«, berichtet Wollenberg.[299] Als sie nachts in Schleißheim ankommen, müssen sie jedoch feststellen, dass der Münchner Kommandant Hofer, der den Angriff der Arbeiterbataillone hätte führen sollen, nicht mit seiner Truppe erschienen ist. Später stellt sich heraus, dass er die Rote Armee verraten und Informationen an die Bamberger Gegenregierung weitergegeben hat. So erfolgt der Angriff nur von einer Seite und wird von den Weißen Truppen zurückgeschlagen.

Zurück in Dachau erklärt Klingelhöfer, dass er von Egelhofer den Befehl erhalten habe, alle Truppen nach München zurückzuziehen. Es bricht eine längere Diskussion über die Authentizität des Befehls aus, es gibt jedoch keine Möglichkeit ihn zu überprüfen, sodass der Rückzug für den nächsten Tag beschlossen wird.

Teil V
Niederschlagung

30. April 1919

Die Garde-Kavallerie-Schützendivision und das Freikorps Görlitz gehen zum Angriff auf Dachau über, werden jedoch immer wieder von den Verteidigungsstellungen der Roten Armee zurückgeschlagen. Während des Angriffs muss der befohlene Rückzug organisiert werden. Eine Reserveabteilung von 50 Mann übernimmt die Verteidigungsstellungen, während der Rest der Freiwilligenarmee in Zügen abtransportiert wird. Am Ende sprengt die Nachhut die eigenen Geschütze. Als die Dachauer Kämpfer am Münchner Hauptbahnhof ankommen, erwartet sie ein völliges Durcheinander widersprüchlicher Befehle. Es stellt sich heraus, dass der Rückzugsbefehl keineswegs vom Oberkommandierenden Egelhofer stammte, sondern Klingelhöfers Versuch war, die militärische Vernichtung der Roten Truppen zu verhindern. »Bis zuletzt habe ich gehofft, das schreckliche Blutbad werde vermieden«, notiert Ernst, »jetzt geht es nicht mehr um Verteidigung oder Rückzug, die Regierung zwingt uns den Kampf auf. Wir sind gescheitert, alle. Alle begingen Fehler, alle trifft Schuld, alle waren unzulänglich. Die Kommunisten ebenso wie die Unabhängigen. Unser Einsatz war vergebens, das Opfer nutzlos, die Arbeiter vertrauten uns, wie können wir uns jetzt vor ihnen verantworten?«[300]

Tatsächlich wirkt der Kampf zwischen Unabhängigen und Kommunisten extrem demoralisierend auf die Rotarmisten, sodass sich ein Großteil der Dachauer Einheiten nach ihrer Ankunft in München einfach auflöst.

Immer neue Nachrichten von Massakern beim Vormarsch der Weißen dringen nach München vor. Im Luitpold-Gymnasium, einem wichtigen Stützpunkt der Roten Armee, der nun auch als Gefängnis für Reaktionäre und Konterrevolutionäre dient, geraten einige Rotarmisten in Rage. Sie holen zwölf Gefangene aus ihren Zellen und teilen ihnen mit, dass sie nun erschossen würden. Ob sie damit im Auftrag höherer Stellen handeln, lässt sich im Nachhinein nicht mehr aufklären. Sie geben den Gefangenen – bei den meisten von ihnen handelt es sich um Mitglieder der

MG-Stellung im Maximilianmuseum während dem Häuserkampf in München (F.Mon. 3343)

rechtsextremen Thule-Gesellschaft – die Möglichkeit Abschiedsbriefe zu schreiben, dann bringen sie sie auf den Schulhof. Dort flehen die Gefangenen in Todesangst um ihr Leben. Die Rotarmisten diskutieren noch einmal über die Hinrichtung, insbesondere, da sich unter den Gefangenen auch eine Frau, die Gräfin Hella von Westarp befindet. Sie kommen aber zu dem Schluss, dass die Gräfin als hohe Thule-Funktionärin für den Tod vieler Revolutionäre verantwortlich sei und deshalb sterben müsse. Zwei andere Gefangene werden jedoch tatsächlich zurück in die Zellen geschickt. Die anderen Zehn werden vor die Wahl gestellt, ob sie mit dem Gesicht zur Wand oder zu den Gewehrläufen hingerichtet werden wollen. Zwei Männer entscheiden sich, dem Erschießungskommando in die Augen zu schauen. Dann werden sie von einer in acht Meter Entfernung aufgestellten Schützenreihe niedergeschossen. Einer der Schützen kontrolliert, ob die Personen tot sind und feuert aus nächster Nähe sechs »Gnadenschüsse« mit der Pistole ab. Diese Erschießungen bleiben die einzigen Hinrichtungen, die während der Rätezeit von den Revolutionären durchgeführt werden.

Es dauert nicht lange, bis Ernst von der Hinrichtung im Luitpold Gymnasium erfährt. Er ist schockiert, denn er weiß genau, dass jede Bluttat den

Roten zehnfach heimgezahlt werden wird. Auch als Erich Mühsam später von der Tat erfährt, ist er entsetzt. »Ich hätte mich vor die Gewehre gestellt und erschießen lassen«, notiert er in sein Tagebuch, »wenn ich die Geiseln damit hätte retten können.« Ernst lässt sich sofort zum Gymnasium bringen und fasst später seine Eindrücke vom Ort des Geschehens zusammen: »Wie ich vor den Toten stehe, denke ich an den Krieg, an den Hexenkessel im Priesterwald, an die zahllos Hingemordeten Europas. Wann werden die Menschen aufhören, einander zu jagen, zu quälen, zu martern, zu morden?«[301]

Um Racheorgien zu verhindern, will Ernst veranlassen, dass die Leichen aus dem Gymnasium geschafft werden. Er geht zur chirurgischen Klinik und bittet dort inständig einen Arzt, die Leichen sofort abholen zu lassen. Der Arzt kommt der Bitte nicht nach. So ersucht Ernst die Betriebs- und Soldatenräte, ein von ihm unterzeichnetes Plakat auszuteilen, in dem die Erschießung als »bestialische Tat« verurteilt wird. Aber es ist zu spät. Die Nachricht von der Tat verbreitet sich wie ein Lauffeuer und wird sofort von den Gegenrevolutionären ausgiebig ausgeschlachtet. Am nächsten Tag sprechen bürgerliche Zeitungen vom »Münchner Geiselmord«, obwohl es sich bei den Gefangenen keineswegs um Geiseln gehandelt hat. Dabei seien den Opfern »die Augen ausgestochen, die Zungen und Hände abgeschnitten« worden und die Leichen »zu Brei gestampft« worden.[302] Diese Behauptungen erweisen sich später als frei erfunden, sie entfalten jedoch ihre Wirkung – insbesondere da mit Hella von Westarp, Friedrich von Seydlitz und Gustav von Thurn und Taxis auch Angehörige des deutschen Hochadels unter den Hingerichteten sind.

1. Mai 1919

Erich Mühsam ist im Zuchthaus Ebrach noch immer hoffnungsvoll. In sein Tagebuch notiert er: »Erster Mai! Wird sich heute die revolutionäre Arbeiterschaft Bayerns zum großen Schlage erheben, um dem bedrängten München beizustehn?«[303]

Aber schon bewaffnen sich auf dem Münchner Odeonsplatz die Reaktionäre. Um 12 Uhr werden auf der benachbarten Residenz, die inzwischen von bewaffneten Bürgern kampflos übernommen worden ist, eine weiße und eine weiß-blaue Fahne gehisst. Gleiches geschieht am Rathaus und an der Universität, aber auch am Kriegsministerium, wo sich zuvor das Oberkommando der Roten Armee befand, sowie am Wittelsbacher Palais, dem ›Herz der Revolution‹. Von dort aus wird die Bevölkerung nun aufgefordert, zur Feldherrenhalle zur Bewaffnung der Bürgerwehr zu kommen. Diese Bewaffnung des Bürgertums stellt vor allem eine Reaktion auf die Nachrichten vom ›Geiselmord‹ dar. Diese Nachricht ist es auch, die Teile der vor München lagernden Regierungstruppen dazu bringen, ihre Disziplin zu vergessen. Vom Generalstab ist der Befehl erlassen worden, dass München am 2. Mai um 14 Uhr aus allen vier Himmelsrichtungen gleichzeitig gestürmt werden solle. Nun aber lassen sich die Offiziere einzelner Einheiten dazu hinreißen, diesen Befehl zu ignorieren und eigenmächtig ins Stadtzentrum vorzustürmen. In breiten Schützenlinien marschieren sie durch die Straßen. Rote Fahnen werden eingeholt und durch weißblaue ersetzt. Bürger öffnen die Fenster und jubeln den Soldaten zu, da krachen die ersten Schüsse durch die Häuserzeilen. Die Schlacht um München beginnt. Aber nur wenige Revolutionäre lassen sich auf den aussichtslosen Kampf ein. Der größte Teil der bayerischen Roten Armee, die noch wenige Tage zuvor durch die Straßen paradierte, versucht unentdeckt aus der Stadt zu fliehen.

Gegen halb Drei marschieren die ersten größeren Freikorpsabteilungen in Schwabing durch die Hauptstraßen, um sich mit der Bürgerwehr auf dem Odeonsplatz zusammenzuschließen. Auf dem zentralen Karlsplatz können sich Revolutionäre durch Zufall eines Maschinengewehrs bemächtigen: Dort trifft ein Militärwagen ein, auf dem ein einarmiger Offizier steht und mit der weißblauen Fahne wedelt. Just in diesem Moment trifft ein Zug von unbewaffneten Demonstrierenden auf dem Platz ein. Einige Männer werfen sich sofort auf den Offizier und überwältigen auch den Fahrer des Autos. Dann zerren sie das in dem Wagen befindliche Maschinengewehr auf die Straße und bauen es auf dem Gehweg in der Nähe des Nordbrunnens auf. Sofort entbrennt ein Kampf mit Weißen Verbänden, die auf den Platz vorstoßen wollen. Bald müssen sich die Rotarmisten zu einem Zeitungsladen am Karlsplatz zurückziehen. Dort besetzen sie eine sichere Stellung in einem Zeitungskiosk, an der sie fortwährend Verstärkung erhalten. Vor allem Rote Matrosen eilen hinzu. Auf beiden Seiten gibt es mehrere Tote. Erst als die Weißen den Kiosk mit Artillerie beschießen und dieser in Flammen aufgeht, ziehen sich die Rotarmisten in ein Kaufhaus und eine protestantische Kirche zurück. Der Kampf am Karlsplatz geht jedoch weiter. Die Revolutionäre richten im Hotel Königshof ein Lazarett ein. Teile der Bevölkerung eilen den Roten Kämpfern zu Hilfe. Sie bringen Nachschub und Lebensmittel, geben Informationen weiter und muntern die Rotarmisten mit solidarischen Worten auf.

Hilde läuft auf der Flucht vor den Weißen Schergen durch die umkämpften Straßen der Stadt. Sie hat sich ihre besten Kleider angezogen, um als Bürgerin durchzugehen. Quer durch die Innenstadt zieht sich die Hauptkampflinie vom Sendlinger Tor über den Karlsplatz bis zum Hauptbahnhof. Aber auch in den Arbeitervierteln Giesing, Sendling und Haidhausen kommt es zu erbitterten Kämpfen. Und aufgrund des unkoordinierten Vorgehens der Regierungstruppen, können die Rotgardisten diese an einigen Stellen tatsächlich zurückschlagen. Überall ist das Rattern der Maschinengewehre und das Donnern der Artillerie zu hören. Es wird alles an Kriegswaffen aufgeboten, was im Deutschen Reich zur Verfügung steht – Artillerie, Flammenwerfer, Panzerzüge, Panzerwagen und Kampfflugzeuge. Hilde findet Unterschlupf bei einer Freundin ihrer Schwester Frida, die mit ihrem Bruder, einem ehemaligen Universitätsprofessor, und ihrem Sohn in der Nähe der Alten Pinakothek wohnt.

Die Rotarmisten ziehen sich im Bahnhofsviertel zusammen und liefern den weißen Einheiten weiter heftige Straßenkämpfe. Aus Fenstern, Dachluken und Kellerverschlägen heraus beschießen sie die Freikorps und Soldaten. »Ein ganzes Fliegergeschwader kreuzt über München, das Feuer lenkend, selber beschossen, Leuchtkugeln abwerfend«, schreibt Viktor Klemperer. »Bald ferner, bald näher, aber immerfort krachen Minen und Granaten, dass die Häuser beben, ein Sturzregen aus Maschinengewehren folgt den Einschlägen, Infanteriefeuer knattert dazwischen. Und dabei marschieren, fahren, reiten immer neue Truppen mit Minenwerfern, Geschützen, Fouragewagen, Feldküchen durch die Ludwigstraße, bisweilen mit Musik, und am Siegestor hält eine Sanitätskolonne, und in alle Straßen verteilen sich starke Patrouillen und Abteilungen verschiedener Waffen, und an allen Ecken, wo man gedeckt ist und doch Ausblick hat, drängt sich das Publikum, häufig mit Opernglas in der Hand.«[304]

Auch das gegen den Zeitungskiosk am Karlsplatz in Stellung gebrachte Geschütz wird unter Feuer genommen, wobei die zwei Zugpferde erschossen werden. Kurz darauf eilen hungernde Anwohner herbei und zerlegen die Tiere in transportable Fleischportionen. Trotzdem kann das Geschütz bis zur Herzog-Wilhelm-Straße vorgeschoben werden. Es beschießt den Justizpalast und greift später in die Kämpfe am Sendlinger Tor ein. Dort jedoch wird der Vormarsch der Weißen von mit Minenwerfern bewaffneten Rotarmisten aufgehalten. Inzwischen haben die Weißen Truppen

Barrikade auf der Münchner Karlsstraße

die Münchner Innenstadt vollständig eingezingelt. Entlang der Punkte Laim – Nymphenburg – Riesenfeld – Schwabing – Hirschau – Max-Weber-Platz – Thalkirchen haben sie einen Kreis gebildet, der sich immer enger zusammenzieht. Im südwestlichen Stadtteil Großhadern tritt eine Freikorpstruppe brüllend die Tür des Hauses der Eisners ein. Dort finden sie einen gefassten Gustav Landauer am Schreibtisch sitzend. Er lässt sich ohne Widerstand abführen. Die Paramilitärs bringen ihn nach Starnberg zum Gruppenkommando West, wo bereits drei Starnberger Arbeiterräte festgehalten werden.

Auch Ernst Toller wird von den Weißen Schergen gesucht. Bei dieser Hatz wurde bereits ein Mann erschlagen, weil er ihm scheinbar ähnlich sah. Nun wird Ernst von dem Arzt und Schriftsteller Eduard Trautner in seiner Wohnung am Schwabinger Kaiserplatz 6 versteckt. Von dort aus hört er die Schüsse am Karlsplatz, kann aber nichts tun, da er auf der Straße sofort erkannt werden würde.

Der Pressebeauftragte der Räterepublik, Ret Marut, fällt den Freikorps in die Hände. Als Rädelsführer wird er ins Kriegsministerium zur Verurteilung durch ein ›Feldgericht‹ gebracht. Darüber erzählt er: »Das Feldgericht im Lande der eigenen Heimatgenossen bestand aus einem schneidigen Leutnant. Dieser erledigte jedes Mal in etwa drei Minuten die Sache in der Weise, dass er auf Grund der Zeugenaussagen von Denunzianten entschied, ob der Verhaftete sofort standrechtlich zu erschießen, oder ob er freizulassen sei. Im Zweifelsfalle wurde der Verhaftete erschossen, weil es sicherer war. Um Entlastungszeugen kommen zu lassen, oder auch nur Leute herbeizurufen, die bestätigen konnten, dass der Verhaftete kein Spartakist oder gar ein Führer sei, hatte man nicht genügend Zeit.« Marut wartet im Vorraum des ›Gerichtszimmers‹, zusammen mit tatsächlichen oder vermeintlichen Revolutionären, darunter nicht nur Frauen und Männer, sondern auch Kinder. »Aus dem großen Saale, wo der Leutnant zigarettenrauchend über das Leben und Nichtleben der Verhafteten entschied, wurden alle Augenblicke Arbeiter und Matrosen mit totenbleichen Gesichtern abgeführt. Ihre erschreckten und traurigen Augen verkündeten allen Wartenden das Todesurteil.« Marut wartet über eine Stunde lang auf seine Aburteilung. Das Verfassen eines Abschiedsbriefs wird ihm verboten. Dann wird der Letzte, der vor ihm an der Reihe ist, hineingeführt. Die Schergen fassen den Mann so grob an, dass dieser lautstark protestiert. So entsteht ein kleiner Tumult, im Zuge dessen es Marut, unter Umständen, die er immer geheim gehalten hat, gelingt zu fliehen. Nur einen Satz hat er später dazu verlauten lassen: »Zwei Soldaten, denen einen Augenblick lang wohl ein Funken Menschlichkeit aufstieg, als sie sahen, wie hier mit dem Kostbarsten, was der Mensch besitzt, mit dem Leben, umgegangen wurde, waren an diesem Entkommen nicht unbeteiligt.«[305]

Am Hauptbahnhof können unterdessen die Minenwerfer der Rotarmisten den einfahrenden Panzerzug 22 der Weißen Truppen manövrierunfähig schießen. Ein großer Teil der Besatzung wird verwundet oder getötet, der Rest wird gefangen genommen. Als Ersatz schicken die Weißen den Panzerzug 25, der von Moosach aus in die Stadt einfährt, während Panzerzug 24 den Ostbahnhof einnehmen soll. Der gegen den Hauptbahnhof vorstoßende Zug wird an der Donnersbergerbrücke von bewaffneten Arbeitern aufgehalten. Der Zugkommandeur lässt die Brücke aus 300 Meter Entfernung mit Kartätschen- und Maschinengewehrfeuer belegen, was mehrere Rotarmisten das Leben kostet. Dann geht der Stoßtrupp des Zuges mit Granaten, Karabinern und leichten Maschinengewehren gegen die Brücke vor. Nach längerem Gefecht wird der Rest der Verteidiger überwältigt. Kurz darauf trifft der von seiner Kontrollfahrt zum Ostbahnhof zurückkehrende Panzerzug 24 ein. Gemeinsam gehen beide Züge gegen die ebenfalls von Revolutionären besetzte Hackerbrücke vor. Inzwischen ist es Nacht geworden und heftiger Regen hat eingesetzt. Die starken Scheinwerfer der Panzerzüge tauchen die Hackerbrücke jedoch in gleißendes Licht und machen die roten Verteidiger deutlich sichtbar. Diese halten die Brücke mit Geschützen, Maschinengewehren und Minenwerfern. Aus verschiedenen Richtungen wird die Brücke gleichzeitig von den beiden Panzerzügen, einem Panzerwagen und einem Stoßtrupp unter Beschuss genommen. Zahlreiche auf den Gleisen stehende Bahnwagons behindern die Panzerzüge jedoch stark. Die Revolutionäre beschießen ihrerseits die Panzerzüge mit den Minenwerfern, sodass die Züge sich um halb drei Uhr nachts nach Schleißheim zurückziehen müssen.

2. Mai 1919

Um die Mittagszeit stößt nun der Hauptteil der Regierungstruppen, wie ursprünglich geplant, auf München vor. Auch der Panzerzug 25 greift zum dritten Mal die noch immer von Rotarmisten und bewaffneten Arbeitern besetzte Hackerbrücke an. Aus einem halben Kilometer Entfernung wird die Brücke mit Artilleriefeuer belegt. Als dann ein weißer Sturmtrupp gegen die Verteidigungsstellung vorgeht, findet er nur noch die Leichen der gefallenen Kämpfer und zurückgelassene Geschütze.

Die Regierungssoldaten und Freikorps werden durch die systematische Hetze der bürgerlichen Presse in ihrem Hass noch angestachelt. Insbesondere die Erschießung der Gefangenen im Luitpold-Gymnasium, die einzige belegte Bluttat der Linken, wird propagandistisch ein ums andere Mal ausgeschlachtet. Plakate und Zeitungen verkünden wieder, man habe die Leichen verstümmelt aufgefunden und die abgeschnittenen Geschlechtsteile in Kehrichtfässern entdeckt. Als zwei Tage später herauskommt, dass es sich bei dem Fleisch in den Fässern um Teile geschlachteter Schweine gehandelt hat und niemand verstümmelt worden ist, hat die Lüge bereits ihre Wirkung getan.

Für die *Bamberger Zeitung* beispielsweise muss »Blut mit Blut abgewaschen werden, dann wird sich die öffentliche Meinung des bayerischen Landes nicht eher wieder beruhigen, als bis die Verantwortlichen für diese Bluttaten das Beil des Henkers erreicht hat. Im Übrigen aber hat die volle Schwere des Gesetzes auch jene zu treffen, welche zwar nicht unmittelbar den allen Völker- und Menschenrechten Hohn sprechenden Befehl zur Ermordung von Geiseln gegeben, sondern sich überhaupt an der Entfesselung des Bürgerkriegs beteiligt haben. Sie mögen in einem Zuchthaus verschwinden, so lange als nur immer Gesetz und Recht es zulässt, und mögen so lange darin verwahrt bleiben, dass man sich nur schwer noch ihrer Namen und Taten wird entsinnen können, wenn sich ihnen die Pforten des Gefängnisses wieder öffnen.«[306]

Die Regierungstruppen und rechten Freikorps tun ihr Bestes, den zahllosen Mordaufrufen nachzukommen. Im Münchner Vorort Gräfelfing werden 53 freigelassene russische Kriegsgefangene, die nichts mit der Räterepublik zu tun haben, festgenommen. Die Regierungssoldaten treiben sie in einen Steinbruch und erschießen sie dort bis auf den letzten Mann. Gustav Landauer und die Starnberger Arbeiterräte werden von Paramilitärs des Freikorps Weilheim gemeinsam dem Gefängnis Stadelheim überstellt, das sich schnell mit verhafteten Revolutionären und Verdächtigen füllt. Bevor Landauer in Stadelheim eingeliefert wird, befielt ein – später »unbekannter« – Offizier, dass er sofort erschossen werden solle. Als er dann tatsächlich eingeliefert ist, wird er unter anderem von Heinrich Freiherr von Gagern sofort schwer misshandelt und dann von der Weißen Soldateska regelrecht zu Tode getrampelt. Ein Mitgefangener berichtet später: »Unter Schreien: ›Der Landauer! Der Landauer!‹ bringt ein Trupp bayerischer und württembergischer Soldaten Gustav Landauer, auf dem Gang vor dem Aufnahmezimmer schlägt ein Offizier dem Gefangenen ins Gesicht, die Soldaten rufen dazwischen: ›Der Hetzer, der muss weg, derschlagts ihn!‹ Landauer wird mit Gewehrkolben an der Küche vorbei in den Hof gestoßen, Landauer sagt zu den Soldaten: ›Ich bin kein Hetzer, ihr wisst selbst nicht, wie verhetzt ihr seid.‹ Im Hof begegnet der Gruppe der Freiherr von Gagern, mit einer schlegelartigen Keule schlägt er auf Landauer ein, unter den Schlägen des Majors sinkt Landauer zusammen, er steht jedoch wieder auf und will zu reden anfangen, der Vizewachtmeister schießt auf Landauer, ein Schuss trifft ihn in den Kopf, Landauer atmet noch immer, da sagt der Vizewachtmeister: ›Das Aas hat zwei Leben, der kann nicht kaputt gehen.‹ Ein Sergeant vom Leibregiment ruft: ›Ziehen wir ihm doch den Mantel 'runter‹, der Mantel wird ihm ausgezogen. Da Landauer immer noch lebt, legt man ihn auf den Bauch, unter dem Ruf: ›Geht zurück, dann lassen wir ihm noch eine durch‹, schießt der Vizewachtmeister Landauer in den Rücken, da Landauer immer noch zuckt, tritt ihn der Vizewachtmeister mit Füßen zu Tode, dann wird ihm alles heruntergerissen und seine Leiche ins Waschhaus geworfen.«[307]

Mit dem Mord an dem großen Philosophen der Gewaltfreiheit und der sozialen Revolution beginnt die traurige Karriere des Gefängnisses

Stadelheim als Ort politischer Morde. Nach Landauer werden dort noch etwa 30 weitere Revolutionäre erschossen. Durch das gesamte Gebäude hallen Schläge, Schüsse und Schreie. Alle Gefangenen werden von den hasserfüllten Schergen der rechtsextremen Freikorps Epp, Lützow und Liftl aufs Schwerste misshandelt. Bei Räteanhängerinnen und weiblichen Gefangenen kommt noch sadistische sexuelle Gewalt hinzu. Mehrmals wird berichtet, dass die Erschießungskommandos mit den ersten Schüssen auf die Geschlechtsteile der Frauen und Mädchen zielen. In anderen Fällen wird die Exekution vollzogen, indem zuerst in die Beine, dann in den Unterleib geschossen wird, um die Opfer langsam verenden zu lassen. Später unter den Nationalsozialisten wird direkt an diese Mordtradition angeknüpft werden. Nicht nur die Mitglieder der studentischen Widerstandsgruppe Weiße Rose, unter ihnen die Geschwister Scholl, werden hier hingerichtet, sondern insgesamt mindestens 1.000 weitere Todesurteile in Stadelheim vollstreckt. In den letzten Jahren des Zweiten Weltkrieges werden es im Durchschnitt wöchentlich zwei sein.

Unter den Revolutionären löst Landauers Tod tiefe Betroffenheit aus. Im Gefängnis Ebrach trauert Erich Mühsam: »Landauer tot. Ich will und kann es nicht für möglich halten und muss es doch glauben.« Und weiter: »Es ist so furchtbar – so grauenvoll: mein Freund und Führer, mein Lehrer und Genosse. – Und ich sitze da, eingekerkert von denselben Verbrechern, die seinen Tod verschuldet haben und kann nicht helfen, niemanden trösten, nicht zu seinem Begräbnis gehn, kein Wort des Gedächtnisses für ihn sprechen. Und niemand – auch von denen nicht, die jetzt erbittert sind gegen seine Mörder – niemand weiß, welch ein Geist hier zerstört ward. Ich sitze in meiner einsamen Zelle und klage und weiß dabei, dass das Verbrechen der eignen Genossen – die unselige Ermordung der Geiseln – die letzte Ursache der Schandtat ist, die Gustav Landauer zum Opfer forderte. Wer die Geiselerschießung anordnete, der hat endlose Schuld auf sich geladen, der muss unendliches Blut guter reiner Menschen verantworten.«[308]

Ernst Toller weiß derweil noch nichts von der Ermordung seines Mentors. Eduard Trautner kommt in sein Versteck und erklärt, dass die Zeitungen melden, Ernst sei tot: »Hier ist die Zeitung mit der amtlichen Meldung. Du wurdest erschossen aufgefunden und ins Schauhaus gebracht. Polizisten holten den Chauffeur, der dich in Dachau gefahren hat, er erkannte deine Leiche und schluchzte vor Rührung, für die nächsten Tage hast du nichts zu fürchten, sie werden dich nicht suchen.« Ernsts

Lage entspannt sich durch diese Falschmeldung ein wenig. Nach einigen Tagen stellt ihm der Arzt den Adeligen Dr. Karl Löwenstein vor. Der erklärt, er sei zwar kein Sozialist, habe aber gesehen wie die Revolutionäre massakriert würden und wolle Ernst vor diesem Schicksal bewahren. Bei einem Fürsten würden die Weißen nie nach Räteaktivisten suchen. So schleicht sich Ernst des nachts durch München zur Wohnung des Fürsten. Kurz darauf wird das Haus jedoch von Weißgardisten durchsucht. In die Wohnung des Fürsten selbst dringen die Schergen aber aufgrund des adeligen Namens am Klingelschild nicht ein.

Währenddessen finden in der Stadt noch immer Kämpfe statt. »Der beglückte Jubel hat sich gegen Abend gelegt und will heute nicht mehr recht aufkommen«, schreibt Viktor Klemperer. »Denn seit dem Nachmittag und die ganze Nacht hindurch und nun den Freitag über, vom Gefecht zur Schlacht anwachsend, tobt ununterbrochen der erbittertste Kampf, und beinahe pausenlos schüttern die Einschläge der Minen und Granaten und übertönen das wilde Rasseln der Maschinengewehre und den Knall der Schüsse. Es fließt sehr viel Blut in der Stadt, wo die Spartakisten mit Verzweiflung standhalten, da sie ja von Ergebung nun wohl nichts mehr zu erwarten haben.«[309] Besonders heftige Kämpfe toben in den Arbeitervierteln Haidhausen und Giesing. Mehrere Freikorpsverbände kreisen das Giesinger Zentrum ein. Dort leisten bewaffnete Arbeiter und Rote Matrosen zunächst anhaltenden Widerstand, bis der übermächtige Gegner sie dazu zwingt, die offenen Kampfhandlungen einzustellen. Reste der Roten Armee ziehen sich ins südöstlich der Landeshauptstadt gelegene Rosenheim und nach Kolbermoor zurück, um dort noch wenige Tage weiterzukämpfen. In Haidhausen, aber mehr noch im roten Giesing liefern bewaffnete Arbeiter in den nächsten Wochen den Regierungstruppen einen verdeckten Kleinkrieg in Partisanenmanier.

3. Mai 1919

Kommandant Egelhofer versucht nach der Niederlage seiner Truppen aus München zu entkommen. Eine Freundin versucht ihn im Auto aus der Stadt zu schmuggeln. Um das aufständische München zu befrieden, ist die Stadt von der neuen Militärverwaltung in abgeriegelte Defensivabschnitte unterteilt worden. Am Hofgarten, in der Maximilianstraße, am Maximilianplatz und an anderen Orten wird das Straßenpflaster aufgerissen, um Barrikaden und Stacheldrahtzäune zu errichten. An den schmalen Durchgängen kontrollieren Soldaten alle, die von einem Abschnitt in den anderen wollen, nach sieben Uhr abends werden die Durchgänge ganz gesperrt. Bei einer solchen Kontrolle wird Egelhofer im Auto erkannt und in den Keller der Residenz geschleppt. Dort schlagen ihn anwesende Soldaten und Bürger erst einmal zusammen. Dann tritt ein spontanes Standgericht zusammen, dem es genügt, dass der Gefangene zugibt, Egelhofer zu sein, um das Todesurteil auszusprechen. Danach verlassen die Offiziere den Keller und nur ein einfacher Soldat bleibt bei Egelhofer. Der zieht seinen Revolver, legt ihn neben Egelhofer auf den Tisch und wendet sich zum Gehen. Egelhofer ruft ihm hinterher, dass er seinen Revolver vergessen habe, ob er nicht daran denke, dass er ihn überfallen könnte? Der Soldat zuck nur mit den Achseln und sagt: »Wir wissen, wer du bist. Wenn du nicht willst…«[310]

Einige Minuten später wird das Todesurteil vollstreckt.

Egelhofer ist bei Weitem nicht der einzige, der in diesen Tagen ohne Gerichtsverfahren exekutiert wird. Auch der Anarchist Josef Sontheimer wird einfach erschossen. Es beginnt ein System der Denunziation, das sich immer nach demselben Muster wiederholt: Denunziation, Verhaftung, Erschießung an der nächsten Mauer, Plünderung der Leiche. Das extralegale Vorgehen lädt auch zu erfundenen Beschuldigungen ein, offene Rechnungen werden beglichen. Die Täter bleiben straflos, Verfahren werden fast nie eingeleitet. Aber Viktor Klemperer freut sich mit einem Großteil des Bürgertums: »Das Vaterland ist definitiv gerettet«. Die Verhaftungen findet er vor allem unterhaltsam: »Das erregte Publikum verstärkt sich selber die herrliche Sensation ins Superlativische. Gespräche, Debatten, Anschuldigungen, Flucht des Verdächtigen, der nun natürlich ein Spartakist ist, und Verhaftung. Wenn sie den Kerl dann abführen, Bewaffnete umringen ihn, mindestens einer droht ihm mit der Pistole, er muss die Hände hochhalten und faltet sie auf dem Kopfe – es sieht schauerlich schön aus, es entschädigt für die lange Schließung der Kinos.«[311] Hilde Kramer beobachtet die Vorgänge von ihrem Versteck bei der Alten Pinakothek mit ganz anderen Gefühlen: »Überall mussten Männer, die verdächtig erschienen, mit erhobenen Armen durch die Straßen marschieren in Richtung Schlachthof, wo Hunderte niedergemetzelt wurden. In der Wohnung meiner Gastgeberin hörte ich fast ununterbrochen Maschinengewehrfeuer. Ich durfte mich am Fenster überhaupt nicht sehen lassen.«[312] Hildes Parteichef Max Levien ist einer der wenigen führenden Kommunisten, dem es gelingt unterzutauchen.

Immer stärker treibt die Presse die weißen Garden zu einem brutaleren Vorgehen an. Das SPD-nahe *Bamberger Volksblatt* hetzt: »Der gewöhnliche Tod des Erschießens ist für die Münchner Bestien viel zu wenig, die bestialischen Verbrecher sollten auf öffentlichem Platze gehängt und als abschreckendes Beispiel für vertierte Gesellen zur Schau gehängt werden. Gleichviel, ob die Toller, Levien und Levine direkt die Anordnung zu diesen Scheusäligkeiten gegeben haben oder nicht, auf jeden Fall haben sie die Münchner Massen durch Verhetzung bis zu dieser Vertiertheit gebracht und darum sind sie gleich wie auch die Mühsam und Sauber an diesen himmelschreienden Verbrechen mitschuldig und unerbittlich muss hier die Gerechtigkeit ihres Amtes walten.«[313]

Im besetzten München kommt es zu regelrechten Massakern. Auch in Vororten wie Perlach, wo nie gekämpft wurde, werden Arbeiter erschossen: So werden beispielsweise auf die Denunziation des Perlacher Pfarrers hin zwölf Arbeiter aus den Betten geholt und sofort hingerichtet. Die SPD-Regierung in Bamberg greift erst ein, als es zu einer folgenschweren Verwechslung kommt: In einem Lokal trifft sich eine Gruppe junger Männer, die von irgendwem als ›Spartakisten‹ angeschwärzt werden. Es folgt das übliche Schema: Eine Truppe Freikorps stürmt den Raum und beginnt sofort auf die Jugendlichen zu schießen. Diejenigen, die noch leben, werden zu Tode getrampelt. Erst als alle 21 Burschen tot sind, stellt sich heraus, dass es sich um das Treffen eines Bundes katholischer Handwerksgesellen gehandelt hat. Im Polizeibericht tauchen die jungen Männer als »tödlich verunglückt« auf – eine Kategorie unter der allein am 2. Mai 1919 103 Personen aufgelistet werden.[314] Nachdem ähnlichen Vorgängen bislang keinerlei Beachtung geschenkt wurde, da es sich bei den Ermordeten um Arbeiter gehandelt hatte, geht diese Aktion nun den Sozialdemokraten in Bamberg zu weit. Sie befehlen den Freikorps, den ausufernden Exekutionen ein Ende zu bereiten. Zu diesem Zeitpunkt sind allein in München bereits 650 Menschen getötet worden.

Während die Verantwortlichen für den ›Geiselmord‹ nie festgestellt werden konnten, handeln die Soldaten und Freikorps der Gegenrevolution eindeutig auf Grundlage der ihnen erteilten Befehle. So heißt es in einem Offiziers-Handbuch zur Bekämpfung der »Spartakisten«: »Die Gruppen haben ihre Aufträge mit Gewalt durchzuführen, jedes Verhandeln mit dem Feinde oder mit der Bevölkerung ist verboten. Milde wird

Parade der Gegenrevolutionären Truppen auf dem Marienplatz

als Schlappheit, Gutmütigkeit als Unzuverlässigkeit der Truppen gedeutet.« Deshalb müsse den Truppen auch wann immer möglich der Einsatz von Flammenwerfern erlaubt werden. Am Ende wird zusammengefasst: »Je schärfer die Mittel desto schneller der Erfolg.« Nach der Niederschlagung der Räterepublik resümiert ein Kommandeur, diese Richtlinien hätten sich »voll bewährt.«[315]

Die Bürgerschaft zeigt sich den gegenrevolutionären Truppen dankbar: ganze 690.000 Mark werden gesammelt und sollen unter den Soldaten verteilt werden. Reichswehrminister Gustav Noske sendet ein Dankestelegramm an den militärischen Oberbefehlshaber General von Oven: »Für die umsichtige und erfolgreiche Leitung der Operation in München spreche ich Ihnen meine volle Anerkennung aus und der Truppe herzlichen Dank für ihre Leistung.«[316] Erich Mühsam notiert dagegen in sein Gefängnistagebuch: »Man blickt im Geiste um sich, lauter Tote, lauter Ermordete – es ist grauenhaft. Nie ist in Russland derartig gewütet worden. Mit den Münchner Schandtaten hat Noske sogar seine Berliner Blutorgien übertroffen. Das ist die Revolution, der ich entgegengejauchzt habe. Nach einem halben Jahr ein Bluttümpel: mir graut.«[317]

Besonders brutal geht das Bayerische Schützenkorps vor. Dessen Befehlshaber Franz Ritter von Epp lässt alles, was nach Arbeiter aussieht und sich auf die Straßen wagt, niederschießen. Zu den Verantwortlichen des Korps zählen Ernst Röhm, Rudolf Heß und weitere Männer, die später leitende Funktionen im Nationalsozialismus einnehmen werden. Aus Erich Mühsams Tagebucheinträgen lässt sich bereits ein erstes Erahnen der späteren Profiteure der Konterrevolution herauslesen: »Die Sozialdemokraten haben dann ihre Pflicht erfüllt und eine neue Ära Ludendorff mit monarchistisch-despotischer Tendenz blüht auf, die zwar den Untergang des Kapitalismus auch nicht verhindern kann, die aber ein Blutregiment über Deutschland aufrichten wird, das seinesgleichen noch nicht gesehen hat, und dessen Ende ich für meine Person bestimmt nicht erleben werde. Denn die ›Rädelsführer‹ werden nicht lange prozessiert werden. Für diese Ära bereiten die Scheide- und Hoffmänner mit ihrer erbärmlichen feigen liebedienerischen Verräterpolitik jetzt den Boden.« Dieser Verrat werde den Sozialdemokraten letzten Endes selbst auf die Füße fallen: »Eines Tages werden ihnen die Augen aufgehen, wenn sie selbst als Opfer ihres Verrats mitgehangen werden. Dann werden sie erkennen, dass ihre wahnwitzige Kommunistenverfolgung dem deutschen Volk mindestens zehn Jahre Freiheit und Glück gekostet haben wird. Nur ein rechtzeitiger Sieg der Revolution über Weimar kann uns dieses Unglück ersparen.«[318]

Ernst versteckt sich derweil noch immer in der Wohnung Löwensteins. Mittlerweile sind 10.000 Mark Kopfgeld auf ihn ausgesetzt. Der Steckbrief wird vor jeder Behörde in Bayern angeschlagen und auch in allen größeren Städten in ganz Deutschland veröffentlicht. Die Grenzpolizei ist in Alarmbereitschaft versetzt worden. Ernst versucht jemanden zu finden, der ihn aufnimmt, damit er das Versteck wechseln kann. Unter anderem hat er den Dichter Rainer Maria Rilke um ein Treffen gebeten. Tatsächlich kommt dieser in die Wohnung des Fürsten. »Immer wenn ich ihn sehe«, notiert Ernst, »denke ich an ein Bild, das ich in irgendeinem Buch fand, es zeigte einen Tataren, der, beutebeladen, auf kleinem Steppenpferd müde durch die gelbbrennende Wüste ritt. Der jungen Frau bringt er langstielige Maréchal-Niel-Rosen, die er, man sieht es, sorgfältig gewählt hat, sie sind nicht mehr Knospen und noch nicht zur Blüte geöffnet, sie stehen in jener süßen Schwebe, wo sie nicht wissen, ob sie sich schließen oder entfalten sollen. Mattgraue Augen unter schweren Lidern sehen mich traurig und behutsam an, dann senken sich Blick und die Spitzen des hängenden Schnurrbarts auf seine Hände.«[319] Rilke erklärt aber nur, dass er Toller nicht aufnehmen könne, da sein Haus schon zweimal durchsucht worden sei. Aufgrund seiner Mitgliedschaft im Künstlerrat, sei sein Haus unter den Schutz der Räterepublik gestellt worden. Er habe dann aber nicht daran gedacht, das Schild wieder rechtzeitig zu entfernen, sodass er der neuen Militärregierung nun verdächtig sei. Tatsächlich wird Rilke bald danach aus München ausgewiesen, obwohl er kaum politisch involviert war. »Die Kämpfe der Politik berührten ihn nie«, schreibt Ernst. »Dass er ein Dichter war, machte ihn der Polizei verdächtig.«[320]

8. Mai 1919

Erich wird im Zuchthaus Ebrach vollständig im Unklaren über die politische Situation gelassen. So geht seine Stimmung in wildem Wechsel auf und ab. »Dass sich die Volksmetzger trotz ihres ›Sieges‹ in ihrer Haut noch gar nicht sicher fühlen«, notiert er in sein Tagebuch, »geht aus verschiedenen Umständen hervor. Die Ministerien sind zwar nach München zurückverlegt, die Minister selber aber bleiben vorläufig in Bamberg, wohin auch der Landtag sich versammeln soll.« Auch direkt vor den Mauern des Zuchthauses scheint es Anlass für Hoffnung zu geben. In Hörweite wird mit schweren Geschützen geschossen. Nachdem kurz Hoffnung aufkeimt, rechnet er tags darauf wieder mit dem Schlimmsten: »Ich mache mich, nachdem ich nun die Gewissheit habe, dass ein Standgericht über mich urteilen wird – also doch wohl ein aus monarchistischen Militärs zusammengesetztes – darauf gefasst, dass auch ich vielleicht so enden werde. Gern stürbe ich noch nicht. Aber Angst vor dem Tode habe ich auch nicht.«[321] Wenig später dann wieder: »Ich glaube nicht, dass die Macht, die jetzt nur auf Bajonetten sitzt, sich lange halten wird, und ich glaube, für die vierte, endgültige Revolution werde ich noch sehr wertvolle Dienste leisten können.«[322]

Auf längere Sicht zermürbt ihn aber vor allem, dass er keinerlei Nachricht von seiner Frau Zenzl bekommt und die Wärter sich weigern, ihn mit ihr in Verbindung zu setzen. Da er weiß, dass in der Gegend seiner Wohnung in München gekämpft worden ist, befürchtet er immer wieder, Zenzl könnte tot sein. »Mir eröffnet sich die entsetzliche Möglichkeit, dass ich eines Tages nach Würzburg vors Standgericht geschleppt, zum Tode verurteilt und am Tage darauf erschossen werden kann, nicht nur, ohne Zenzl noch einmal zu sehen, ohne von ihr oder sonst wem Abschied nehmen zu können, sondern ohne auch nur zu erfahren, ob sie lebt, gesund und frei ist, und wie mein Haus bestellt, wie für die Vollstreckung meines letzten Willens, für die Betreuung meines literarischen Nachlasses gesorgt ist.«[323]

9. Mai 1919

Hilde macht sich auf den Weg nach Riederau, wo sie sich in ihrem ehemaligen Heim bei der Familie Kaetzler verstecken will. »Ich weiß nicht, ob es eine Woche oder mehr war, die ich in meinem Versteck blieb«, erinnert sie sich später. »Immer wieder wurde ich von meinen Gastgebern gewarnt, die Wohnung zu verlassen, denn ich war in München bekannt wie ein bunter Hund und wäre zweifellos auch in den Schlachthof gebracht worden, wenn man mich zu früh verhaftet hätte.«[324] Da sie in München nicht unerkannt an eine Zugfahrkarte kommen wird, macht sie sich zunächst zu Fuß auf den Weg nach Pasing, das damals noch eine eigene kleine Stadt westlich von München ist. Dort meldet sie sich unter falschem Namen bei der Polizeiwache, um einen Erlaubnisschein zu beantragen, was ihr mit ihrer bürgerlichen Kleidung auch gelingt. Mit dem Papier kann sie jedoch nur ein Ticket für eine kurze Strecke kaufen, sodass sie bald wieder zu Fuß weitergehen muss. So übernachtet sie auf Bauernhöfen und schlägt sich bis nach Riederau am Ammersee durch, wo sie sich sofort zum Haus der Kaetzlers begibt. Kaum ist sie dort angekommen, hält ein Militärauto vor dem Haus. Die Insassen erkennen sie bereits durch das Fenster und kommen sofort herein. »Offensichtlich waren sie alle, obwohl sie die Uniformen einfacher Soldaten trugen, Mitglieder einer Weißen Sondertruppe, Studenten und ehemalige Offiziere. Dies waren die Leute, die in München Blutbäder angerichtet hatten. Ich wurde jedoch von ihnen mit großer Höflichkeit behandelt. Das einzige Bedrohliche an ihnen war der wiederholte Hinweis, dass sie mich bei einem Fluchtversuch sofort erschießen würden.«[325]

Währenddessen hält sich Ernst noch immer in seinem Versteck auf. Ein Kriminalkommissar namens Gradl ist damit beauftragt worden, sich ausschließlich um die Jagd nach Toller zu kümmern. Er schnüffelt überall herum, zapft alle ihm zur Verfügung stehenden Quellen an. So erfährt er, dass man Ernst im vegetarischen Restaurant Ethos gesehen habe, wo er über ein Gartenhäuschen in der Schubertstraße 8 gesprochen habe. Gradl stellt ein Kommando zusammen, das Haus in der Schubertstraße wird gestürmt – ein Gartenhäuschen findet man aber nicht, geschweige denn den Gesuchten. Auch die nächste Spur – ein Ingenieur hatte behauptet, dass ein Arbeiter in seiner Fabrik Toller sei – erweist sich schnell als falsch. Dann meldet sich eine Köchin mit der Information, dass ihre Hausherren über ein Versteck für Toller diskutiert hätten. Wieder stürmt Gradl die Wohnung und durchsucht sie eigenhändig. Währenddessen klingelt es an der Tür. Als Gradl öffnet, steht ihm eine Gruppe Freikorps gegenüber, die ebenfalls nach Ernst suchen.

»Sind Sie Toller?«, schallt es ihm entgegen.

Gradl verneint.

»Sind Sie Toller?!«

Als Gradl abermals verneint, wird er von den Freikorps an Ort und Stelle erschossen.

10. Mai 1919

Hilde wird von der Freikorpsgruppe in einem Militärauto zurück nach München gebracht. »Es war ein herrlicher sonniger Frühlingstag. Der geliebte See war aalglatt und gegenüber lag alt und vertraut Kloster Andechs. Anstatt mich vor dem zu grauen, was mich wahrscheinlich erwartete, genoss ich ganz einfach die Gegenwart und freute mich auf die Autofahrt durch die Lande.«[326] In München wird sie zunächst in das Militärgefängnis in der Residenz gesperrt. Dann bringt man sie zum Polizeipräsidium in der Ettstraße. Auf dem Weg dorthin wird sie von promenierenden Bürgern beschimpft und angespuckt. Im Polizeipräsidium wird sie zusammen mit einer großen blonden Frau mit Herrenschnitt in eine Zelle gesperrt. Diese erzählt Hilde, dass sie eine Revolutionärin aus Berlin sei, woraufhin Hilde ihr anvertraut, dass sie in ihrem Schuh einen Ausweis der Räterepublik versteckt hat. Danach wird die Frau aus der Zelle geholt und kehrt nicht wieder zurück. Wenig später betritt die Wärterin die Zelle und fordert Hilde auf, ihre Schuhe auszuziehen. Dort findet sie tatsächlich den besagten Ausweis.

Von der Ettstraße aus wird auch Hilde schlussendlich in einer ›grünen Minna‹ nach Stadelheim gebracht. In diesem Gefangenentransporter wird sie aufrecht in eine Art Sarg eingeschlossen: »Wenn man darinsitzt, kann man durch einen schmalen Fensterschlitz nur die Füße der Menschen sehen, die auf dem Gehweg gehen. Für meine langen Beine war nie genug Platz. Meine Knie wurden schmerzlich an die gegenüberliegende Wand gepresst. Als ich einmal mit 40 Grad Fieber etwa eine Stunde in diesem Gefährt eingeschlossen war, bekam ich so intensive Beklemmungsgefühle, dass ich mein Leben lang die Folgen nicht losgeworden bin.«[327]

17. Mai 1919

Lindau am Bodensee ist die letzte sich zur Räterepublik bekennende Stadt, die von den Weißen Truppen besetzt wird. Die Paramilitärs der Freikorps Wolf und Probstmeyer rücken zu Tausenden ein, die Stadt wird zu einem regelrechten Truppenlager. Erich Mühsam hofft noch immer. Dieses Mal ist es das bei den Hofgängen von Ohr zu Ohr geflüsterte Gerücht eines Generalstreiks, das seine Phantasie beflügelt: »Ein Generalstreik bis zur Erfüllung unserer Forderungen konsequent und ohne Gewaltanwendung durchgeführt, wäre Rettung der Revolution, des Volks, des Friedens, des Glücks. Allerdings ist – zumal jetzt, nachdem der Terror des Kapitalismus überall die schmachvollste Gewalt ausübt – an eine solche gleichzeitige Aktion kaum zu denken. Jetzt wäre das Mittel des Proletariats passive Resistenz, also die durch Minderwertigkeit und Langsamkeit der Arbeit herbeigeführte Beschleunigung des notwendigen wirtschaftlichen Zusammenbruchs.«[328]

Ernst Toller hat inzwischen ein neues Versteck gefunden. Der Maler und Schriftsteller Hans Reichel nimmt ihn in seinem Atelier in der Künstlervilla Schlösschen Suresnes in Schwabing am Rande des Englischen Gartens auf. Das Schlösschen liegt inmitten eines verwilderten Gartens an der Werneckstraße. Mehrere expressionistische Künstler sind dort in verschiedenen Zimmern untergekommen und führen ihre malerischen, musikalischen und dichterischen Experimente durch. Von Reichels Atelier führt eine Tapetentür in einen vorgebauten Erker. Dort versteckt sich Ernst, während Reichel von außen die Tür mit Bildern verhängt. Mit Wasserstoffperoxyd entfärbt Ernst sich seine Haare, die nach einigen Waschungen rot werden, sodass er sich im Spiegel selbst kaum wiedererkennt.

An das Leben in seinem neuen Versteck erinnert er sich wie folgt: »Tagsüber schleiche ich gebückt durch die Zimmer, damit niemand mich am Fenster erblicke, abends wage ich mich für Minuten in den Garten und atme die Luft des Frühlings. Lech (d.i. Reichel) und seine Frau haben nicht viel zu essen, das wenige teilen sie mit mir. Leer verrinnen die Tage. Ich lese in den Zeitungen, dass die Polizei nach mir fahndet, kaum eine Stadt, in der man mich nicht gesehen haben will. Eisenbahnzüge werden angehalten, Dörfer umzingelt. Einmal sucht man mich in Österreich, Soldaten dringen in das Schloss Ottensheim an der Donau, wo Verwandte wohnen. Die Schweizer Grenzbehörden verhaften einen Arzt, er habe mich heimlich über die Grenze geschafft. Man bedroht meinen Bruder, der in Ostdeutschland wohnt. Man verhaftet meinen Vetter, obschon er als Leutnant der Weißen Garde im Freikorps Epp dient und geschworen hat, er werde mich erbarmungslos niederknallen, wenn er mich träfe. Polizisten, Soldaten, Denunzianten wollen den Kopfpreis von zehntausend Mark verdienen.«[329]

München ist derweil in eine Besatzungszone verwandelt worden. Hildes Freund Stasy Kaetzler beschreibt diese Situation in einem Brief an seine Schwestern folgendermaßen: »Überall in München Drahtverhaue und Maschinengewehre, um die ›Ordnung‹ (nämlich die der Kapitalisten) aufrecht zu halten und gegebenenfalls die Arbeitssklaven niederzuschießen. Die Bourgeoisie triumphiert, triumphiert so, dass ich mich wundere, dass nicht alle Augenblicke auf offener Straße so ein Aussaugeschmarotzer und Protzvieh niedergeschlagen wird. Offiziere mit Reitpeitsche und Monokel, ›fesch‹, vaterländische Kundgebungen mit der ›Wacht am Rhein‹ sind alltägliche Erscheinungen. Die Bürokratie, Skrupellosigkeit, Hochmuth, Frechheit, Eingebildetheit und Dummheit der Soldateska, Offiziere wie Gemeinen ist grenzenlos und mehr als provozierend.«[330]

19. Mai 1919

»Die ersten Tage in Stadelheim waren qualvoll, weil es nichts ›zu tun‹ gab«, erinnert sich Hilde Kramer an ihre Zeit im Gefängnis. »Das Mobiliar meiner Zelle bestand aus einer Pritsche, die an der Wand hochgeschlossen war, zwei an der Wand befestigten Brettern, die Stuhl und Tisch darstellten, und einem stinkenden Aborteimer in der Ecke. Das Guckloch an der Tür ermöglichte der Wärterin, mich bei der Benutzung des Aborteimers zu beobachten.«[331] Zunächst wird sie genauso schlecht behandelt, wie alle anderen gefangenen Revolutionäre. Man händigt ihr beispielsweise ihr Notizbuch und ihren Bleistift, um die sie bittet, nicht aus. Kurz darauf erscheint jedoch ein Leutnant mit den erbetenen Gegenständen und entschuldigt sich für die Unannehmlichkeiten. Spätestens jetzt wird Hilde klar, dass sie ihr mildes Schicksal nicht mehr mit einer Reihe glücklicher Zufälle erklären kann: »Ein ›Zufall‹ jagt den anderen, die berüchtigten Mitglieder des Freikorps benehmen sich, als ob sie meine Freunde wären. Sie erschienen in Riederau wenige Minuten nach meiner Ankunft dort. In einer Zeit, in der die Teilnehmer an der Räterepublik massenweise totgeschlagen wurden, behandelte man mich als ›gnädiges Fräulein‹.« Hilde geht nunmehr davon aus, dass Frida und Max, von denen sie weiß, dass sie Verbindungen zu Angehörigen der Freikorps haben, sowohl ihre Verhaftung in die Wege geleitet, als auch für ihre Sicherheit gesorgt haben. »Sie wussten besser als ich, was damals in München geschah. Sie wussten auch, an welchem Tage ich mein Münchner Asyl verlassen und wohin ich flüchten wollte. Es ist sehr gut möglich, dass sie mir das Leben gerettet haben.«[332]

Nach einigen Tagen trifft Hilde bei ihrem Hofgang ihre ehemalige Heimleiterin Gabriele ›Mutt‹ Kaetzler. »Mit Mutts Ankunft war mein Gefängnisaufenthalt keine Strafe mehr, denn ich konnte mich täglich auf den Spaziergang freuen«, erinnert sie sich später an diese glückliche Fügung.[333]

22. Mai 1919

Eines Abends lässt der Maler Reichel eine Frau in Ernst Tollers Versteck. Sie sagt, sie sei seit Jahren Mitglied der USPD und habe bereits vielen bei der Flucht aus München geholfen. Sie lässt sich die Wohnung zeigen, das Atelier, die Geheimkammer hinter der Tapetentür. Am nächsten Morgen um vier Uhr schlagen Fäuste an die Wohnung. Die Polizei ist da. Ernst springt aus dem Bett und läuft zum Fenster. Das Haus ist von Soldaten umstellt. Ernst versteckt sich in seiner Kammer während die Soldaten in das Haus eindringen. Er hört Schritte und Stimmen, hört, wie die Wände abgeklopft werden. Das Klopfen kommt näher und näher, aber dann entfernt es sich, wieder. Die Soldaten verlassen die Wohnung. Aber kurz darauf kehren sie zurück und fragen, wo die Tapetentür sei, die es in der gleichen Wohnung im ersten Stockwerk gebe. So wird das Versteck ausfindig gemacht. Mit vorgehaltener Waffe wird er aus dem Haus geführt. Auch Hans Reichel wird als Fluchthelfer zu vier Monaten Festungshaft verurteilt, seine Frau zu zwei Monaten. Der Arzt Eduard Trautner, der ihn zuvor versteckt hat, wird als Sanitäter der Roten Armee und Fluchthelfer Tollers zu fünf Jahren Haft verurteilt.

31. Mai 1919

Die bayerische Regierung bildet sich neu. Anstelle des versprochenen rein sozialistischen Kabinetts soll es nun eine große Koalition zwischen SPD und der katholischen Bayerischen Volkspartei (BVP) werden. Ministerpräsident bleibt Johannes Hoffmann. Toller wird derweil nach Stadelheim gebracht, wo auch Hilde Kramer immer noch eingesperrt ist. Als er aus dem Gefangenentransporter ausgeladen wird, kann Ernst an der Wand des Gefängnisses in großen Kreidelettern lesen: »Hier wird aus Spartakistenblut Blut- und Leberwurst gemacht, hier werden die Roten kostenlos zu Tode befördert.«[334] Toller und die anderen Gefangenen werden von johlenden und schimpfenden Soldaten empfangen.

2. Juni 1919

Vor dem Standgericht findet der Hochverrats-Prozess gegen Eugen Leviné statt. Der Staatsanwalt argumentiert, dass das am 17. März proklamierte vorläufige Staatsgrundgesetz die einzige in Bayern gültige Verfassung sei. Alle Verstöße dagegen müssten als Hochverrat mit dem Tode bestraft werden. Der vorläufige Charakter dieser Verfassung, den nicht einmal der damalige Landtag geleugnet hat, der dem Zentralrat weiterhin Einspruchsrechte einräumte, wird vom Standgericht unterschlagen. Stattdessen argumentiert der Staatsanwalt, dass die Ausrufung der Räterepublik durch den Zentralrat keine »Begründung einer Staatsgewalt, sondern nur eine Auflehnung gegen die fortbestehende verfassungsmäßige Regierung« gewesen sei. Alle Maßnahmen mit dem »Endzweck der Überleitung der gesamten rechtlichen und wirtschaftlichen Verhältnisse in den kommunistischen Staat« seien »ein Verbrechen des Hochverrats gemäß § 81 Ziffer 2 StGB.«[335] Für die als Anklägerin auftretende ›sozialistische‹ Regierung Hoffmann ist dies eine gewagte juristische Konstruktion, da der Paragraf die Verfassung mit der Thronfolge gleichsetzt.

Levinés Verteidiger argumentiert dagegen, dass dieser aufgrund eines vom Kaiserreich erlassen Gesetzes angeklagt sei. Mit dem Kaiserreich habe aber auch die Gültigkeit dieses Gesetzes aufgehört zu bestehen. »Die neue Regierung war durch Revolution an die Macht gekommen, und nun bemühten die Revolutionäre von gestern das Recht von vorgestern, um die Revolutionäre von heute für etwas zu verurteilen, das sie selbst vorher auch begangen hatten.«[336] Aber die Lage ist aussichtslos. Leviné ist von Anfang an klar, dass das Verfahren aus politischen Gründen auf die Höchststrafe hinauslaufen wird. Deshalb richten sich seine abschließenden Worte mehr an seine Genossen als an die Richter:

»Der Staatsanwalt sprach von dem inneren Frieden, den ich gefährdet habe. Ich habe ihn nicht gefährdet, weil es keinen inneren Frieden gibt. Solange das Wort Sozialismus nur auf dem Briefbogen der verschiedenen Regierungen steht, gibt es keinen inneren Frieden, und solange es Menschen gibt, Aktionäre, die in fünf Kriegsjahren ihr Vermögen ohne jede Arbeit verdoppeln konnten, solange werden die Arbeiter versuchen, von dem vermehrten Reichtum ihren Anteil zu beanspruchen, und die Aktionäre werden es nicht zulassen. Und je mehr sich die wirtschaftlichen Verhältnisse zuspitzen unter dem Einfluss des Krieges, wenn die Kriegsgefangenen zurückkehren, wenn keine Arbeit da sein wird, keine Wohnung, keine Kleidung und das bisschen, was da ist, nicht gerecht verteilt werden kann, weil wir keine kommunistische Republik haben, dann wird es einen inneren Kampf geben, der vielleicht Formen annimmt, die ich mit meinen Freunden nicht billige, der aber eine Naturnotwendigkeit ist, gegen die es keinen Einspruch gibt.«[337]

Dann sagt er einen Satz, der seinen Genossen noch lange im Gedächtnis bleiben soll: »Wir Kommunisten sind alle Tote auf Urlaub. Dessen bin ich mir bewusst. Ich weiß nicht, ob Sie mir meinen Urlaubsschein noch verlängern werden, oder ob ich einrücken muss zu Karl Liebknecht und Rosa Luxemburg. Ich sehe jedenfalls Ihrem Spruch mit Gefasstheit und mit innerer Heiterkeit entgegen. Denn ich weiß, was für einen Spruch Sie fällen werden. Die Ereignisse sind nicht aufzuhalten. Der Herr Staatsanwalt glaubt, die Führer hätten die Massen aufgepeitscht. Wie die Führer die Fehler der Massen nicht hintertreiben konnten unter der Schein-Räterepublik, so wird auch das Verschwinden des einen oder anderen Führers unter keinen Umständen die Bewegung hindern.«[338]

Im Anschluss an diese Worte verkündet der Richter das allgemein erwartete Todesurteil.

5. Juni 1919

Hilde Kramer hat ihren Gerichtsprozess gemeinsam mit Gabriele Kaetzler. Sie wird angeklagt, die Sekretärin Egelhofers gewesen zu sein und Gabriele habe die Bauern um den Ammersee aufgewiegelt. Der Prozess wird gemeinsam verhandelt, weil Gabriele Hilde zu ihren Taten angestachelt haben soll. Tatsächlich nimmt Gabriele alle Schuld auf sich und betont, was für ein guter Mensch Hilde sei. Das beeindruckt den Richter und Gabriele wird freigesprochen. Hildes Urteilsspruch wird allerdings vertagt, weil die Lockspitzelin, die ihr in der Ettstraße das Geheimnis des im Schuh versteckten Ausweises entlockt hat, verhindert sei.

Als Hilde zurück nach Stadelheim gebracht wird, stellt sie fest, dass sie aufgrund der Einflussnahme eines Freundes von Frida und Max in die Krankenabteilung des Gefängnisses verlegt wird. Kurz darauf bekommt sie dort Gesellschaft: »Man brachte zu mir eine hübsche dunkle Frau – Rosa Leviné.« Von ihr erfährt Hilde, dass Eugen Leviné zum Tode verurteilt worden ist. Rosa hofft noch immer auf Begnadigung, aber als sie eines Tages länger mit ihrem Mann sprechen darf als gewöhnlich, bekommt sie Angst. »In der Nacht«, schreibt Hilde, »lagen wir beide zusammen auf einer Pritsche dicht nebeneinandergedrängt, zitternd und unfähig zu schlafen. Gegen Morgen hörten wir einen dumpfen Knall, als ob eine Tür vom Wind zugeschlagen worden sei, und ich versuchte verzweifelt – aber ohne Erfolg – Rosa zu überzeugen, dass es eine Tür sei. Kurz danach wurden ihr die Sachen ihres Mannes gebracht und sie wurde aus dem Gefängnis entlassen.«[339]

Der Justizmord an Eugen Leviné löst unter den Linken in ganz Deutschland einen Sturm der Empörung aus. Der öffentliche Aufschrei rettet Ernst und vielen weiteren gefangenen Revolutionären vermutlich das Leben. Aus dem Gefängnis heraus schreibt dieser, ebenfalls empört von der Hinrichtung seines ehemaligen politischen Widersachers, an die Regierung: »Glauben Sie eine revolutionäre Bewegung von europäischen Dimensionen, die in bestimmten ökonomischen und politischen Voraussetzungen wurzelt, durch ein Todesurteil einzudämmen?«[340]

21. Juni 1919

Ernst wird zum Spaziergang in den Hof des Gefängnisses Stadelheim geführt. Allein geht er im Quadrat, während ihn zwei Soldaten bewachen. An den Fensterflügeln hängen weitere Soldaten und beschimpfen ihn. »Die Schatten der toten Kameraden begegnen mir«, erinnert er sich. »Ich sehe die Mauer, an der sechsunddreißig Menschen erschossen wurden, von zahllosen Kugeleinschlägen ist sie durchlöchert, vertrocknete Fleischteile, Gehirnfetzen, Haare kleben daran, die Erde davor narben eingetrocknete Blutlachen. Ich zähle an der Mauer die Einschläge, der Wärter erzählt, warum sie so tief sitzen, die betrunkenen württembergischen Soldaten zielten nach Bauch und Knien. ›Du darfscht nit gleich verrecke, du Spartakischte-Hund, a Bauchschüßle muschte hawe‹, sagten sie.«[341]

27. Juni 1919

Erich Mühsam wird, da sein Prozess wegen Hochverrat in München stattfinden soll, nach Stadelheim verlegt. Um 5.24 Uhr fährt er in Begleitung eines Beamten in Zivil mit dem Zug gen Süden. »So brauche ich also bis zur Ankunft in München kaum etwas zu fürchten«, notiert er, »und dort wird hoffentlich Vorsorge getroffen sein, dass lynchfreudige Staatsretter keine Gelegenheit zur Betätigung finden.«[342]

Bei seiner Ankunft muss er jedoch feststellen, dass sich seine Situation noch verschlechtert hat: »Unter allen Gefängnissen, die ich bisher kennengelernt habe, ist Stadelheim das übelste, obwohl das Aufsichtspersonal ungemein rücksichtsvoll und entgegenkommend ist. Aber der Lokus ist eine unaussprechliche Schweinerei, ein Eimer mit Deckel, gegen den die Ebracher Einrichtung fürstlich war, und bei dessen Benutzung die Reinlichkeit des Körpers und des Hemdes den schwersten Gefahren ausgesetzt ist.«[343]

12. Juli 1919

Der Hochverratsprozess gegen Erich Mühsam verläuft über exakt dieselbe Argumentation wie bei Eugen Leviné. Auch Erichs Verteidiger erreicht nichts mit seinem Verweis auf die Absurdität einer Anklage auf Grundlage des kaiserlichen Gesetzbuches. Einzig die diskreditierende Behauptung, Erichs radikale Gesinnung sei Ausdruck einer psychischen Krankheit, wird als mildernder Umstand zugelassen. So gibt der als Zeuge geladene sozialdemokratische Rechtsanwalt Löwenfeld zu Protokoll: »Ich halte Mühsam für einen absolut ehrlichen und anständigen Menschen, dessen Ansichten allerdings außerordentlich verworren sind. Von Haus aus würde er wohl keiner Fliege etwas zuleide tun. Wenn er trotzdem zu einem Hetzer ausgeartet ist, so lag das in den ungeheuerlichen Verhältnissen jener Zeit. Es war unerhört, dass Leute wie Mühsam, die nach meiner Meinung schwere Psychopathen sind und politisch überhaupt nicht ernst genommen werden können, eine führende Rolle einnehmen konnten. Bei seiner früheren politischen Betätigung wurde er nie ernst genommen, man lachte ihn einfach aus. Erst durch die durch den Krieg geschaffenen Verhältnisse war es möglich, dass dieser Mann eine große suggestive Kraft auf die Massen ausgeübt hat. Mühsam hat zweifellos eine Reihe von Reden gehalten, die vom Standpunkt jedes vernünftigen Menschen aus fanatisch und unsinnig waren. Ich habe auch den Eindruck gehabt, dass er von den bedeutenden Kommunistenführern keineswegs ernst genommen wurde, sondern, dass sie ihn als Werkzeug gebraucht haben. Er ist ein Hysteriker und wirkt manchmal auch direkt unfreiwillig komisch.«[344]

Erich gibt sich jedoch kämpferisch und erklärt den Richtern in seinem Schlusswort: »Ich bin überzeugt, dass das Ende meiner Haft nicht von Ihrem Urteilsspruch bestimmt wird, sondern von dem Fortgang der Revolution und dem Willen des Proletariats.«[345]

Daraufhin erfolgt der Urteilsspruch: »Bei Mühsam ist nicht festgestellt worden, dass seine Handlungsweise aus ehrloser Gesinnung entsprungen ist; so werden ihm auch mildernde Umstände zugebilligt; denn er hat zeitlebens in ehrlicher Überzeugung, wenn auch mit einem an psychopatischen Zustand grenzenden Fanatismus die Durchführung seiner Ideen verfochten. Die Beweisführung aber hat ergeben, dass Mühsam während der ganzen Revolutionszeit einen höchst verderblichen Einfluss auf die an sich erregten Massen in skrupelloser Weise ausgeübt hat. Die Verhängung der Höchststrafe ist daher geboten.«[346]

So wird Erich zu 15 Jahren Festungshaft verurteilt.

16. Juli 1919

In München erregt der letzte Tag des Standgerichts-Prozesses gegen Ernst Toller höchste Aufmerksamkeit. Da Max Levien die Flucht gelungen ist und Eisner, Leviné, und Egelhofer bereits erschossen worden sind, ist Ernst der letzte überlebende Anführer der Räterepublik. Der Ausgang wird mit Spannung erwartet. Möglich ist alles von einem Freispruch, den die Verteidigung fordert, bis zum Todesurteil – der Forderung des Staatsanwaltes. Letzteres wird nach dem Todesurteil gegen Leviné, der eine vergleichbare Position zu derjenigen Tollers in der kommunistischen Räterepublik besetzt hat, von der Öffentlichkeit auch erwartet.

Den Vorsitz hat der Richter Karl Stadelmeyer, der bereits Leviné zum Tode verurteilt hat. Verteidigt wird Ernst von drei Anwälten: Anton Gänßler, Adolf Kaufmann und dem USPD-Reichstagsabgeordneten Hugo Haase. Auch in diesem Prozess verweisen die Anwälte mit Bezug auf das monarchistische Gesetzbuch darauf, »dass es unmöglich ist, den einen Teil für beseitigt, den andern als noch zu Recht bestehend anzusehen. Mit dem Sturze der Krone brach auch die Strafbestimmung über den Hochverrat zusammen. Mit dem Herzog fiel auch der Mantel.«[347]

Über die juristische Argumentation hinaus zitieren die Verteidiger auch zahlreiche berühmte Personen vor das Gericht, die Tollers persönliche Integrität bestätigen sollen. So treten für ihn die Schriftsteller Thomas Mann, Carl Hauptmann, Max Halbe, Björn Björnson und der Soziologe Max Weber ein. Letzterer verweist auf seine Unterscheidung zwischen Verantwortungs- und Gesinnungsethik, in der er Toller der zweiten Kategorie zuordnet. Er sei prinzipiell ein guter, aber »unreifer Mensch, den Gott in seinem Zorn zum Politiker gemacht hat.«[348] Auch Ernsts physische und psychische Labilität wird immer wieder angeführt, um so eine teilweise Unzurechnungsfähigkeit nahezulegen.

Ernst selbst gibt sich wesentlich kämpferischer und steht offen zu seiner revolutionären Gesinnung. »Es ist klar erwiesen, dass es sich bei mir weder um eine psychopathische noch um eine hysterische Konstitution handelt, die mildernde Umstände beansprucht«, erklärt er. Ich habe all meine Handlungen aus sachlichen Gründen, mit kühler Überlegung, begangen und beanspruche, dass Sie mich für diese Handlungen verantwortlich machen. Ich würde mich nicht Revolutionär nennen, wenn ich sagte, niemals kann es für mich infrage kommen, bestehende Zustände mit Gewalt zu ändern. Wir Revolutionäre anerkennen das Recht zur Revolution, wenn wir einsehen, dass Zustände nach ihren Gesamtbedingungen nicht mehr zu ertragen, dass sie erstarrt sind. Dann haben wir das Recht, sie umzustürzen. Sie werden nicht von mir verlangen, dass ich nach meinen Anschauungen vom Standgericht Gnade erbitte. Ich frage mich, warum setzt man Standgerichte ein? Glaubt man dadurch, dass man einige Führer erschießt oder ins Gefängnis schickt, die gewaltige revolutionäre Bewegung der ausgebeuteten werktätigen Bevölkerung der Erde eindämmen zu können? Welche Unterschätzung dieser elementaren Massenbewegung, welche Überschätzung von uns Führern! Die Revolution gleicht einem Gefäß, gefüllt mit dem pulsierenden Herzschlag der Millionen arbeitender Menschen. Nicht eher wird der revolutionäre Geist tot sein, als bis die Herzen dieser Menschen aufgehört haben zu schlagen. Wir, die wir die Verhältnisse kennen, versprechen dem werktätigen Volk kein Paradies. Wir wissen, dass die nächsten Jahrzehnte uns entsetzliche Zustände bringen werden, dass es der angestrengtesten Arbeit und des Verantwortlichkeitsgefühls jedes einzelnen bedarf. Aber wir wissen auch, dass, wenn wir über diese Zeit hinausgekommen sind, die kommenden Generationen ernten werden. Die Revolution wird nicht haltmachen vor den veralteten Parteischablonen, auch nicht vor den Staaten in ihrer heutigen Form. An Stelle dieser Staaten wird die Erdgemeinschaft aufgerichtet werden, äußerlich gebunden durch den Geist der Achtung vor jedem einzelnen, durch den Geist des sozialen Verantwortlichkeitsgefühls, durch den Geist der Liebe. Dieser Prozess hat begonnen und er wird nicht niedergehalten werden durch die Bajonette und Standgerichte der vereinigten kapitalistischen Regierungen der ganzen Welt. Meine Herren! Ich bin überzeugt, dass Sie von Ihrem Standpunkt aus nach bestem Recht und Gewissen das Urteil sprechen. Aber nach meinen Anschauungen müssen Sie mir zugestehen, dass ich dieses Urteil nicht als ein Urteil des Rechts, sondern als ein Urteil der Macht hinnehmen werde.«[349]

Am Ende befindet das Gericht Toller des Hochverrats für schuldig, aber nicht wie Levné aus niederen Beweggründen. Da das Gericht keine »ehrlose Gesinnung« erkennen kann, verhängt es lediglich die Mindeststrafe von fünf Jahren Festungshaft.

3. August 1919

Im Münchner Vereinsregister wird unter dem Namen Thule-Gesellschaft zur Erforschung deutscher Geschichte und Förderung deutscher Art e.V. die Geheimorganisation der rechtsextremen Konterrevolutionäre eingetragen. Fortan kann sie offiziell und legal ihrer reaktionären Hetze nachgehen. Der Gründer Rudolf Glauer entzweit sich jedoch mit seinem Bund, der ihm vorwirft, Mitschuld an der Erschießung der verhafteten Thule-Mitglieder im Luitpold-Gymnasium zu tragen. Schließlich hatte die bei ihm gefundene Mitgliederliste zu deren Verhaftung geführt. In der Folge betätigt sich Glauer als Spekulant, wobei er das gesamte Vermögen seiner Frau verliert. So wendet er sich wieder seinem Kerngebiet, der Esoterik, zu und gilt fortan als Autorität auf dem Gebiet der Astrologie.

1. September 1919

Hilde Kramer wird in ihrem Hochverratsprozess aus Mangel an Beweisen freigesprochen. »Ich gehörte derselben Klasse an wie die Richter. Mutt war sogar eine geborene Freiin von der Golz. Wir wurden höflich, beinahe freundlich behandelt. Nicht einmal der Staatsanwalt hätte es gewagt, uns unflätig zu beschimpfen.«[350]

Gleich darauf soll sie jedoch als Zeugin im aufsehenerregenden »Geiselmordprozess« um die Erschießung der Gefangenen im Lutipold-Gymnasium aussagen. Dabei steht auch Hildes Verehrer Karl Petermeier wegen seiner Funktion in der Stadtkommandantur vor Gericht. Inzwischen hat sich ihre Beziehung verkompliziert. »Ich konnte seine Liebe nicht erwidern, weil er sich nicht aus eigener Überzeugung, sondern nur meinetwegen ins politische Leben gestürzt hatte«, erinnert sie sich. Dieser mangelnde Enthusiasmus ist für die mittlerweile glühende Kommunistin Hilde bereits ein Ausschlusskriterium. Dass Karl sie unbedingt heiraten will findet Hilde »sehr bürgerlich« und distanziert sich deshalb noch mehr von ihm. Da er ihr aber so treu ergeben ist, nimmt sie schließlich »provisorisch« von ihm einen kleinen Brillantring an – ein Erbstück aus Karls Familie.[351]

Der »Geiselmordprozess« dauert mehrere Wochen. Bei den »Geiseln« handelt es sich fast ausschließlich um die im Hotel Vier Jahreszeiten verhafteten Mitglieder der Thule Gesellschaft. Hilde hat die bei der

Gemeinsame Wahlwerbung für die rechten Parteien BVP, DVP, DSP und NSAP mit antisemitischen Karikaturen linker Politiker

Durchsuchung des Hotels gesicherten Beweise in der Stadtkommandantur eigenhändig aufgenommen und hofft so zumindest klarmachen zu können, dass es sich bei den Erschossenen nicht um Geiseln gehandelt hat. »Aber dazu wurde mir nicht die Gelegenheit gegeben. Die Fragen, die an mich gerichtet wurden, waren bedeutungslos.«[352] Aufgrund dieser Erfahrung entschließt sie sich, fortan die Prozesse als Beobachterin zu besuchen, um die Siegerjustiz zu dokumentieren. Da die *Rote Fahne* verboten worden ist, veröffentlicht sie ihre Berichte in den USPD-nahen Blättern *Neue Zeitung* und *Leipziger Volkszeitung*.

Hilde empört sich: »Die unflätige Beschimpfung der Angeklagten durch den Staatsanwalt und den Vorsitzenden des Gerichts wurde pausenlos fortgesetzt. Die Zeugenvernehmung war schandbar. Die Behandlung der Verteidiger spottete jeder Beschreibung. Schließlich wurden ohne ausreichendes Beweismaterial sechs Todesurteile gefällt, sieben Angeklagte zu je 15 Jahren Zuchthaus verurteilt und drei Angeklagte, unter ihnen Karl Petermeier, freigesprochen. Im zweiten und dritten Geiselmordprozess wurden noch zwei Todesurteile und drei Zuchthausstrafen von je 15 Jahren ausgesprochen. Von den acht Hingerichteten waren nur vier überhaupt von Zeugen beschuldigt worden, mitgeschossen zu haben.«[353] Hilde dokumentiert auch den Prozess gegen die Freikorps-Soldaten, die das Massaker an den 21 katholischen Handwerksgesellen verübt haben. Vier einfache Soldaten werden zu Haftstrafen verurteilt, das Verfahren gegen den Hauptmann der Gruppe wird eingestellt und gegen den verantwortlichen Offizier wird erst gar kein Verfahren eingeleitet. Auf der anderen Seite kommen über 5.000 Personen wegen ihrer Beteiligung an der Räterepublik vor Gerichte, die meisten vor Standgerichte. Das Resultat sind mehrere Todesurteile und unzählige langjährige Haftstrafen. Hilde resümiert: »Im Justizpalast erlebte ich zum ersten Male, wie Staatsanwälte und Richter mit Arbeitern umgingen, mit welcher niederträchtigen Verächtlichkeit sie die Angeklagten behandelten und wie klar es schon zu Beginn jeder Verhandlung war, dass es sich hier nicht um Justiz, sondern um unverhüllte Rache handelte.«[354]

Neben ihrer Pressearbeit trifft Hilde sich in München heimlich mit einer kleinen Gruppe von Kommunisten, denen es gelungen ist unterzutauchen. »Ich kannte nur wenige der Anwesenden«, erinnert sich Hilde. Auch den Vorsitzenden hatte ich nie vorher gesehen. Eines Abends kam er nicht, wohl aber eine Gruppe von Kriminalbeamten, die uns alle in Haft nahmen und in die Ettstraße brachten. Es erwies sich, dass der Vorsitzende ein Polizeispitzel war, von denen es damals in München wimmelte. Ich war wieder einmal die einzige Frau und habe daher nie erfahren, was mit den anderen Anwesenden geschehen ist.«[355]

Wieder einmal landet Hilde im Gefängnis.

Epilog
Die Fäden laufen auseinander

Erich Mühsam wird nach seiner Verurteilung als Hochverräter in der Festung Ansbach eingesperrt. Mit der Festungshaft anstelle des Gefängnisses soll der Unterscheidung zwischen ›gewöhnlichen Kriminellen‹ und ›ehrenvollen‹ politischen Straftätern Rechnung getragen werden. Der neue liberale Justizminister Müller-Meiningen verschärft jedoch für die Linken die Vorschriften der Festungshaft drastisch. So werden der Stadturlaub abgeschafft, Brief- Zeitungs- und Paketkontrolle eingeführt und Strafen wie Dunkelhaft zugelassen. Und von diesen Sondermaßnahmen wird exzessiv Gebrauch gemacht. Über einen Gefangenen werden während eines einzigen Jahres 149 Tage Einzelhaft, 243 Tage Schreibverbot, 70 Tage Hofentzug, 168 Tage Berufsverbot, 217 Tage Paketverbot, 14 Tage Bettentzug, 8 Tage Dunkelarrest und 24 Tage Kostentzug verhängt. Anlässe für eine Bestrafung wittern die Wärter überall. So verhängen sie zum Beispiel Einzelhaft für einen Gefangenen, weil dieser »eine Bewegung mit dem linken Fuß beim Rapport machte«.[356]

Auch Graf Arco, der Mörder Kurt Eisners, sitzt in Festungshaft. Zunächst war er zum Tode verurteilt, dann aber zu einer Haftstrafe begnadigt worden, weil »keine niedrigen Beweggründe« für den Mord vorlägen. Er wird jedoch in Landsberg am Lech eingesperrt, wo später auch Hitler die Haftstrafe nach seinem Putschversuch absitzt. Dort gelten die Verschärfungen nicht und die ›Ehrengefangenen‹ dürfen ungestört durch das Örtchen spazieren.

Erich organisiert sofort Widerstand gegen die Beschneidung der Rechte der Festungsgefangenen. Gemeinsam mit anderen tritt er in den Hungerstreik. Nachdem die Zeitungen davon berichten, wird den Gefangenen der Kontakt mit der Außenwelt verboten. Die Häftlinge reagieren mit neuen Protesten, woraufhin die Direktion bewaffnete Soldaten schickt, um die Gefangenen einzuschüchtern. Einige von ihnen wenden sich daraufhin von Erich ab und geben den Widerstand auf. Sie werden mit Vorzugsbehandlung belohnt. So haben die Kerkermeister bald die Möglichkeiten zur Hand, die Gefangenen gegeneinander auszuspielen.

Ernst Toller wird nach seiner Verurteilung zunächst in der provisorischen Festungshaftanstalt Eichstätt eingesperrt. Dort schreibt er sein

Ernst Toller in der Festungshaft Niederschönfeld

Drama *Masse Mensch*, in dem er seine eigene Zerrissenheit zwischen dem Ideal der Gewaltfreiheit und den realen Bedingungen gewaltsamer Revolution und Gegenrevolution verarbeitet. Am 3. Februar 1920 wird er in das eigens für gefangene Revolutionäre eingerichtete Festungsgefängnis Niederschönenfeld im Donautal verlegt. Das Gebäude ist ein 750 Jahre altes Nonnenkloster, das in den Jahren zuvor als Jugendgefängnis diente. Ungefähr hundert Revolutionäre der Räterepublik werden dort gefangen gehalten. Unter ihnen sind Erich Mühsam, Gustav Klingelhöfer, August Hagemeister und Ernst Niekisch. Die alten Zellen werden nun »Festungsstuben« genannt und dürfen von den Gefangen auf eigene Kosten eingerichtet werden. Sie werden tagsüber nicht abgeschlossen, sodass die Gefangenen sich gegenseitig besuchen können. Dies sind einige der Vorzüge, die politischen Gefangenen in der Festungshaft zustehen. Diese Unterscheidung wird noch einmal dadurch unterstrichen, dass »kriminelle Strafgefangene« jeden Morgen die Stuben der Festungshäftlinge zu reinigen haben.

Zunächst glauben die meisten der in Niederschönfeld eingesperrten Linken, dass ihre Gefangenschaft nur von kurzer Dauer sein könne. Es werde nicht lange dauern, bis sie von einer weiteren Revolution befreit würden. In diesem Bewusstsein fällt es ihnen leicht, den Schikanen der Wärter ihre Solidarität gegenüberzustellen. »Die ersten Monate leben die Gefangenen in brüderlicher Verbundenheit«, schreibt Ernst. »Sie teilen Lebensmittel und Geld, sie teilen Gefühle und Gedanken, die Sucht des Bekennens hat sie gepackt, sie bekennen ihr Leben, ihre Taten, ihre Schuld. Alles soll der eine vom andern wissen, sie entblößen die dunkelsten Regungen, sie zeigen sich Briefe der Frauen und Mütter, nichts darf fremd und verborgen bleiben. Bald kennt einer den andern, sein Leben, seine Art zu denken, seine Art zu sprechen, die Mechanik seines Fühlens, seinen Geruch und den Ton seiner Stimme, er weiß, was er auf diese Frage antworten wird und was auf jene.«[357]

Aber die neue Revolution kommt nicht. Am 1. Dezember 1919 wird das Kriegsrecht über München aufgehoben, aber Bayern bleibt zunächst von der reaktionären Militärjunta beherrscht. Der Friedensvertrag von Versailles bestimmt, dass die Weimarer Republik zum Stichtag 1. Januar 1921 nur noch ein Heer von maximal 100.000 Mann unterhalten darf. Deswegen sollen die Freikorps zu großen Teilen aufgelöst werden. Tatsächlich wird ein Teil der Verbände in die Reichswehr übernommen. Fatalerweise auch das Freikorps Epp, das bei der Niederschlagung der Räterepublik am blutigsten vorgegangen ist und eine Vielzahl von Zivilisten und Gefangenen wie Gustav Landauer ermordet hat. Wenig später bekommt das Freikorps erneut die Chance, gegen die verhassten Kommunisten vorzugehen, als es in der Märzrevolution 1920 gegen die Rote Ruhrarmee eingesetzt wird. Als in Bayern der Aufstieg des Nationalsozialismus beginnt, rühmen sich Franz Xafer von Epp und seine Offiziere Röhm, Heß, Dietl, Frank, und Strasser, dass das Freikorps Epp eine der »Geburtszellen der Bewegung« gewesen sei. Mit den führenden Protagonisten des Freikorps überführt Adolf Hitler 1920 die bayerische DAP in die NSDAP. Andere Freikorpseinheiten bilden sogenannte Wehrverbände, oder sie kommen bei paramilitärischen Verbänden wie dem Stahlhelm oder der SA unter. Ehemalige Angehörige von Freikorps betätigen sich zudem in ›Einwohnerwehren‹ und machen mit politischen Morden – unter anderem an Finanzminister Erzberger und Reichsaußenminister Rathenau – von sich reden. Diejenigen Verbände, die tatsächlich aufgelöst werden, sehen sich von Arbeitslosigkeit bedroht und in ihrem militaristischen Stolz gekränkt. Unter anderem deshalb kommt es im März 1920 zum Kapp-Putsch, der aber nach fünf Tagen wieder zusammenbricht. Der Putsch führt aber auch zu einem weiteren Revolutionsversuch des Proletariats. Alle bewaffneten Kräfte des Staates – Polizei, Reichswehr und Freikorps – werden aus dem Ruhrgebiet vertrieben und es kommt zu weitgehenden Sozialisierungen. Im Nachklang dessen sorgt das Freikorps Epp gemeinsam mit der rechtsextremen Einwohnerwehr Georg Escherich und dem Münchner Polizeichef in Bayern für den Sturz der Sozialdemokratischen Regierung unter Johannes Hoffmann. Neuer Ministerpräsident wird der rechte Monarchist Gustav von Kahr. Dieser schließt alle Sozialdemokraten aus der Regierung aus, startet eine Kampagne zur Ausweisung sogenannter »Ostjuden« und weitet die Repressionen gegen Linke aus. So will er aus Bayern eine »Ordnungszelle des Deutschen Reiches« machen.

Im Laufe der Maßnahmen der rechten Kahr-Regierung wird auch Hilde Kramer nach ihrer Festnahme bei der kommunistischen Untergrundgruppe aus Bayern ausgewiesen und in ihre Geburtsstadt Leipzig abgeschoben. Dort trifft sie auf einer Tagung der USPD den Schriftsteller Wilhelm Herzog, der ihr einen Job als Sekretärin anbietet. So zieht sie zu ihm nach Berlin und lebt mehrere Monate in seiner eleganten Wohnung in der Derfflingerstraße. Dort lernt sie auch den Sekretär der Kommunistischen Internationale, Michail Borodin, kennen. Die Bekanntschaft mit diesem Mann, der mit seinem leicht angegrauten Spitzbart und seinem Pelzmantel genauso aussieht, wie Hilde sich einen russischen Großfürsten vorstellt, wird Hildes Leben noch stark beeinflussen. Zunächst stellt Borodin sie dem Sekretär des Westeuropäischen Büros der Kommunistischen Internationalen, James Thomas vor, der von allen nur »der Dicke« genannt wird. »Er war ein Meister konspirativer Arbeit«, erinnert sich Hilde. »Niemand wusste, wo er wohnte. Seine Mitarbeiter trafen ihn in Cafés oder Restaurants und er war es, durch dessen Hände die berühmten russischen Rubel rollten, mit denen die westeuropäischen Kommunistischen Parteien von den Russen unterstützt wurden. Er war es auch, der falsche Pässe, falsche Visen und alles andere, was für illegale Reisen über sämtliche Grenzen Europas nötig war, mit Hilfe seiner geheimnisvollen Quellen beschaffte.«[358] Thomas heuert sie sofort als Englisch-Übersetzerin an. Die zu übersetzenden Texte bekommt Hilde in Berliner Cafés zugesteckt, wobei ihr jedes Mal neue Orte für die Übergabe der fertigen Arbeiten und ihres Honorars zugeraunt werden. Ebenfalls über Borodin lernt Hilde den indischen Unabhängigkeitskämpfer und Kommunisten Manabendra Nath Roy kennen. Der große, muskulöse Mann ist für Hilde »eine der imponierendsten männlichen Erscheinungen, denen ich je begegnet bin.«[359]

Erich Mühsam bemüht sich derweil auch in Gefangenschaft weiter um die Einheit des revolutionären Proletariats. Immer mehr gelangt er zu der Überzeugung, dass diese nur im Bolschewismus gefunden werden könne. Von diesem hat er jedoch eine Vorstellung, die durchaus von der der Parteikommunisten abweicht. Die Person Lenins versteht Erich als eine Vermittlung zwischen dem theoretischen Marx und dem handelnden Bakunin. Um mit dem gutem Beispiel einer Demonstration des Einigungswillens voranzugehen, entschließt sich Erich am 11. September

1919 in die KPD einzutreten. Schon bei seinem Eintritt notiert er jedoch in seinem Tagebuch: »Vielleicht werde ich schneller wieder draußen sein, als ich hineingekommen bin: wenn nämlich die Doktrinäre, die jetzt schon gegen die Sünder von der syndikalistischen Seite die große Feme aussprechen, Oberwasser kriegen. Nein, zum Bibelgläubigen sollen sie mich nicht machen. Ich bleibe Anarchist und Bakunist. Was mich zum Bolschewisten macht, ist die Erkenntnis, dass wir um eine proletarische Diktatur nicht herumkönnen.«[360] Von seinen anarchistischen Genossen wird er für den Parteibeitritt heftig kritisiert. Und tatsächlich erweist sich, dass die »Doktrinäre« in der KPD die Oberhand gewinnen: Auf dem zweiten Parteitag im Oktober 1919, der illegal in Heidelberg abgehalten wird, setzt sich die Führungsriege um Paul Levi mit ihrer parteizentrierten Strategie durch. Bewaffnete Revolution, Rätebewegung und Syndikalismus werden als Strategien verworfen, stattdessen wird die Partei auf den »demokratischen Zentralismus«, die Teilnahme an parlamentarischen Wahlen und die alten Gewerkschaften eingeschworen. Alle Linksradikalen werden aus der Partei ausgeschlossen. Als Erich davon hört, tritt er selbst ebenfalls sofort wieder aus. Seine Mitgliedschaft in der KPD hat sechs Wochen gedauert. Mit diesem Schritt entfremdet er sich wiederum von seinen kommunistischen Mitgefangenen, die damit begonnen haben, alle Nichtkommunisten zu schneiden.

Außerhalb der Gefängnismauern beginnt die Märzrevolution 1920 im Ruhrgebiet, die alle Gefangenen gebannt verfolgen. Der Aufstand wird zunächst aus der revolutionären Selbstverteidigung der verschiedenen Arbeiterorganisationen von der KPD bis zur neugegründeten anarchosyndikalistischen Freien Arbeiter Union Deutschlands (FAUD) gegen den reaktionären Kapp-Putsch geboren. Gegen den Putsch wird zunächst der Generalstreik ausgerufen, dann nimmt die Rote Ruhrarmee, aus ungefähr 70.000 bewaffneten Arbeitern bestehend, binnen kürzester Zeit das Ruhrgebiet ein. Die KPD-Zentrale positioniert sich jedoch, entsprechend ihren Beschlüssen vom Heidelberger Parteitag, nicht klar aufseiten der Revolutionäre. Stattdessen tritt sie mit den Ordnungskräften außerhalb des Aufstandsgebiets in Verhandlungen und schließt das sogenannte Bielefelder Abkommen, bei dem sie sich im Gegenzug für eine allgemeine Amnestie auf eine Abgabe der Waffen einlässt. Das Abkommen wird jedoch von der Reichswehr gebrochen und die Märzrevolution wird niedergeschlagen. Wieder kommt es zu Massakern unter den aufständischen Arbeiterinnen und Arbeitern. Aus Protest gegen das Verhalten der Parteizentrale in diesem Konflikt, spaltet sich der linke Flügel der KPD ab und gründet am 3. April 1920 die Kommunistische Arbeiterpartei Deutschlands (KAPD), die sich gegen den Parlamentarismus und die alten Gewerkschaften und für einen Rätekommunismus positioniert. So kommt es, dass es im Sommer 1920, als die russischen Bolschewiki die kommunistischen Parteien der Welt zum zweiten Kongress der Kommunistischen Internationale nach Moskau einladen, zwei kommunistische Parteien in Deutschland existieren. Beide senden Delegationen nach Moskau und erwarten dort von Lenin eine Schlichtung.

Zu diesem Kongress wird auch Hilde Kramer als Stenotypistin nach Moskau beordert. Da es keine Möglichkeit gibt, legal von Deutschland nach Russland zu reisen, leitet James Thomas eine heimliche Überfahrt mit dem Schiff in die Wege. So kommt es, dass nicht einmal ihre engsten Freunde wissen, wo Hilde ist, als sie plötzlich aus Deutschland verschwindet. Der Weltkongress findet im Kreml, dem alten Palast der russischen Zaren, statt. Zu den Tagungen kommen die Delegierten in den Thronsaal, wo der Thron durch die Tribüne des Präsidiums ersetzt wurde. Bereits in ihren ersten Tagen in Moskau trifft Hilde Lenin. Zwar sieht sie das Oberhaupt der russischen Bolschewisten nur von hinten, aber trotzdem hält sie fest: »Für mich war das damals der Höhepunkt meines Lebens. Obwohl ich Lenin danach noch oft und viel näher gesehen habe, ist es dieser Augenblick, in dem ich nur seinen Rücken sah, der mir noch heute in allen Einzelheiten in Erinnerung geblieben ist.«[361]

Es gibt für den gesamten Kongress außer Hilde nur noch eine weitere Stenotypistin, die Russin Jewnina. Sie hat vor dem Krieg in Italien gelebt und will nun dorthin zurückkehren. Der Kommissar für Äußeres, Georgi Tschitscherin, dessen Sekretärin Jewnina ist, will sie jedoch nicht gehen lassen. Der Konflikt spitzt sich so weit zu, dass Jewnina droht, das Kongressprotokoll zurückzuhalten, bis sie einen Auslandspass ausgehändigt bekommt. Das führt dazu, dass sie und Hilde von nun an für ihre Arbeit in einem Zimmer im Außenkommissariat eingesperrt werden, bewacht von einem Rotgardisten mit aufgepflanztem Bajonett.

So protokolliert Hilde unter anderem auch die äußerst kritische Rede des deutschen Anarchosyndikalisten Augustin Souchy von der FAUD gegen die Unterdrückung der Räte durch die russische KP. Hinter den Kulissen setzt sich Souchy mit einigen anderen anarchistischen Delegierten für die Freilassung politischer Gefangener in der Sowjetunion ein. Auch die Vertreter der KAPD positionieren sich gegen die führende Rolle der

Partei, die Lenin stets betont. Manabendra Nath Roy gerät als Vertreter der antikolonialistischen Kommunisten aus anderen Gründen mit Lenin aneinander: Er wirbt dafür, sofort mit den proletarischen Unabhängigkeitsbewegungen der Kolonien zusammenzuarbeiten, während Lenin zunächst die koloniale Bourgeoisie als Bündnispartner betrachtet. Am Ende gelingt es den russischen Bolschewiki in allen wichtigen Punkten, ihre Position durchzudrücken. Hilde Kramer hält das für richtig: »Die Russen hatten die meisten bedeutendsten Köpfe in der Partei. Die Vertreter der nicht-russischen Parteien waren meist von kleinerem Kaliber und vertraten nur unbedeutende Splitterparteien in ihren Ländern; manche hatten selbst keinen klaren Standpunkt und verstanden nicht, was der Standpunkt der Russen war. Vor allem aber waren sie die einzigen, die eine erfolgreiche Revolution gemacht hatten und der Kommunistischen Internationale ein Heim bieten konnten. Die berühmten Führer der russischen Revolution wurden auch von denen, die nicht in allem mit ihnen einverstanden waren, mit Bewunderung betrachtet.«[362]

Die Linksradikalen sehen das freilich etwas anders, für sie wird der Kongress zum Desaster. Erich notiert in seinem Gefängnistagebuch: »Es ist das Schlimmste, was sein kann. Das Moskauer Exekutivkomitee verlangt sowohl von den Unabhängigen wie von den linken Kommunisten blinde Unterwerfung unter alle ihre Befehle, Aufgabe des eignen Namens und Eingliederung in die einzige von Moskau genehmigte KP, deren Zentrale als maßgebende Instanz anzuerkennen sei.«[363] Die Vertreter der KAPD widersetzen sich den Unterordnungsforderungen Moskaus und verlassen den Kongress vorzeitig. Die USPD hingegen akzeptiert die Vorgabe, dass es in jedem Land nur eine einzige von Moskau legitimierte kommunistische Partei geben darf und verspricht, sich in die KPD einzugliedern.

Dieser Beschluss seiner Partei beschäftigt freilich auch Ernst. Wie einst Kurt Eisner, kandidiert er aus dem Gefängnis heraus für die USPD bei den Landtagswahlen und den gleichzeitig stattfindenden Reichstagswahlen am 6. Juni 1920. Wäre er in den Reichstag gewählt worden, so hätte das wohl seine unmittelbare Freilassung nach sich gezogen. Aufgrund innerparteilicher Intrigen bekommt er jedoch nur einen Nachrückerplatz und kann so kein Mandat erringen. Im Dezember desselben Jahres tritt dann die Mehrheit der USPD zur KPD über. Der Rest der Partei arbeitet wieder mit der SPD zusammen und vereinigt sich mit dieser im

September 1922. Ernst tritt dagegen aus der Partei aus und beschließt, fortan parteilos zu bleiben.

All diese politischen Zerwürfnisse machen auch das Leben in der Festungshaft immer schwieriger. Beim gemeinsamen Essen der Gefangenen entbrennen erbitterte politische Diskussionen. Diejenigen, die, wie Ernst, nicht glauben, dass eine neue Revolution bereits vor der Tür steht, werden als Verräter, Kleinbürger oder Konterrevolutionäre tituliert. Jenseits der Gefängnismauern streitet die deutsche Arbeiterbewegung, die Parteien und Organisationen spalten sich wieder und wieder. Dasselbe wiederholt sich diesseits der Mauern. Es bilden sich Splittergruppen, die einander verfolgen, verleumden, verprügeln. Eine kommunistische Gruppe verbietet ihren Mitgliedern, mit Angehörigen der anderen kommunistischen Gruppe zu sprechen. »Der Hass ist umso größer, je mehr Gemeinsames sie haben«, notiert Ernst.[364]

Mittlerweile ist auch Erich nach Niederschönenfeld verlegt worden, da die Festung Ansbach geschlossen werden soll. So gerät auch er schnell in den Strudel des Psychoterrors durch die Wächter und die Mitgefangenen. Er wird ständig von Krankheiten geplagt: Ohrenleiden, Zahnschmerzen, Herzbeschwerden, nervöse Störungen. Auf die Festungsärzte ist keinerlei Verlass. Der Gefangene August Hagemeister wird von ihnen wochenlang als Simulant behandelt, bis er schließlich in seiner Zelle stirbt.

Aufgrund der sich zuspitzenden Konflikte im Festungsgefängnis versucht Erich zunehmend, seine Kontakte auf Brieffreundschaften mit Genossen außerhalb der Gefängnismauern zu verlegen. Aber viele seiner Freunde sind ebenfalls verhaftet, tot oder untergetaucht. So auch der Münchner Anarchist Ret Marut, der nach seiner Flucht unter verschiedenen Namen und an verschiedenen Orten Europas im Untergrund lebt. Dabei verwischt er seine Spuren so gründlich, dass seine ehemaligen Kampfgefährten bereits fürchten, er sei nicht mehr am Leben. Erich stellt sogar eine Suchanzeige in seine Zeitschrift *Fanal*: »Ret Marut, Genosse, Freund, Kampfgefährte, Mensch, melde dich, rege dich, gib ein Zeichen, dass du lebst, dass du der Ziegelbrenner geblieben bist, dass dein Herz nicht verbonzt, dein Hirn nicht verkalkt, dein Arm nicht lahm, dein Finger nicht klamm geworden ist.«[365] 1922 erhält Erich schließlich eine Postkarte aus Amsterdam, auf der er liest: »Lieber Erich, in wenigen Stunden besteige ich ein Schiff, das mich über den Atlantik bringt und damit habe ich aufgehört zu existieren. R.M.«[366] Zunächst versucht Marut über Kanada in die USA einzureisen. Das wird ihm jedoch mangels gültigem

Visum verwehrt, sodass er zurück nach Europa reisen muss. In London wird er in Abschiebehaft genommen, später gelingt ihm die Einreise nach Mexiko. Diese Odyssee der Staatenlosigkeit verarbeitet er in seinem Roman *Das Totenschiff*. Später legt er unter dem Pseudonym B. Traven noch zahlreiche weitere weltberühmte Romane nach, darunter *Der Schatz der Sierra Madre* oder den *Caoba-Zyklus* über die mexikanische Revolution. Über die Details seiner Biografie und seinen bürgerlichen Namen wird noch immer gerätselt.

Hilde Kramer lernt in Moskau einen 24jährigen kommunistischen Jugendfunktionär aus Württemberg kennen, in den sie sich verliebt. Bald wird sie von ihm ungewollt schwanger. Obwohl Abtreibung in Russland erlaubt ist, misstraut sie der russischen Gynäkologie. Außerdem hat sie ohnehin das Heimweh gepackt, sodass sie beschließt, nach Deutschland zurückzukehren. Ihr Freund verspricht, so bald wie möglich nachzukommen und sie zu heiraten. Da sie ohne Papiere aus Deutschland ausgereist ist, kann sie nun auch nicht offiziell wieder einreisen. So wird ihr ein Pass auf den Namen Gretchen Müller ausgestellt und sie gibt sich als zurückkehrende Zivilgefangene aus. In einem Kriegsgefangenentransport reist sie zunächst nach Finnland. Von dort schlägt sie sich in einer äußerst beschwerlichen Reise nach Berlin durch. Dort angekommen, lässt sie in einer Klinik die Abtreibung durchführen. Dann arbeitet sie wieder für Michail Borodin, der nunmehr als Beauftragter der Komintern bei der KAPD tätig ist. Seine Tarnung ist die eines russischen Adeligen, als der er in einer eleganten Pension auf dem Kurfürstendamm lebt. Er erklärt Hilde, sie müsse bei ihm einziehen und die Rolle seiner Freundin und Sekretärin spielen. Hilde stimmt dem zu und durchschaut erst später, dass es Borodin nicht beim Schein belassen will. Immer wieder macht er sich an Hilde heran, nimmt ihre Zurückweisungen nicht ernst. »Tatsache war, dass ich nicht in ihn verliebt war, dass er mir viel zu alt war und dass ich keine Lust hatte, mit einem verheirateten Mann, der in den Vereinigten Staaten eine Frau und zwei Söhne hatte, ein Techtelmechtel anzufangen,« schreibt Hilde.[367] So dauert ihre Arbeit für ihn wiederum nur wenige Monate an. Während dieser Zeit hofft sie inständig auf die Rückkehr ihres Freundes aus Moskau. Nach mehreren Monaten erfährt sie aber von der Moskauer Parteizentrale, dass dieser an Typhus verstorben sei.

In Niederschönenfeld freunden sich derweil Ernst Toller und Erich Mühsam an, soweit das vor dem Hintergrund ihrer verschiedenen politischen Einstellungen möglich ist. Gemeinsam gründen sie eine Schriftstellergruppe, in der sie ihre Mitgefangenen dazu ermutigen, Memoiren oder literarische Werke zu schaffen. Toller schreibt seine Dramen *Die Maschinenstürmer*, *Hinkemann* und *Der entfesselte Wotan*, sowie mehrere Massenspiele. All diese Stücke sind auch politische Interventionen und alle werden große Publikumserfolge. Das Massenspiel *Bilder aus der großen französischen Revolution* wird in Leipzig in einer experimentellen Inszenierung mit Hunderten Arbeitern als Schauspielern vor riesigem Publikum aufgeführt. Ernst wird zu einer Berühmtheit. Erich schreibt derweil weiterhin Gedichte sowie die Dramen *Ein Mann des Volkes* und *Judas*, in dem ein Scheinsozialist als spießiger Kleinbürger enttarnt wird. Das Stück wird in Mannheim ohne Vorhang und ohne Pause vor fünftausend Arbeiterinnen und Arbeitern aufgeführt.

In Niederschönenfeld bricht kurz Freude aus, als am 21. Juli 1922 im Reichsgesetzblatt die sogenannte Rathenau-Amnestie angekündigt wird, nach der alle politischen Gefangenen freigelassen werden sollen. Die reaktionäre Regierung Bayerns weigert sich jedoch, dem Folge zu leisten, sodass die Gefangenen in Niederschönenfeld von der Amnestie ausgenommen werden. Stattdessen müssen sie machtlos zusehen, wie in Bayern der Faschismus unter Hitler zunehmend an Stärke gewinnt. Immer wieder demonstrieren die Faschisten auch vor den Gefängnismauern und singen dort ungestört ihre antisemitischen Hass-Lieder.

Ernst Toller schreibt aus Niederschönenfeld an seine Freundin Tessa: »Es ist furchtbar, Tag für Tag preisgegeben zu sein den eintönigen, sich immer wiederholenden Geräuschen dieses Hauses, dessen Wände so dünn sind, dass aus den Zellen über, neben, unter Dir die Laute zu Dir dringen. Lärm auf den Gängen, Klirren der Schlüsselbunde, Scheppern der schweren Gittertüren, Namen-aufrufen der Wächter, Zuschlagen von Türen, Klappern genagelter Stiefel auf den Steinfliesen – oder noch furchtbarer das dünne Schlurfen der Gummisohlen. Tag um Tag würgen Dich die Tonketten der Dissonanzen. Im ersten Jahr war mein Wille imstande, durch leise Anspannung alle Geräusche abzuwehren und meine Zelle wie eine Insel der Stille sich loslösen zu lassen vom lärmenden Land. Im zweiten Jahr wurde es schon schwerer – man sagt in der Psychologie wohl: die Reizschwelle sinkt. Im dritten Jahr kam der Tag, da ich hilflos jedes Geräusch wie einen Peitschenhieb auf den wunden Kopf empfand.«[368]

Hilde Kramer arbeitet derweil in Berlin als Englisch-Übersetzerin für den Verlag der Kommunistischen Jugendinternationale. Da der Verleger mit ihrer Arbeit nicht ganz zufrieden ist, verlangt er nach einem Muttersprachler, woraufhin sich der Ire Edward Fitzgerald meldet. Hilde verliebt sich in ihren neuen Kollegen und die beiden entschließen sich zu heiraten. Zur selben Zeit werden sie aber wieder nach Russland beordert, sodass sie beschließen, ihre Ehe dort eintragen zu lassen. »Uns war nicht besonders viel an einer formellen Eheschließung gelegen«, erinnert sich Hilde, »denn wir empfanden Heiraten als etwas sehr ›bürgerliches‹, aber es schien uns bei unserer Art der Lebensführung ratsam, zum mindesten die gleiche Staatsangehörigkeit und die gleiche Sorte Pass zu haben, damit man uns nicht gewaltsam trennen konnte.«[369] Nach dieser Eheschließung bekommt Hilde die britische Staatsangehörigkeit ihres Ehemannes. Wieder wird sie in Moskau schwanger und wieder will sie deshalb nach Berlin zurückkehren, diesmal aber, um dort ihren Sohn Desmond zur Welt zu bringen. Als Edward ihr nach Deutschland folgen will, verweigern ihm die Behörden jedoch die Aufenthaltserlaubnis, sodass er zeitweise in der Illegalität leben muss.

Nach der belgisch-französischen Besetzung des Rheinlandes, die wegen ausbleibender Reparationszahlungen erfolgt, kommt es dort 1923 noch einmal zu sozialrevolutionären Bewegungen. Auch in Hamburg kommt es zu Arbeiteraufständen. Beide werden jedoch niedergeschlagen, sodass ein fünfjähriger Bürgerkrieg (1919-1923), der insgesamt ungefähr 35.000 Tote gefordert hat, endet.

In Niederschönenfeld gehen immer wieder Gerüchte über bevorstehende Amnestien um. Ein ums andere Mal werden die Hoffnungen der Gefangenen jedoch zunichtegemacht. So muss Ernst die volle Länge seiner Haftstrafe absitzen. Dann bekommt er die Nachricht, dass er »begnadigt« ist und am 15. Juli 1924 entlassen werden soll – 24 Stunden vor dem offiziellen Ende seiner Haftzeit. So will die Regierung wohl eine Demonstration zu seiner Entlassung verhindern. Aber die lange Haft ist nicht spurlos an Ernst vorbeigegangen. »So unbändig war mein Freiheitswille all diese Jahre«, schreibt er. »Keine Krankheit, keine Strafe vermochte ihn zu brechen, jetzt, da Wegmeiler die Zeit einhegen, da ich die Tage zu zählen beginne, die mir noch bleiben bis zur Entlassung, geschieht etwas Merkwürdiges: Ich fühle, wie meine Lebenskraft sich mindert, tagelang liege ich apathisch in meiner Zelle, ich freue mich nicht auf die Freiheit, ich ängstige mich vor ihr. Ich ängstige mich vor Verantwortung und Verpflichtung, hier war ich geborgen, das Gefängnis war wie eine Mutter, eine grausame Mutter, sie ordnete meinen Tag, sie gab mir Nahrung, sie befreite mich von äußerer Sorge, jetzt soll ich ins Leben zurückkehren, neue Kämpfe erwarten mich, werde ich sie bestehen?« Auch sein eigener Ruhm macht Ernst plötzlich Angst. Durch seine im Gefängnis verfassten Dramen, die äußerst erfolgreich auf deutschen und internationalen Bühnen gespielt worden sind, ist er zum wohl bedeutendsten zeitgenössischen Theaterautor Deutschlands geworden. »Tausende von Briefen habe ich in diesen Jahren erhalten, viele Menschen warten auf mich, sie haben sich ein Bild von mir geformt, größer als ich bin, sie erwarten Erfüllungen, die ich enttäuschen muss, ich bin ärmer, als sie wähnen. Ich fühle mich schwächer werden von Tag zu Tag, Todesgedanken beschatten meine Nächte, mein Pulsschlag wird leiser, ich wünsche mir den Tod, da er nicht kommt, verwirrt mich die unheimliche Lockung, in einer Nacht bin ich nahe daran, den Tod zu rufen. Am nächsten Tag ist der Alp von mir gewichen. Meine Kraft wächst, ich kann nur sein, was ich bin, ich will das Leben bestehen und werde es bestehen, und wenn ich versage, muss ich es tragen.«[370]

Der Abschied von seinen Mitgefangenen ist kurz. Ein letztes Mal will er ihnen aus seinem neuen Drama *Masse Mensch* vorlesen – der Aufseher verbietet es. Erich Mühsam notiert in sein Tagebuch: »Wir sind als sehr gute intime Freunde geschieden und werden es bleiben.« Zuvor waren sie kurzzeitig entzweit worden, als bei einer der routinemäßigen Beschlagnahmungen von Erichs Tagebüchern verächtliche Äußerungen Erichs über Ernst auftauchten. Die beiden hatten sich aufgrund der unzähligen politischen Auseinandersetzungen im Festungsgefängnis gestritten und der Justizminister Müller Meiningen, dem die Tagebuch-Passage sofort übergeben worden ist, hat diese veröffentlicht, um den beiden Revolutionären weiter zu schaden. Erich aber hat sich bei Ernst entschuldigt und die beiden haben sich nicht gegeneinander ausspielen lassen. »So hat uns die ungeheuerlichste Indiskretion von Behörden einander zugeführt und uns, die sie durch Denunziation privater Gelegenheitsempfindungen auseinander- und gegeneinanderbringen wollte, zu Freunden gemacht«, notiert Erich abschließend.[371] Ernst wird, weil er seine Gesinnung nicht geändert habe, aus Bayern ausgewiesen und mit dem Zug unter Polizeibegleitung nach Sachsen abgeschoben.

Auch für Erich kommt kurze Zeit später die langersehnte Erlösung: Kurz vor Weihnachten 1924 wird die »Hitleramnestie« erlassen. Um die rechten Gefangenen des gescheiterten Hitlerputsches freilassen zu können, sieht sich die bayerische Regierung gezwungen, auch den gefangenen Revolutionären die Freiheit zu gewähren. Die Gefangenen können kaum fassen, dass die Haft nun tatsächlich ein Ende haben soll. Erich fährt sofort mit dem Zug nach Berlin. Seine dortigen Genossinnen und Genossen wissen, aus seiner Ankunft ein Spektakel zu machen, sodass sich mehrere Hundert Personen am Anhalter Bahnhof versammeln, um ihn zu begrüßen. Polizisten und Soldaten versuchen die Menge zurückzuhalten, aber als der Schnellzug aus München einfährt, gelingt es einer Gruppe Jugendlicher in die Bahnhofshalle einzudringen. Kaum, dass Erich an der Seite von Zenzl den Zug verlassen hat, heben sie ihn auf ihre Schultern. So wird Mühsam hinausgetragen, wo die Willkommensdemonstration *Die Internationale* anstimmt. Erich ist zu Tränen gerührt. Als er gerade ansetzt, den Versammelten zu danken, stürmen die Polizisten in die Menge und teilen Knüppelhiebe aus. Es gibt Verwundete und Verhaftete, aber um Erich wird eine Kette gebildet, sodass er sicher zum Ausgang gelangt.

Nachdem sich die erste Euphorie der Freiheit gelegt hat, stellt sich bei Erich ein starkes Gefühl der Entfremdung ein. Auf viele der Ereignisse, die in den letzten fünfeinhalb Jahren diesseits der Gefängnismauern stattgefunden haben, kann er sich keinen Reim machen. Nachdem die gemeinsame Wohnung in München geplündert worden ist, lebt er nun in Berlin mit Zenzl unter ärmlichen Verhältnissen. Die missliche Lage wird noch dadurch verschärft, dass er die Kosten seiner Festungshaft in Raten abbezahlen soll. Seine politischen Aktivitäten fokussieren sich vor allem auf die Gefangenenhilfe, denn noch immer gibt es über siebentausend politische Häftlinge in der Weimarer Republik. Außerdem erscheint ihm die Solidaritätsorganisation Rote Hilfe eine geeignete Plattform für seine Bemühungen, um die Einheit der revolutionären Strömungen zu fördern. Nach seiner Vorstellung soll es zwar weiterhin eine Pluralität revolutionärer Strategien und Organisationsformen geben, diese müssten sich aber in einer solidarischen Föderation zusammenschließen. In diesem Geiste spricht er auch im August 1925 neben dem kommunistischen Präsidentschaftskandidaten Ernst Thälmann auf einer Kundgebung. Daraufhin wird er aus der Föderation Kommunistischer Anarchisten Deutschlands, deren langjähriges Mitglied er gewesen ist, ausgeschlossen.

Auch Hildes Mann Edward spricht als Redner bei der Auftaktveranstaltung zum Wahlkampf von Ernst Thälmann. Im Anschluss an seine Rede kommt es zu einem Polizeieinsatz, der mit zehn Toten endet. Innenminister Severing verlangt daraufhin mehrmals die Abschiebung der Familie Fitzgerald, durch die Intervention eines Reichstagsabgeordneten kann diese jedoch verhindert werden. Hilde arbeitet fortan in der Pressestelle der Internationalen Roten Hilfe, die sich für die Rechte von lin-

Hilde Kramer in sowjetischer Uniform

ken Gefangenen einsetzt. Hier trifft sie auch ihren alten Genossen Erich Mühsam wieder. Edward wird nach wiederholter Ausweisungsverfügung tatsächlich abgeschoben und Hilde wird die deutsche Staatsbürgerschaft entzogen, sodass sie fortan als »staatenlose Ausländerin« gilt. Unter der Auflage, sich nicht weiter politisch zu betätigen, darf Edward jedoch nach Deutschland zurückkehren.

Ernst Toller gelingt es nach seiner Freilassung nicht mehr, an den literarischen Erfolg seiner Gefangenschaft anzuknüpfen. Auch politisch isoliert er sich zunehmend durch seinen Entschluss keiner Partei – und auch sonst keiner politischen Organisation mehr angehören zu wollen. Stattdessen zieht er sich auf die Position eines politischen Intellektuellen zurück, dem das Wort als einzige Waffe dient. Unablässig hält er öffentliche Vorträge und schreibt Essays gegen Militarismus, Rassismus und Faschismus. Er reist in die USA und prangert den dortigen Rassismus an; er trifft sich mit dem indischen Unabhängigkeitskämpfer Jawaharlal Nehru und engagiert sich gegen den Kolonialismus; er reist in die Sowjetunion und kritisiert die Parteidiktatur, ohne jedoch seine Hoffnung auf den Vorbildcharakter der russischen Revolution aufzugeben. Vor allem aber prangert Ernst die schleichende Wiederbewaffnung Deutschlands und den erstarkenden Nationalsozialismus an. Schon 1927 schreibt er über die faschistische Ideologie: »Es gibt kein dümmeres Ideal als das Ideal des Helden.«[372] Diesen Satz empfinden die Nazis als dermaßen tiefe Beleidigung, dass Goebbels ihn am 1. April 1933 bei seiner Rede zum Judenboykott als Beweis für die Böswilligkeit der Juden zitiert.

Erich fordert während seiner Arbeit in der Roten Hilfe immer wieder ein, dass die Hilfe nicht nur inhaftierten KDP-Mitgliedern zugutekommen dürfe, sondern auch anderen politischen Gefangenen und sogar gewöhnlichen Kriminellen. Die Rote Hilfe entwickelt sich jedoch immer mehr zu einem Instrument der Partei und damit Moskaus, sodass Erich für seine Mitarbeit von vielen anarchistischen Genossen stark kritisiert wird. Dieser Kritik muss er schlussendlich Recht geben, sodass er im Januar 1929 wieder aus der Roten Hilfe austritt. Schon zuvor ist er der FAUD beigetreten, mit deren führendem Theoretiker Rudolf Rocker er befreundet ist. Die Anarchosyndikalisten haben bereits während der Märzrevolution 1920 eine tragende Rolle gespielt und Erich ist überzeugt von ihrem basisdemokratisch-föderalistischen Ansatz. Dieser unterscheidet sich deutlich von den etablierten Gewerkschaften, deren Funktionärsapparate sich in den Händen der Parteien und Kirchen befinden. Er will aber auch die FAUD dahingehend beeinflussen, eher gesamtgesellschaftlich anstatt nur betrieblich aktiv zu werden.

Erich bemüht sich, zu dem Energiebündel zu werden, das er in Zeiten der Räterepublik war. Auch in Berlin hält er seine berüchtigten flammenden Reden, die so mitreißend sind, dass sie meist an das Ende von Kundgebungen gelegt werden. Denn an ihrem Ende gehen meist aufgewühlte Demonstrierende und sich provoziert fühlende Polizisten aufeinander los. Er ist oft tagelang unterwegs, eilt von Vorträgen zu Theaterbesuchen, von Versammlungen zu Rendezvous, von Privatkonferenzen zu Zechereien. Da Zenzl mit diesem Lebensstil keineswegs immer einverstanden ist, quartiert er sich zeitweise im Redaktionsbüro der von ihm begründeten Zeitschrift *Fanal* ein. Neben seinem rastlosen politischen Aktivismus verfasst er auch noch mehrere Theaterstücke: *Staatsräson*, ein Dokumentationsstück über den Justizmord an den US-amerikanischen Anarchisten Sacco und Vanzetti, und *Alle Wetter*, in dem sich ein anarchistisches Dorf gegen die übermächtige Staatsbürokratie durchsetzt. Seine Stücke werden auf der berühmten Piscator Bühne inszeniert, in deren künstlerischem Beirat er sitzt. Mit Erwin Piscator selbst ist er befreundet. Die erste Ausgabe des *Fanal* eröffnet Erich mit einem Gedicht, aus dem die glühende Energie dieser Tage noch in Funken zu springen scheint:

»Ihr treibt das Rad, ihr wirkt die Zeit,
das Feuer flammt: Jetzt! und Hier!
Euch mahnt das Feuer, macht euch bereit!
Erkennt eure Kraft! Seid Ihr!
Euch flammt das Feuer! Euch blüht das Land!
Erkennt! Seht! Hört! und Wisst!
Doch ihr verdingt euer Hirn, eure Hand –

und zweifelt, was Euer ist.
Kein Fragen, kein Rechnen befreit den Geist.
Das Feuer flammt: Tat ist Pflicht!
Wenn ihr eure Ketten nicht zerreißt, –
von selber brechen sie nicht!«

Aber langsam scheint selbst Erich, mit seinen nunmehr fünfzig Jahren, die Kraft auszugehen. Das hat einerseits körperliche Gründe, andererseits aber auch politische: Die Zahl der politischen Gefangenen bleibt konstant hoch und eine neue Revolution ist nicht in Sicht. Stattdessen gewinnt die faschistische Bewegung immer mehr Anhänger. Auch im Berliner Vorort Britz, in dem Erich und Zenzl nunmehr ein Reihenhaus bewohnen, wimmelt es von Nazis. So schließt er sich dem Britzer Komitee für die Abwehr des Faschismus an, das unter anderem Selbstverteidigungskurse ausrichtet, um den Faschisten zu signalisieren, dass sie es mit einem wehrhaften Gegner zu tun haben. 1930 beschreibt Erich bereits, was Deutschland blüht, wenn die Nazis tatsächlich an die Macht kommen: »Nach einem sehr gründlichen Arbeiter-, Republikaner- und Judenpogrom bekämen wir ein Wirtschaftsdirektorium, das alle Arbeiterkoalitionen auflösen, alle Betriebe militarisieren und die Sklaverei schlimmer verwirklichen würde, als Mussolini und Horty es je getan haben.«[373]

Wenig später geht die Weimarer Republik tatsächlich mit der Machtübertragung an die Nazis zugrunde. Es bewahrheitet sich, was unter anderem die Räteaktivisten schon angesichts des Bündnisses zwischen der Sozialdemokratie und der rechtsextremen Reaktion bei der Niederschlagung der revolutionären Bewegungen von 1918-1923 vorausgesehen haben: Die Sozialdemokraten haben zur Verteidigung ihrer Herrschaft Kräfte in den Sattel gehoben, die sie schon bald nicht mehr kontrollieren können. So sind es keineswegs die Kämpfe zwischen links und rechts, die der Weimarer Republik das Grab schaufelten, sondern eben dieses Bündnis aus Sozialdemokratie, Reichswehr und rechtsextremen Freikorps, das die antidemokratischen Kräfte wiederbelebt, die 1918 eigentlich bereits geschlagen waren. Am Ende werden auch die Sozialdemokraten von den Dämonen verschlungen, die sie gerufen haben. Erst als es zu spät ist, werden vormals glühende Gegenrevolutionäre wie Ernst Schneppenhorst, der am 24. April 1945 von Nationalsozialisten ermordet wird, zu Widerständlern.

Ernst Toller befindet sich, als die Nazis die Macht übernehmen, in der Schweiz auf einer Vortragsreise. Seinen dortigen Freunden gelingt es erst nach längerer Überzeugungsarbeit, Ernst davon abzuhalten, nach Deutschland zurückzukehren. Seine Wohnung wird von SA-Leuten durchsucht und geplündert. Wenig später werden bei den Bücherverbrennungen auch seine Werke auf den Scheiterhaufen der Nazis in Flammen aufgehen. Er selbst ist in der Schweiz zunächst sicher.

Auch Erich Mühsam befindet sich auf einer Vortragsreise im Ausland, als die Nazis an die Macht kommen. Von seinem letzten Vortrag berichtet ein Teilnehmer: »Da erhob sich Mühsam vom Vorstandstisch. Sein wilder Kopf, dessen gesträubtes Haar ihn so grotesk-gefährlich wirken ließ, dass der oberflächliche Beobachter die überaus gütigen, tief hinter dem Brauengebüsch versteckten Augen übersah, beugte sich weit in den Qualm des Saales vor. ›Und ich sage euch‹, schrie Mühsam, ›dass wir, die wir hier versammelt sind, uns alle nicht wiedersehen. Wir sind eine Kompanie auf verlorenem Posten. Aber wenn wir hundertmal in den Gefängnissen des Dritten Reiches verrecken werden, so müssen wir heute noch die Wahrheit sagen, hinausrufen, dass wir protestieren. Wir sind dem Untergang geweiht.‹«[374] Trotz eindringlicher Warnungen kehrt Erich nach Deutschland zurück. Gemeinsam mit Zenzl bereitet er dann halbherzig eine Flucht vor, muss aber noch auf Honorare warten, um Fahrkarten kaufen zu können. Als er das Geld beisammen hat, brennt bereits der Reichstag und Erich ist einer der ersten, der von den Nazis in ›Schutzhaft‹ genommen wird. Seine Bücher und Manuskripte werden auf Lastwagen verladen und später vernichtet. Nur seine Tagebücher, ein paar Briefe und Manuskripte, die Zenzl in einem Koffer in Sicherheit gebracht hat, überleben.

Ernst versucht sowohl, die internationale Schriftstellerorganisation PEN dazu zu bewegen, dass sie sich gegen die Nazis positioniert, als auch, die Emigranten in der Schweiz zu politisieren. Beides scheitert. Gegenüber einem Freund beschwert er sich: »Die Emigration von 1933 ist ein wüster Haufen aus zufällig Verstoßenen, darunter vielen jüdischen verhinderten Nazis, aus Schwächlingen mit vagen Ideen, aus Tugendbolden, die Hitler verhindert, Schweine zu sein, und nur wenigen Männern, mit Überzeugung. Deutsche, allzu Deutsche.«[375] So versucht er, weitgehend isoliert, aus dem Exil gegen den Faschismus zu kämpfen. Unter anderem versucht er sich auch für den gefangenen Erich einzusetzen: »Der Dichter Mühsam sieht dem Tod ins Auge«, sagt er auf einer seiner Reden. »Und dadurch, dass er dem Tod ins Auge sieht, wird er zu einem Bild der Freiheit.«[376]

Aber vergeblich: Am 6. April 1933, Erichs 55. Geburtstag, bricht die SA in die ›Schutzhaft‹ ein und bringt die politischen Gefangenen in das ehemalige Zuchthaus Sonnenburg bei Küstrin, das nun als KZ dient. Als Zenzl ihn einmal für zehn Minuten besuchen darf, sieht sie die Spuren schwerster Misshandlungen überall an Erichs Körper. Vorübergehend wird Erich in Einzelhaft genommen, wo er weniger schikaniert wird. So kann er an seinem neuen Roman arbeiten und zeichnet ein Bilderbuch für Zenzl. Am 8. September wird er in ein Zuchthaus nach Brandenburg überstellt. Dort beginnen die Misshandlungen von Neuem. Er überlebt den Winter und wird dann im Februar 1934 in das KZ Oranienburg verfrachtet. Als Hitler wenige Monate darauf die SA entmachtet, werden alle Lager von der SS übernommen. Der neue Kommandant Eicke und seine SS-Leibstandarte Adolf Hitler kommen aus Bayern und erkennen Erich als den »Novemberverbrecher«. Es ist gerade seine Standhaftigkeit, die ihn zum bevorzugten Objekt ihrer Grausamkeit macht. Am 7. Juli wird er zum Kommandanten bestellt, der ihm befielt, sich das Leben zu nehmen. Erich weigert sich und hält Eicke entgegen, dass er ihm diese Arbeit nicht abnehmen werde. So wird er zwei Tage später wieder einbestellt und kehrt nicht zurück. Beim Morgenappell inszenieren die Mörder ein sadistisches Versteckspiel und lassen Erichs Mithäftlinge nach ihm suchen. Sie finden ihn im Abort, an einem Strick aufgehängt. Schnell stellt sich jedoch heraus, dass er bereits im Büro des Kommandanten zusammengeschlagen und dann mit einer Giftspritze ermordet worden ist. Nur wenige Menschen kommen zu seiner Beerdigung auf dem Waldfriedhof Berlin-Dahlem. Es ist bereits zu gefährlich geworden, unter den Augen der Nazis um einen Staatsfeind zu trauern. Zenzl Mühsam ist verzweifelt und auch Hilde, Ernst und unzählige weitere Genossen trauern in ihrem Exil. »An Kameradschaft hat dich keiner übertroffen«, hält Ernst fest.[377]

Hilde trifft in Berlin Karl Petermeier wieder, ihren Verehrer aus Räterepublik-Zeiten. Petermeier berichtet, wie er nach verschiedenen militanten kommunistischen Aktionen in Deutschland nach Moskau fliehen musste. Dort hat er eine Nichte von Alexej Rykow, dem Vorsitzenden des Rates der Volkskommissare, geheiratet. Damit haben sich ihm die höchsten Kreise der Sowjetunion geöffnet. Aber als er Hilde trifft, offenbart er ihr, dass er sie immer noch verehre: »Karls Liebe für mich war mit seiner Ehe keineswegs beendet«, erinnert sich Hilde. »Seine Frau betete ihn an und war immer sehr nett zu mir, obwohl Karl ihr beinahe brutal zu verstehen gab, dass ich führ ihn wichtiger sein würde als sie.«[378] Er erzählt

Hilde aber auch, dass er Trotzkist sei und in Berlin für die Trotzkisten einen Abziehapparat kaufen wolle. Hilde warnt ihn vor der Gefährlichkeit dieses Unterfangens. Sie weiß, dass Moskau mittlerweile überall Spitzel hat. Tatsächlich wird Petermeier Opfer der ersten Welle des ›Großen Terrors‹. Im Verlauf dieser stalinistischen Säuberung des Parteiapparates der russischen KP wird auch Max Levien, der inzwischen in Moskau als Professor für Geschichte und Philosophie der Naturwissenschaften lehrt, verhaftet und zunächst zu fünf Jahren Lagerhaft verurteilt. Im Juni 1937 wird die Haft in ein Todesurteil umgewandelt, das am folgenden Tag vollstreckt wird. Im Juli wird dann auch Petermeier durch den sowjetischen Geheimdienst NKWD wegen angeblicher Mitgliedschaft in einer »konterrevolutionären trotzkistischen Terrororganisation« verhaftet. Nach einem erfolterten Geständnis wird er im April 1938 in Butuwo hingerichtet. »Da Karl ursprünglich durch mich in die kommunistische Bewegung gekommen war, habe ich nie aufgehört, eine tiefe Schuld ihm gegenüber zu empfinden«, schreibt Hilde. »Er wäre wahrscheinlich ohne mich nie zu diesem schrecklichen Ende gekommen.«[379] Während der Folter nennt Petermeier seinen Peinigern mehrere Namen. Darunter ist auch den von Zenzl Mühsam.

Nach Erichs Ermordung im KZ Oranienburg erhält Zenzl eine Einladung der Vorsitzenden der Internationalen Roten Hilfe Helene Strassowa in die Sowjetunion. Ihre anarchistischen Genossen, die die Verfolgung der Dissidenten in der Sowjetunion vorsichtig gemacht hat, warnen sie vor der Reise, sie fährt trotzdem über Prag nach Moskau ins Exil. Mit sich nimmt sie Erichs schriftlichen Nachlass, den sie dem Maxim-Gorki-Institut für internationale Literatur in Moskau übergibt. Kurz darauf, am 23. April 1936 wird sie wegen »konterrevolutionärer trotzkistischer Tätigkeit« verhaftet und im berüchtigten Moskauer Gefängnis Lubjanka festgehalten. Die Anklagepunkte werden mehrfach geändert, später wird sie unter der Auflage, Moskau und Leningrad nicht wieder zu betreten, freigelassen. Im November 1938 wird sie erneut verhaftet und am 11. September 1939 wegen »Zugehörigkeit zu einer konterrevolutionären Organisation und konterrevolutionärer Agitation« zu acht Jahren Arbeitslager verurteilt. Diese Strafe verbüßt sie im Lager Potma in der Mordwinischen Republik. Im November 1946 wird sie entlassen und völlig mittellos in einen Zug nach Nowosibirsk gesetzt. 1949 wird sie aufgrund ihrer anarchistischen Agitation erneut inhaftiert und »auf ewig« nach Nowosibirsk verbannt. 1962 stirbt sie im Alter von 77 Jahren in Ostberlin und erhält ein Ehrengrab in der Grabanlage Pergolenweg, der Gedenkstätte der Sozialisten auf dem Zentralfriedhof Friedrichsfelde.

Ernst lebt derweil als Heimatloser, stets in Bewegung, auf permanenter Vortragsreise. Hauptsächlich hält er sich in England und den USA auf. Aus dem Exil heraus widmet er sich unablässig dem Kampf gegen den Faschismus. Eines seiner Hauptbetätigungsfelder ist inzwischen der Spanische Bürgerkrieg. Bereits im Winter 1931/32 hat er eine lange Reise in die gerade ausgerufene Spanische Republik unternommen. Dabei hat er den Eindruck gewonnen, dass Spanien beim Übergang von der Monarchie zur Republik denselben Fehler gemacht hat wie Deutschland, nämlich die alten staatlichen Strukturen weitgehend unangetastet zu lassen. Auch im Frühling 1936 reist er wieder in das Land, wo die erste Republik nunmehr zusammengebrochen ist und die Arbeiterbewegung – größtenteils unter Führung der anarcho-syndikalistischen CNT – gegen den Faschismus unter General Franco kämpft. Ernst verbringt sechs Wochen in der von den Faschisten belagerten Hauptstadt Madrid und in Barcelona, dem Zentrum der revolutionären Bewegung. Angesichts der basisdemokratischen Selbstverwaltung in den von den Revolutionären befreiten Gebieten, flammt in Ernst ein letztes Mal der Glaube an die Möglichkeit einer freiheitlich sozialistischen Revolution auf. Er schließt sich ausrückenden republikanischen Truppen bei der Ebro-Offensive als Journalist an. In der von den Faschisten vollständig zerstörten Stadt Tortosa hält er eine Rede an die Internationalen Brigaden, die er als Speerspitze des antifaschistischen Kampfes betrachtet. »Ihr seid die ersten, die am Schlaf der Welt rühren!«, ruft er den Kämpferinnen und Kämpfern zu.[380]

Innerlich fühlt er sich schuldig, dass er selbst sich den Kämpfenden nicht angeschlossen hat. »Wie triftig die Gründe auch sein mochten, die mich davon abhielten, sie stellten mein Gewissen nicht zufrieden«, notiert er. »Nun, da ich hier war, hatte ich das Gefühl, meine Schuld wiedergutmachen zu müssen.«[381] Er versucht dies, indem er eine Kampagne zur humanitären Unterstützung des republikanischen Spaniens organisiert. Dafür stellt er ein Dossier mit Fakten, Zahlen und Fotos über die Situation der Zivilbevölkerung zusammen, die in den von faschistischen Bombern terrorisierten Städten durch Blockaden von Lebensmittellieferungen abgeschnitten ist und schweren Hunger leidet. Er sichert sich Unterstützung von Künstlern wie José Bergamin und Pablo Picasso und Politikern wie dem republikanischen Außenminister Alvarez del Vayo. Anschließend beginnt er eine Reise durch Europa, um für seinen Plan zu werben: Nach dem Modell der Hoover-Kommission, die nach dem Ersten Weltkrieg Lebensmittel für Zentraleuropa organisierte, will er die Regierungen der liberalen Demokratien dazu bringen, überschüssige Lebensmittel im Wert von 10 Millionen Dollar aufzukaufen, die dann durch das Quäker-Hilfskomitee in Spanien verteilt werden sollen.

In den skandinavischen Ländern hat Ernst aufgrund seiner weitreichenden Kontakte Erfolg: Die Regierungen von Schweden und Norwegen willigen in den Plan ein – unter der Voraussetzung, dass auch die US-Regierung sich anschließt. Deswegen macht sich Ernst sofort auf den Weg in die USA, um seine Lobby-Kampagne dort fortzusetzen. Als er aber ankommt, muss er feststellen, dass seine politischen Gegner diesmal bereits vorgesorgt haben. Rechte versuchen das Projekt als kommunistisches Manöver zu delegitimieren, indem sie auf Ernsts Rolle in der Bayerischen Räterepublik verweisen. Wieder gelingt es ihm jedoch, vor allem durch Vorsprache bei religiösen Würdenträgern, die Bedenken zu zerstreuen, sodass er von Eleanor Roosevelt, der Frau des Präsidenten, ins Weiße Haus eingeladen wird. Seine Fürsprache überzeugt, sodass Franklin D. Roosevelt an Weihnachten 1938 das Macdonald-Komitee einsetzt, das Ernsts Plan durchführen soll. Wie versprochen stellen nun auch Schweden und Norwegen ihren Teil der Lebensmittel zur Verfügung.

Inzwischen hat sich jedoch die Situation in Spanien dramatisch zugespitzt. Im Zuge des Bürgerkrieges ist die spanische kommunistische Partei (PCE), die bis dahin nahezu bedeutungslos gewesen ist, plötzlich zu einer tonangebenden Kraft geworden. Das liegt daran, dass sie naturgemäß gute Beziehungen zu Moskau hat und so dringend benötigte Waffen beschaffen kann. Die bolschewistische Regierung hat jedoch weniger Interesse an einer sozialen Revolution in Spanien als an erfolgreicher russischer Außenpolitik. So macht sie wichtige revolutionäre Errungenschaften, wie die Sozialisierung der Ländereien und die kommunale Selbstverwaltung zunichte und lässt führende Revolutionäre verhaften. Infolgedessen werden die nunmehr entzweiten republikanischen Kräfte besiegt. Ernst sieht in diesen Ereignissen eine Wiederholung der Fehler der Bayerischen Räterepublik, die genau wie die spanische Revolution an der Spaltung der linken Kräfte gescheitert ist. Am 23. Januar 1939 marschieren Francos Truppen in Barcelona ein und am 4. Februar ist ganz Katalonien von den Faschisten besetzt. In Erwartung eines Gemetzels versuchen Hunderttausende über die Pyrenäen nach Frankreich zu fliehen. Mit Luftunterstützung der deutschen Legion Condor, die bereits seit 1936 auf der Seite Francos gekämpft hat, verüben die Faschisten Massaker, bei denen Tausende Flüchtlinge sterben.

Das Schlimmste ist für Ernst, dass die Lebensmittel, die kurz zuvor nach Madrid geliefert worden sind, nun in die Hände der Faschisten fallen, eine Vorstellung, die ihm unerträglich ist. Immer tiefer verfällt er in die Depression, gegen die er schon jahrelang ankämpft. Er verlässt kaum mehr das eigentlich viel zu teure Hotelzimmer mit Blick auf den Central Park, das er sich in New York genommen hat. Als ihn sein Verleger Fritz Landshoff dort besucht, erschrickt er: »Seine Augen entbehrten jeglichen Glanz, seine Stimme war fast tonlos.«[382] Wenig später, am 22. Mai 1939, mit gerade einmal 45 Jahren, erhängt sich Ernst im Badezimmer. Sein Tod ist ein Schock für die antifaschistische Exilgemeinde. Fünfhundert Menschen kommen zu seiner Beerdigung. Die Trauerreden halten der Schriftsteller Oskar Maria Graf, mit dem Ernst sich in München angefreundet hatte, Juan Negrín, der letzte Präsident der spanischen Republik und der Schriftsteller Sinclair Lewis, der Ernst als ein »Symbol der Revolution« bezeichnet.[383]

So ist Hilde die Einzige der drei, die das Ende des Faschismus miterleben darf. Sie emigriert nach England und erlebt dort die deutschen Bombardements von London mit. Auch nach dem Ende des Zweiten Weltkrieges kehrt sie nicht wieder nach Deutschland zurück. Sie bleibt in England bis zum Ende ihres Lebens in der sozialistischen Bewegung aktiv. Zunehmend macht sie es sich darüber hinaus zur Aufgabe, die gesellschaftlichen Verhältnisse, die sie verändern will, auch in ihrer Struktur intellektuell zu durchdringen. So wird sie Sozialwissenschaftlerin und publiziert mehrere Arbeiten über Sozialpolitik. Noch oft denkt sie an die Zeit der Revolution in München zurück, die das Schlüsselmoment ihrer Biografie darstellt. Trotz seiner katastrophalen Konsequenzen hat der revolutionäre Frühling von 1919 ihr – ebenso wie Erich und Ernst – das Geschenk gemacht, selbst erleben zu können, dass eine radikal andere, freie Gesellschaft tatsächlich möglich ist. Die Hoffnungen dieser Tage konnten durch keine der folgenden Niederlagen zunichtegemacht werden. Sie haben ihnen die Kraft für ihre anhaltende Widerständigkeit gegeben – eine Haltung der Erich mit einem seiner Gefängnisgedichte ein dauerhaftes Denkmal errichtet hat:

»Ich hab's mein Lebtag nicht gelernt,
mich fremdem Zwang zu fügen.
Jetzt haben sie mich einkasernt,
von Heim und Weib und Werk entfernt.
Doch ob sie mich erschlügen:
Sich fügen, heißt lügen!
Der Staat, der mir die Freiheit nahm,
der folgt, mich zu betrügen,
mir in den Kerker ohne Scham.
Ich soll dem Paragrafenkram
mich noch in Fesseln fügen.
Sich fügen, heißt lügen!
Doch bricht die Kette einst entzwei,
darf ich in vollen Zügen
die Sonne atmen – Tyrannei!
dann ruf ich's in das Volk Sei frei!
Verlern es, dich zu fügen!
Sich fügen heißt lügen!«

Nachbemerkung

Dieses Buch macht die Geschichte der Bayerischen Räterepublik zugänglich – nicht als distanzierte Studie über eine lange vergangene Zeit, sondern mit dem Ziel, eine politische Stimmung greifbar zu machen. Deshalb habe ich mir einige wenige stilistische Freiheiten erlaubt. Zeichensetzung und Orthografie der Zitate habe ich behutsam an die neue Rechtschreibung angepasst. Um den Lesefluss nicht zu beeinträchtigen, habe ich Zitate an einigen Stellen gestrafft, ohne das jeweils einzeln zu markieren. Insgesamt habe ich mich so eng wie möglich an historische Aufzeichnungen gehalten, wo es um das Erleben der drei Hauptpersonen geht, habe ich jedoch stellenweise eigene Spekulationen hinzugefügt.

Mehrere Personen haben dieses Buch in seinem Entstehungsprozess begleitet. Mein erster Dank gilt Roman Danyluk, der das Manuskript dieses Buches akribisch korrigiert hat. Sowohl stilistisch als auch inhaltlich verdankt ihm dieser Text viel. Janika Kuge hat in einem Lektoratsmarathon die orthografischen Unzulänglichkeiten der ersten Auflage getilgt. Nicole Schwabe und Günther Gerstenberg danke ich für ihre konstruktiven Hinweise zum Text. Günther Gerstenberg hat mich zudem bei der Recherche mit einer Vielzahl von Material versorgt. Auch Jörn Essig-Gutschmidt vom Unrast Verlag hat durch sein konstruktives Lektorat viel zu diesem Text beigetragen. Dem Plenum R und dem Kurt Eisner Verein München danke ich für die Abdruckerlaubnis der Münchner Revolutionskarte.

Mein persönlicher Dank gilt Lorena Weik, die mich über den gesamten Produktionsprozess hinweg in vielerlei Hinsicht unterstützt hat.

Simon Schaupp, Oktober 2017

Anmerkungen

Prolog und Einleitung

1 Zit. n. Hirte, Chris (2009): Erich Mühsam. Eine Biographie. Freiburg: Ahriman, S. 117 f. Das »Drama« veröffentlichte Mühsam 1905 anlässlich der gescheiterten ersten Revolution in Russland. Statt Deutschland heißt es dort Russland.

2 Mühsam, Erich: Tagebucheintrag 18.6.1916. Die Mühsam-Tagebücher sind online verfügbar unter: www.muehsam-tagebuch.de Alle weiteren Verweise beziehen sich auf den dort digitalisierten Text.

3 Graf, Oskar Maria (1978): Wir sind Gefangene. Ein Bekenntnis. München: dtv, S. 484.

4 Zit. n. Hirte: Erich Mühsam, S. 129.

5 Mühsam: Tagebucheintrag 18.6.1916.

6 Leviné, Rosa (1983): Auszug aus: Aus der Münchner Räterepublik. In: Dorst, Tankred: Die Münchner Räterepublik. Zeugnisse und Kommentar. Frankfurt a.M., Suhrkamp, S. 129.

7 Mühsam, Erich: (2003): Gegen die Polizei. In: ders.: Wir geben nicht auf! Texte und Gedichte. Herausgegeben von Günther Gerstenberg. München, Allitera, S. 89.

8 Fitzgerald, Hilde; Günther, Egon (Hg.) (2011): Hilde Kramer: Rebellin in München, Moskau und Berlin. Autobiographisches Fragment 1901 – 1924. Berlin: BasisDruck.

9 Klemperer, Viktor, (2015): Man möchte immer weinen und lachen in einem. Revolutionstagebuch 1919. Berlin: Aufbau, S. 25.

10 Erich Mühsam (1980): Heroenkult und Selbstkritik. In: Viesel, Hansjörg (Hg.) Literaten an der Wand. Die Münchner Räterepublik und die Schriftsteller. Frankfurt a. M.: Büchergilde Gutenberg, S. 227.

11 Zit. n. Seligmann, Michael (1998): Aufstand der Räte. Die erste bayerische Räterepublik vom 7. April 1919. Grafenau-Döffingen, Trotzdem, S. 5.

I. Friedensstreik

12 Toller, Ernst (2011): Eine Jugend in Deutschland. Herausgegeben und kommentiert von Wolfgang Frühwald. Stuttgart: Reclam, S. 76.

13 Toller: Eine Jugend, S. 119.

14 Zit. n. Gerstenberg, Günther (2018): Der Kurze Traum vom Frieden. Ein Beitrag zur Vorgeschichte des Umsturzes in München 1918 mit einem Exkurs über Sarah Sonja Lerch in Gießen von Cornelia Naumann. Lich: Edition AV, S. 149.

15 Zit. n. Gerstenberg: Der Kurze Traum, S. 128 f.

16 Zit. n. Gerstenberg: Der Kurze Traum, S. 144.

17 Zit. n. ebd., S. 161.

18 Zit. n. ebd., S. 163.

19 Toller: Eine Jugend, S. 88.

20 Mann, Thomas (1978): O.T, in: Gerhard Schmolze (Hg.) Revolution und Räterepublik in München 1918/19 in Augenzeugenberichten. München: dtv, S. 28.

21 Vgl. Gerstenberg: Der Kurze Traum, S. 153 f.

22 Eisner, Kurt: O.T. in: Schmolze: Revolution und Räterepublik, S. 51.

23 Rilke, Rainer M. (1983): O.T. in: Tankred Dorst (Hg.), Die Münchner Räterepublik. Zeugnisse und Kommentar. Frankfurt a. M., S. 7 f.

24 Eisner, Kurt: O.T. in: Schmolze: Revolution und Räterepublik, S. 52.

25 Niekisch, Ernst (1980): Eisner als Staatsmann, in: Viesel: Literaten, S. 576.

26 Eisner, Kurt: O.T. in: Schmolze: Revolution und Räterepublik, S. 39.

27 Lerch, Sarah Sonja (2017): Erklärung der Sarah Lerch vor der Polizei. In Naumann, Cornelia/Gerstenberg, Günther (Hg.): Steckbriefe gegen Eisner, Kurt u. Genossen wegen Landesverrats. Lich: Edition AV, S. 112.

28 Zit. n. Gerstenberg: Der kurze Traum, S. 228.

29 von Wittelsbach, Rupprecht (1978): O.T. in: Schmolze: Revolution und Räterepublik, S. 59.

30 Zit. n. Gerstenberg: Der kurze Traum, S. 213.

31 Toller, Eine Jugend, S. 89.

32 Frankfurter Zeitung vom 5.2.1918: O.T. in: Schmolze: Revolution und Räterepublik, S. 61.

33 Zit. n. Gerstenberg: Der kurze Traum, S. 238.

34 Toller: Eine Jugend, S. 95

35 Vgl. Gerstenberg: Der kurze Traum, S. 96.

36 Graf, Oskar Maria: O.T. In Schmolze, Revolution und Räterepublik, S. 40.

37 Mühsam, Erich: Heroenkult und Selbstkritik, in: Viesel: Literaten, S. 227.

38 Mühsam, Erich (2014): Unpolitische Erinnerungen. Berlin, S. 111.

39 Mühsam, Erich: Selbstbiographie, in: Viesel: Literaten, S. 161.

40 Erich Mühsam (2014): Das seid ihr Hunde wert! Ein Lesebuch. Berlin: Verbrecher, S. 165 f.

41 Ebd., S. 181.

42 Mühsam: Unpolitische Erinnerungen, S. 182.

43 Ebd., S. 127 f.

44 Mühsam, Erich (2003): Brief an Max Malbe. In: ders.: Wir geben nicht auf!, S. 34.

45 Ebd. S.193 f.

46 Kramer, Autobiographisches Fragment, S. 42.

47 Landauer, Gustav (1997): Der Weg. In: Delf, Hanna; Mattenklott, Gert (Hg.): Gustav Landauer: Dichter, Ketzer, Außenseiter. Essays und Reden zu Literatur, Philosophie, Judentum. Berlin: Akad.-Verl., S. 27.

48 Zit. n. Drücke, Bernd (2013) Anarchie als gelebte Utopie und Inspiration. In: ders. (Hg.): Anarchismus hoch 2: Soziale Bewegung Utopie Realität Zukunft. Berlin, S. 11.

49 Zit. n. Leder, Tilman (2014): Die Politik eines »Antipolitikers«. Eine politische Biographie Gustav Landauers, Band II. Reihe Ausgewählte Schriften. Lich: Edition AV, S. 760.

50 Kropotkin, Peter: (1989): Die Eroberung des Brotes. Bern/Grafenau: Trotzdem, S. 18.

51 Toller: Eine Jugend, S. 105

52 Zit. n. Dove, Richard (1990): He was a German. A biography of Ernst Toller. London: Libris, S. 46, Übers. d. A.

53 Gilbhard, Hermann (2015): Die Thule-Gesellschaft. Vom okkulten Mummenschanz zum Hakenkreuz. München: Clemens Kiessling.

54 Zit. n. Sternsdorf-Hauck, Christiane (1989): Brotmarken und rote Fahnen. Frauen in der bayrischen Revolution und Räterepublik 1918/19. Frankfurt a. M.: ISP, S. 76.

55 Mühsam: Unpolitische Erinnerungen, S. 109.

56 Kramer: Autobiographisches Fragment, S. 56.

57 Kramer: Autobiographisches Fragment, S. 43.

58 Soldatentat Kiel (1918/2007): Forderungskatalog. In: Panther, Theo (Hg.): Alle Macht den Räten! I. Novemberrevolution 1918. Münster: Unrast, S. 222.

59 Leviné, Rosa (1968): Auszug aus: Aus der Münchner Räterepublik. In: Dorst: Die Münchner Räterepublik, S. 131.

60 Fechenbach, Felix (1978): O.T. In: Schmolze, Revolution und Räterepublik, S. 77.

61 Von Wittelsbach, Rupprecht (1978): O.T. In: Schmolze, Revolution und Räterepublik, S. 69.

62 Von Bayern, Ludwig III. (1978): O.T. In: Schmolze, S. 66.

63 Kramer, Autobiographisches Fragment, S. 46.

64 Vgl. Gerstenberg: Der Kurze Traum, S. 93.

65 Fechenbach, Felix (1978): O.T. In: Schmolze: Revolution und Räterepublik, S. 81.

II. Monarchendämmerung

66 Kramer: Autobiographisches Fragment, S. 48 f.

67 Graf: Wir sind Gefangene, S. 394.

68 Von Wittelsbach, Wiltrud (1978): O.T. In: Schmolze: Revolution und Räterepublik, S. 106.

69 Zit. n. Sternsdorf-Hauck: Brotmarken, S. 77.

70 Fechenbach, Felix: O.T. In: Schmolze: Revolution und Räterepublik, S. 99.

71 Zit. n. Seligmann: Aufstand, S. 58.

72 Klemperer: Man möchte immer, S. 50.

73 Kramer: Autobiographisches Fragment, S. 51.

74 Zit. n. Herzog, Wilhem: O.T. In: Schmolze: Revolution und Räterepublik, S. 104.

75 Zit. n. Seligmann: Aufstand, S. 59.

76 Mühsam, Erich (1978): Von Eisner bis Leviné, In: ders.: Ausgewählte Werke, Bd. 2: Publizistik. Berlin: Volk und Welt, S. 247.

77 Toller, Ernst (1978): Quer durch. Reisebilder und Reden. Heidelberg: Das Wunderhorn, S. 121 ff.

78 Mann, Viktor: O.T. In: Schmolze: Revolution und Räterepublik, S. 115.

79 Ebd. S. 116.

80 Ebd.

81 Ebd. S. 117.

82 Ebd. S. 121.

83 Zit. n. Seligmann: Aufstand, S. 62.

84 Zit. n. Seligmann: Aufstand, S. 80.

85 Zit. n. Gerstenberg, Günther (Hg.) (2003): Wir geben nicht auf! Texte und Gedichte. Herausgegeben von Günther Gerstenberg. München, Allitera, S. 41.

86 Zit. n. Sternsdorf-Hauck: Brotmarken, S. 78.

87 Toller: Eine Jugend, S. 109.

88 Klemperer: Man möchte immer, S. 150.

89 Mann, Viktor: O.T. In: Schmolze: Revolution und Räterepublik, S. 121.

90 Mühsam: März. In: Das seid ihr, S. 199.

91 Zit. n. Leder, Die Politik, S. 813.

92 Landauer, Gustav (1967): Aufruf zum Sozialismus. Frankfurt a. M. S. 176.

93 Ebd. 166 ff.

94 Zit. n. Großmann, Stefan (1980): Gustav Landauer. In: Viesel: Literaten, S. 311.

95 Ebd., S. 312.

96 Mühsam, Erich: Gustav Landauer. Gedenkblatt zu seinem 50. Geburtstag: 7. April 1920. In: Viesel: Literaten, S. 300.

97 Landauer, Gustav (2003): Die Revolution. Münster, Unrast, S. 29.

98 Zit. n. Leder: Die Politik, S. 814.

99 Ebd., S. 814.

100 Gerstenberg: Der Kurze Traum, S. 96.

101 Zit. n. Sternsdorf-Hauck: Brotmarken, S. 12.

102 Zit. n. Ebd., S. 13.

103 Zit. n. Ebd., S. 20.

104 Sender, Toni (2007): Die Frauen und das Rätesystem. In: Panther, Theo (Hg.): Alle Macht den Räten! II. Rätemacht in der Diskussion. Münster: Unrast, S. 396 – 407.

105 Kramer: Autobiographisches Fragment, S. 59.

106 Mühsam: O.T. In: ders.: Wir geben nicht auf!, S. 38.

107 Kramer: Autobiographisches Fragment, S. 129.

108 Zit. n. Bosl, Karl (Hg.) (1969): Bayern im Umbruch. Die Revolution von 1918, ihre Voraussetzungen, ihr Verlauf und ihre Folgen. Oldenburg: de Gruyter, S. 61.

109 Kramer: Autobiographisches Fragment, S. 55.

110 Mühsam: Von Eisner bis Leviné (Vorwort 1929) In: Viesl: Literaten, S. 179 f

111 Mühsam: Von Eisner bis, S. 249.

112 Rudolf Glauer: O.T. in: Schmolze: Revolution und Räterepublik, S. 180 f

113 Bayerischer Kurier: O.T. In: Schmolze: Revolution und Räterepublik, S. 189 f.

114 Fechenbach, Felix: O.T. In: Schmolze: Revolution und Räterepublik, S. 190 f.

115 Zit. n. Hofmiller, Josef: O.T. In: Schmolze, Revolution und Räterepublik, S. 192.

116 Zit. n. Sternsdorf-Hauck: Brotmarken, S. 32.

117 Ebd., S. 33.

118 Vollzugsrat der Groß-Berliner A.S.-Räte: Einladung zur Delegiertenversammlung der Arbeiter- und Soldatenräte. In: Panther: Alle Macht den Räten!, S. 182-184.

119 Toller: Eine Jugend, S. 115 f.

120 Toller: Quer durch, S. 194.

121 Ebd., S. 53

122 Ebd., S. 52

123 Niekisch, Ernst: Die Räterepublik. In: Viesel: Literaten, S. 558.

124 Zit. n. Seligmann: Aufstand, S. 69.

125 Toller: Eine Jugend, S. 158.

126 Mühsam, Das seid ihr, S. 70.

127 Flugblatt, Münchner Hausfrauen-Vereinigung, 12.1.1919.

128 Zit. n. Seligmann: Aufstand, S. 70

129 Kramer: Autobiographisches Fragment, S. 53.

130 Ebd. S. 54.

131 Zit. n. Leder: Die Politik, S. 816

132 Zit. n. Distl, Dieter (1993): Ernst Toller. Eine politische Biographie. Schrobenhausen: Bickel, S. 47.

133 Toller: Eine Jugend, S. 115.

134 Kramer: Autobiographisches Fragment, S. 56

135 Ebd., S. 58.

136 Zit. n. Distl: Ernst Toller, S. 47.

137 Zit. n. Sternsdorf-Hauck: Brotmarken, S. 24.

138 Ebd. S. 25.

139 Mühsam: von Eisner bis, S. 259.

140 Zit. n. Leder: Die Politik, S. 756.

141 Ebd.

142 Zit. n. Seligmann: Aufstand, S 79 f.

III. Räterepublik, libertär-sozialistisch

143 Fechenbach, Felix: O.T. In: Schmolze: Revolution und Räterepublik, S. 232.

144 Merkle, Benno: O.T. In: Schmolze: Revolution und Räterepublik, S. 233.

145 Von Arco Valley, Anton: O.T. In: Schmolze: Revolution und Räterepublik, S. 228.

146 Merkle, Benno: O.T. In: Schmolze: Revolution und Räterepublik, S. 233.

147 Müller-Meiningen, Ernst: O.T. In: Schmolze: Revolution und Räterepublik, S. 235.

148 Mühsam: Von Eisner bis, S. 266 f.

149 Mühsam, Erich: Heroenkult. In: Viesel: Literaten, S. 224.

150 Ebd.

151 Zit. n. Seligmann: Aufstand: S, 208 f.

152 Mühsam: Das seid ihr, S. 205.

153 Landauer, Gustav (1980): Wir brauchen keine Parteiherrschaft. In: Viesel: Literaten, S. 259.

154 Unsigniertes Flugblatt, 1.3.1919, BayHstA Flslg 977.

155 Zit. Leder: Die Politik, S. 796.

156 Landauer, Gustav (2003): Die Revolution. Münster: Unrast, S. 23 f.

157 Ebd. S. 34.

158 Ebd. 35 f.

159 Zit. n. Leder: Die Politik, S. 797

160 Landauer, Gustav: O.T. In: Schmolze: Revolution und Räterepublik, S. 242.

161 Mann, Thomas: O.T. In: Schmolze: Revolution und Räterepublik, S. 247.

162 Mann, Thomas: Tagebucheintrag vom 8.11.1918.

163 Zit. n. Seligmann: Aufstand, S. 64.

164 Zit. n. Seligmann: Aufstand S. 88.

165 Seligmann: Aufstand, S. 89.

166 Ebd., S. 90.

167 Seligmann: Aufstand, S. 91.

168 Mühsam: Von Eisner bis, S. 271.

169 Leder: Die Politik, S. 799.

170 Zit. n. Seligmann: Aufstand, S. 93 f.

171 Zit. n. Ebd. S. 94.

172 Zit. n. Leder: Die Politik, S. 800.

173 Zit. n. Seligmann: Aufstand, S. 96 f.

174 Zit. n. Ebd.

175 Zit. n. Leder: Die Politik, S. 835 f.

176 Zit. n. Großmann, Stefan (1980): Gustav Landauer. In: Viesel: Literaten, S. 558.

177 Zit. n. Seligmann: Aufstand, S. 99 f.

178 Zit. n. Leder: Die Politik, S: 802.

179 Leder: Die Politik, S. 803 ff.
180 Zit. n. Ebd.
181 Zit. n. Ebd.
182 Mühsam: Das seid ihr, S. 130.
183 Zit. n. Seligmann: Aufstand, S. 104 f.
184 Zit. n. Leder: Die Politik, S. 805.
185 Zit. n. Ebd., S. 806.
186 Zit. n. Seligmann: Aufstand, S. 103
187 Zit. n. Leder: Die Politik, S. 807.
188 Ebd., S. 130.
189 Kramer: Autobiographisches Fragment, S. 51 f.
190 Zit. n. Seligmann: Aufstand, S. 108 f.
191 Mühsam: Von Eisner bis, S.
192 Zit. n. Seligmann: Aufstand, S. 133.
193 Kramer: Autobiographisches Fragment, S. 55.
194 Ebd. S. 134.
195 Zit. n. Seligmann, S. 116.
196 Zit. n. Niekisch, Ernst: O.T. In: Schmolze: Revolution und Räterepublik, S. 266.
197 Zit. n. Seligmann: Aufstand, S. 199 f.
198 Mühsam: Von Eisner bis, S. 291.
199 Ebd., S. 293.
200 Niekisch: Die Räterepublik. In: Viesel: Literaten, S. 550.
201 Mühsam: Von Eisner bis, S. 290.
202 Zit. n. Seligmann: Aufstand, S. 127.
203 Mühsam: Von Eisner bis, S. 293.
204 Zit. n. Seligmann: Aufstand, S. 130.
205 Mühsam: Von Eisner bis, S. 294.
206 Zit. n. Seligmann: Aufstand, S. 131.
207 Zit. n. Ebd. S. 131 f.
208 Mühsam: Von Eisner bis, S. 297.
209 Zit. n. Seligmann: Aufstand: S. 141.
210 Ebd.
211 Zit. n. Seligmann: Aufstand, S. 190.
212 Leviné, Rosa: Aus der Münchner Räterepublik. In: Dorst: Die Münchner Räterepublik, S. 134.
213 Mühsam: Von Eisner bis, S. 300.
214 Ebd., S. 307.
215 Ebd. S. 302.
216 Ebd. S. 303.
217 Mühsam: Von Eisner bis, S. 303.
218 Zit. n. Seligmann: Aufstand, S. 216.

219 Landauer, Gustav: Wir brauchen keine Parteiherrschaft. In: Viesel: Literaten, S. 263.
220 Flugblatt 1.2.1919, Todleben.
221 Marut, Ret: Gegensatz. In: Viesel: Literaten, S. 524.
222 Marut, Ret: Pressefreiheit oder Befreiung der Presse. In Viesel: Literaten, S. 457.
223 Zit. n. Müller-Meiningen, Ernst (1978): O.T. In: Schmolze: Revolution und Räterepublik, S. 277.
224 Flugblätter. In: Viesel: Literaten, S. 352 f.
225 Eugen Leviné: Auch eine Räterepublik. In: Viesel: Literaten, S. 419.
226 Mühsam: Tagebucheintrag, 7.5.1919.
227 Toller: Eine Jugend, S. 130 f.
228 Zit. n. Leviné, Rosa: O.T. In: Schmolze: Revolution und Räterepublik, S. 288.
229 Zit. n. Seligmann, S. 324.
230 Toller: Eine Jugend, S. 131.
231 Toller: Eine Jugend, S. 132.
232 Seligmann: Aufstand, S. 324
233 Toller: Eine Jugend, S. 133.
234 Zit. n. Seligmann: Aufstand, S. 326 f.
235 Zit. n. Seligmann: Aufstand, S. 346.
236 Zit. n. Sternsdorf-Hauck: Brotmarken, S. 27.
237 Mühsam: Eisner bis Leviné, S. 316.
238 Leviné, Eugen (1978): O.T. In: Schmolze: Revolution und Räterepublik, S. 279 ff.
239 Zit. n. Seligmann: Aufstand, S. 331.
240 Gesell, Silvio: Ein Interview. In: Viesl: Literaten, S. 71.
241 Ebd. S. 69.
242 Ebd. S. 70.
243 Ebd. S. 74.
244 Ebd. S. 70.
245 Toller: Eine Jugend, S. 129.
246 Ebd.
247 Zit. n. Seligmann S. 333.
248 Kunz, Fritz (1980): Protokolle von Versammlungen Münchner Betriebsräte. In: Viesel: Literaten, S. 81 ff.
249 Landauer, Gustav (1980): Am Vorabend des Putsches gegen die Räterepublik. In Viesel: Literaten, S. 272 ff.

IV. Räterepublik, kommunistisch

250 Toller: Eine Jugend, S. 136.
251 Graf: Wir sind Gefangene, S. 488.

252 Zit. n. Seligmann S. 328.
253 Ebd. S. 92.
254 Leviné, Eugen: Schlussrede vor Gericht. In: Viesel: Literaten, S. 447.
255 Lenin, Wladimir Iljitsch: Telegramm an Eugen Leviné. In: Dorst: Die Münchner Räterepublik, S. 109.
256 Reichswehrkommando: O.T. In: Schmolze: Revolution und Räterepublik, S. 326.
257 Fidelis: Gustav Landauers Kulturprogramm, In: Viesel: Literaten, S. 275 ff.
258 Landauer: An die Töchter. In: Viesel: Literaten, S. 268.
259 Toller: Eine Jugend, S. 139 f.
260 Ebd., S. 144 f.
261 Ebd. S. 149 f.
262 Leviné, Eugen: Schlussrede vor Gericht. In: Viesel: Literaten an der Wand, S. 445 f.
263 Wollenberg, Erich (1972/1929): Als Rotarmist vor München. Hamburg: ISP, S. 31.
264 Kunz, Fritz: Protokolle von Versammlungen Münchner Betriebsräte. In: Viesel: Literaten, S. 92.
265 Zit. n. Sternsdorf-Hauck: Brotmarken, S. 23.
266 Kunz, Fritz: Protokolle. In: Viesel: Literaten, S. 89.
267 Ebd.
268 Ebd., S. 90 f.
269 Landauer, Gustav: O.T. In: Dorst: Die Münchner Räterepublik, S. 16.
270 Landauer, Gustav: Brief an den Aktionsausschuss. In: Viesel: Literaten, S. 268.
271 Toller: Eine Jugend, S. 148.
272 Ebd. S. 148 f.
273 Wollenberg: Als Rotarmist, S. 49 f.
274 Flugblatt »An unsere Brüder außerhalb Münchens« 25.4.1919, F.Mon. 2675.
275 Mühsam, Tagebuch 1919, S. 11.
276 Zit. n. Beyer, Hans (1957): Von der Novemberrevolution zur Räterepublik in München. Berlin: Rütten & Loening, S. 120.
277 Zit. n. ebd.
278 Wollenberg: Als Rotarmist, S. 61
279 Toller: Eine Jugend, S. 154.
280 Zit. n. Karl, Josef (1978): O.T. In: Schmolze: Revolution und Räterepublik, S. 332.
281 Klemperer: Man möchte immer, S. 145 f.
282 Mitteilungsblatt des Vollzugsrates (1978): O.T. In: Schmolze: Revolution und Räterepublik, S. 338.
283 Zit. n. ebd., S. 339.

284 Flugblatt der »Landesstelle für Aufklärung und Volksbildung Landsberg a. Lech«, April 1919, F.Mon. 330.
285 Wollenberg: Als Rotarmist, S: 95.
286 Zit. n. Beyer: Von der Novemberrevolution, S. 117.
287 Flugblatt, Februar 1919, Bund Sozialistischer Frauen, F.Mon. 2934.
288 Toller: Eine Jugend, S. 155.
289 Zit. n. Distl: Ernst Toller, S. 74.
290 Zit. n. Rosa Leviné in Schmolze, S. 342.
291 Zit. n. Distl: Ernst Toller, S. 75.
292 Zit. n. Leviné, Rosa: O.T. In: Schmolze: Revolution und Räterepublik, S. 288.
293 Mühsam: Tagebucheintrag 6.5.1919.
294 Wollenberg: Als Rotarmist, S. 124.
295 Zit. n. Mühsam: Tagebucheintrag 3.5.1919.
296 Zit. n. Wollenberg: Als Rotarmist, 130.
297 Ebd.
298 Ebd.
299 Wollenberg: Als Rotarmist, S. 134.

V. Niederschlagung

300 Toller: Eine Jugend, S. 157.
301 Toller: Eine Jugend, S. 160.
302 Jones, Mark (2017): Am Anfang war Gewalt. Die deutsche Revolution 1918/19 und der Beginn der Weimarer Republik. Berlin: Propyläen, S. 304 f.
303 Mühsam: Tagebucheintrag 1.5.1919.
304 Klemperer: Man möchte immer, S. 168.
305 Marut, Ret: Im freiesten Staat der Welt. In: Viesel: Literaten, S. 504.
306 Zit. n. Mühsam Tagebücher 1919, S. 38.
307 Zit. n. Toller: Eine Jugend, S. 200 f.
308 Mühsam Tagebuch S. 50
309 Klemperer: Man möchte immer, S. 162 f.
310 Toller: Eine Jugend, S. 200.
311 Klemperer: Man möchte immer, S. 172 f.
312 Kramer: Autobiographisches Fragment, S. 63.
313 Zit. n. Mühsam Tagebucheintrag 6.5.1919.
314 Zit. n. Beyer: Von der Novemberrevolution, S. 135.
315 Zit. n. Jones: Am Anfang, S. 311.
316 Zit. n. Beyer: Von der Novemberrevolution, S. 136.
317 Mühsam Tagebucheintrag 7.5.1919.
318 Mühsam: Tagebucheintrag 2.5.1919
319 Toller: Eine Jugend, S. 168 f.

320 Ebd.
321 Mühsam: Tagebucheintrag 8.5.1919
322 Ebd.
323 Mühsam: Tagebucheintrag 15.5.1919
324 Kramer: Autobiographisches Fragment, S. 63.
325 Ebd. S. 65.
326 Ebd.
327 Ebd. S. 66 f.
328 Mühsam: Tagebucheintrag 14.5.1919
329 Toller: Eine Jugend, S. 169 f.
330 Brotmarken
331 Kramer: Autobiographisches Fragment, S. 67 f.
332 Ebd. S. 66.
333 Ebd. S. 68.
334 Zit. n. Toller: Eine Jugend, S. 177.
335 Zit. n. Frühwald: Kommentar, S. 343.
336 Ebd., S. 83.
337 Leviné, Eugen: Schlussrede vor Gericht. In: Viesel: Literaten, S. 448.
338 Ebd. S. 450.
339 Kramer: Autobiographisches Fragment, S. 70.
340 Toller: Quer durch, S. 212.
341 Toller: Eine Jugend, S.
342 Mühsam: Tagebucheintrag 26.6.1919.
343 Mühsam: Tagebucheintrag 28.6.1919.
344 Zit. n. Mühsam: Das seid ihr Hunde, S. 220.
345 Zit. n. Hirte: Erich Mühsam, S. 209.
346 Ebd.
347 Zit. n. Frühwald, Wolfgang (2011): Kommentar. In: Toller, Ernst: Eine Jugend in Deutschland. Berlin: Reclam, S. 343.
348 Zit. n. Distl: Ernst Toller, S. 82.
349 Toller: Quer durch, S. 213 ff.
350 Kramer: Autobiographisches Fragment, S. 71.
351 Kramer: Autobiographisches Fragment, S. 56 f.
352 Ebd. S. 74.
353 Ebd.
354 Ebd. S. 71.
355 Ebd., S. 76.

Epilog

356 Toller: Eine Jugend, S. 215.
357 Toller: Eine Jugend, S. 206.

358 Ebd.

359 Ebd. S. 85.

360 Zit. n. Hirte: Erich Mühsam, S. 215.

361 Ebd. S. 93.

362 Ebd. S. 102 f.

363 Mühsam: Tagebucheintrag 28.8.1920.

364 Toller: Eine Jugend, S. 206 f.

365 Mühsam, Erich: Wo ist der Ziegelbrenner?. In: Viesel: Literaten, S. 473.

366 Zit. n. Wollenberg, Erich (2002): Brief an Rolf Recknagel. In: Kramer, Bernd/Ludszuweit, Christoph (Hg.): Der Feuerstuhl und die Fährtensucher. Berlin: Karin Kramer, S. 37.

367 Ebd. S. 115.

368 Toller, Ernst: Drei Briefe aus dem Gefängnis. In: Viesel: Literaten, S. 391.

369 Kramer: Autobiographisches Fragment, S. 122.

370 Toller: Eine Jugend, S. 234.

371 Mühsam: Tagebücher 1919-1924, S. 357.

372 Zit.n. Distl: Ernst Toller, S. 138.

373 Zit. n. Hirte: Erich Mühsam, S. 291.

374 Zit. n. Hirte: Erich Mühsam, S. 303.

375 Zit. n. Distl: Ernst Toller, S. 146.

376 Zit. N. Dove: He was, S. 246, Übers. d. A.

377 Toller, Ernst (1980): Brief an Erich Mühsam zum 50. Geburtstag. In: Viesel: Literaten, S. 243.

378 Kramer: Autobiographisches Fragment, S. 57.

379 Ebd.

380 Dove: He was, S. 252, Übers. d. A.

381 Zit. n. ebd. S. 253.

382 Zit. n. Ebd. S. 260.

383 Zit. n. Ebd. S. 265.

Klassiker der Sozialrevolte

Teo Panther (Hg.)

Alle Macht den Räten! Bd. I

Novemberrevolution 1918

248 Seiten | 14.80 €
ISBN 978-3-89771-910-1

Von der Revolution bis zur Münchner Räterepublik und darüber hinaus

Es war die Revolte der spontan gebildeten Arbeiter-, Soldaten-, und Bauernräte, die im November 1918 das Ende des 1. Weltkriegs besiegelte und den deutschen Kaiser zum Teufel jagte. Die Novemberrevolution war geboren, doch warum konnte die Macht der Räte nicht in eine (sozialistische) Räterepublik gewandelt werden?

Teo Panther (Hg.)

Alle Macht den Räten! Bd. II

Rätemacht in der Diskussion

264 Seiten | 14.80 €
ISBN 978-3-89771-914-9

Texte von Richard Müller, Rosa Luxemburg, Max Tobler, Franz Pfemfert, Ernst Toller, Otto Rühle, Gustav Landauer, Erich Mühsam u.a. zeigen die Diskussion unter den radikalen Linken jener Tage.

Johann Most

Die freie Gesellschaft

Die Internationale Bibliothek und Texte aus der Freiheit zum Kommunistischen Anarchismus

264 Seiten | 14.00 €
ISBN 978-3-89771-911-8

Kommunistischer Anarchismus

Heiner Becker versammelt hier alle von Most stammenden Texte aus der zwischen April 1887 und Ende 1891 als Broschürenserie erschienenen *Internationalen Bibliothek*, Mosts umfangreichster ›Agitationsbibliothek‹, durch deren Verkauf er seine regelmäßigen Reisen quer durch die USA finanzierte und politisch untermauerte. Abgerundet wird dies hier durch vier politische Schlüsseltexte zum Kommunistischen Anarchismus aus der *Freiheit*, die der gleichen Phase entstammen.

Gustav Landauer

Die Revolution

160 Seiten | 13.00 €
ISBN 978-3-89771-906-4

Einzige Geschichtsphilosophie aus libertärer Sicht im deutschsprachigen Raum

Gustav Landauers 1907 erschienene Monographie *Die Revolution*, beinhaltet eine geschichtsphilosophische Abhandlung zur Bedeutung neuzeitlicher Revolutionen. Damit liegt eine Schrift vor, die als eine grundlegende Geschichtsphilosophie des Anarchismus angesehen werden kann, ohne die ein umfassendes Verständnis von Landauers kommunitärem Anarchismus nicht möglich ist. Sie ist zugleich die einzige Geschichtsphilosophie aus libertärer Sicht im deutschsprachigen Raum bis heute!

Für Landauer stellt die Revolution nicht einen einmaligen Vorgang dar, sondern einen sich über Jahrhunderte hinziehenden Prozess, eine permanente Tat. Er betont, dass sich die Revolution auf die gesamte, vom Menschen für sein Zusammenleben geschaffenen Verhältnisse beziehen müsse.

UNRAST Verlag • Postfach 8020 • 48043 Münster

www.unrast-verlag.de • E-Mail: info@unrast-verlag.de

UNRAST

Murray Bookchin

Die nächste Revolution

Libertärer Kommunalismus und die Zukunft der Linken

mit einem Vorwort von Ursula K. Le Guin

224 Seiten | 16.00 €
ISBN 978-3-89771-594-3

Volksversammlungen, direkte Demokratie und Ökologie als Pfeiler künftiger Gesellschaften

»Geschichte, Technologie, gesellschaftliche Organisation, die Suche nach Freiheit und Gerechtigkeit und vieles andere mehr. Immer hat er Einsichten, Erkenntnisse, originelle und provokante Thesen sowie anregende Visionen beigetragen.«

Noam Chomsky

Mit einem Vorwort der Bestsellerautorin Ursula K. Le Guin eingeleitet, versammelt *Die nächste Revolution* erstmals Bookchins Essays über Freiheit und direkte Demokratie, um eine gewichtige politische Vision zu entwickeln, die vom Protest zur praktischen Transformation des Kapitalismus führen kann.

John Holloway

Wir sind die Krise des Kapitals … und stolz darauf

Die San-Francisco-Vorträge

104 Seiten | 9,80 €
ISBN 978-3-89771-229-4

Nachdenken über die Möglichkeiten einer antikapitalistischen Revolution

Wir sind die Krise des Kapitals ... basiert auf drei kürzlich gehaltenen Vorlesungen John Holloways in San Francisco. Die Vorlesungen befassen sich mit den heutigen Möglichkeiten einer antikapitalistischen Revolution und stellen eine brillante und mitreißende Einführung in die zentralen Themen in Holloways Werk dar. Die erste Vorlesung befasst sich mit der Frage, wer ›wir‹ – im Sinne einer wirkmächtigen antikapitalistischen Kraft – eigentlich sind, die zweite mit dem Verständnis von Kapital als System der gesellschaftlichen Kohäsion, welches unsere Kreativität systematisch hemmt, und die dritte mit der These, dass ›wir‹ die Krise dieses Kohäsionssystems sind.

David Porter

Entfachte Utopie

Emma Goldman über die Spanische Revolution

440 Seiten | 24,80 €
ISBN 978-3-89771-214-0

Zum 80. Jahrestag des Beginns der Spanischen Revolution

Die Spanische Revolution war Emma Goldmans letzter großer Kampf für die Ideale des Anarchismus.

David Porter würdigt in einem Mosaik aus Briefen, Reden, Artikeln und Radiobeiträgen Goldmans, thematisch einsortiert und in den jeweiligen historischen und politischen Kontext gebettet, ihren streitbaren Kampf gegen den Franco-Faschismus und für eine freiheitliche Spanische Republik. Die dabei ausgewählten Schriften beinhalten nicht nur die Debatten, Kämpfe und revolutionäre Begeisterung, sondern bieten einen Dialog hinsichtlich der Revolution und des sozialen Wandels – einen Dialog, auf den AktivistInnen heute immer wieder stoßen werden, weil sie mit ähnlichen Themen konfrontiert sind.

UNRAST Verlag • Postfach 8020 • 48043 Münster

www.unrast-verlag.de • E-Mail: info@unrast-verlag.de

UNRAST